國人不可不讀的文化寶典

一本書讀懂

增訂版

讀書人一定要讀！

Chinese Traditional Culture

劉元 著

中國傳統文化

口碑推薦，暢銷增訂版全新上市

最短的時間領悟文化精髓

一目了然，給記憶一個重要的位址

前言

　　本書堪稱一部瞭解中國古代文化的趣味百科全書，一問一答中，讓您感受中華文化的神秘和智慧，領略到中華傳統文化的無窮魅力。

　　中國是一個擁有五千年燦爛文明的古國，博大精深、源遠流長的中國傳統文化是我們取之不盡、用之不竭的精神財富。中華文化的深厚積澱，滲進了中華兒女的血脈裏，根植在自古至今的萬物中。中國古代各種各樣的事物和歷史，沐浴著中華文化的雨露，歷經成百數千年的滄桑巨變，最後，靜靜地立在我們身邊，用其堅韌的存在，講述著自己非凡的故事，證明著傳統文化特有的價值，影響或改變著我們的生活。

　　歷史和文化需要一代一代去傳承，作為中華兒女，誰都希望瞭解和學習自己民族的文化歷史，古代文化中蘊涵著深刻的思想和智慧，可以開拓視野，昇華境界，豐富知識結構，實行多元啟迪，引發新的思考、探索和行動，為中華民族的子孫萬代造福。

　　社會日新月異，在快節奏的生活狀態下，現代人忙得不可開交，不知不覺中已經離傳統文化甚遠了。日常生活中，在孩子喋喋不休的追問下，與親朋好友、同學同事閒聊時，多少人有過因傳統文化知識的匱乏而尷尬的經歷！許多人痛定思痛，想狂補傳統文化知識，提高

文化品味，可又有多少人能平息自己那顆浮躁的心，靜讀那些枯燥乏味、汗牛充棟的歷史典籍呢？

把重要的中國傳統文化知識精華收入一本書中，可以使讀者興致勃勃且最大限度地獲取歷經時空變換卻仍可鑑古知今的古代文化，盡可能地提高讀者對中國傳統文化知識的興趣，此乃本書的編輯宗旨所在。本書老少咸宜，人人都可以從中汲取知識營養。學生們閱讀，可以豐富寫作素材，增強文化內涵，冷靜、理智、客觀地看待問題；成年人閱讀，可以增進文化知識的積澱，提高文化素養，從容應對孩子關於傳統文化知識的提問，在人際交往中表現出不凡的文化品味與文化修養，塑造出獨特的人格魅力，從而讓人肅然起敬。

擯棄枯燥乏味的傳統詞條說教，以獨特的提問形式將歷史文化活潑有趣地呈現出來，是本書的最大特點。

本書在編撰過程中，集納了大量的歷史文化細節，內容涵蓋中國傳統文化的各個層面，共分為兵政刑制、婚喪嫁娶、天文曆法、節日節氣、民俗禮儀、宗教神話、文史典籍、文詞解析、稱謂解疑、成語溯源、文化歷史、逸事趣聞、醫藥衛生、器物工藝等十四個部分，歸納總結了近千個趣味問題，豐潤、真切、逼真地再現了中國傳統社會厚重、獨特、百態紛呈的生活景觀。

本書著重選編有意趣、人們喜聞樂見的內容，是數千年來萬物文化歷史中最為精彩的部分。一個個生動豐滿的人物，牽扯出跨越時代的歷史文化；一樁樁妙趣橫生的故事，營造出一個個具體的場景，引導您跨越時空，讓您增知益識，博曉萬事，零距離感受、觸摸真實而生動的中華文化。它就像一條珍珠項鏈，在浩如煙海的典籍中精心梳理編撰而成的趣味問題則如同一顆顆美麗的珍珠，只要開卷，每個人都可以從中享受到智慧光芒的潤澤。

書中每個問題的解答內容篇幅短小精悍，非常具有可讀性。為擴充本書的文化知識含量，滿足不同水準的讀者口味，在解答每個問題

時，編者還附上了延伸閱讀式的「趣味鏈結」，這些趣味鏈結對相關內容作了一定的補充，使其知識性和趣味性得到了延展。

為使本書更具完整性、鑑賞性、知識性和趣味性，在選編的過程中，我們查閱了大量相關資料，由於資料來源廣泛，編者難以一一核查處理，在此謹向有關的整理者表示誠摯的感謝。由於時間倉促，書中難免存在疏漏之處，懇請讀者批評指正。

目錄

| 第一章 | 兵政刑制 |

總督、都督、提督各負責什麼？ /15
為何古人常隨身佩劍？ /16
正式的娘子軍起源於什麼時候？ /18
象棋的「兵」、「卒」來源何處？ /18
古代「三軍」指的是什麼呢？ /20
清朝兵服上的「兵」是什麼意思？ /21
古代軍隊統帥是「將軍」嗎？ /22
古代軍隊作戰的八陣法是指什麼？ /24
「烏紗帽」只有官員能戴嗎？ /25
官服上繡精緻圖案，是為了什麼？ /25

「黃色」為何是皇帝專用顏色？ /28
「奉天承運，皇帝詔曰」的起源 /29
古代也有官員退休制度嗎？ /30
監獄是怎樣演變發展的？ /32
古時候的官府為何稱做衙門？ /34
為何古代執行死刑都在午時三刻？ /34
古代真有「誅十族」的刑罰嗎？ /35
古代的笞刑為什麼只打臀？ /37
凌遲是將人割上一萬刀嗎？ /39
「五刑」的由來 /40

| 第二章 | 婚喪嫁娶 |

古時男女結婚也有年齡限制嗎？ /43
出嫁的女兒，能回娘家過年嗎？ /45
古時婚禮也是在白天嗎？ /46
結婚時為什麼要貼「囍」字呢？ /47

成親拜堂中的三拜有何寓意 /49
鬧洞房是種傳統，有哪些風俗？ /51
最初「兩口子」就是指夫妻嗎？ /52
「結髮夫妻」的稱呼是源於哪裡？ /54

一本書讀懂中國傳統文化

為何未婚女孩稱為「黃花閨女」？ /56
為何「男大當婚，女大當嫁」？ /57
古代官府會干涉民間的婚姻嗎？ /58
民間關於命理的口訣有道理嗎？ /59
古代女子嫁人就是為了吃穿嗎？ /61
為何有「乘龍快婿」的稱呼？ /62

為何有披麻戴孝哀悼死者的傳統？ /63
中國古人喪葬為何還要有人殉葬？ /65
出殯「送盤纏、燒紙錢」的意義？ /67
中國古代用什麼儀器觀察天象？ /69
最早的天文觀測儀器是什麼？ /70

| 第三章 | 天文曆法 |

中國的天文觀測起源於何時？ /71
古代人用什麼計時？ /73
閏年的規律是怎樣確定的？ /74
二十四節氣的由來 /75
中國古代天文學成就有哪些？ /77
「皇曆」和「黃曆」有什麼區別？ /79
你瞭解有關月亮雅稱的詩句嗎？ /80
四季的劃分是根據什麼原理？ /82
哈雷彗星的最早記載出現在何時？ /83
中國關於地震的記載最早是何時？ /85
中國歷史上的紀年法有哪幾種？ /86

為什麼七日一周叫「一星期」呢？ /88
為什麼農曆一月也叫「正月」？ /89
農曆十二月為什麼稱為「臘月」？ /90
天干地支分別指什麼？ /91
「小時」是怎樣來的？ /93
陰陽、五行學說分別是什麼？ /95
太極八卦圖是怎樣構成的？ /96
十二生肖是中國特有嗎？ /97
十二生肖之中為何沒有「貓」？ /99
古人是怎麼用十二生肖計時？ /100
每逢「黃道吉日」就一定吉利嗎？ /102

第四章 節日節氣

「元旦」是怎麼定下來的？ /103
過「春節」的習俗起源於何時？ /104
古代春節有哪些習俗？ /106
何時開始有春節貼對聯的習俗？ /108
吃年夜飯為什麼要關門？ /109
「除夕不空鍋」的來歷是什麼？ /110
為何有初一吃餃子過年的民俗？ /112
為何有春節吃年糕的傳統習俗？ /113
古人是怎樣拜年的呢？ /115

元宵節是怎麼流傳下來的？ /116
清明節掃墓起源於何時？ /118
「端午節」是發源於屈原投江嗎？ /119
為什麼七夕是中國的情人節？ /120
中秋節的起源有哪些傳說？ /122
重陽節有哪些習俗？ /124
臘八節的習俗起源於何時？ /125
冬至開始「數九」是什麼意思？ /126

第五章 民俗禮儀

古代青年男女的成人禮儀式 /129
三叩九拜中的「九拜」意思是？ /131
中國人為什麼酷愛紅色？ /133
在中華民族中，黃色象徵著什麼？ /135
「福」字倒貼的來歷是什麼？ /136
為什麼本命年要紮紅腰帶？ /137
掛上長命鎖就真的能長命嗎？ /138
民間犯忌諱的話有哪幾類呢？ /139
「破財消災」的說法是否可信？ /141
「夜貓子進宅」是不祥的嗎？ /142
「喜鵲叫，喜事到」有依據嗎？ /144

為何民間說烏鴉是不祥之鳥？ /145
為什麼古人會崇尚數字「九」呢？ /147
為什麼民間避諱「四」？ /148
在古代「抓周」就能「試兒」嗎？ /149
什麼是舊時民間的「借壽」習俗？ /151
古人行拱手禮的規範為何？ /152
佩戴戒指是怎麼來的呢？ /153
人們為什麼尊崇福神？ /154
祭灶習俗與熟食習慣有關嗎？ /156
中國古代有哪些財神爺？ /158
關於面相的判斷有道理嗎？ /159

一本書讀懂中國傳統文化

第六章 宗教神話

盤古開天地的神話 /163
創世女神女媧如何造人？ /164
夸父追日反映了什麼精神？ /166
「燧人氏」代表的意義？ /167
神話傳說中的四大魔獸 /168
嫦娥究竟是誰？ /170
壽星為什麼是一個老人形象呢？ /171
是否真有《天仙配》中的董永？ /172
佛教是何時傳入中國的？ /174
寺和廟有什麼區別？ /175
為何男性僧侶稱為「和尚」？ /176
中國佛教有哪八大宗派？ /177
中國佛教有哪四大菩薩？ /179
和尚為什麼要剃光頭？ /180
和尚僧衣顏色有何意義？ /181

和尚頭上的疤點有何意義？ /183
什麼是「叩等身禮」？ /184
佛教舍利究竟為何物？ /185
何時規定和尚不准吃肉？ /186
佛語所說的「大千世界」指什麼？ /187
佛教為何鍾情於蓮花？ /188
「阿彌陀佛」是什麼意思？ /190
誦經時為什麼要敲木魚？ /190
十八羅漢分別是什麼？ /191
佛教中的佛、菩薩和羅漢的區別？ /193
觀音形象是男身還是女身？ /194
道教名山有哪幾座？ /196
道教與氣功有什麼關係？ /198
玉皇大帝和王母娘娘有關係嗎？ /199
二郎神是真有其人？ /200

第七章 文史典籍

《山海經》是實用的地理書嗎？ /203
「四書」、「五經」是指哪些？ /204
《詩經》有何特色？ /206
法家的典籍是《韓非子》嗎？ /208

「楚辭」有何含意？ /210
「樂府」的由來 /210
中國字典的起源和發展 /212
司馬光與《資治通鑑》 /213

《清明上河圖》描繪的是何景色？ /214
《天工開物》的特色？ /216
為何《三國演義》深受眾人喜愛？ /217
施耐庵如何創作《水滸傳》？ /219
《水滸傳》有什麼特色？ /221
武松與武大有何關係？ /223
《水滸傳》中人物的諢號由來 /224
《西遊記》參考《永樂大典》？ /225
《西遊記》有史實根據嗎？ /247
《西遊記》中的沙僧形象 /229
妖怪為何都要吃唐僧？ /230

《紅樓夢》是曹雪芹的自傳？ /232
曹雪芹卒於何時？享年多少？ /233
《紅樓夢》一共寫了多少個人物？ /234
《紅樓夢》中的「金陵十二釵」 /235
《聊齋志異》有哪些主要內容？ /237
《四庫全書》是由何人領銜編修？ /239
魏源如何寫就《海國圖志》？ /241
清末四大譴責小說是哪四部？ /243
臉和面的含意相同嗎？ /245
現在和古代的半斤相同嗎？ /247

| 第八章 | 文詞解析 |

「回合」是怎麼計算的？ /248
「五福臨門」是指哪五福？ /249
「三教九流」分別是指什麼？ /250
無事不登三寶殿的由來是什麼？ /251
「我」字最早的意義是什麼？ /253
「睡」在古代的意思是什麼？ /254
「三宮六院」各是指什麼？ /256
「光陰」一詞由何而來？ /258
「露馬腳」露的是什麼腳？ /259
「吃大鍋飯」最初的意思是什麼？ /260
「壓軸戲」就是最後一齣戲嗎？ /261
「名下無虛士」是什麼意思？ /262
「雕蟲小技」真的是雕「蟲」呢？ /263

「座右銘」怎麼成了格言呢？ /265
「千夫指」的典故何來？ /266
「跳槽」為何變成指換工作？ /267
「三寸金蓮」是指女人的小腳？ /269
「小品」一詞有什麼來由？ /270
「五魁首」的由來 /271
請人幫忙時為什麼要說「借光」？ /272
「風涼話」是譏笑反諷的嗎？ /273
「王八」何以成了罵人的話？ /274
「拍馬屁」為何變奉承？ /275
「斧正」的典故是什麼？ /277
為何不順心的事又叫做「晦氣」？ /278
「愛出風頭」的典故是什麼？ /279

「黃粱夢」是指什麼夢呢？ /280
受騙跟「上當」有關係嗎？ /281
為何男女間的嫉妒心叫「吃醋」？ /283
為什麼會說「女大十八變」？ /284
「敲門磚」是什麼「磚」？ /285
「給人戴高帽」是怎麼來的？ /286
「耳旁風」是指什麼風呢？ /287
為何有「眼中釘」的說法？ /288
「敲竹槓」是什麼意思？ /289
為什麼誇口叫做「吹牛」？ /291

為什麼配角稱為「跑龍套」？ /292
「花架子」的說法怎麼來？ /293
「馬後炮」最初是指什麼嗎？ /295
什麼樣的事需要去「擺平」呢？ /296
「閉門羹」是種什麼「羹」？ /297
「穿小鞋」之說是源於何時？ /299
「三綱五常」是指什麼？ /300
賭咒起誓語中的五雷指什麼？ /301
「黎民」和「百姓」意思一樣嗎？ /303
「仲父」是什麼意思？ /304

第九章 | 稱謂解疑

「先生」的稱謂是怎麼來的？ /305
古代百姓如何稱呼君王？ /306
中國皇帝有幾種自稱？ /308
「中國」一詞是怎麼來的？ /309
古代的「九州」是怎樣劃分的？ /311
慈禧太后為什麼又叫「老佛爺」？ /312
皇帝的墳墓稱「陵」始於何時？ /313
「宦官」與「太監」一樣嗎？ /314
「千金小姐」的由來是什麼？ /315
古代的「店小二」是什麼職位？ /316
為什麼七十歲稱為「古稀」？ /317
「梨園弟子」的由來 /319

「浪子回頭金不換」的由來 /320
「老爺」與「官老爺」的區別？ /31
「孔方兄」的稱號是怎麼演變 /323
紙幣為何又稱「鈔票」？ /324
為何購物叫「買東西」？ /325
「東道主」和「地主」一樣嗎？ /327
為何稱風騷的女人為「狐狸精」？ /328
「大夫」為何用來稱呼醫生？ /330
「父母官」的由來 /331
古人對他人的敬稱 /332
中國古代的圖書指什麼？ /335

第十章 | 成語溯源

「一字千金」的由來 /337
「一竅不通」源於何處？ /338
「三長兩短」原來是何意思？ /340
「退避三舍」的「三舍」有多遠？ /341
為何會有「三生有幸」之說？ /342
「不三不四」是什麼意思？ /343
「學富五車」的典故 /345
「五花八門」是指哪些？ /345
「六親不認」是指哪六親？ /347
「張冠李戴」是什麼意思？ /348
「飛黃騰達」是發達的意思嗎？ /348
「體無完膚」出自哪裡？ /350
「夜郎自大」的由來 /351
「金屋藏嬌」是什麼意思？ /352
「樹倒猢猻散」的來歷為何？ /353

「狼心狗肺」來自哪個傳說？ /354
「病入膏肓」是說無藥可救了嗎？ /356
「禍起蕭牆」出自哪裡？ /357
為什麼會說「高抬貴手」？ /357
「不入虎穴，焉得虎子」的由來 /359
「腰纏萬貫」來源何處 /360
「兩袖清風」的典故 /361
「目不識丁」的由來 /363
「生吞活剝」的本義是什麼？ /364
「靡靡之音」是什麼音？ /364
「有眼不識泰山」的典故 /365
「江郎才盡」的由來 /366
「信口雌黃」的「雌黃」是什麼？ /367
「風馬牛不相及」出自何處 /368
「卿卿我我」是什麼意思？ /370

第十一章 | 文化歷史

除了萬里長城之外的小長城 /371
「姓」是怎麼來的？ /372
姓和氏最初是一樣嗎？ /374

為什麼在名之外還要取「字」？ /375
封禪是什麼活動？ /376
故宮的房屋數量有多少？ /378

天安門的設計者是誰？ /379
鄭和到底幾次下東西洋？ /381
楹聯的種類有哪些？ /382
中國歷史上的「六聖」 /384
什麼是「演義」？ /386

漢字是怎樣起源的？ /387
漢字書寫的方式 /388
中國古代有「圖書館」嗎？ /389
諸子百家真的有「百家」嗎？ /391
中國古代文明之「四」有哪些？ /392

| 第十二章 | 逸事趣聞 |

華夏族的始祖是誰？ /395
孔子是文武雙全之士嗎？ /396
孔子的名字是怎麼來的？ /398
真有主宰地獄的閻羅王嗎？ /399
「桃園結義」按年齡分大小？ /400
趙雲幫劉備救回的是誰？ /401
劉備借荊州是怎麼回事？ /402
在赤壁之戰中，誰的功勞大？ /403
關羽真有「華容道」釋曹操？ /405
《三國演義》中誰死得最冤？ /405

木牛流馬的由來 /406
為何諸葛亮不廢掉劉禪？ /408
諸葛亮真的擺過空城計嗎？ /409
歷史上誰是最白癡的皇帝 /410
江南第一風流才子 /411
魏忠賢為何自稱「九千歲」？ /412
皇太極為什麼改國號？ /413
乾隆打破哪些皇帝紀錄？ /414
「出洋相」的由來 /415
「狗咬呂洞賓」有什麼由來？ /417

| 第十三章 | 醫藥衛生 |

中國最早的醫院誕生於何時？ /419
病歷是由淳于意所創嗎？ /420
行醫緣何又稱為「懸壺」？ /422
杏林聖手的典故 /423

名醫扁鵲 /425
華佗對中華醫術的貢獻 /426
李時珍對中國醫藥事業的貢獻 /428
古代醫生如何診斷疾病？ /430

中國古代有人體解剖手術嗎？／432　動物糞便也能做藥材嗎？／437
在古代，「感冒」也是病嗎？／431　針灸是怎麼發展演化的？／439
成語「五毒俱全」是指什麼？／436　奇香或奇臭的中藥療效也神奇嗎？／441

｜第十四章｜器物工藝｜

「司母戊」大方鼎是什麼樣的？／443　古代的「算盤」是什麼樣子？／454
九鼎有什麼作用？／444　中國四大名繡是什麼？／455
中國古代橋梁的基本體系有哪些？／445　古代人民是怎樣雕玉的？／457
鋸是誰發明的？／448　古代燒造彩陶分幾個步驟？／460
指南針是怎樣發展演變的？／449　「唐三彩」只有三種顏色嗎？／462
指南針對航海事業有何貢獻？／452　景泰藍的起源與皇宮失火有關嗎？／463

第一章
兵政刑制

總督、都督、提督各負責什麼？

　　總督是管轄一省或數省軍政的地方最高長官,起於明朝。正規的跨省總督制出現在憲宗成化五年(1469年)常設兩廣總督以後。明代的總督還不是固定的職務,主要負責軍務和糧餉。之後其職權日益擴大,逐漸成為了地方的軍政首長,才開始兼掌民政。實際上清康熙以後,總督成了一品封疆大臣,正式行使軍政民刑的督管職能。當時全國共設直隸、四川、兩江、湖廣、閩浙、兩廣、雲貴、陝甘八員總督。

　　都督一職始設於漢末;三國時有「都督諸州軍事」,主要指領兵打仗的將帥,一般不管民事;魏晉以後,都督總攬了軍政大權,成了「軍管」;唐代各州都設都督,大都督成為當地轄區的軍政總首長。

　　提督是清朝的一個要職。當時的提督有兩種,一種是提督學政,各省一人,掌學校政令,負責歲、科考試,考查師生的優劣,又稱為學政、學台,凡全省大事,他有權和總督、巡撫一起參加討論;另一種是提督軍務總兵官,負責一個省的軍務,和總督一樣,他也是一品大官,

其官位高於巡撫、藩台、臬台。

趣味鏈結：明清六部都有哪些職能？

吏部：主管全國文職官吏的挑選、考查、任免、升降、調動、封勳，大體相當於現代的人事部。

戶部：主管國家戶籍、田畝、貨幣、各種賦稅、官員俸祿，大體相當於現代的農業部和財政部。

禮部：主管朝廷重要典禮（如祭天地、祭祖先等）、科舉考試、接待外國來賓，大體相當於現代的教育部和外交部禮賓司。

兵部：主管全國武職官員、練兵、武器、軍事驛站，大體相當於現代的國防部。

刑部：主管國家司法，大體相當於現代的司法部。

工部：主管水利工程、重要的土木建築工程，大體相當於現代的水利部和建設部。

各部的最高長官稱「尚書」，相當於現代的部長；副長官稱「侍郎」，相當於現代的副部長。

為何古人常隨身佩劍？

千百年來，劍得到人們的珍視，也得到人們的充分利用。劍不僅用於沙場，而且也是中國古代人雅愛的佩飾。

在周、秦、漢、唐兩千多年間，佩劍之風一直盛行。

最早的劍，是中國西周時期的青銅劍，它用錫、鉛、銅混合鑄造而成，硬度較強。

從西周到春秋，劍主要都是用於佩帶防身，但有時也是一種身分和地位的象徵，故而在當時只有貴族才能佩帶，普通老百姓是望塵莫及的。直到西元前408年，秦國才放寬禁令，允許老百姓佩劍。

春秋戰國時期，魏國國王和丞相都好武，所以不論文吏武將入朝奏事都要佩劍，甚至有些文官在奏事時，沒有劍也得借一把佩在身上。

戰國以後，出現長劍，到秦朝時劍就更長了，但是劍太長，從劍鞘裏拔出來極不方便。荊軻刺秦王時，秦王就因劍太長拔不出來而幾乎喪命。

東漢以後，在疆場征戰中，劍已經被刀替代了，但是作為佩飾，劍仍是必不可少的。

晉朝時，甚至有達官貴人用木劍、玉劍作為佩飾。《晉書》中就有記載：「漢制，天子至於百官無不佩劍。」

到了隋唐時期，劍有金裝劍、蒼玉劍之分，只佩、雙佩之別，佩劍也已有不同級別的規定。朝廷上百官走動，佩劍鏗鏘，曾有詩云：「花迎劍佩星初落，柳拂旌旗露未乾。」「佩劍聲隨玉墀步，衣冠身惹御爐香。」

趣味鏈結：青銅劍是中國最早的劍嗎？

目前發現中國最早的劍是西周時期的青銅劍。在陝西省長安縣張家坡、北京市琉璃河等地西周時代的墓葬中，都曾經挖掘出柳葉形青銅短劍。

春秋時期，吳、越等國的步兵都擅長用劍。他們所使用的劍，劍身長度都在50公分以上。那時候，吳國、越國善於鑄劍，鑄劍技術非常先進，鑄出了一些名揚天下的寶劍，如吳王夫差劍、越王勾踐劍等。

戰國時期，劍身繼續加長，鑄劍技術進一步得到提升，鑄出了脊部和刃部具有不同銅錫配比的青銅劍。這種劍的脊部很柔和，刃鋒卻很堅利，大大提高了作戰禦敵的殺傷力。代表著最高技術水準的青銅劍是陝西省臨潼縣秦始皇陵兵馬俑坑出土的青銅劍，這種劍長達94公分，劍身又窄又薄，刃部鋒利，表面還進行了防鏽處理。

正式的娘子軍起源於什麼時候？

隋朝末年，李世民策動他的父親李淵起兵，反抗漸漸走入末路的隋朝。李淵的三女兒李氏回到陝西鄠縣故鄉，變賣家產，招募了大批士兵，又聯絡各地的農民武裝，合併了幾支零散的起義軍，兵力擴充到七萬。西元617年，李氏率領著這支隊伍和李世民在渭北會師，共同擊潰了隋軍，宣告了隋王朝的結束。

李淵稱帝後，李氏被封為平陽公主。之後，李氏統領的軍隊號稱「娘子軍」。但這支娘子軍只是以女子為將，士兵則多為男性。

至於以女子為基本成員又有嚴密組織的娘子軍，則是從太平天國時期才開始有的。太平天國的女軍是在男女平等的政治綱領指導下成立的，以前、後、左、中、右和數字一至八來編排番號，共四十軍，每軍兩千餘人，共有十萬之眾。

趣味鏈結：孫武操練過「娘子軍」嗎？

據史書記載，孫武來到吳國幫助吳王謀劃霸業，吳王為了試他的兵法，便將宮中百名美女交給他訓練。孫武將她們分成兩隊，兩隊隊長由吳王寵愛的兩個妃子擔任。可是這兩人不守紀律，嘻嘻哈哈，於是孫武下令將她們處斬，另任隊長。

其他美女見狀後非常害怕，所以都認認真真地聽從孫武指揮，進行操練。她們隊伍整齊、步伐統一，完全合乎規格。這大概就是操練娘子軍的先聲了。

象棋的「兵」、「卒」來源何處？

中國象棋，古稱「象戲」，其起源應該在周朝，於北宋末年定型成近代模式：32枚棋子，棋盤有河界。棋子中除各設一個雙方的將帥外，士

（仕）、相（象）、車、馬、炮紅黑雙方都是兩兩成對，「兵」、「卒」雙方各設五個。根據局制和規則可知，象棋是模擬古代兵戰與軍隊編制。「兵」、「卒」雙方各設五個，就是古代兵制的一種象徵。

夏朝的軍隊以步兵為主，車兵開始出現。

到了周朝，就有固定的軍隊編制了，並且軍中等級鮮明，沿用商朝的戰車制，以車兵為主力軍種。據《周禮・地官・小司徒》記載：「五人為伍，五伍為兩，四兩為卒，五卒為旅，五旅為師，五師為軍。」因此一軍約有一萬二千五百人。

周朝的兵制是古代社會兵制的典型，象棋中的「兵」、「卒」就是以周朝的兵制單位「五」為基準，所以象棋的「兵」、「卒」雙方各設五個。

周平王東遷後，兵種除步兵、車兵、舟師外，還有新出現的騎兵，但車兵還是主要兵種，這時的戰爭方式也以車戰為主。

戰國時的秦朝兵制則以軍權高度集中和軍隊高度統一為主要特徵。兵役制度採取徵兵制，軍隊以步兵為主，同時還有強大的騎兵和水師。各級地方政府也設有主管軍事的職官，從中央到地方，形成一套完整的以皇帝為最高統御的高度集權軍事領導制度。

漢朝無論是在徵兵還是在軍事統治上，都基本承襲秦制。

隋唐以後，各朝各代的兵制大多沿襲漢制。但不管兵制如何演變，士兵的基本建制單位人多維持五人為伍，這也就是象棋的「兵」、「卒」雙方各設五個的緣故。

趣味鏈結：象棋上的「楚河」、「漢界」究竟在哪裡？

在中國象棋的棋盤中間，一般寫著「楚河」、「漢界」四個大字。那麼「楚河」、「漢界」究竟在哪裡呢？

據考證，歷史上的「楚河」、「漢界」，並非今日的揚子江畔的楚河地帶，而是在河南省滎陽成皋一帶。它北臨黃河，西依邙山，東連平原，

南接嵩山，只有一個出口，自然是歷代兵家興師動眾的地方。

西元前204年，劉邦和項羽在這一帶短兵相接，楚漢兩軍隔著一條廣武澗對峙起來。

西元前203年，劉邦憑藉大後方豐富的糧草做後盾，出兵擊楚，項羽因為糧缺兵乏，被迫提出「中分天下，割鴻溝以西為漢，以東為楚」的要求。

這條「鴻溝」就在從滎陽引河水向東南，溝通濟、汝、淮、泗四水為界的範圍內。從此，就有了「楚河」、「漢界」之說。

古代「三軍」指的是什麼呢？

在中國古典小說中，經常可以看到「三軍未動，糧草先行」這句話。那麼，這裏的「三軍」指的是什麼呢？

「三軍」最早源於春秋後期，當時的大國通常都設三軍，如晉、楚、齊、魯、吳等國。但各國對此的稱謂都不一樣，如晉國稱「中軍、上軍、下軍」；楚國稱「中軍、左軍、右軍」；齊國、魯國、吳國都稱「上軍、中軍、下軍」。三軍各設將、佐等軍銜，一般以「中軍」作為統帥，「左」、「右」兩軍為輔軍。

當時的一軍有多少人呢？據《管子・小匡》記載：「萬人為一軍。」事實上，一軍的人數遠不止一萬人，應大約一萬二千五百人。因此，「三軍」合起來就有三萬七千五百人。

唐、宋代以後，「三軍」已經成為軍隊的一種固定建制。不過，這時候的「三軍」與春秋時候的「三軍」又有不同，因為這時候的「三軍」各軍是擔任不同作戰任務的各種部隊：「前軍」是先鋒部隊；「中軍」是主將統率的部隊，也是主力；「後軍」主要是擔任掩護和警戒任務的部隊。

明代的「三軍」又與之前的「三軍」有所不同。據明代朱國禎的《湧幢小品》記載：「三軍者，壯男為一軍，壯女為一軍，男女之老弱為一

軍。」這裏所說的「三軍」，原是戰國時代秦商鞅所規定的，包括前方作戰、後方保衛城池的三方人員。

而我們今天所說的「三軍」，一般是指陸軍、海軍和空軍。

趣味鏈結：西周有軍一級編制嗎？

歷來兵家學者都認為西周有軍一級的編制，其主要依據就是《周禮》中記載的軍。在此前後成書的一些史籍，比如《國語》、《左傳》也都記載著西周存在軍一級編制。

《周禮・夏官》記載：「凡軍制，萬有二千五百人為軍，王六軍，大國三軍，次國二軍，小國一軍，軍將皆命卿。二千五百人為師，師帥皆中大夫。五百人為旅，旅帥皆下大夫。百人為卒，卒長皆上士。二十五人為兩，兩司馬皆中士。五人為伍，伍皆有長。」

《國語・齊語》有「五鄉為帥，故萬人為一軍」。

《左傳・襄公十四年》有「周為六軍，諸侯之大者三軍也」的敘述。

唐、宋、明編纂的《通典》、《通志》、《太平御覽》、《永樂大典》，也都有關於西周「軍、師、旅、卒、兩、伍」編制的記載，並未見與此相悖的論述。

清朝兵服上的「兵」是什麼意思？

我們在看有關清代的影視資料時，常會看到兵服上的「兵」字，這「兵」字有什麼意思呢？

兵，是一個國家的常備武裝力量。從字義上看，兵指兵卒、士兵，是正規軍隊中的服役人員。清朝在入關以前，軍隊主要由旗人編組的八旗兵組成。1644年，清朝入關「定鼎中原」後，八旗兵員嚴重不足，就建立了由漢族人組成的漢兵作為彌補，這種軍隊因為以綠旗為標誌，故稱綠營。

這兩種軍隊雖然有區別，但都是清朝的正規軍，其駐防地有嚴格規

定，不經過朝廷是不能隨便調動的；八旗兵大部分用來衛戍京城，小部分駐防全國某些要地；綠營兵則遍布全國各地。我們在一般的影視作品中所看到的應該多是綠營兵。

趣味鏈結：清代的「勇」是指什麼？

清代把戰爭時期臨時招募的兵士叫做「勇」，如「勁勇」、「募勇」、「鄉勇」等。

雍正、乾隆之後，遇有戰事，每每常規「兵」不夠用，就需要臨時招募軍隊，以補八旗兵、綠營兵之不足。「勇」就地取材，臨時招募，戰事完了就卸甲歸田，即使立有戰功的也不久用。

「鄉勇」始建於1787年清將福康安鎮壓臺灣林爽文起義。他的「官兵」屢遭失敗，遂採取「以土著破土著」的方法，「廣募鄉勇以厚兵威」，終於鎮壓了林爽文起義。由於這些臨時士兵都是本地人，大多熟悉本地山勢水形，自然就很容易取勝。

嘉慶初年時，清廷鎮壓川、楚白蓮教起義，也是廣募川、陝、楚三省「鄉勇」幫助綠營作戰。但這「鄉勇」仍不是清朝的正規軍隊，一到起義被鎮壓下去後，就紛紛解散了。

直到清末太平天國時，曾國藩以團練起家，才改非正式的「鄉勇」為「練勇」（即湘軍），定兵制，發餉糧，稱為「勇營」。由於清入關以後，八旗兵養尊處優，逐漸腐朽，綠營也逐漸腐化，為鞏固統治，清廷不得不依靠曾國藩的湘軍、李鴻章的淮軍（也是招募的）來打仗。從此，「勇」代替了「兵」，成為清廷的正規軍主力。

古代軍隊統帥是「將軍」嗎？

上古之時沒有將軍，管民政的叫司徒，管經濟的叫司空，管軍事的叫司馬。那時候，由於國家人口有限，軍隊的數量也很少，天子只有六軍

（每軍2500人），諸侯最多不超過三軍。當時每軍的統帥不叫「將軍」，而叫「卿」，卿以下叫「大夫」，大夫以下叫「士」。

到了春秋時代，諸侯為了建立霸業而不斷地招兵買馬。稍大一些的諸侯國，如齊、晉、楚等，常常擁有三軍以上的兵力。可是擴充軍的統帥既不能叫「卿」，也不能叫「大夫」和「士」，於是有些諸侯就把三軍之外的統帥稱做「將軍」，意即「率領一軍」的意思。

後來，軍隊的數量越來越多，將軍也就越來越多了。在行軍打仗時，軍隊得由一人統率，才能取得勝利，於是便在將軍中選拔出「大將軍」或「上將軍」來統一指揮。

到漢朝時期，軍隊數量更多了，單設一位大將軍已經管不過來，於是又出現了「驃騎將軍」、「車騎將軍」、「衛將軍」等不同級別的將軍。

以後的各朝將軍雖不盡相同，但「將軍」分成許多級別這一原則卻是相同的。

趣味鏈結：中國古代的軍銜都有哪些？

元帥：元帥源於《左傳‧僖公二十七年》所載晉文公的「謀元帥」。唐代設有元帥、副元帥等戰時最高統帥；宋有兵馬大元帥；元有都元帥、元帥。

將軍：春秋時晉國稱將軍為「卿」；漢代將軍名號頗多；魏晉南北朝時將軍名號更多；隋唐以後歷代皆設有將軍。

校尉：古代軍隊的編制單位是校，校尉是統領一校之官，地位僅次於將軍。漢武帝初置中壘、屯騎、步兵、越騎、長水、胡騎、射聲、虎賁等八校尉，為專掌特種軍隊的將領；唐代團設校尉。

尉：春秋時晉國軍隊分為上軍、中軍、下軍，每軍都設尉；秦漢時太尉、大尉、中尉地位頗高，秦漢以後帶尉字的官員地位逐漸下降。

古代軍隊作戰的八陣法是指什麼？

方陣是古代軍隊作戰時把參戰部隊（車、步、騎兵等）按照作戰要求排列的陣式，一般呈方形或長方形。這種陣式是按古代軍隊的編制，以伍或隊為基礎的，其組成包括中軍、左拒（矩）、右拒（矩）。根據作戰規模的不同，可大可小，大方陣可達萬人以上。

八陣法是《孫臏兵法》中提出的八種最基本的陣法。它歷經秦漢傳到三國，由於諸葛亮的出色運用，而一舉成為中國歷史上比較著名的陣法。分列如下：

方陣：用於截斷敵人。

圓陣：用於聚結隊伍。

疏陣：用於擴大陣地。

數陣：密集隊伍不被分割。

銀錐之陣：如利錐，用以突破敵陣。

雁行之陣：如雁翼展開，用於發揮弩箭的威力。

鉤行之陣：左右翼彎曲如鉤，準備改變隊形，迂迴包抄。

玄襄之陣：多置旌旗，是疑敵之陣。

這八種陣法在戰爭中結合運用起來變幻莫測，神乎其神，有攻有守，所以又有人說這「八陣」其實就是「一陣」。

趣味鏈結：軍中所用的盔甲最初是由誰發明的？

「丟盔棄甲」是對軍隊落敗後的一種形容，你知道最初的盔甲是由誰發明的嗎？

盔在古代叫做冑、兜鍪、頭鍪，形狀像帽，用以防護頭部；甲又叫介、函、鎧，形狀類似衣服，用以防護身體。盔甲合起來就是一整套裝備了，既能防護頭部，也能防護身體。

據古代傳說，盔是黃帝發明的。《事物紀原》卷九記載：「兜鍪，冑

也，黃帝內傳所述。蓋玄女請帝制之，以備身也。」

而甲則相傳是夏朝第七代帝杼在和東夷人作戰時創造的。《世本》記載：「杼作甲」，注：「杼或作與，少康（夏第六代帝）子也。」

原始的盔甲都不是在兵工廠生產的，用料比較簡單，大多用藤條、獸皮製作，盔似乎也有用金屬做的。《史記・五帝本紀》正文中記載：「蚩尤兄弟八十一人，獸身人語，銅頭鐵額。」這裏所謂的「獸身」很可能就是用獸皮製的甲；「銅頭鐵額」也許就是金屬製的頭盔吧！

「烏紗帽」只有官員能戴嗎？

在戲劇舞臺上，凡是當官的，總要戴一頂「烏紗帽」。那麼，「烏紗帽」最初就是官員戴的帽子嗎？

「烏紗帽」也叫紗帽，其前身是古代男子裹頭髮用的襆頭。北宋初年，有人將襆頭改為紗帽，皇帝對此非常欣賞，於是便要求朝中官員都要戴這種紗帽，甚至他自己有時也佩戴。

這種紗帽的樣式是兩旁各有一根一尺多長的細翅，當佩戴者走路時它就會上下顫動。為了保護帽翅以免碰掉帽子，官員們都養成了每走一步都小心翼翼的習慣。

據史書記載，宰相寇準有一次微服私訪，路遇一老翁，老翁對他跪拜迎送，十分恭敬。寇準覺得奇怪，便問道：「老人家，我不是朝中大臣，你為何對我如此客氣？」老翁笑道：「大人休要再瞞我了，剛才你從狹巷過，左看右看生怕碰著你的頭頸，說明你是戴慣紗帽的。如今你雖沒穿朝服，但我還是能看出你的身分來的。」

直到明朝，官員們仍沿襲宋制戴紗帽，但皇帝已不再戴了，把紗帽定為文武官員的禮帽。明太祖朱元璋洪武三年（1370年），規定官員上朝和辦公的制服是戴紗帽，穿團領衫，束腰帶。從明世宗時開始，對紗帽作了一些變動：縮短其雙翅的長度，並調整其雙翅的寬窄，官階越大，紗帽的

雙翅越窄，反之亦然。

清朝初年，順治帝入關，為了籠絡人心，允許不少地方官員仍穿明代朝服，戴明代烏紗帽，等到清室統治得到鞏固，才下令將官員戴的烏紗帽改為紅纓帽。雖然如此，「烏紗帽」一詞卻流傳下來，成為官位的代稱。

趣味鏈結：什麼是頂戴、花翎？

清代時滿族人入主中原，因此官服形制和歷代不同。由於等級觀念森嚴，清代對官員的服帽有嚴格的規定，官員絕對不許亂戴。

所謂「頂戴」，就是官員戴的帽頂。各品的頂戴在同色之中又有區別：一、二品有純紅和雜紅之分；三、四品有亮藍和暗藍之分。

各品的頂戴所戴的東西也有區別：一品戴珊瑚，二品戴起花珊瑚，三品戴藍寶石或藍色明玻璃，四品戴青金色或藍色涅玻璃，五品戴水晶或白色明玻璃，六品戴硨磲或白色涅玻璃，七品戴素金頂，八品戴起花金頂，九品戴鏤花金頂。

而所謂的「花翎」則是皇帝特賜的插在官帽上的裝飾品，一般分藍翎和花翎兩種，藍翎是鶡翎，花翎是孔雀翎。「花翎」並不是任何官員都可以戴的，只有那些立有戰功的人和對朝廷有特殊貢獻的人才可獲此殊榮。而且，這些人在獲戴「花翎」時也有嚴格的規定，六品以下的官員只能獲賞藍翎，五品以上的官員獲賞單眼花翎，雙眼花翎賞給大官，三眼花翎則是賞給親王、貝勒等皇族和有特殊功勳的上臣。

官服上繡精緻圖案，是為了什麼？

中國古代的服飾設計，不論是色彩的選用還是圖紋的設計都力求順應自然法則，既體現了與大自然的和諧相處，還遵循了封建社會尊卑等級的原則。古代的官服更是非常講究，君與臣的服飾有區別，臣子之間的服飾也因其官銜的高低各有不同。

皇帝是萬民仰視的真龍天子，擁有極其尊貴的身分，其衣裳配飾都極其講究。標準的帝王專用服飾形成於周代，周天子在祭天的時候所穿的服裝為黑色上衣、赤黃色的下裳。因為當時衣與裳是分開的，所以衣指上衣，而裳指下衣。上面繪繡有十二種紋飾，其中上衣繪日、月、星辰、山、龍、華蟲，稱為「上六章」；下裳繡宗彝、藻、火、粉米、黼、黻，稱為「下六章」。後世把它們合稱為「十二章」。紋樣、顏色不同，所屬官階也就不同。

　　十二章各有其特殊的象徵意義。

　　「日」即太陽，相傳日中有三足鳥，故世稱太陽為金鳥，取自「日中有鳥」、「后羿射日」等神話傳說，象徵光明、生命之源；「月」即月亮，相傳月中有白兔，以白兔為月的代稱，取自「嫦娥奔月」等神話傳說；「星」即天上星宿，服飾上以幾個小圓圈表示星星，星與星之間以線相連，構成一個星宿；「山」即群山，取其能雲雨或其鎮重的形象。在官員的服飾上其圖形亦為群山狀，代表著為官者沉穩的性格，象徵君王能夠安邦定國；「龍」為龍形，取其騰雲駕霧、千變萬化，象徵帝王縱橫捭闔，審時度勢；「華蟲」為鳥類，其羽細而紋理華麗，取其文（紋）理，象徵帝王有文章之德，文采彰顯。

　　「宗彝」為宗廟裏的一種祭祀禮器，通常是一對，各繪以虎紋和蜼紋。虎，取其忠猛；蜼，為長尾猴，傳說性至孝，故取其孝，象徵帝王具有忠孝之懿德；「藻」即水藻，為水草形狀，取其潔，象徵帝王品行高潔；「火」即火焰，取其明，象徵帝王處理國政正大光明，而火焰向上狀，也隱含著帝王率領黎民百姓向歸上命之意；「粉米」即白米，取養之意，象徵在帝王統治下的人民安居樂業，物產豐厚；「黼」半黑半白如斧形，取其能斷之意，象徵帝王行事果斷；「黻」如兩己相背之形，取其辨，象徵帝王能明辨是非善惡、知錯能改的美德。

　　在明朝時，皇帝的朝服仍為十二章紋，但文武官員按照官級高低穿著前胸和後背用金線與彩絲繡成的「補服」，一般是文官繡鳥類圖形，武官

繡獸類圖形。同是文官，所繡圖案也因其官級高低而不同：一品繡仙鶴，二品繡錦雞，三品繡孔雀，四品繡雲雀，五品繡白鷴（音閒），六品繡鷺鷥，七品繡鸂鶒（音西斥），八品繡黃鸝，九品繡鵪鶉。

清朝官員的袍子也是有等級之分的：皇帝和皇太子穿龍袍，皇子只穿龍褂；官員穿蟒袍，三品以上的文官袍上繡九蟒，四品以下的文官袍上繡八蟒，七品以下的文官袍上繡五蟒。

趣味鏈結：為什麼古代皇帝的龍袍上要繡九條龍？

據《清史稿·志七十八·輿服二》上載：「龍袍，色用明黃。領、袖俱石青，片金緣，繡文金龍九。」因袍上繡有九條金龍圖紋，故名「龍袍」。

龍袍上為什麼會繡有九條龍呢？

根據《大清會典》載，「龍袍」的基本款式是上衣下裳相連。古人對帝位有「九五之尊」之稱，因為九為陽數，五為卦象中自下而上的第五個爻位。古書中記載：「飛龍在天，利見大人。」孔穎達《正義》上說：「言九五，陽氣盛至於天，故云飛龍在天。此自然之象，猶若聖人有龍德，飛騰而居天位。」

「黃色」為何是皇帝專用顏色？

在唐朝以前，中國的皇帝所穿的服飾並沒有統一的規定。

周朝時期有天子「著青衣」的記載。

春秋時期，侯國紛爭，世態混亂，當時的五霸也沒有統一的袍服顏色。《韓非子·外儲說左上》載：「齊桓公好服紫，一國盡服紫。」可見當時朝中上上下下都穿紫色，紫服並不是君王的專利。

從戰國到秦漢魏晉之際，水、火、木、金、土的「五行」說非常盛行。秦始皇就按「五行」和「五色（黑、白、青、赤、黃）」分別相配的

「五德」說，穿黑色袍服，並且旌旗等都以黑色為貴。當然這跟秦朝實行的水德制度是分不開的。

晉代實行金德制度，以赤色為貴，當時的皇帝著紅袍。

隋朝時，隋文帝、隋煬帝都著黃袍，其他人也可穿黃色衣服。直到隋煬帝大業六年，按不同等級，各階層服飾才有了一些規定。據《隋書》卷十二《禮儀志》記載：「胥吏以青，庶人以白，屠商以皂，士卒以黃。」

到唐高祖時期，黃色才成為皇帝的專用顏色，黃袍遂成為御用之服。朝廷正式禁止百姓穿黃色衣服。

趣味鏈結：趙匡胤在發動「陳橋兵變」後也是黃袍加身嗎？

趙匡胤就是宋太祖，在後周時期，任殿前都點檢，領宋州歸德軍節度使，掌握兵權。

周世宗柴榮死後，他七歲的兒子柴宗訓繼位。這時，趙匡胤看到奪取後周政權的條件已經成熟，於是精心策劃了一場歷史上有名的「陳橋兵變」。諸將給他披上黃袍，擁立他為帝。清代錢彩在《說岳全傳》中說：「自從陳橋兵變，黃袍加體，即位以來，稱為真龍天子。」

「奉天承運，皇帝詔曰」的起源

現在看古裝戲，戲裏宣讀聖旨時，常聽到「奉天承運，皇帝詔曰」的說法，聽多了也就習慣了。不過這種用法最初是怎麼來的呢？又最早應用於何時呢？

明朝萬曆時期，文學家沈德符提出，這種叫法最早始於明朝的開國皇帝朱元璋。據他分析認為，西元1368年，朱元璋在南京稱帝，因為他所捧的大圭上面刻著這幾個字。

沈德符，字景倩，又字虎臣，浙江嘉興人，是萬曆時的舉人，著有一本《野獲編》。這本書是搜集明朝萬曆皇帝以前的朝章典故彙集而成的，

書中記載著，明太祖朱元璋這「奉天」兩字是千古獨見，是前人所從未用過的。

太祖所遺留下的祖訓中也曾經說過，皇帝所執的大圭刻著「奉天法祖」這幾個字，所以皇帝也被稱為「奉天承運皇帝」，皇帝頒布的詔書前面也都會加上「奉天承運皇帝」的稱呼。

這「奉天承運皇帝」的稱號再加上「詔曰」這兩個字，現在人們對它重新斷句，就演變成了我們在電視劇中常常聽到的「奉天承運，皇帝詔曰」的說法。

趣味鏈結：「尚方寶劍」是一柄什麼劍？

電視劇中，我們常看到某某欽差舉起「尚方寶劍」，其他臣僚見了如同見皇帝一樣紛紛跪拜。「尚方寶劍」究竟是一柄什麼劍呢？

「尚方寶劍」，也稱上方寶劍，也就是「尚方」鑄的寶劍。在封建社會，「尚方」是掌管帝王所用刀劍等器物製造的一個部門，秦朝始設置。

「尚方寶劍」一般為皇帝所用，往往作為皇權的一種象徵。據說它可以上斬王親國戚，下斬眾臣百姓。是否真有「先斬後奏」之權呢？從歷史記載來看，很少有人得到這把寶劍。再說，只要皇帝還沒到臥病不起的時候，他是不會把這種權力交出來的。

據說，真正的尚方寶劍出現在明朝。《明史・職官志》記載，明朝開國之初，明太祖朱元璋就將御史臺與軍政首腦部門並列，下詔說：「國家立三大府，中書總政事，都督掌軍旅，御史掌糾察。朝廷紀綱盡繫於此，而台察之任尤清要。」為了懲治腐敗，明太祖才真正把尚方寶劍作為皇權的象徵物賜給臣下。

古代也有官員退休制度嗎？

古代官員的退休稱為「致仕」，即「還祿位於君」，意為交還官職。

官員到一定年齡而致仕的做法自周代起就有。周初，隨著奴隸制國家機構的發展，把「致仕」作為官制中的一項內容。

《禮記・曲禮上》云：「大夫七十而致仕。」孔穎達疏曰：「七十曰老，在家則傳家事於子孫。在官致所掌職事於君，退還田里也。」意即人到七十歲就老了，在家者應把家事傳給子孫，在朝廷當官的則要把職位還給君上，以讓賢者。這些記述成為後世各個朝代官員在何時退休的基本依據。

秦漢基本沿用「大夫七十而致仕」的周例。漢朝時逐漸形成了一套人事行政制度，明確規定了官員退休的條件和待遇。如《西漢會要》中的丞相韋賢，他在七十多歲時「以老乞骸骨」，皇帝賞賜他百斤黃金和一處宅第，准許他退休了。

唐代對官員退休也有規定：「諸職官及七十，精力衰耗，例行致仕。」另外，若身有疼病或受傷，不到致仕年齡的也可退休請俸。

此後，宋、元、明各朝都有如此制度。

清代，官員的致仕年齡提前。老弱病殘、不能任事者可提前退休。文官六十應告退，是否允許需等待批准；武官則「自副將以下，年六十者概予罷斥」，因為軍營貴朝氣、忌暮氣，需要保持戰鬥力。但這條規定對提督、總兵之類的高級武將不適用。

當然，古代官員的退休年齡也不是絕對的，朝廷重臣、有功者和特旨選用者不受退休年齡限制。

宋代的大學問家——朱熹就沒有因老病而致仕。他於宋寧宗慶元元年「夏乞致仕不允」，又過了四年「乞致仕」，仍未獲允。直到「慶元六年春二月辛酉改《大學誠意》章，甲子以疾終於正寢……享年七十有一」。

元代規定「集賢」、「翰林老臣」不致仕，即使三品以下，也可如此。如天文、曆法專家郭守敬，逾七十申請退休，朝廷不准，直至八十六歲時才卒於知太史院任上。

清代康、雍、乾三朝元老徐元夢「自以年老衰邁，不能辦理刑名事

件，疏辭」，卻屢請不准。乾隆還特意下詔：「徐元夢老成望重，雖年逾八旬，未甚衰憊，可照舊供職，量力行之，不必引退。」最後他以八十四歲高齡卒於任上。

趣味鏈結：古代官員退休後的待遇怎麼樣？

古代官吏退休後，在待遇上依然享有政治上和物質上的優待。

唐代規定，五品以上的官員退休後可得半祿；但有功之臣可得全祿，如唐名相房玄齡、宋璟請致仕，皇上許之，均賜全祿。

明代的官員退休後的待遇分兩種：一種是精神鼓勵，即皇帝對退休者頒發一種勉勵性的文告，亦稱誥敕，以表彰其在職時的功績；另一種是升官晉級或「冠帶」致仕，即在原品級上，升一等級或帶職帶薪退休（相當於現在的離休），但這一規定僅適用於四品以下官員。

清代退休官員的待遇，一般來說大都照原品給予半俸，而對國家重臣則給予全俸，並對個別有突出功績的官員加銜加官。

監獄是怎樣演變發展的？

監獄是國家機器的一個重要組成部分，是階級專政的工具之一。

監獄的起源可以追溯到遠古時代，獄是原始人馴養野獸的阱檻或者岩穴。

到了氏族社會後，氏族對內部違反習慣的人或外族敵對者的懲罰，除死刑外也有限制其行動自由的處罰，即「畫地為牢」，實際上是劃出一定的活動區域，不准其逾越。

隨著社會階級的出現，囚禁人的牢獄也就出現了。最早的監獄，是不便於人行動的荊棘叢。《易‧坎‧上六》記載：「繫用徽纆（用黑帶子加以捆綁），置於叢棘（放到荊棘叢中）。」但這只是暫時拘禁，不能長期關押。

監獄一開始並不叫「監獄」,夏朝時叫「宮」,商朝時叫「圉」,周朝時叫「圜土」。

秦漢以後,監獄的正式名稱就是「獄」。秦時,不僅京城有獄,地方也開始設獄;漢時,監獄更是名目繁多。

南北朝時期的北朝,又開始掘地為獄,發明了「地牢」。

唐朝時,州縣都有監獄。

宋朝時,各州都設置了類似周朝的「圜土」的獄;犯人白天勞役,晚上監禁。

明朝時,京城、州、府、縣都有監獄。

清朝沿襲了明朝的監獄體制。

趣味鏈結:監獄為何也稱「班房」?

明清時期,州縣衙門的「三班衙役」開設看守所,沒有州縣長官簽發的命令,便不能將人關入看守所。

當傳喚到的被告、證人,以及捕獲的通緝犯、嫌疑犯帶到候審時,長官不升堂就沒有辦法關押。而且即使是經過了堂審,有些「查無報案、又無贓據」的疑犯,或者是一些「鼠竊狗偷,辦之無甚重罪,縱之仍擾閭閻」的輕罪慣犯,也會被州縣長官下令由捕快暫時看管,於是捕快還得自己設法找地方看管。

捕快一般就是在自己家裏設一個「阱房」,裝起柵欄,把那些人關在裏面。有的是找一些無主房屋,如「空倉」、「冷鋪」之類作為看管地點。這種地方一般稱為「押館」、「卡房」、「官店」等等。

由於衙役碰頭的地方叫「班房」,後來就把這種捕快自辦的拘留所統稱為「班房」。

古時候的官府為何稱做衙門？

「衙」字本為「牙」，「衙門」是由「牙門」轉化而來的。

在古代，「牙門」是軍旅營門的別稱。先秦時武將儀仗「像猛獸以爪牙為衛，故軍前大旗謂牙旗」，用猛獸的爪牙來象徵王者的武衛，取其勇武之意；除此之外，起初軍事長官辦公的地方常列飾有猛獸的爪牙，後來營門兩側乾脆也用木頭刻畫了大型的象徵性獸牙，於是便有了「牙門」，但並未成為官府的代稱。

直至唐代，「牙門」才變為「衙門」，「衙門」也正式成為了官府的代稱。

唐代封演的《封氏聞見記》載有：「近俗尚武，是以通呼公府為公牙，府門為牙門，聲稍訛變轉而為衙也。」由此可見，在唐朝，由於漢字的演變，「牙門」已變成了「衙門」，「衙門」也從此正式成為了官府的代稱。

到了北宋時，人們已普遍使用「衙門」一詞了。

趣味鏈結：衙門有哪些職能？

在平民百姓眼裏，「衙門」多是指和自己關係密切的基層州縣政府機構。這些機構的職能沒有作詳細的劃分，常常是全縣的治安、生產、稅收、徵兵、地方祭祀、傳達御旨、陳情上奏、緝拿盜匪、衣食住行幾乎全管。可見當時的縣官也真是夠累的，大大小小的事都要管。

為何古代執行死刑都在午時三刻？

古典戲曲小說裏常有午時三刻行刑的描述，是不是古代行刑的時間規定在午時三刻呢？事實並非如此，古代並沒有在午時三刻執行死刑的硬性規定。

既然沒有明確的硬性規定，那麼小說裏執行死刑的時間為什麼偏偏是午時三刻呢？其實這只不過是寫書人藝術化的處理而已。

古代的計時單位是「時」和「刻」。古人把一晝夜劃為十二個時辰，又把這十二個時辰劃為一百刻（「刻」原來指的就是計時的滴漏桶上的刻痕，一晝夜滴完一桶，劃分為一百刻），平均每個時辰合八又三分之一刻。「午時三刻」一般相當於現在的十一點多，將近正午十二點。此時太陽掛在天空中央，是地面上陰影最短的時候。

古代一直認為殺人是「陰事」，如果處理不好就會遭到鬼魂糾纏，因此想辦法避邪。

選擇在午時三刻是因為，古人認為這是一個人一天當中「陽氣」最盛的時候，而在陽氣最盛的時候行刑就可以驅趕陰氣，壓抑鬼魂不敢出現。這就是習慣上在午時三刻行刑的主要原因。

趣味鏈結：古代有哪些死刑？

中國古代的死刑不僅僅是剝奪犯罪人的生命，還包括了羞辱、報復等含義。死刑種類很多，大多是很殘忍的酷刑。其種類有：凌遲、斬首、絞、棄市、車裂、脯、戮、炮烙、磔（音折）、烹、焚、梟首等。在這些死刑中，有的是法定刑，如斬首、棄市、凌遲、絞；其他的則是一些臨時設置或使用的酷刑。

古代真有「誅十族」的刑罰嗎？

中國古代社會是以家族為中心，按血統、嫡庶來組織的宗法社會。「誅九族」的刑罰思想就是建立在宗法制度基礎上的。滅族在封建統治者看來，是最有效果、最有威懾力的刑罰。

在中國君主專制社會裏，一人犯罪，往往九族株連。除此之外，中國也出現過「誅十族」的刑罰。

「誅十族」是明朝的第三任皇帝明成祖朱棣首創。他誅十族的對象就是明太祖朱元璋的皇太孫朱允炆（即明惠帝）的老師方孝孺。

方孝孺，字希直，又字希古，明初浙江寧海人。他是一代名儒宋濂的得意門生，是當時的大儒。他博聞強識，通曉經史，文章蓋世，洪武二十五年被蜀獻王特聘為世子之師，並為其讀書處題額「正學」，時人遂尊稱其為「方正學」。

靖難之役後，燕王朱棣趕走了侄兒明惠帝以後，到了北京，登上帝位，是為明成祖。當朱棣還是燕王的時候，他的謀士就對他說過，方孝孺是「天下『讀書種子』，絕不可殺」。

於是他剛到北京就立刻召方孝孺進殿，想借這位大名鼎鼎的太學博士寫個冠冕堂皇的「即位詔」。但是，令人意料不到的是，方孝孺進殿時身穿白衣，沒有施禮，並且嚎哭不已。

朱棣便說：「我是效法周公輔佐成王啊。」方孝孺止住哭聲，厲聲反問：「成王安在？」「他自焚而死。」朱棣答道。方孝孺又問：「何不立成王之子？」朱棣回答：「國家需要一個成年的君主。」方孝孺愛國熱情激增，咄咄逼人道：「何不立成王之弟？」朱棣無奈回答：「你還是不要管我的家事為好！」

說完，朱棣便命方孝孺立刻起草即位詔書：「詔天下，非先生不可。」方孝孺還是不理會，朱棣又開口道：「先生一代儒宗，幸勿再辭。」方孝孺奪過詔紙，在上亂批數字，擲筆於地，邊哭邊罵道：「死即死耳，詔不可草！」

朱棣見方孝孺如此強硬，禁不住抽了一口冷氣，大怒道：「爾何能遽死？不起草詔書，你不怕滅九族嗎？」方孝孺則針鋒相對地說：「便誅十族又能怎樣！」然後從地上拾起筆來，大書四字「燕賊篡位」。

朱棣受此侮辱，怒不可遏，大發雷霆，命人拿刀來從方孝孺的嘴角直割到耳旁，並將他投入監獄，接著就收拿他的九族親眷坐罪。還因方孝孺說了句「便誅十族又能怎樣！」的話，朱棣又把他的朋友和學生也抓來拼

成「十族株連」，都依次碎剮殺戮於方孝孺面前，行刑達七日之久。方孝孺忍淚不顧，仍然寧死不降，最後被凌遲於聚寶門外，時年僅四十五歲。而在這一冤案中喪生的竟達873人，真可謂駭人聽聞了。

趣味鏈結：「株連九族」受到牽連的範圍到底有多大？

株連法源於奴隸社會末期，亦稱「連坐法」，即一人犯罪，全家人甚至親友都被一起懲罰，「株連九族」就是株連法的一種。先秦時的《尚書・秦誓》和《尚書・堯典》中分別記載著：「罪人以族」和「以罪九族」，可見在當時，家族中只要有一人犯罪，整個家族都要跟著遭受滅頂之災。

那麼，「株連九族」受到牽連的範圍到底有多大？其實，這裏的「九族」指的分別是高祖、曾祖、祖父、父、本身、子、孫、曾孫及玄孫九代之族。

這種沒有人性和公平可言的刑罰，一直以來都盤踞在封建社會的發展歷程之中，是封建帝王藉以鎮壓反對者、鞏固統治地位的專政手段。

古代的笞刑為什麼只打臀？

我們在看古裝戲時，經常看到在公堂上被判「重打五十大板」時，犯人都是被打臀部，直打得皮開肉綻，而不打手、腳、胸或背部，這是因為打臀部會更疼嗎？

原來，這還有一個故事呢！據傳，甄權是隋末唐初著名的醫學家，善於針灸。西元621年，唐太宗李世民平定河南，派李襲譽出任潞州的地方官。當時朝廷聘請一些醫生為征士，甄權就是李襲譽隨行的征士之一。甄權繪有一幅叫做《明堂人形圖》的人體穴位畫，有一天他拿給李襲譽看，李襲譽看後覺得很有意思。

貞觀初年，李襲譽官拜少府監。一天，李襲譽向唐太宗詳述《明堂人

形圖》之妙，於是，唐太宗命他主持修訂，將甄權的《明堂人形圖》加以校訂、充實，且經甄權審定，於西元630年，圖文並茂的《明堂針灸圖》終於完成，並呈獻給太宗御覽。

唐太宗很仔細地看了《明堂針灸圖》，發現人體的胸、背部是五臟經脈穴道集中之處，而臀部穴位則較少。唐太宗由此聯想到：在鞭打的刑罰中，鞭背有可能將犯人誤打致傷殘或死亡。因此，仁厚的唐太宗為避免打死罪犯，就下令衙門在執行笞刑時只可打犯人的臀部，而不可以打背部。自此之後，公堂之上鞭打犯人時就只打臀部了。

趣味鏈結：古代審判時所謂的「五聽」是指什麼？

古代沒有發達的科技手段，法官在審判案件時為了能夠明察秋毫、公正判案，就在實踐中形成了「五聽」制度。這種制度確立於西周，要求法官透過對原告和被告察言觀色等五種方式來審清案情，然後作出公正的判決。它是中國古代法官審判案件的主要方式。

具體來說，所謂的「五聽」就是以下五種判斷方式。

一是辭聽，即根據犯人的言語來判斷，如果言語錯亂則說明他在說謊。

二是色聽，即根據犯人臉上的顏色來判斷，如果臉紅則說明他在說謊。

三是氣聽，即根據犯人的喘息來判斷，如果喘息加重則說明他在說謊。

四是耳聽，即根據犯人的陳述來判斷，如果聽不清法官的話，或者在設法自圓其說，則說明他自覺無理。

五是目聽，即根據犯人的眼神來作出判斷，如果兩眼慌亂無神則說明他自覺無理。

透過以上這五種方式，再結合目擊證人的話，核實證據，法官就會作出合理的判決。

凌遲是將人割上一萬刀嗎？

凌遲也稱陵遲，是一種先殘害人的肉體，然後再傷及其生命的極其殘忍的刑罰。其過程就像民間所說的「千刀萬剮」，具體的做法就是在犯人處死之前，將其身上的肉一刀刀割去，讓他在痛苦中備受煎熬，慢慢死去。

凌遲最早出現在五代時期。據後晉《刑部式》記載，當時處死犯人時「或以長釘刺入手足，或以短刀攢入肌膚，乃至累得半生半死」。

而凌遲被正式地定為刑名則是在遼代。《遼史・刑法志》將其列入正式的律文，成為一種法定刑種。

元、明、清各代均沿用凌遲這種刑罰，直至光緒三十一年（1905年）才被正式廢除。

雖然各朝各代執行凌遲時的具體方式並不一致，但普遍的做法如下。

行刑開始時，劊子手一般會巧妙地一刀剮去犯人的喉結，以免他喊叫，然後動手的部位就是背，且每刀割下的肉必須只有指甲蓋大小。

凌遲一個成年人必須要施三千三百五十七刀，刀刀須見血掉肉，要用大白瓷盤將其貼在上面供觀眾鑑賞，並要得到觀眾的讚賞。如果犯人在規定刀數前死去，劊子手將被觀眾嗤之以鼻，並有可能丟掉飯碗。但實際上，有時執行凌遲時的刀數遠不止3357刀，如明朝作惡多端的太監劉瑾被凌遲時就被割了三天，共4700刀；明朝崇禎年間，鄭曼被凌遲時就被割了3600刀。

趣味鏈結：梟首也是一種死刑嗎？

梟首是中國古代的一種死刑。梟本是一種鳥名，為什麼會被用做刑罰的名稱呢？

據傳，梟和一般鳥一樣由母梟為幼梟哺食，但母梟老了以後，就力盡眼瞎，不能再為幼梟哺食了，這時候幼梟就會啄食母梟的肉來充飢。母梟

用嘴死死銜住樹枝任憑幼梟啄食，一直到全身被啄光，死後只剩下掛在枝頭的腦袋。

幼梟啄食母梟，直至母梟只剩下腦袋掛在枝頭的奇特方式後來被人們借鑑到了刑罰制度之中，創造出了所謂的「梟首」刑罰。其行刑的方式就是把犯人的頭砍下來，高掛在城門的木杆子之上示眾。犯人的頭確實跟母梟死後的樣子很像，「梟首」就是取名於此。

根據歷史記載，梟首之刑發端於商代初期，從秦代開始正式形成制度；漢律中規定，對大逆不道者皆處梟首；晉時的南朝梁律有「大罪梟首」的規定；北齊時死刑分五等，梟首就居第二；北周死刑亦有五等，梟首位居第四；北魏太和三年（479年），「除群行剽劫首謀門誅，律重者止梟首」。

隋開皇元年（581年），梟首被廢止使用；不過到了唐、宋、明、清之時，又偶爾恢復使用，但在總體上有漸趨廢止之勢；1905年4月24日，梟首連同死刑中的凌遲、戮屍一起被清廷徹底廢除。

「五刑」的由來

中國古代最主要的刑罰制度是「五刑」。它經過了「奴隸制五刑」與「封建制五刑」兩個階段，這兩個階段的「五刑」卻是有所區別的。

「奴隸制五刑」分別是：墨（在臉上刺字）、劓（割鼻子）、剕（砍足趾）、宮（破壞生殖器）、大辟（死刑）。

墨刑，又稱黥刑，是一種在犯人面頰上或額頭上刺字再染上墨的酷刑。這種刑罰不僅使犯人身體受到傷害，而且在精神上也受到很大折磨。不過與其他四種刑罰相比，墨刑是「奴隸制五刑」中最輕的一種刑罰。

劓刑，就是把犯人的鼻子割去的一種刑罰。鼻子是人的重要器官，而且與人的尊嚴密切相關，因此劓刑較墨刑為重。

剕刑，是砍去犯人的手或足的重刑。另外，與砍手足相類似的還有砍

去膝蓋骨的臏刑，孫臏就是因為他受過臏刑而得此名。

宮刑，就是剝奪犯人「傳宗接代」能力的一種刑罰，一般適用於性質嚴重的犯罪者。宮刑被視為最大的恥辱和不幸，因而是「五刑」中除死刑以外最殘酷的刑罰，《史記》的作者司馬遷就曾受過宮刑。

大辟，是死刑的總稱。夏、商、周三代的死刑方法多種多樣，尚無統一的規範，但還是以殘酷的肉刑為主。商朝末期的昏君紂王，更是將酷刑發展到了極致，除常見的斬、戮等死刑方法外，還出現了炮烙、醢、脯等等酷刑。

「奴隸制五刑」極其殘忍，沒有人性。隨著文明的發展，人類進入封建社會，「封建制五刑」相對於「奴隸制五刑」來說則更文明。

「封建制五刑」的典型代表是唐代的五刑，主要包括笞刑、杖刑、徒刑、流刑、死刑五種。

笞刑，就是用長三尺五寸的小竹板打犯人的腿與臀，分五等，由十至五十，每等加十。

杖刑，就是用比笞粗的常行杖（法杖）打犯人的背、臀與腿，分五等，由六十到一百，每等加十。

徒刑，即強迫犯人帶鉗（頸圈）或枷（束頸）服勞役，分五等，由一年至三年，每等加半年。

流刑，即流放到邊遠地區服勞役（開始為一年，後加至三年），分三等，由二千里至三千里，每等加五百里。

死刑，分兩等，即絞與斬。

趣味鏈結：「象刑」可以用來代替「奴隸制五刑」嗎？

「象刑」是古代的一種酷刑。由於人們對「象」字的不同理解，所以對「象刑」有以下三種不同的說法。

一是「依照刑」說。此說認為「象」字是法式、效法的意思，所以「象刑」也就是依照法律進行審判、定罪和量刑。

二是「頒布刑」說。此說是依「治象之法」、「刑象之法」來理解的，也就是把犯罪、刑罰的情狀用繪畫的形式懸示，公之於眾。

三是「象徵刑」說。此說認為「象刑」是一種象徵性的刑罰，意即用「畫衣冠、異章服」來代表肉刑和死刑，以羞辱性的服飾來懲罰犯人。

在以上三種說法中，「象徵刑」說比較可信。《慎子》中取的就是「象徵刑」說，該書稱舜時的刑罰制度，蒙黑頭巾、草梗做帽帶、穿麻布鞋、割衣服前襟下擺及著無領衣服來分別代替「奴隸制五刑」中的墨、劓、剕、宮、大辟。

第二章 婚喪嫁娶

古時男女結婚也有年齡限制嗎？

很多人都認為，中國古代的男女往往十幾歲就結婚成家，所以婚齡都很小。

其實，這種認識是片面的。據有關史料記載，中國早在2700多年前的西周時期，就已經實行男三十而娶、女二十而嫁的婚齡制。據《禮記》載，西周時期男子二十而冠，始學禮，三十始有室，始理男事；女子十五而笄，二十三而嫁。

東漢班固在《白虎通義》中對男三十歲、女二十三歲適婚年齡作了十分科學的闡述：「男三十筋骨堅強，任為人父；女子二十三，肌膚豐盈，任為人母。」這反映了當時人們對生理知識認識水準的提高。

古代醫書《素問》對此有更明白的解釋：「男二十血氣始盛，肌肉方長，三十臟大定，肌肉堅固，血脈滿；女子到二十二才腎氣平均，故真牙生而長極。」可見古人也不主張早婚，並認識到在身體發育尚未成熟時是不能勝任父母之職的。

由於古代社會科技水準有限，需要大量生產力來維持生產、生活，因此在歷代統治者的強迫下，關於婚齡的規定逐漸降低，古代人民也漸漸接受了早婚的政策。

　　齊桓公規定，男子在三十歲時必須成家，女子在十五歲時必須出嫁。

　　越王勾踐規定，如果男子二十歲還不結婚，女子十七歲還不出嫁，則要將其父母治罪。

　　到漢代時，則運用徵收賦稅的方式對結婚年齡進行了強制性規定，女子在十五歲時還不出嫁，則要加徵其家五倍的賦稅。

　　西晉時規定，凡家有十七歲以上女子的，父母要為其操辦婚事或為其準備嫁妝。如若不按規定執行，則由地方官吏強制執行。老百姓對此多有怨言。

　　唐初，實行了一套休養生息政策，用以緩和社會問題，所以對婚齡的限制有所放寬，規定男子須滿二十歲才能結婚，女子則要滿十五歲方能出嫁。但是，唐中葉時又把男子結婚年齡降低至十五歲，女子出嫁年齡則在十二歲以上。

　　此後，自宋至清，法定的婚齡都在男十六歲、女十四歲左右。

　　趣味鏈結：古人提出離婚需要哪些條件？

　　古人提出離婚的條件主要有兩個方面：「七出」和「義絕」。

　　「七出」是專門針對女方的，指女方七種非常惡劣的行為。《大戴禮記》上說：「婦有七去：不順父母去，無子去，淫去，妒去，有惡疾去，多言去，竊盜去。」原則上只要女方犯有其中一項，男方就可以提出離婚。

　　「義絕」則是指夫妻雙方因為某些原因而已經情斷義絕，無可挽回。《唐律疏議》中的「義絕」包括下列六種情況：丈夫毆打或兇殺妻子娘家的親人；丈夫的親屬和妻子娘家的親屬之間相互殘殺；妻子毆打、謾罵或殺傷丈夫的祖父母、外祖父母、父母、伯叔父母、兄弟姊妹、姑姨；妻子

與丈夫的親戚有姦情，或丈夫與岳母有姦情；妻子想謀害丈夫；由於生活貧困或是其他原因，丈夫欲將妻子嫁出或賣出。

出嫁的女兒，能回娘家過年嗎？

嫁出去的女兒是不能回娘家過大年的。對其原因，民間有兩種看法：一是如果嫁出去的女兒回娘家過年，會把娘家吃窮；二是嫁出去的女兒就是別人家的人了，不能再吃回頭飯，尤其是大年初一不得在娘家吃。

既然嫁出去的女兒不能在初一那天回娘家過年，那什麼時候才可以回去呢？

根據流傳久遠的年節習俗，大年初二才是「迎婿日」，也有人說這天是「女孩兒日」。嫁出去的女兒全都要在這一天帶著丈夫回娘家，一來是拜年，二來是探望父母。一般來說，嫁出去的女兒在大年初二這天就可以無拘無束地回娘家了，但也有些地方是初三，甚至在初三以後。

由於這一習俗對娘家非常重要，所以娘家人也特別重視。如果有哪家的女兒女婿沒有如期回來，娘家人就有倒楣或不吉利的感覺，甚至影響著未來一年的生活。

趣味鏈結：嫁出去的女兒為什麼又叫「潑出去的水」？

古代社會把嫁出去的女兒比喻成潑出去的水。認為女子出嫁之後就是外姓人家的人了，不會像兒子那樣承續香火，為娘家創造價值。女孩子雖然也是父母的親生骨肉，但出嫁之後，儘管表面上還保留著固有的血緣關係，但實際上卻由十分親密漸漸地走向疏遠，像水一樣已經潑出門外了。

封建禮教要求女子要遵守「三從四德」，其中的「三從」是指：在家從父、出嫁從夫、夫死從子。在當時，無論是在娘家或婆家，女子都沒有自己的權利和地位。

古時婚禮也是在白天嗎？

說古代的婚禮本來是在黑夜裏舉行的，你一定會覺得很奇怪。但事實上，古代的婚禮就是在黑夜裏舉行的。

《儀禮》對此就有記載：「主人爵弁，纁裳緇衣。從者畢玄端，乘黑車。從車二乘，執燭前導。」這段話描寫了新郎在黑夜裏迎新娘的情景：新郎要穿著黑色禮服，迎送雙方的人也要穿黑服，甚至連座車也要是黑色的，一切都要與黑夜相襯；由於是在黑夜裏迎親，因此要請人執燭走在前面照道。

另外，鄭玄注的《周禮》中也指出：「古娶妻之禮，以昏為期。」

由以上的記載我們可以知道，周朝的婚禮確實是在昏黑的夜裏舉行的。那麼，婚禮從什麼時候才開始改在白天舉行呢？

其實，到唐朝時婚禮就已經改在白天舉行了。唐朝的《酉陽雜俎》上就載有：「在婚禮必用昏，以其陽往而陰來也，今行禮於曉。」

從此以後，各朝各代都沿用唐朝時在白天舉行婚禮的習俗，並且一直沿用至今。

趣味鏈結：哭嫁的習俗是如何產生的？

古代的婦女有哭嫁的習俗，那麼這種習俗是如何產生的呢？

一般的觀點認為，哭嫁源於搶婚。搶婚也稱掠奪婚，它是古代氏族部落外婚時期用戰爭手段俘獲婦女的一種強制婚姻形式。可以想像，面對突如其來的劫掠，身為弱者的女子只能以淚洗面。

就是因為搶婚這種強制婚姻形式，所以哭便與嫁緊緊地聯繫在了一起，以至到了封建社會時期已不再存在掠奪婚、婦女也已經「明媒正嫁」了，但在出嫁時她們仍然要哭。只是這時候的哭嫁已經不同於氏族部落外婚時期的哭嫁了，因為這時候的哭嫁並不是因為婦女害怕而哭，而是變成了一種具有較強傳承性的習俗。

但是，也有一種比較另類的觀點認為，哭嫁是老娘在哭，畢竟女兒是娘身上的一塊肉，娘捨不得女兒出嫁，害怕嫁出去了會吃很多苦頭，所以便哭個不停。

結婚時為什麼要貼「囍」字呢？

現在人們在舉行婚禮時都會貼出「囍」字，以示慶賀。它蘊含著「成雙成對」的寓意，反映出人們希望好事成雙的美好願望。

據考證，這種習俗自宋代起就開始流行了。關於其來歷還有著一段美麗的傳說呢！

相傳，23歲的王安石進京趕考時，路過馬家鎮，暫住在他舅舅家。有一次他到附近的街上遊覽，看到有家門樓上掛著一盞走馬燈，燈籠上題著一上聯：「走馬燈，燈馬走，燈熄馬停步。」王安石一時沒有對出下聯，但仔細一想還是覺得這上聯很有趣味，便連連點頭誇獎說：「好對！好對！」

王安石的話音剛落，從門裏便跑出個老人家來，一把拉住他說：「你說這上聯是好對，那就請稍等片刻，我馬上稟告我家馬員外。」

原來，這上聯是馬員外特地為他的獨生閨女選擇夫君而出的，已經懸掛了半年多，但沒有一個人能對上來，所以馬員外一家時時留心能對對的人。老人家見王安石氣宇軒昂、儀表堂堂、目光如炬，便斷定他是一位很有才氣的青年才俊，所以急忙把他留住，喜不自禁地要去稟報主人。但是因為王安石第二天就要參加考試了，所以沒等老人家出來他就離開了。

第二天，王安石在考場上因交頭卷而受到主考官的賞識，傳他面試。主考官指著一杆飛虎旗道：「飛虎旗，旗虎飛，旗捲虎藏身。」命王安石馬上對出下聯。王安石立即聯想到馬員外的「走馬燈」的上聯，便來了靈感，以「走馬燈，燈馬走，燈熄馬停步」作為下聯，順利過關。

考試完畢，王安石回到舅父家，馬員外家的那位老人早已在那裏等

候。老人家一見到王安石，便不容分說地把他拉到馬員外家。此時，馬員外早已備好了文房四寶，當即要求他對出下聯。王安石胸有成竹、一氣呵成地對出了下聯，馬員外看後非常高興。原來，王安石所寫的下聯正是主考官出來考他的上聯：「飛虎旗，旗虎飛，旗捲虎藏身。」馬員外見他對得這麼工整妥帖，便要招他為婿。王安石找舅父商議之後，就立即答應了這門親事。

就在王安石和馬家小姐舉行婚禮的大喜之日，恰逢官差來報：「恭喜王大官人吉星高照，金榜題名，明日請赴瓊林御宴！」

都道是：洞房花燭夜、金榜題名時都是人生至喜之時。如今，恰逢雙喜臨門，王安石自然是春風得意，當即提筆在大紅紙上寫下一個大大的「囍」字貼在門上。新娘子也喜不自禁地說：「王郎才學非凡，金榜題名，這是『大登科』；巧對『走馬燈』，喜結良緣，算是『小登科』。」有了新娘子的激勵，王安石更是激情滿懷、詩興大發，又提筆寫下一首詩：

巧對聯成雙喜歌，馬燈飛虎結絲羅。
洞房花燭題金榜，小登科遇大登科。

從此，「囍」字便作為新婚之喜的象徵，一直流傳至今。人們辦喜事時，總要用它來表示喜意重重。

其實，王安石能夠靈感爆發地創造了一個「囍」字，除了那天他的確是「雙喜臨門」外，也與他本身是古文大家有關。他在自己的著作《字說》裏就解釋了很多古文造字的方法。他認為「古人制字，定非無義（並不是毫無意義，憑空而來）」，如「鯢」字從魚從兒，合是魚子；四馬曰「駟」；天蟲為「蠶」。他自己所造「囍」字，自然也是「定非無義」。

趣味鏈結：「鴛鴦」原是比喻兄弟和睦友好的，何以成了夫妻恩愛的象徵呢？

鴛鴦，本是一種鳥。在現實生活中，人們往往把這種鳥當成是夫妻恩

愛的象徵，在文學作品中更是如此。

其實，在中國古代，鴛鴦最初是用以比喻兄弟和睦友好的，而不是比喻夫婦恩愛的。

在中國的第一部詩歌總集《詩經》中就有「鴛鴦於飛」的句子，由此我們可以看出它不是比喻夫婦的。

《文選・蘇子卿詩四首》中的第一首就有「昔為鴛和鴦，今為參與辰」的句子，從詩的寓意我們可以看出這是一首兄弟間的贈別詩。

在三國時期，鴛鴦還是用來比喻兄弟和睦友好的。比如嵇康的《贈兄秀才入軍詩》。

晉人鄭豐的《答陸士龍詩》四首，在題名為《鴛鴦》的序文中說「鴛鴦，美賢也！有賢者二人，雙飛東嶽，揚輝上京」。縱觀全詩，我們可以看出這裏顯然是用「鴛鴦」來比喻陸機、陸雲這兩兄弟的。

唐朝以後，鴛鴦就成了夫妻恩愛的象徵。以鴛鴦比做夫妻，源於我們熟悉的「願作鴛鴦不羨仙」的詩句，而這句詩就出自唐代詩人盧照鄰的《長安古意》。

後來，就因為「願作鴛鴦不羨仙」這句美妙的詩句，一些文人就競相仿效，紛紛把鴛鴦比喻為夫妻。

成親拜堂中的三拜有何寓意？

在中國的傳統婚禮上，新郎、新娘都要拜堂，其程序一般是一拜天地，二拜父母，然後夫妻對拜。它是中國婚禮儀式的重要環節，為普通百姓所接受並深度認同。

那麼，拜堂中的三拜有什麼寓意呢？

中國古代思想家把世界上的事物概括為天、地、人三類。人雖然是萬物的主宰，但在先民的哲學思想和生活經驗裏，天地才是生產生活的承載者，我們的一切都來源於天地，例如風調雨順、土地肥沃、物產豐富、空

氣清新、河水純淨、陽光明媚等，都是天地給我們的恩賜。既然我們得到了天地這麼多的恩賜，那麼我們在結婚時就應當首先拜天地，以表達對天地的感謝，同時也祈望天地能夠保證我們生兒育女能平安健康、事業能夠一帆風順。

除了天地，父母也是我們生命中重要的因素。是他們給了我們生命，是他們撫育我們長大成人。中國傳統文化中對孝親都極其重視，甚至透過法律條文把孝敬父母規定下來。所以，我們結婚時也要拜父母。

夫妻是建立新家庭的基本要素。要保持家庭和睦，夫妻間就要做到相敬如賓、互敬互愛，因此夫妻對拜也就成了結婚拜堂中的重要一環了。

所以，拜堂中的三拜，包含了新郎、新娘對天、地、人的感謝，是一種樸素而虔誠的思想，值得提倡。

趣味鏈結：新人在拜堂時首先要拜天地的習俗是如何來的？

據說，遠古時期的女媧剛開始造人時，只造了一個俊俏的後生。因此，後生常常備感孤單寂寞，整天唉聲歎氣的。

無奈之下，後生只有把他的寂寞向月亮傾訴：「月老啊月老，給我找個知心人吧！如果你能幫我如願以償，我世世代代都領你的情！」月亮忽然一閃，傳來了一個老人的聲音：「後生不要愁，我給你找個伴。」

這時，只見一個白眉長鬚老人拄著一根龍頭拐杖，領著一個女孩來到這位後生的面前，對他說：「我請女媧造了一個女人，為你領來了，你們先認識一下。過一會兒我就給你們辦喜事。」說完，老人就不見了，只留下他們兩人在那裏四目相對，默默傳情。

然後，月老又領著兩個白髮白鬚的老人出現了。月老說要為他們舉行婚禮，他指著兩個白髮白鬚的老人說：「這是天公和土地，你們以後的生活都離不開他們，所以你們首先要拜一拜天公和土地。」

鬧洞房是種傳統,有哪些風俗?

鬧洞房也稱為鬧房、鬧新房。由於在戲鬧過程中主要以新娘為逗趣對象,故又稱鬧新娘、耍新娘,甚至還稱為戲婦。

鬧洞房一般安排在新娘過門頭天晚上。在這天晚上,眾親友不論男女老少都齊聚在新房裏,在新人面前,大家七嘴八舌,提出五花八門的問題和要求,鬧得小倆口面紅耳赤、含羞滿面。

而鬧洞房是如何起源的呢?

據史料記載,在先秦時期,當時的婚禮還很簡樸、肅穆,沒有喧嚷紛鬧的場面。

到了漢代以後,隨著社會經濟的長足發展,人們的思想觀念也有所變化,已經不再滿足於古板而沉悶的舊式婚禮,而開始追求喜慶熱鬧的氣氛。也已經不再固守「三日不舉樂」的古訓,而是開始大操大辦,從而使得此時的婚禮開始有了喜慶色彩。

雖然鬧洞房從一開始就被視為一種陋俗惡習,但這種風俗還是流傳了下來。其原因有以下兩個方面。

第一,鬧洞房是和古代社會的婚娶制度分不開的。古代的男女結合多是父母一手包辦,相互之間比較陌生,鬧洞房則能夠讓他們彼此之間消除陌生感,增進瞭解,為新婚生活開個好兆頭。

第二,鬧洞房還能使親友們團聚在一起,讓彼此的關係進一步加深。

趣味鏈結:「洞房」一詞最初就是指新婚夫婦的臥室嗎?

在人們常說的「人生四喜」中就有「洞房花燭夜」這一喜,其中的「洞房」指的就是新婚夫婦的臥房。那麼,「洞房」一詞最初就是指新婚夫婦的臥房嗎?

其實,「洞房」一詞最初並不是指新婚夫婦的臥房。

在《楚辭・招魂》上有「姱容修態,洞房些」的句子。它的意思就

是在幽深的內室裏滿是面容姣好、儀態優雅的女子。這裏的「洞房」自然是指幽深而又豪華的居室，而不是指新婚夫婦的臥房。

有很長一段時間，人們在文學創作中都沿用了「洞房」一詞的本義，如「懸明月以自照兮，徂清夜於洞房」。

在魏晉南北朝時期，「洞房」與新婚夫婦的臥房仍沒有任何關係。

直到北周時，我們才從庾信的《三和詠舞詩》中首次讀到「洞房」、「花燭」搭配的句子：「洞房花燭明，舞餘雙燕輕。」但這句詩也不是描寫新婚之夜的，其中的「洞房」也不是指新婚夫婦的臥房。

從唐初開始，「洞房」才被用來指代男歡女愛的處所，藉以描敘「閨情」，但此時的「洞房」還沒有「新婚夫婦的臥房」之意。

直到唐朝中期，「洞房」一詞才漸漸引申為新婚夫婦臥房的意思。這一點可以從以下的詩句中看出，如劉禹錫《苦雨行》：「洞房有明燭，無乃酣且歌」；朱慶餘《近試上張水部》：「洞房昨夜停紅燭，待曉堂前拜舅姑」。

此後，「洞房」才慢慢變為新婚夫婦臥房的專稱了。

最初「兩口子」就是指夫妻嗎？

將夫妻稱為「兩口子」的說法由來已久。不少人認為「兩口子」中的「口」就是嘴巴的意思，也即是說夫妻二人有兩張嘴。殊不知這種觀點是大謬特謬的。

關於「兩口子」之說的來歷，有以下兩種說法：一說是明朝洪武年間的；另一說則是清朝乾隆年間的。

明朝洪武年間，書生高文敬在外出時救了一位名叫路春花的落水女子。路春花為報答高文敬的救命之恩，便有意以身相許，而高文敬也對路春花一見鍾情，於是他們就私定終身。誰知路春花的美貌被惡少羅大公子看上了，便要搶春花做小妾。這一消息被羅家丫鬟小玉偷偷告訴了高文敬

和路春花，他們二人便想私奔，卻被羅大公子追上，在相互拉扯中羅墜崖身亡。由於勢力強大，羅家不講公理王法，買通了官府，很輕鬆地就將高、路二人送入了死牢。

朱元璋得知此事後，覺得事有蹊蹺，便親自審訊，真相終於大白。為了防止高、路二人再遭羅家惡勢力欺凌，就將他們分別發配到湖北的桃園口和安徽的金山口。雖遠隔千山萬水，但他們卻兩情依舊，時常往來於兩個山口之間。當地人都很敬重他們，稱他們為「兩口子」。後來，人們就用「兩口子」泛指「夫妻倆」了。

另一說是清朝乾隆年間的。當時山東有一位名叫張繼賢的才子，與當地惡少石萬倉的妻子曾素箴有曖昧關係。由於石萬倉酗酒成性，在一次飲酒時意外死了，石家人便懷疑是張繼賢下的毒手，就將張繼賢告到了縣衙，並誣陷曾素箴通姦殺夫，要求有個公斷。縣官是個辦事不負責任的人，就胡亂斷了案，判張繼賢和曾素箴死罪，送往京城等待秋後問斬。

一次，乾隆皇帝看地方上呈上來的案卷，無意間看到了張繼賢的供狀，見其文筆不凡，出於惜才之心，乾隆皇帝就想救他。不久，乾隆皇帝下江南私訪，途經微山湖時，走遍了這裏的山山水水，回來後便御批：張繼賢發配臥虎口，曾素箴發配黑風口。二人獲赦後，時常往來於臥虎口與黑風口之間，甚是自由。於是，當地人就將他倆稱為「兩口子」。

趣味鏈結：夫妻重聚或和好為何被稱為「破鏡重圓」？

夫妻在離散或決裂之後的團聚或和好常被稱為「破鏡重圓」。為何會這樣說呢？

這個典故最早見於唐人孟棨的《本事詩‧情感》一書。據書中記載，南北朝末期，北周的宇文政權已經被隋朝的楊氏政權架空了。在隋文帝楊堅的經營下，隋朝的實力日益強大，而驕奢淫逸的陳國政權統治者陳叔寶卻渾然不覺。

隋開皇九年，隋朝以五十萬大軍從東西兩線對陳政權發起了強大攻

勢。在國破家亡之際，陳國太子舍人徐德言與他的妻子樂昌公主將一面銅鏡一分為二，每人各持一半，並相約如果他們在戰亂中失散了，就在正月十五京城的集市上叫賣半面破銅鏡以期重逢。

戰爭中，樂昌公主被俘並被賞賜給破陳有功的越國公楊素。戰後，樂昌公主雖然過上了錦衣玉食的生活，卻一直心事重重。

徐德言在戰亂中倖免於難，孑然一身，流落荒村。他拿出半面銅鏡，想起了曾經的約定，就盼望著正月十五能早點到來。很快這一天就來了，徐德言抱著最後的希望，來到京城的集市上叫賣半面銅鏡，果然遇到了一個同樣叫賣半片銅鏡的人，但這個人不是樂昌公主，經交談得知此人是她的僕人。徐德言用自己的半面銅鏡與僕人的那半面銅鏡一對比，它們剛好能合在一起。

雖然破鏡可以重圓，但夫妻二人別說團聚，就是見上一面也是難上加難，恐怕此生此世都不能再見了。徐德言只得題詩一首：「鏡與人俱去，鏡歸人不歸。無復嫦娥影，空留明月輝。」請僕人代為傳遞。

樂昌公主得詩後悲痛欲絕，萬念俱灰，終日茶飯不思、以淚洗面。楊素得知後，便將徐德言找來，把樂昌公主還給了他，並讓他們偕歸江南終老。

此後，人們便把夫妻重又團聚或和好稱為「破鏡重圓」。

「結髮夫妻」的稱呼是源於哪裡？

「結髮夫妻」一般指原配夫妻，後來人們以此來表示夫妻間的患難與共和互助互愛。在文藝作品中經常有此說法，比如《古詩》中有：「結髮為夫妻，恩愛兩不疑。」詩作《為焦仲卿妻作》有：「結髮同枕席，黃泉共為友。」甚至南朝的梁江淹《雜體·李都尉從軍》中也有：「而我在萬里，結髮不相見。」

一般認為，「結髮夫妻」的說法源於古代婚俗中的「結髮」儀式。所

謂的「結髮」，其實就是「束髮」的意思。而在古代婚俗中，「束髮」的方式大致有三種：一是在婚禮上將新郎、新娘的頭髮依男左女右紮在一起（因為古代男女的頭髮都很長，所以可以取一束紮在一起）；二是把新郎左前額的頭髮剪下一綹紮在新娘的頭髮之中；三是把新郎、新娘的頭髮各剪下一綹打成同心結，放在火裏燒成灰，然後攪在一起。

這種「結髮」儀式實際上是中國古代的一種愛情巫術。因為「身體髮膚受之於父母」，所以古人把它看得比生命還重要，不可以隨意毀損；另外，受迷信思想的影響，古人認為頭髮不僅是身體的一部分，而且裏面還藏有人的靈魂，假若對它施以法術，就能控制它的主人，讓他（或她）按自己的意願行事。

正是因為頭髮如此重要，所以「結髮」在古代婚禮上是一件很莊嚴的事。「結髮」變成了一個無聲的愛情契約。

現在，雖然在婚禮上已不再有「結髮」儀式了，但人們仍然用「結髮夫妻」來比喻夫妻之間的患難與共和互助互愛。

趣味鏈結：「結髮」也可用以表示忠貞不二嗎？

唐太宗時，一位名叫賈直言的官員因為犯了錯誤被貶官海南。賈直言不忍心與妻子分別，想著這一去便是山高路遠，再難活著回家，於是在臨別時就傷心地對妻子說：「這一去死活難測，你還是投嫁好人家去吧。」妻子泣不成聲，淚水漣漣。

過了一會兒，只見妻子拿出木梳和銅鏡，對賈直言說道：「夫君愛我多年，這一別相逢無期，妾只盼夫君能為我梳理一下頭髮。」賈直言便照辦，梳理完頭髮後，他還用頭繩紮了個結，又取出綢帕包住。

在他臨走時，妻子跪地發誓：「妾髮為夫君所結，非夫君親手，髮結永遠不散！」二十年後，賈直言被赦回家，見到妻子的頭髮未散，感動得熱淚盈眶。

為何未婚女孩稱為「黃花閨女」？

在民間，人們常把未婚的女孩稱為「黃花閨女」。這是為什麼呢？

據傳，「黃花閨女」的說法與古代女孩子的裝扮有關。古時候一些名門貴族的女孩尤其注重梳妝打扮。南朝宋武帝劉裕的女兒壽陽公主就非常愛美。有一天，她在簷下賞梅花，北風吹得黃梅片片飛揚，有幾瓣黃梅花吹到了她的額頭，在她的額頭上留下了斑斑的黃梅漬染之痕，襯托得她更加嬌柔嫵媚。宮女們看到後，都驚呼她是天下最美麗的公主。從此，愛美的壽陽公主就常把黃梅花瓣貼在額頭上。

壽陽公主把這種打扮稱為「梅花妝」。「梅花妝」傳到民間後，富家大戶的女兒都爭相效仿，紛紛在臉上貼黃梅花瓣。但黃梅花是有季節性的，在沒有黃梅花的季節，這些女孩子就開始採集其他黃色的花兒，並用這些花兒的花粉製成粉料用以化妝，「貼花黃」也就成了少女們特有的妝容。後來，人們將這種粉料叫做「花黃」或「額黃」。

時間久了，人們習慣上把「黃花」和「閨女」這兩個詞結合在一起使用，「黃花閨女」一詞也就產生了。又因為當時只有未婚的女子才有閒情逸致來這樣打扮自己，所以「黃花閨女」一詞也就用來特指未婚的女孩了。

趣味鏈結：「處女禁忌」風俗是怎樣產生的？

所謂的「處女禁忌」，其實就是對未婚女子的一種嚴格約束。在古人眼中，未婚女子必須是處女，如果新婚女子在與丈夫合房之前被驗證為非處女，則會面臨著罷婚的危險。

人類社會為何會產生此種風俗呢？這是因為，在原始社會時期，兩性間過著自由的群婚生活，但是這種群婚所生育的後代往往體質較差。出於「物競天擇，適者生存」的自然法則，人類社會慢慢地摒棄了這種群婚，告別了性自由，由此進入了一個相對文明的時代。「處女禁忌」就是在這

個基礎之上慢慢產生的。

為何「男大當婚，女大當嫁」？

「男大當婚，女大當嫁」是一句大家耳熟能詳的諺語，意思是說男子長大到了一定的年齡就應當結婚，女子長大到一定年齡也應當嫁人。

中國的歷朝歷代都有早婚早育的習俗。男子到了一定年齡還不結婚就會讓人看不起，女子到了一定年齡不出嫁也會被人恥笑。

以現代的眼光來看，「男大當婚，女大當嫁」的科學依據主要有以下兩個方面。

第一，從生理學的角度看，男女長大到一定年齡時性已成熟，有著正常的性需求，「男大當婚，女大當嫁」就可以適當地滿足他們的性需求，避免他們作出蔑視禮節、破壞法度，或者泯滅人性、戕害生命的行為。

第二，從家庭社會學上說，父母考慮到孩子已經長大成人，如不及時成婚，沒有家庭的約束，孩子就會走上邪路；而對於已經長大的女子，若不及時出嫁，如果未嫁先孕，不僅父母的臉上無光，讓人恥笑，而且整個家族都讓人看不起。

所以，三千多年前《詩經‧周南》中就表達了「所貴婚姻以時」的觀點。「男大當婚，女大當嫁」這句諺語的產生，正是人們在男女婚嫁方面的經驗總結。

趣味鏈結：為什麼說「男怕入錯行，女怕嫁錯郎」？

「男怕入錯行」的意思是，職業是一個男人安身立命的依靠，也是他一生的生活來源，一旦選錯職業了，就會影響他的一生。如果能夠從事一份自己喜歡、又能發揮自己特長而且前途無量的職業，人生就多了些成功的把握；反之，在一份勉為其難的職業上混日子，或者頻繁地在不同的職業間跳來跳去，是不可能有出頭之日的。所以說「男怕入錯行」實在是至

理名言。

「女怕嫁錯郎」中的「郎」是指丈夫。古代有「嫁雞隨雞，嫁狗隨狗」的說法，要求女人要「從一而終」，不能休棄丈夫。如果一個女人不幸「嫁錯郎」，她的一生就會被毀掉，永無幸福之日。

職業是男人一生當中的頭等大事，而婚姻則是女人一生當中的頭等大事。如果把握不好，人的一輩子就沒有幸福可言。

古代官府會干涉民間的婚姻嗎？

中國古代有「無媒不成婚」的說法，因為古人歷來相信「媒妁之言」是婚姻的基礎條件。比如《詩經·衛風·氓》中就載有：「匪我愆期，子無良媒」；《戰國策·齊策》中也說：「處女無媒，老且不嫁。」這都說明了媒人在古代社會中的重要地位。

在古代，媒人分為私媒和官媒兩種。所謂的私媒就是民間的婚姻介紹人，而官媒則是代表政府行男女婚姻之事的機構，實即官方的婚姻介紹所。

為了社會安定和人口增加，中國歷代都設有官媒。官媒的主要工作就是掌握全國男女的姓名和出生時間，督促適齡男女結婚。

《周禮·地官·媒氏》載：「媒氏掌萬民之判（即婚配）」，「凡男女自成名以上，皆書年、月、日、名焉，令男三十而娶，女二十而嫁」。

據《晉書·武帝紀》記載，女子凡年滿十七歲而其父母尚未給她選擇婆家的，一律交官媒，由「媒官」配給丈夫。

除了安排年輕男女嫁娶外，官媒還要幫助鰥夫寡婦重新組織家庭。《管子·入國篇》：「凡國皆有掌媒，丈夫無妻曰鰥，婦人無夫曰寡。取鰥寡而合和之，予田宅而家室之，此之謂合獨。」

到清朝時，官媒還要管被流放到西北邊疆的大批罪犯的婚娶問題，「立媒官兩人司其事，非官媒所指配，不得私相嫁娶」。可見官媒還是有

很大權力的。

趣味鏈結：歷史上真有拋彩球擇婿成親的事嗎？

在中國的古典小說和戲曲中，常常可以看到富有浪漫情調的拋彩球擇婿成親的故事。那麼，在歷史上是否真有這樣的事呢？

其實，拋彩球擇婿成親只不過是少數民族的一種風俗。自宋以來，在很多著作中都有這種風俗的記載。

元代劇作家王實甫曾寫有《呂蒙正風雪破窯記》一劇。該劇講述了貧士呂蒙正陰差陽錯獲得了洛陽富紳劉仲實女兒拋出的彩球，演繹了一場婚姻悲喜故事；元代的另一位著名劇作家關漢卿也曾在他的劇作中描述過類似故事。

明代詩人高啟在看過一幅關於南宋時期某富家小姐拋球擇婿的畫後，有感而發，題了一首詩。詩中「天街直拂花枝過，擇婿樓高彩球墮」兩句就很形象地描繪了拋彩球擇婿成親的場面。

中國古代四大名著之一的《西遊記》中也有拋彩球擇婿成親的描寫。

但以上這些畢竟都是文學創作，是文人們構想出來的。而在一些正式的史籍、方志中，則還沒有有關漢人在這方面的記載。可能是因為漢人婚配講究門當戶對，拋彩球這種擇偶的方式有失莊重，且有隨意之嫌。

當然，文學創作皆源於生活，又高於生活，所以少數民族拋彩球擇婿成親的事還是有其可信度的。

民間關於命理的口訣有道理嗎？

民間有口訣曰：「白馬怕青牛，羊鼠一旦休，蛇虎如刀銼，豬猴不到頭，金雞怕玉犬，兔龍淚交流。」民間還忌娶屬羊和屬虎的女子，認為屬虎的女子「剋丈夫、妨公婆、終無子、主貧窮」，屬羊的則是「女屬羊、守空房」、「眼露四白，五夫守宅」等等。這些說法有道理嗎？

不只是白馬青牛和豬猴，其他種種命相屬相的相合相犯都沒有任何科學道理。北宋徽宗因其屬狗，曾詔令天下禁止殺狗，人們不禁問：「神宗皇帝（徽宗之父）生於戊子年，生肖為鼠。為何當時不禁養貓？」真是鬧了一個大笑話。

其實關於生肖吉凶與婚姻的關係，古人也早已予以了批判。

清代小說家李汝珍在其名著《鏡花緣》中寫道：「尤可笑的，俗傳女命以屬羊為劣，男以屬虎為凶，其說不知何意？至今相沿，殊不可解。人值未年而生，何至比之於羊？寅年而生，又何至變為虎？——且世間懼內之人，未必皆係屬虎之婦。況鼠好偷竊，蛇最陰毒，那屬鼠屬蛇的，豈皆偷竊陰毒之輩？為四靈之一，自然莫貴於此。豈辰年所生，都是命？此皆愚無知，造此謬論。往往讀書人亦染此風，殊為可笑。」

這一段關於生肖的論述，講得十分精闢，如今讀來，仍是意味深長。至於命相與生辰八字的道理，也是如此。

但可笑歸可笑，論命相、講屬相，並據此為當事人合婚，則是長久以來形成的婚俗。按人們習慣性的心理來說，誰都希望能圖個吉利，同時在社會上也能樹立一個較好的口風。人們的這種心理定式，在「淚交流」、「一旦休」、「不到頭」面前自然不會退避三舍。反會依它而行之。

趣味鏈結：所謂「女命無真，男命無假」是怎麼回事兒？

民間屬相沖剋之說經常會影響婚姻，雖然在很長的歷史時期都是父母一手包辦婚姻，可是屬相犯剋的，他們還是會避而遠之。無論多麼般配，多麼門當戶對。所以舊時的怨偶多是在這種情況下產生的。

一般人認為屬羊、屬虎的女人命多不好，一種命孤苦，一種命硬剋夫。這種屬相的婦人難嫁，一般人不敢娶，因此論嫁的時候多半要瞞著歲數改屬相。俗語說：「女命無真，男命無假」，就是由此而起。

古代女子嫁人就是為了吃穿嗎？

古代社會提倡「女主內，男主外」，女人的主要職責就是相夫教子。「嫁漢，嫁漢，穿衣吃飯」，說的就是女子嫁給了丈夫，也就是一輩子穿衣吃飯有了個依靠。

傳統社會裏，女孩子出嫁一般都是在十七、八歲的時候，講求門當戶對的多。由於古代社會中，窮人占大多數，女子所嫁的人家也都是門當戶對的人家，溫飽問題自然就是首先要考慮的。做了人家的媳婦以後，穿衣吃飯的問題就算有了依靠。在當時的平民百姓間，這是一種很普遍的現象，於是自然就形成了一句「嫁漢，嫁漢，穿衣吃飯」的俗語。

在當時的條件下，對這些只能圍著鍋臺轉的女人來說，是沒有多少自由可言的，所謂的自由，就是侍奉和照顧一家老小；所謂的希望，就是衣食溫飽和一生平安。除此之外，再無其他的了，也不允許有其他的了。

因為當時社會經濟條件落後，傳統婚姻觀念根深蒂固。中國的歷史又經歷了漫長的封建社會，普通老百姓的生活也是一直處在水深火熱之中，很長一段時期都處於半溫飽狀態。婚嫁之時，娘家人自然不會把自己的女兒嫁給一個連飯都吃不飽的人，除非是走投無路，賣兒賣女。

舊時男尊女卑，女子必須嚴守三從四德，沒有權利，沒有地位，不能獨立自主。所以只能附屬於男人穿衣吃飯，這句俗語反映了舊時婦女的依存性，這已經成為當時固定的生活模式了。

趣味鏈結：「嫁雞隨雞，嫁狗隨狗」的俗語因何而來？

「嫁雞隨雞，嫁狗隨狗」是一句流傳久遠的民間俗語，在古代，人有三六九等之分，有好有壞，這句話的意思是說，女子出嫁了，不論是嫁給一個能操持家業之人，還是嫁給一個遊手好閒之輩，都得隨著他，忍著他，生活一輩子。因為古時，女子出嫁了便不能改嫁，否則會為人恥笑。這是封建禮教對婦女的迫害之一。

但是，在漢語中為什麼說「嫁雞隨雞，嫁狗隨狗」，而不說「嫁牛（或貓、兔、羊、馬等）隨牛」呢？因為在六畜之中，雞和狗是人類最早馴化的家禽和家畜。在農業社會裏，狗可看門，雞可司晨。根據古今中外構造詞原則，往往取身邊最熟悉的事物，所以才會有如此說法。

但據更權威資料考證，認為這句俗語最初寫做「嫁乞隨乞，嫁叟隨叟」，意為一個女人即使嫁給乞丐和年齡大的人也要隨其生活一輩子。後來，隨著社會和時代的變遷，「嫁乞隨乞，嫁叟隨叟」又轉音成「嫁雞隨雞，嫁狗隨狗」，這樣說起來也更生動形象。

為何有「乘龍快婿」的稱呼？

在一些古裝劇集和傳統戲曲中，我們常常聽到「乘龍快婿」一詞。「乘龍快婿」用來代指好女婿，據說此詞出自《歷代神仙通鑑》裏的一個故事傳說。

春秋時期，秦穆公的女兒弄玉，不僅生得花容月貌，而且愛好音樂，擅長吹笙。到了婚嫁年齡，秦穆公一心想給她找個如意郎君，弄玉卻說：「不求王孫華貴，只祈善於吹笙，駢能唱和，方為眷屬。」因而久求不遇。忽一日，弄玉夢見一個俊秀少年，騎彩鳳自天門而降，吹著玉簫，來到她繡樓前的陽臺上。溫柔地對弄玉說：「我是太華山主，奉天帝諭旨，與你雙棲鳳鸞，桂香月圓，是為佳期。」說罷，又拿出玉簫吹起來，曲調美妙極了，把弄玉聽得如癡如醉。

弄玉早晨醒來後，就把自己的夢告訴了秦穆公。秦穆公遂遣使至太華山尋訪，果然找到了這個騎彩鳳吹玉簫的翩翩男子，他名叫蕭史。

蕭史來到皇宮後。秦穆公想考驗他是否精通音律，就讓他試吹笙和簫。沒想到少年僅會吹簫，不善吹笙，秦穆公甚為悵惘，正欲引卻，弄玉遣婢傳話給秦穆公：「既到此，何不試簫，以窺優長？」少年奉諭，吹起簫來，動聽無比，讓人聽了不由得產生飄飄欲仙之感。弄玉簫後神驚。這

天正好是中秋節,於是兩人就結婚了。婚後,他們的生活非常和美幸福。

一晃半年過去了,一天夜晚,蕭史與弄玉鳳臺和諧簫笙,忽然飛來一條赤龍,停在蕭史身旁;又見彩鳳飛來棲在弄玉身邊。蕭史見狀,對弄玉說:「我本天上仙子,奉天帝詔,與你結天地姻緣,但不能久居凡塵,今龍鳳相迎,宜復天宮。」

於是,少年乘龍,弄玉乘鳳,雙雙騰空而去。後人就根據這個故事,將理想佳婿稱為「乘龍快婿」,這便是「乘龍快婿」的由來。

趣味鏈結:為什麼稱女婿為「東床」?

「東床」是女婿的別稱,這一詞來源於東晉書法家王羲之。

《晉書·王羲之傳》說東晉太傅郗鑑是個事事喜歡樸實的人,當然在婚姻大事上也不例外。為了能幫女兒找到一個好女婿,他四處打聽,最後想在丞相王導家找一子弟做自己女婿。於是他就派門生到王家挑選。當時王家子弟都在東廂房,門生看過之後向郗鑑稟報:「王家的兒郎都很好,聽說來挑選女婿都很矜持,只有一個後生一身舊打扮,袒胸露腹斜躺在東床上,就像不知道這件事一樣。」

郗鑑當即拍板說:「我就選東床的那個後生做女婿。」於是就把女兒嫁給了他。後來才知道這個後生是王導的侄兒王羲之。自王羲之被尊為「書聖」,成了有名的書法家之後,這句話也就廣為流傳了。

為何有披麻戴孝哀悼死者的傳統?

人死後披麻戴孝送葬的習俗在中國很多地方都有。在中國實行火葬以前,許多地方的老人去世後,安葬的時候,送葬的親人就穿一身黑衣服,再用一隻麻袋弄成披風樣式,從頭頂披戴到腰間。也有的地方頭戴白布做成的披至腰間的白帽子。據說,披麻戴孝的風俗來自於一個傳說。

從前,有兩個兒子自成家後都不孝敬老娘,老娘年歲已經很大了,在

臨終前的一段時間，為了讓兩個兒子知道什麼叫做反哺之情，就對兩個兒子說：「我死後，你們不用花錢買棺材，用破草席把我一捲，埋了就行。不過你們要從今日開始，每天早晚上工收工回來要看看屋後面槐樹上的烏鴉和山樹林裏的貓頭鷹是怎樣過日子的，直到我閉了眼為止。」

從此，兄弟倆上工收工時便不自覺地注意了起來。他們看到，烏鴉與貓頭鷹餵養自己的孩子時都很細心。烏鴉老了之後，就由長大了的小烏鴉找食物餵養老烏鴉。一代一代都是如此。而貓頭鷹卻不一樣，媽媽老得不中用了，就把媽媽吃掉。

兄弟倆看後大感慚愧，正要好好善待老母親的時候，已經是「子欲養而親不在」了，兄弟倆後悔莫及。為了記取烏鴉與貓頭鷹善惡孝逆的教訓，補上對母親的孝心，他們就模仿烏鴉羽毛的顏色和貓頭鷹的毛色，做了孝衣。於是一個一身黑色，一個一身麻色，三步一跪，五步一拜地安葬了老母親。後來這種披麻戴孝送葬的習俗就在民間流傳開了。

既然是披麻戴孝，那披的是什麼？戴的又是什麼？這就涉及到中國傳統文化中的喪服制度了。在三國兩晉南北朝時期首次確立了五服制度，其實「五服」指的是五種喪服。為什麼有五種？這是為了區分血緣關係的親疏有別而特意設置的。「五服」分為斬衰、齊衰、大功、小功和緦麻五種。

按服喪期限的長短，喪服質地的粗細及其製作均有不同。斬衰是用很粗的生麻布做成，縫邊像斧斬一樣不經過處理；齊衰則是用生麻布做成，很講究縫邊；大功和小功都是用熟麻布做成的，只是做工精細程度不同；緦麻是用細的熟麻布做成，這種喪服主要是高祖父系親屬和母系親屬戴。故而按規定，血緣關係越親、服制越重；血緣關係越疏、服制越輕。

趣味鏈結：參加葬禮時為什麼要送花圈呢？

據說這種習俗是從歐美傳過來的，但花圈最初並不是為葬禮專用的。花圈的「發源地」在希臘，古希臘把花圈稱為「斯吉芳諾斯」，是裝飾神像的聖物。

後來，在羅馬及其他地區，花圈也被用做獎品，頒發給凱旋的戰士和運動場上的優勝者。

在古羅馬法律《十二銅表法》中的《神聖法》第七條說：「假如有人或者親身，或者由於自己的馬或奴隸在競賽中獲勝而得到花圈，那麼在他死時，無論在他家裏或在戰場，都不禁止把花圈置於死者身上。同樣，也允許他的親屬帶花圈參加葬禮。」

在印度和緬甸，至今還保留著用薔薇花做成花圈給貴賓戴上以表敬意的習慣。

據說送花圈是有一定含義的。在早期說是一個人臨死時帶上花圈，天使就會把他的靈魂帶到天堂。而現在送花圈其通行的含義是表示對逝者的懷念和哀悼。

中國古人喪葬為何還要有人殉葬？

在古代，所謂「殉葬」也叫「人殉」，是以活人從葬，它是中國自原始社會末期至整個奴隸社會廣泛流行的一種古代葬俗。在古人心中，鬼魂觀念產生以前，人死後可以隨意處置屍體。但在鬼魂觀念出現以後，對屍體的處置便有了一整套的講究。

從考古資料上看，人殉最早出現在中原地區和西北地方，時間大約是在西元前2800年～西元前2000年前。人殉最為盛行的時候是在中國商代。其實這些都是中國古代鬼魂崇拜最為典型的例子。進入階級社會後，崇拜鬼魂在葬禮中表現得更為突出，其儀式有招魂、報喪、哭靈、禮葬、水葬、天葬等等。

《墨子‧節葬篇》載：「天子殺殉，眾者數百，寡者數十；將軍、大夫殺殉，眾者數十，寡者數人。」這說明野蠻的殉葬已成為一種制度，當時用於殉葬的人都是直接被活活殺死的。這些人中女子占大多數，可以是奴隸，可以是俘虜，也可能是妾奴。

不過在春秋時期，「人殉」的做法引起了人們的非議。《禮記·檀弓下》記載：齊大夫子車死後，其妻和總管商定用人殉葬。子車的弟弟子亢卻對他們說：「如果哥哥在陰間需人侍候的話，沒有比他的妻子和總管更合適的了。這件事要不就算了，如果一定要堅持，我就準備用你們二位生殉。」子車的妻子和總管不願去死，只好同意取消人殉。

秦始皇死時，《史記·秦始皇本紀》中記載，秦二世稱：「先帝後宮非有子者，出焉不宜，皆令從死。」後宮婦女殉葬者達數千人。由於「用人殉葬」制度一直遭到人民的反對，隨著社會的進步，漢朝至元朝期間，人殉制已基本不復存在。到了明朝，「人殉」又一度死灰復燃。

據《廿二史箚記》記載，人殉制廢止於明天順八年正月，即1464年。時值英宗病危，他下遺詔表示：「用人殉葬，吾不忍也，此事宜自我止，後世勿復也。」野蠻的「人殉」制度這才徹底退出了歷史舞臺。

趣味鏈結：原始社會為什麼會有「割體葬儀」？

考古專家發現，在人類社會初期，存在著極為原始的「割體葬儀」。所謂的「割體葬儀」，經考古發現，就是指在安葬死者時，死者的親屬自殘，割下指骨、腳趾骨等擱在人頭骨的頂部及隨葬的小灰陶罐中一起安葬。像這種「割體葬儀」，最初是在西安半坡遺址的一些墓葬中發現的。

在這些墓葬中，發現了很多小灰陶罐，裏面有肢骨、指骨、手指骨和足骨等。原始社會為什麼會有這種「割體葬儀」呢？這和當時人們的思想觀念是分不開的。先人認為人死後是到陰曹地府去了，孤孤單單的一個人，沒人陪伴，總免不了受人欺侮，割下自己身體的某些部分陪葬，可以增強死者去陰間的能量。仰紹文化遺址中的割體現象就是屬於此類情況。

「割體葬儀」的習俗不光中國有，在國外也有。國外民族學調查資料表明，在葬禮中傷殘自己的肢體以追悼已亡故人的習俗存在於不少民族或部落中，如日本北部的蝦夷人在埋葬父母時要割破自己的前額；美國西部草原的喀羅人在參加葬禮時要割掉自己的手指、戳破大腿和頭皮，使每個

人都呈鮮血淋漓狀，其用意或是表示真誠的哀悼，或是表示死者得到生者鮮血的扶助，從而增強去冥間的力量與智慧等。

出殯「送盤纏、燒紙錢」的意義？

民間風俗認為，人死後會到另一個世界，怎麼去？自然需要路費，所以親人要為死者準備「盤纏」，算是送他進入另一個世界。而且還認為，他們在另一個世界裏會像現實中的人一樣生活，他們要生存，也要結交朋友，所以安葬一段時間後，親人還要定期到墳前焚燒紙錢和紙紮，以示給死去的親人送去錢財和物品。

「送盤纏」又稱「發盤纏」或「發紙馬」。是在死者下葬前一天的晚上，在村頭路口（過去多建有「土地廟」）舉行一個送行儀式，將紙紮的轎車子、羊馬、童男童女、小牛、元寶等焚燒掉，表示為死者準備了到另一個世界去的交通工具和路費。

死者下葬後每隔七天，兒女們都要到墳前去燒紙送錢，民間稱之為「燒七」，一直持續七七四十九天。焚燒的物品除紙錢外，還有「聚寶盆」、「搖錢樹」、「寶櫃」、「元寶」、「長錢」等紙紮品。大多數地區重燒「三七」和「五七」。「燒七七」，民間也稱「斷七」，燒完七七後喪期便算結束了。

靈魂存在的觀念，是「送盤纏」、「燒紙錢」習俗在民間長期存在並流傳的根源。這種觀念大約出現在原始社會後期。人們相信人的死亡就是靈魂離開了身體變成了鬼魂。所以「送盤纏」和「燒紙錢」也全都是為了能讓「鬼魂」生活得更好。人們自然也就很看重這些事，在春秋戰國時期人們還想像著為鬼魂找到了安息之地「幽都」。

兩漢之際隨著佛教的傳入，閻羅王（多簡稱閻王）是冥界幽都最高主宰的說法也為人們所接受了。後來道教又結合靈魂說法和佛教的地獄說法，構建了一個完整的冥間鬼域系統。這個系統中不但有鬼域的主宰豐都

大帝（閻王爺），還有判官鬼卒、牛頭馬面、無常勾魂。

晉代葛洪《枕中書》中曾說有五方鬼帝，其中北方鬼帝的治地是羅豐山，後代人們將羅豐山訛傳成四川的豐都縣。於是從宋代開始，人們在豐都縣按想像修建了陰曹地府，使這裏成了閻王爺的辦公機構所在地。人死了都要到閻王爺這裏報到，或上天堂，或下地獄，或轉生投胎，閻王爺要根據死者生前的表現進行發落，於是豐都成了人們想像中亡魂所趨的鬼域。

雖然老百姓們並不一定都清楚道教所說的陰間冥府，但生死兩界，陰陽有別，人死後鬼魂要到另一個世界是不少人共同認可的。對於活著的人來說，那個未知的陌生世界是遙遠、幽冥、神秘莫測的。於是人們按照現實生活經驗，為去那遙遠陰間的親人準備「盤纏」和「交通工具」，便成了順理成章的事，這便是「出殯送盤纏」的由來。

趣味鏈結：中國人對死亡的諱稱有哪些？

死亡是中國人的最大忌諱，從古到今都很忌諱直稱死亡，一般是出於情感上的需要和對死者的一種尊重。關於死亡的諱稱有很多委婉的辭彙。

在封建社會諱稱一般分兩種，一種是官方的，一種是民間的。皇帝死了叫「駕崩」，不論是文武百官還是平民百姓都要這樣稱呼。意思是皇帝的死就好像是高山崩塌了一樣，是非常嚴重的事。普通官員死了稱「卒」，就是終了的意思。書生死了則諱稱「不祿」。

未成年人死亡一般叫做「夭折」、「夭逝」；高齡老人死去一般稱「壽終正寢」。「逝世」和「去世」常用來指稱敬愛的或親近的人；對於發生意外而死的常稱「遇難」；保家衛國、浴血沙場的人死了一般稱犧牲、捐軀、殉國、殉職。

在宗教世界裏把「死」看做是一種輪迴，也有一些特殊的稱呼，當然佛教和道教是各有不同的，如佛教的和尚、尼姑死了都叫「圓寂」或「涅槃」；道教的道長、道士、道姑死了都叫「羽化」或「登仙」。

第三章 天文曆法

中國古代用什麼儀器觀察天象？

中國古代科學技術很不發達，無論是農業生產，還是天文觀測，都是一些極為簡單的工具和儀器。當時觀測天象所用的儀器，大致可以分為兩類：

一類是「表」，形制是一根直立的杆子，透過太陽光的照射，人們根據表在地上的投影方向和長度的變化來觀測天象。「表」是起源最早的天文儀器，它是古人在長期的生產和生活實踐中，觀察太陽投影的變化而發明的。古人利用「表」可以達到定方向、定節氣、定時刻的目的。

一類是「渾儀」，是專門用以觀測天體在天體球面上座標的天文儀器，也是中國古代天文觀測的主要儀器。它是中國古代關於宇宙模式的渾天說理論建立後的產物。古人利用它不僅可以達到觀測天象的目的，還可以測定昏、旦和夜半中星以及天體的赤道座標，有時也能測黃道經度和地平座標。

趣味鏈結：中國古代行星運行的紀錄

1973年，在湖南長沙馬王堆出土的《五星占卜書》，詳細描述了水、金、火、木、土等行星的運行情況，還一一列出了從秦始皇元年（西元前246年）到漢文帝三年（西元前177年）的70年中，金星、木星、土星的準確位置，並推得了它們的會合週期（指該行星連續兩次走到與地球最近處的時間間隔）和公轉週期，其精密度已與現代測得的精確值差不多。

據多方考證，這本書的寫作年代不遲於西元前170年，這比古希臘權威喜帕恰斯的紀錄至少早1個世紀。

最早的天文觀測儀器是什麼？

勤勞的中國人民很早就開始了天文觀測，隨著觀測的不斷深入，觀測技術也不斷提高，前後發明了很多觀測儀器，其中有一些被認為是世界上最早的。除了觀測地震的地動儀是世界上最早的天文觀測儀器以外，比較有代表性的還有渾儀和渾象兩種儀器。

渾儀和渾象，都是世界上最早的天文儀器。渾儀出現在春秋戰國時代，甚至更早。渾儀是用來測量天體的位置和兩個天體之間角度的天文儀器，它由照準器（即望筒）、轉動裝置、讀數裝置三部分組成。

照準器是渾儀的主要部分，測量天體座標時，只需用照準器對準要觀測的天體，照準器上所設的各種環圈就能將該天體的座標標示出來。照準器上的這些環圈有的代表著地球自轉的軌跡赤道，有的代表地球公轉的軌跡黃道。

而渾象是東漢科學家張衡發明的，它是用來觀測天體位置的一種儀器。渾象是用銅鑄造的，形狀像個圓球。圓球裝在一根傾斜的軸上，軸和球有兩個交點，分別代表南極和北極，類似於今天的地球儀。

球面上刻有二十八星宿和其他星辰，採用齒輪裝置，用漏壺滴出的水

的力量推動齒輪，帶動渾象繞軸轉動。銅球轉動一周和地球自轉一周的時間相同。球外面安有一個水準的環，表示地平線。

此球由東往西運動，刻在上面的恆星就從東方升到地平線以上，又向西落到地平線以下，這和天空中星象出沒的實際情況完全相同。坐在屋子裏，便能從渾天儀上看到天體運行的情況。

趣味鏈結：日珥最早發現在什麼時候？

日珥是太陽表面上經常會出現的一種情況。具體來說，太陽表面像一個火海，時常有一串串巨大的「火舌」騰空而起，這便是日珥。由於日全食特別受人關注，在西元前1400年前，中國在甲骨卜辭中就已經有了日珥的記載，那時人們只說它是「火焰」，日珥這個詞是近代才出現的。

中國的天文觀測起源於何時？

中國古代的天文觀測起源很早，但確切時間現已無法考證了。殷商時代，據甲骨文記載，已經有了日食、月食的紀錄。並且出現了原始曆法──陰陽曆。

春秋戰國之際，影響後世的二十八宿體系建立起來了。二十八宿是古人在觀測日、月、星辰及五星運動時，沿天球黃、赤道帶所劃分的二十八個區域，分別是：角、亢、氐、房、心、尾、箕、斗、牛、女、虛、危、室、壁、奎、婁、胃、昴、畢、觜、參、井、鬼、柳、星、張、翼、軫。二十八宿的建立為觀測提供了一個較為準確的量度標準。

此外，對異常天象的觀測，也有了更大的把握。除了多次紀錄了日、月食外，還有關於哈雷彗星的紀錄。《春秋‧文公十四年》中記載：「秋七月，有星孛入於北斗。」

戰國時魏人石申繪製了人類歷史上第一張星象表。在中國曆法中占有重要地位的二十四節氣經過逐步發展，到戰國時已完備，二十四節氣是把

周年平分為立春、雨水、驚蟄、春分、清明、穀雨、立夏、小滿、芒種、夏至、小暑、大暑、立秋、處暑、白露、秋分、寒露、霜降、立冬、小雪、大雪、冬至、小寒、大寒。它的建立不僅具有天文意義，而且對古代農業生產有指導作用。

秦漢時期對天象的觀測更為精確，《漢書·五行志》中記載：「河平元年三月己未，日出黃，有黑氣，大如錢，居日中央。」這段話對太陽黑子出現的時間、位置、形狀作出了準確的紀錄。

隨著天文學研究的深入，出現了系統的天文學理論。自此以後，中國的天文觀測經歷了突飛猛進的發展。明、清兩代，古天文學開始走向沒落，隨著西方科技的傳播，開始和近代天文學知識相結合。

趣味鏈結：中國第一座天文館出現在什麼時候？

中國最早的天文館出現在18世紀末，但並不是我們現代意義上的一座大房子，而是一座高5公尺、周長約4公尺的「架子」。

據《掌故叢編》記載，1793年（清朝乾隆五十八年），大臣梁肯堂向乾隆皇帝奏呈英使進貢單上說，英國國王謹進天朝大皇帝貢件清單：「第一件，西洋語布蠟尼大利翁（天文館）大架壹座。乃天上日月星宿及地球全圖。其上地球照依分量是極小的。所載日月星辰同地球之像，俱能行動效法天地之運轉，十分相似。」

當時，這座天文館安放在北京圓明園的正大光明殿裏。它「依天文地理規矩」而造，「何時應遇日食月食及星辰之愆（差錯），俱顯著於架上，並有年月日時之指引及時辰鐘，歷歷可觀」。

可惜，這座「天文館」建成還不到100年，英法聯軍就在第二次鴉片戰爭期間，火燒了圓明園，將其毀掉了。目前，中國第一座「天文館」只有遺址供遊人憑弔。

古代人用什麼計時？

古人的時間安排，大多是日出而作，日落而息的。可是在沒有太陽的陰天裏該怎樣安排時間呢？聽雞鳴當然是一個方法，但除此之外，還有沒有科學的計時儀器呢？

在很長一段時期裏，古人都是根據太陽的起落和人獸的活動來計時的。他們把一天分為夜半、雞鳴、平旦、日出、食時、隅中、日中、日昳、晡時、日入、黃昏、人定十二個時段。由於四季晝夜長短的變化，一天十二時段的分法並不科學，具體的時間差竟達兩小時。因為不太科學，終於被十二地支計時法所替代。

古人用地支（子、丑、寅、卯、辰、巳、午、未、申、酉、戌、亥）把一天分為十二個時辰，每個時辰相當於現在的兩個小時，如巳時相當於九時至十一時。這些只能知道大概的時間，可是要得到精確的時間還是比較困難的。

於是古人又發明了用漏壺計時的方法，漏壺是中國最古老的計時器，也叫更漏。根據史書記載，周代時已有漏壺，到春秋時期，漏壺的使用已相當普遍。中國最早的漏壺是用銅壺盛水，壺底穿一個小洞，壺中插一隻標杆，叫做箭，它的上面刻有度數，箭下有箭舟托著，浮在水面上，壺裏的水逐漸地漏下去，箭上的度數陸續顯現，以此來計時。這種漏壺也有箭漏之稱。

除此之外，古代還有報更，又叫打更的計時法，把夜間分為五更。一更相當於現代的十九時到二十一時；二更相當於二十一時到二十三時；三更相當於二十三時到一時；四更相當於一時到三時；五更相當於三時到五時。由此看來，古人每天並不是很糊塗地生活，他們對時間還是知道大概的。

趣味鏈結：古時如何用沙漏計時？

漏壺分兩種，一種裝水，一種裝細軟的沙子。裝沙子的這種漏壺就被稱為沙漏。沙漏的記載最早見於元代，使用並不普遍。沙漏的計時方法是，觀察沙子的流漏程度，從而判斷時辰。

閏年的規律是怎樣確定的？

有閏月的年叫閏年，沒有閏月的年叫平年。氣候由冷到熱，再由熱到冷，這個週期就是一個回歸年。在這個回歸年內，月亮的圓缺變化會發生12次。

所以，陰曆的一年12個月，共有354天或355天。例如丙申年（1956年）就是354天（6個大月，6個小月），戊戌年（1958年）是355天（7個大月，5個小月）。陰曆一年是354天的時候，比回歸年短11天多，一年是355天的時候，比回歸年短10天多。

這樣三年就要短30多天，為了適應氣候冷熱的週期，所以每三年就要增添一個月。這個額外增加的月就叫閏月。但是每三年增添一個閏月，並不能完全解決問題，因為陰曆每三年比回歸年短33天左右，而增添一個閏月只是增添了29天或30天，仍短3天左右，為此，中國很早就採用了「19年7閏」的方法，也就是每19年中，安排7個閏月。如此一來，19個陰曆年和19個陽曆年的日數就差不多了，只有2個小時之差。

趣味鏈結：農曆的閏月

農曆3年一閏，5年兩閏，19年七閏，每逢閏年所加的一個月叫閏月。有閏月的這一年就有十三個月，即383天或384天。農曆的閏月是為了減小農曆的誤差、協調農曆年與西曆年的對應關係而設置的，它的設置是有規律可循的。

早在春秋時期，古人就採用了「十九年七閏月」的方法設置閏月，即

在19個回歸年（6939.6天）中，安插7個閏月，這樣算來，19個農曆年有228個朔望月，再加上7個閏月，就有235個朔望月（6939.7天）了，這樣兩種曆法就基本平衡了。

那麼這7個閏月應該加在什麼位置呢？這與中國的二十四節氣的「中氣」有關。所謂中氣就是二十四節氣中雙數的氣，即雨水、春分、穀雨、小滿、夏至、大暑、處暑、秋分、霜降、小雪、冬至、大寒等稱為十二中氣。如果哪個農曆月份沒有「中氣」，那麼它就是閏月，它在哪個月份的後面就被稱為閏幾月。

二十四節氣的由來

中國古代把一年分為二十四節氣，這個獨特的創造，是中國古代科學史上的一個輝煌成就。二十四節氣是古人在生產實踐中總結出來的，有掌握季節時令和指導農業生產的作用。

早在春秋時期，人們就已經會利用土圭來測量正午太陽影子的長短了。一年之中，土圭在正午時分影子最短的一天為夏至，最長的一天為冬至，影子長度適中時為春分或秋分，由此確定出了夏至、冬至、春分、秋分四個節氣。

在秦漢時期，二十四節氣的概念已完全確立，人們根據月初、月中的日月運行位置、天氣及動植物生長等自然現象之間的關係，把一年平分為二十四份，用來表示一年裏天時和氣候變化的24個時期，也就是表示地球在圍繞太陽公轉的軌道上24個不同的位置。

後來在西元前104年，由鄧平等制定的《太初曆》，正式把二十四節氣編於曆法中，從而明確了二十四節氣對應的天文位置。自此，二十四節氣逐漸固定下來。

二十四節氣將天時、氣象與農業聯繫起來，對於農業社會的耕種收割有著舉足輕重的指導作用。如「立春」是農曆新年的第一個「節氣」。驚

蟄、清明、穀雨等，這些名詞與天氣、物候的對應，同農業、畜牧業與人民生活一樣息息相關。曾有外國學者稱讚：「中國人在阿拉伯人之前，是全世界最堅毅、最精確的天文觀察者。」

二十四節氣的傳統含義是：

立春，春季開始的意思；雨水，降雨開始；驚蟄，開始響雷，冬眠動物復甦；春分，春季的中間，晝夜平分；清明，氣候溫暖，天氣清和明朗；穀雨，降雨量增多，對穀類生長有利。

立夏，夏季開始的意思。小滿，麥類等夏熟作物子粒逐漸飽滿。芒種，即忙種，麥類等有芒作物成熟。夏至，夏天到，此時白天最長，夜晚最短。小暑，正當初伏前後，氣候開始炎熱。大暑，為一年中最炎熱的時節。

立秋，秋季開始，氣溫逐漸下降。處暑，「處」有躲藏、終止的意思，表示炎熱即將過去。白露，此時節因夜間較涼，空氣中的水汽往往會凝成露水。秋分，秋季的中間，晝夜平分。寒露，氣溫明顯降低，夜間露水很涼。霜降，開始降霜。

立冬，冬季開始的意思。小雪，開始降雪。

可見，二十四節氣是我們祖先智慧的結晶，是一筆寶貴的文化遺產。

趣味鏈結：二十四節氣歌

有人按春夏秋冬的排列順序，編了一首二十四節氣歌，流傳很廣。並且後人還為它譜了曲。二十四節氣歌完整內容如下：

春雨驚春清谷天，夏滿芒夏暑相連。

秋處露秋寒霜降，冬雪雪冬小大寒。

每月兩節不變更，最多相差一兩天。

上半年來六廿一，下半年是八廿三。

注：大雪，降雪較大。冬至，進入數九寒天，白天短，夜晚長。小寒，氣候已比較寒冷。大寒，為最冷的時節。

中國古代天文學成就有哪些？

天文學與人類的生產、生活緊密相關，從而成為各門自然科學中發展最早的一門科學。

中國天文學萌芽於原始社會的新石器時代，當時人們在勞作之餘，已開始注意到太陽升落、月亮圓缺的變化，從而產生了時間和方向的概念。但在當時僅是人們大腦裏的一種概念而已，並沒有形成文字。從考古發掘的一些遺址來看，當時人們建造房屋時，已經懂得選擇向陽之地，且注重房屋大門的朝向問題。生活中所使用的器具上，也有了太陽、月亮，乃至星辰的紋樣。

進入奴隸社會以後，天文學逐步得到發展，相傳在夏朝便已有曆法，所以，今天還把農曆稱為「夏曆」。根據甲骨文的記載，商代時一年只有春秋兩個季節，平年有十二個月，閏年十三個月，大月三十天，小月二十九天。除此之外，還有關於日食、月食的最早紀錄。西周時，已經有了專門從事天文工作的人員。

春秋時期，把一年分為春、夏、秋、冬四個季節，並且還能從月亮的位置變化中推出每月太陽的位置，並在此基礎上建立了二十八宿體系。此外，中國最早關於哈雷彗星的紀錄也出現在這一時期。

戰國時，出現了世界上最早的天文學著作——《甘石星經》。二十四節氣的大體雛形在這時已經創立，農業生產開始受益於天文知識的指導。

隨著天文觀測的進步，秦漢時期，全國制定了統一的曆法。西漢武帝時，司馬遷參與修訂的《太初曆》，具有節氣、閏法、朔晦、交食週期等內容，顯示了很高的水準。這一時期還發明創造出了一批渾儀、渾象等重要的天文觀測儀器，對後世有著深遠的影響。

在這一階段，除了二十四節氣的概念已完全確立外，對宇宙的認識也逐步深化。先是提出了「渾天說」，即將宇宙比喻為雞蛋，地球如同蛋黃浮在宇宙中。此後又提出了「宣夜說」，認為「天」沒有固定的天穹，而

是無邊無涯。這些在現代看來，也是科學的。

三國兩晉南北朝時期，出現了精確度很高的曆法——《大明曆》，此書由祖沖之完成於宋大明六年（西元462年）。書中計算的每個交點月（月球在天球上連續兩次向北通過黃道所需時間）日數為27.21223日，同現代觀測的27.21222日只差十萬分之一日。

隋唐時期，朝廷又重新編定了曆法，並對恆星位置進行重新測定。這時，僧一行等人開始了世界上最早的子午線長度的實測工作。除此之外，星圖的繪製也是世界上最早的。在敦煌就曾發現唐中宗李顯時期（705年～710年）繪的星圖，共繪有1350多顆星，而歐洲直到1609年望遠鏡發明以前，始終沒有超過1022顆星的星圖，這反映了中國在星象觀測上的高超水準。

宋元時期，世界上著名的天文鐘出現了。天文鐘以水為動力，帶動一套精密的機械，既可觀測天體，又可演示天象，還能自動報時，這又顯示了中國天文學的又一進步。

元代時，天文觀測的儀器又有了新的發明，郭守敬製的簡儀等儀器，在同類型天文儀器中居於世界領先地位。元代時，計算出一年的時間為365.2425天，這比現行的格里高利曆還要早300多年。

明朝前期，天文學沒有什麼進展。明中期，歐洲傳教士帶來了歐洲天文學知識，促進了中國天文學進一步發展。徐光啟等人翻譯了一批歐洲的天文學著作，並製作了一些天文儀器，安裝在北京天文臺。

清朝建立後，中國的天文觀測儀器在外國傳教士的幫助下，又有了新的發展，至今仍保留有那時製造的6件銅製大型儀器。清代的天文學者們，在天文理論研究方面也取得了一些成果，比如《儀象考成續編》一書中提出了恆星有遠近變化，也就是認識到了恆星有視向運動。而歐洲在1868年才提出這種概念。

趣味鏈結：「旬」的劃分是怎麼來的？

古代以農業生產為重，歷朝歷代都很重視興修水利灌溉農田的事。當時的統治者考慮到農業生產的需要，就推行使用農曆。「旬」就是從那時候流傳下來的。

一個月分成上、中、下三旬，前10天稱為上旬，當中10天稱為中旬，21日到月底稱做下旬。這10天又以10干（甲、乙、丙、丁、戊、己、庚、辛、壬、癸）為10天的名稱。比如上旬的第一天叫甲，第二天叫乙，第三天叫丙……中旬、下旬也是依此類推。

但是小月只有29天，月底不足10天，只有9天的也為一旬。所以壬是小月下旬的最後一天了。下月的上旬第一天依然從甲開始。

「皇曆」和「黃曆」有什麼區別？

「皇曆」和「黃曆」都是曆書，但並不是一回事。「黃曆」可要比「皇曆」久遠得多。根據考證，中國早在四千多年前就已經有了曆法。西漢以前，中國使用的古曆法主要有六種，即黃帝曆、顓頊曆、夏曆、殷曆、周曆和魯曆。傳說以軒轅黃帝創制的「黃帝曆」（黃帝曆也就是我們所說的「黃曆」）最為古老。

生活中，人們習慣把曆書稱為黃曆，黃曆也由此成了舊曆書的代名詞。現在市場上所出售的「黃曆」，除了西曆和農曆的日期外，通常還包括二十四節氣、每天的吉凶宜忌、生肖運程、喜神何方等。

而「皇曆」則跟皇帝有關。由於歷代皇帝都很重視曆法，唐文宗大和九年（835年），文宗下令，今後的曆書必須由皇帝親自審定並由官方印刷，從此，曆書就成了「皇曆」。同時，他下令編制了中國第一本雕版印刷的曆書──《宣明曆》。此後，歷代王朝都參照這種做法頒行曆法，由皇帝親自審定的官方曆書便被稱做「皇曆」。

「皇曆」中刻有農曆日期節令，以及在耕作種植方面的普通知識。所有曆法，一般是以一年為限，第二年變更。

趣味鏈結：「老皇曆」典故出於何處？

「老皇曆」這個詞語始於宋朝，據說與宋太宗有關。宋太祖趙匡胤把帝位傳給弟弟趙匡義，是為宋太宗。宋太宗在位期間，注意農田水利，鼓勵開荒，每年到了年終，便要宴請群臣，記功行賞，並送給每人一本皇曆。

這本皇曆記載著農曆時令及耕作上的有關知識，其中有一欄叫做《回時作物觀覽》，是希望大臣們在政治事務中不要誤了農時。「皇曆」中所記載的，主要是當年的曆法，過了這一年就要更換新曆法，但由於曆法都是皇上贈的，所以不能隨便丟棄，為了區分保存，就給舊曆法冠以一個「老」字，稱之為「老皇曆」了。

老皇曆是沒有任何價值的，所以人們常用「老皇曆」比喻過時的事物或陳舊的經驗，在新的情況下已經用不上了。如清代夏敬渠的小說《野叟曝言》中就說：「隔年的皇曆，好一本子冷帳，閒著要捉蝨子，沒工夫去揭他了。」

你瞭解有關月亮雅稱的詩句嗎？

對月亮的美稱顯示了歷代文人騷客的一種高潔的情懷。與這些雅稱相關的詠月詩句有很多，下面只摘錄一些名家之作，以供大家品賞：

白兔：「此時瞻白兔，直欲數秋毫。」（杜甫）

玉兔：「上人分明見，玉兔潭底沒。」（賈島）

金兔：「朱弦初罷彈，金兔正奇絕。」（盧仝）

蟾兔：「三五明月滿，四五蟾兔缺。」（《古詩十九首》）

兔魄：「慈烏夜夜向人啼，幾度紗窗兔魄低。」（范梈）

兔輪：「西瞻若水兔輪低，東望蟠桃海波黑。」（元稹）

蟾蜍：「閩國揚帆去，蟾蜍虧復圓。」（賈島）

蟾宮：「鮫室影寒珠有淚，蟾宮風散桂飄香。」（李俊民）

清蟾：「已饒瑞英明朝滿，先借清蟾一夜圓。」（范成大）

明蟾：「詠夜涼風吹碧落，深秋白露洗明蟾。」（劉基）

玉蟾：「玉蟾離海上，白露濕花時。」（李白）

半蟾：「四郊陰靄散，開戶半蟾生。」（李白）

桂月：「桂月危懸，風泉虛韻。」（庾信）

桂宮：「白兔如嫌冷桂宮，走入杏花壇下井。」（高啟）

桂輪：「桂輪秋半出東方，巢鵲驚飛夜未央。」（方千）

桂魄：「桂魄初生秋露微，輕羅已薄未更衣。」（王維）

月桂：「長河上月桂，澄彩照高樓。」（張正見）

月魄：「日輪莊霜戈，月魄懸雕弓。」（高適）

月輪：「昨夜風開露井桃，未央前殿月輪高。」（王昌齡）

寶鏡：「皓魄當空寶鏡升，雲間仙籟寂無聲。」（李樸）

金鏡：「歎慢磨玉斧，難補金鏡！」（王沂孫）

玉鏡：「冰含玉鏡考寒在，粉傅仙闈月色多。」（鄭谷）

水鏡：「柔祇雪凝，圓靈水鏡。」（謝莊）

冰鏡：「團團冰鏡吐清輝，今夜何如昨夜時。」（孫平仲）

飛鏡：「一輪秋影轉金波，飛鏡又重磨。」（辛棄疾）

玉盤：「暮雲收盡溢清寒，銀漢無聲轉玉盤。」（蘇軾）

玉環：「高星槎金粟，落月沉玉環。」（白居易）

玉輪：「玉輪涵地開，劍閣連星起。」（駱賓王）

玉鉤：「娥眉蔽珠櫳，玉鉤隔瑣窗。」（鮑照）

玉羊：「玉羊東北上，金虎西南昃。」（劉孝綽）

玉弓：「尋章摘句老雕蟲，曉月當簾掛玉弓。」（李賀）

玉鑑：「仰頭看月見新鴻，形影雙飛玉鑑中。」（梅堯臣）

冰鑑：「絳河冰鑑朗，黃道玉輪巍。」（元稹）

冰輪：「昨夜忽已過，冰輪始覺虧。」（朱慶餘）

素娥：「素娥脈脈翻愁寂，付於風鈴語夜長。」（范成大）

銀鉤：「一曲銀鉤小，寶簾掛秋冷。」（王沂孫）

瓊鉤：「瓊鉤半上，若木全低。」（庾信）

碧華：「白景歸西山，碧華上迢迢。」（李賀）

圓景：「圓景光未滿，眾星粲以繁。」（曹植）

這些詩句都是根據月亮在不同時間、不同氣候環境下出現的各種變幻，再加上自己的感覺寫成的，給人一種競相鬥豔的感覺。

趣味鏈結：關於月亮有多少種說法？

自古以來，在中國就流傳著許多關於月亮的美妙傳說，如「嫦娥奔月」、「吳剛伐樹」、「玉兔搗藥」等。關於月亮也有很多有趣的美稱。

玉兔、夜光、素娥、冰輪、玉輪、玉蟾、桂魄、蟾蜍、蟾兔、嬋娟、玉弓、玉桂、玉盤、玉鉤、玉鏡、冰鏡、廣寒宮、嫦娥、玉羊、望舒、纖維、金波、玉弓、桂殿、團扇、銀臺、五羊、夜光、清光、太清、霜蟾、素蟾、冰蟾、瑤蟾、蟾宮、皓蟾、金魄、圓蟾、金蟾、蟾魄、素魄、圓魄、冰魄、瑤魄、玉盤、銀盤、圓盤、廣寒、霜盤、水晶盤、白玉盤、金鏡、圓鏡、寒鏡、秦鏡、瑤鏡、金輪、銀輪、圓輪、霜輪、孤輪、斜輪、銀鉤、垂鉤、懸鉤、金兔、白兔、圓兔、娥眉、懸弓、姮娥、丹桂等。

四季的劃分是根據什麼原理？

所謂四季，是中緯度地區春、夏、秋、冬的總稱。中國在傳統上是以立春、立夏、立秋、立冬來劃分四季的，而西方則是以春分、夏至、秋分、冬至來劃分四季的，這兩種劃分方法，都屬於天文學上的四季劃分方法。這兩種劃分有什麼科學依據呢？

首先從春、夏、秋、冬四季的差異上來說，這主要反映了地面上接受太陽能量的多少，而接受太陽能量的多少又主要取決於太陽光照射的角度。從天文學的角度講，太陽高度角越大，就越接近直射，地面上單位面積獲得的熱量就越多；太陽高度角越小，地面上單位面積獲得的熱量就少。所以，四季的劃分主要受正午太陽高度變化的影響。

夏至日，太陽直射在北回歸線，這一天北半球單位面積獲得的太陽熱量最多，而南半球單位面積獲得的太陽熱量最少。冬至日，太陽直射在南回歸線，這一天南半球單位面積獲得的太陽熱量最多，而北半球則相反。春分日和秋分日，太陽直射赤道，各地獲得的太陽光熱大致相等。

趣味鏈結：一天24小時的劃分是怎麼來的？

現在一天是二十四小時，然而過去的一天只有十幾小時甚至幾小時，這是為什麼呢？古生物學家根據珊瑚外殼上的「年輪」推斷，這跟地球自轉速度在緩慢減速有關。

他們根據地球自轉速度緩慢減速推知，在地球形成之初，一天約為四小時；三十億年前，一天約為十至十一小時；十三億年前，一天只有十八小時左右；五億年前，一天約有二十一小時；二億年前，一天是二十三小時；六千萬年前，一天約為二十三點七小時；而現在，一天是二十四小時。

並且他們還預言，如果地球自轉仍然均勻減速，那麼，二億年以後，一天將會有二十五個小時，十億年以後，一天就會有三十多個小時甚至更長。在更加遙遠的將來，一天的時間會變得更長，到那時，真可謂是「度日如年」了！

哈雷彗星的最早記載出現在何時？

哈雷彗星是中國人最早發現的，它每隔76年繞太陽一圈。從歷史典籍

中我們發現，早在春秋時期中國就有了關於哈雷彗星的記載。

《淮南子‧兵略訓》記載，武王伐紂時，有「彗星出」，魯文公十四年（西元前613年）「七月，有星孛於北斗」。《史記‧六國年表》記載，秦厲公十年（西元前467年），「彗星見」。其中西元前613年的記載被中國公認是最早關於哈雷彗星的記載，但在世界上未得到承認。

被世界公認最早的一次哈雷彗星觀測紀錄，出現在秦始皇七年（西元前240年）。據《史記‧秦始皇本紀》記載：「（始皇七年）彗星光出東方，見北方，五月見西方……彗星復見西方十六日。」這次紀錄要比西方最早的紀錄早228年。

此後，中國開始了長期、連續的有關哈雷彗星的觀測紀錄。從西元前240年到西元1910年的2000多年間，哈雷彗星一共出現過29次，每一次都有詳細紀錄。這在世界上都是領先的，為很多外國天文學家研究哈雷彗星提供了豐富的資料。

但是，由於中國歷史條件的限制，沒有人去從大量資料中研究彗星的運動規律，給歷史留下了一大遺憾。

趣味鏈結：哈雷彗星命名的由來

哈雷彗星的命名與英國的天文學家，格林威治天文臺臺長艾德蒙‧哈雷有關。哈雷在擁有了大量的中國觀測資料後，又結合牛頓的萬有引力定律，研究出1531年阿皮亞尼斯發現的彗星，1607年開普勒發現的彗星和他本人在1682年所觀測到的是同一顆彗星。

由此，哈雷還得出了一個重要的結論：這顆彗星的運行回歸週期為76年。他還預言說這顆彗星將於1758年底或1759年初回歸。哈雷死後，後世的天文學者果然在1759年看到了這顆彗星重現。他們為了紀念哈雷的功績，就把這顆彗星命名為哈雷彗星。

中國關於地震的記載最早是何時？

中國是一個地震較多的國家，地震紀錄開始很早。中國晉代出土的《竹書紀年》記載有：帝舜時期「地坼及泉」、夏桀末年「社坼裂」的現象，有人認為這是中國關於地震的最早記載。可是由於時間、地域等因素較寬泛，使得這個紀錄不被多數人承認。

被人們公認最早的地震記載，出自西元前1177年。據《呂氏春秋》記載：「周文王立國八年，歲六月，文王寢疾五日，而地動東西南北，不出國郊。」這一記載明確指出了地震發生的時間和範圍，是中國地震紀錄中具體可靠的最早記載。

除此之外，流傳後世的先秦古籍也保存了不少古老的地震紀錄。比如在《詩經》、《春秋》、《國語》和《左傳》等先秦古籍中都有關於地震的記述。

從漢代開始，官方修訂的斷代史《五行志》中就已經有了地震災異的記載。宋元以後，地方誌發達起來，地震也被作為災異記入志中，當時許多私人寫的筆記、雜錄、小說和詩文集中也有地震的記載，而且往往附有生動的描述。歷代的一些「類書」，如宋代編的《太平御覽》、清代編的《古今圖書集成》等，還分類收集了不少地震資料。此外，碑文中也有地震的記載。

趣味鏈結：地動儀的發明是在什麼時候？

地動儀是世界上第一架用來觀測地震的儀器，它是東漢傑出的科學家張衡發明的。張衡是河南南陽人，擔任太史令多年。他學識淵博，掌握了大量的天文知識。每次地方上發生地震都由他負責紀錄、整理。

張衡一生中遇到過很多次地震。據統計，西元92年～139年間，京師（洛陽）和隴西發生地震20次，其中大約有6次是破壞性地震。由於當時他就在京師（洛陽）工作，對每次發生地震造成的災禍，他都目不忍視。

為了掌握各地發生的地震情報，他感到需要有儀器來進行觀測才行。

於是，張衡潛心鑽研這個問題，終於在陽嘉元年（西元132年），創造了世界上第一架地動儀，在人類和地震抗爭的歷史上寫下光輝的一頁。

關於這架地動儀的形狀，《後漢書》記載：「地動儀以精銅製成，網徑八尺，合蓋隆起，形似酒尊。」地動儀製成以後，被安置在洛陽，並觀測到了永和三年（西元138年）隴西發生的一次六級以上的地震，開創了人類使用科學儀器觀測地震的先河。在世界範圍來看，張衡的地動儀要比西方類似儀器的出現，早了約一千七百年。

中國歷史上的紀年法有哪幾種？

中國歷史上使用的紀年法重要的有四種：

一是干支紀年，這種是以天干（甲乙丙丁戊己庚辛壬癸）和地支（子丑寅卯辰巳午未申酉戌亥）的合稱來紀年的，出現在漢代。干支是以十天干與十二地支循環相配的甲子、乙丑、丙寅……等六十組數來紀年的，通稱為「六十甲子」。六十年後周而復始，一直沿用下來。

二是帝號紀年法，這種紀年方法出現在周朝時期，是以帝王或諸侯的諡號為紀年的方法。西周共和十四年後，周朝史書中出現了「宣王一年」、「宣王二年」。魯國史書《春秋》是從「魯隱西元年」到「魯哀公十四年」的歷史。

三是年號紀年法，這種紀年方法為漢武帝首創。西元前141年，漢武帝劉徹即位，使用年號「建元」紀年，以後歷代帝王都仿照他而建制自己的年號。從漢武帝至清宣統三年，前後2051年中，建立過600多個帝王年號。

四是黃帝紀年法，這種紀年法出現在辛亥革命期間。這期間，一些報刊和革命黨人為反對清王朝，不使用清朝皇帝的年號紀年，而以傳說中的中華民族的祖先黃帝為年號來紀年，史稱「黃帝紀年」。

由於計算的起始時間不同，當時各報刊採用的黃帝紀年的年代也不統一，對1911年，中國同盟會機關報《民報》推斷為黃帝4609年，中國留日學生江蘇同鄉會編印的《江蘇》推斷為黃帝4402年，由黃藻編輯初刊的《黃帝魂》推斷為黃帝4622年。其中，《民報》所用年代為多數革命黨人所接受，武昌起義後湖北軍政府頒發的文告即以此為據，各省回應起義的文告也多採此說。

孫中山先生就任臨時大總統時，通電各省，定黃帝紀年4609年11月13日（西元1912年1月1日）為中華民國元年元旦。從這一天起，便不再使用黃帝紀年了。

趣味鏈結：萬年曆是怎麼來的？

「萬年曆」是人們非常熟悉的一個詞，可又有幾人知道這個詞的來歷呢？相傳這個詞在商朝時就已經出現了。

商朝時，節令很亂，有個名叫萬年的青年就想把節令定準，但始終找不到計算時間的方法。有一次，他受樹影移動的啟發，設計出測日影計天時的晷儀，從而計算出一天的時間。又有一次，他受山崖滴泉的啟發，製作出一個五層漏壺來計算時間。

萬年做好了這些東西去見商王祖乙，並給商王講了日月運行的道理。商王聽後龍顏大悅，便把萬年留下，希望他能規範曆法，為天下百姓造福。

萬年果然不負所托，時間一年又一年地過去了，萬年經過長期觀察，精心推算，終於制定出了準確的太陽曆。當萬年把太陽曆呈奉給繼任的商王看時，已是滿面銀鬚，兩鬢蒼蒼了。不久萬年去世，商王為了紀念他的功績，就將太陽曆命名為「萬年曆」。

為什麼七日一周叫「一星期」呢？

「星期制」是兩河流域的古巴比倫人發明的，首先傳到希臘、羅馬，後來逐漸遍及世界各地。

相傳，古代巴比倫人把每個朔望月中能看到月亮的二十八天，劃分為四個等份，每個等份七天，這就是星期的雛形。後來，古巴比倫人又從天象上觀測到恆星和行星，他們認為行星一共有7顆，分別是金星、木星、水星、火星、土星、太陽、月亮，也就是所說的「七曜」。

後來他們又把星期制的七天配上這些美妙的星名，即以「七曜」來分別命名。其中，土曜日是星期六，日曜日是星期天，月曜日是星期一，火曜日是星期二，水曜日是星期三，木曜日是星期四，金曜日是星期五。這樣，「星期」便成了「星」的日期。

那麼中國為什麼又把七日一周叫「一星期」呢？光緒三十一年（1905年），清廷宣布停止鄉試、會試，成立了一個「學部」籌建的編譯圖書局，袁嘉穀奉命調入該局，後任該局首任局長。

1909年，編譯圖書局設立了一個新機構，專門用來統一規範教科書中的名詞術語。袁嘉穀親自參加了這個館的工作，主持制定了很多統一的名稱。把七日一周制定為中國自己的「星期」，就是在袁嘉穀的主持下制定的。

「星期」的制度建立後，袁嘉穀和他的同事們覺得翻譯過來的名稱，不合中國人的口味，於是就修正為以「星期日、星期一……星期六」依次指稱一周內各日的名稱。這既與國際「七日一周」制「接軌」，也具有了中國自己的特色。

趣味鏈結：一周從星期幾開始？

有人說日為大，一周之始自然是星期日；也有人說一周應該從星期一開始。到底哪種說法更科學呢？

《聖經》說，上帝創造世界萬物，上帝在第一天把光明和黑暗分開，有了白天和夜晚；第二天造天地，有了上下之分；第三天造草、木、蔬菜，大地披上了綠裝；第四天造日月星辰，確定年月日和季節；第五天造魚、水生動物和各種飛禽，讓海洋、大地和天空充滿生機；第六天造出牲畜、昆蟲和野獸；最後上帝照著自己的形象造了男人和女人來管理這個世界。上帝造物之工已經完畢，在第七天就休息了，稱為聖日，又叫安息日。因此，星期日就是週末，一周應從星期一開始。

而一周從星期日開始，是目前外國通用的，星期六為週末，已經是盡人皆知，週末的第二天，自然是一周之始。可是二者相比較，在日常生活中，人們在星期一早晨上班時，都有一周之始的感覺，星期日休息，似是一周的最後一天，這種心理習慣也符合先工作勞動後休息的規律。所以更多的人持「一周從星期一開始」的觀點。

為什麼農曆一月也叫「正月」？

中國民間現在仍然沿用的農曆所劃分的十二個月中，有三個月份是有別稱的，即第一個月稱「正月」，第十一個月稱「冬月」，第十二個月稱「臘月」。這是為什麼呢？

西漢《爾雅・釋天》中說：「夏曰歲，商曰祀，周曰年。」說明各個朝代過年的具體時間不同。夏朝以一月為一年的第一個月，商朝以十二月為一年的第一個月，周朝又以十一月為一年的第一個月。由於上面所述古代各朝每年的起始月都比較混亂，以至於每個朝代都必須改一次月份次序，而改後的第一個月便叫「正月」了。

據春秋時期《春王正月》上說：「正月為一月，人君即位，欲其常居道，故月稱正也。」意思是：古代帝王，接受百官朝拜的時間是每年的頭一個月，為了表示莊重，就把新年的第一個月叫做正月。據歷史記載，直到漢武帝時才最後確定農曆的一月為「正月」，並一直沿用至今。

趣味鏈結：「正月」為何讀做「征月」？

人們習慣把農曆的一月稱做「正月」而且讀成「征月」的音，這是為什麼呢？關於這種讀音並不是人們習慣使然，在生活中有很多有趣的說法。

一種說法認為，秦始皇名字叫嬴政，他統一天下後，嫌「正」字讀音與他名字中的「政」字相同，犯忌諱，於是就下令把「正月」一律念成「征月」，不然就殺頭。從那時起，正月讀成「征月」就延續到現在了。

還有一種說法認為歷代王朝之所以頻繁更改月份的次序，是由於在這些朝代的統治者看來，既然他們做了首腦，居了正位，一年十二個月的次序，就也得跟著他們「正」過來。

農曆十二月為什麼稱為「臘月」？

人們習慣上說農曆十一月為冬月，這倒不難理解，可是稱農曆十二月為「臘月」，就讓人有點摸不著頭腦了，這該怎麼理解呢？

其實，「臘月」是由「臘日」演變而來的。在古代，「臘日」是祭祀百神的日子。據說這種活動最早是從周代開始的，具體在哪一天，沒有確切記載。

到了漢代，「臘日」已經有了明確的定位。漢代的人們把冬至後第三個戌日，即干支紀日法中地支為戌的日子定為「臘日」。由於冬至日在農曆上是不固定的，所以「臘日」也沒有確切的時間。後來，人們將12月8日定為「臘日」。

為什麼祭神的日子要叫做臘日呢？這得從「臘」字古義說起。古「臘」字沒有「月」旁，象形為一隻被掏掉內臟的小動物烤在日頭上。後來，人們把成塊的乾肉稱為「臘」。在周代，掌管「臘」的人稱為「臘人」。用「臘」祭神，所以便把祭神日稱「臘日」。因臘日定在十二月，

所以後來就把十二月稱為「臘月」。

趣味鏈結：農曆十二個月的別名

一月：正月、陬（讀周音）月、孟陬、端月、孟春；

二月：如月、杏月、仲春；

三月：桃月、季春；

四月：餘月、清和、槐月、孟夏；

五月：皋月、榴月、蒲月、仲夏；

六月：且月、荷月、伏月、季月；

七月：相月、巧月、孟秋；

八月：壯月、桂月、仲秋；

九月：玄月、菊月、季秋；

十月：陽月、小陽春、孟冬；

十一月：辜月、葭月、仲冬；

十二月：除月、臘月、嘉平、季冬。

天干地支分別指什麼？

天干地支，是中國古代用以紀年紀月紀日紀時的系統，在古代的曆法中，甲、乙、丙、丁、戊、己、庚、辛、壬、癸被稱為十天干，子、丑、寅、卯、辰、巳、午、未、申、酉、戌、亥叫做十二地支。兩者按固定的順序互相配合，組成了干支紀法。

那麼，天干地支到底是什麼意思呢？天干地支的含義，在《史記》、《漢書》中均有部分記載。

十天干的含義：

甲是拆的意思，指萬物剖符甲而出。

乙是軋的意思，指萬物出生，抽軋而出。

丙是炳的意思，指萬物炳然著見。

丁是強的意思，指萬物丁壯。

戊是茂的意思，指萬物茂盛。

己是紀的意思，指萬物有形可記住、可識別。

庚是更的意思，指萬物收斂有實。

辛是新的意思，指萬物初新皆收成。

壬是任的意思，指陽氣任養萬物之下。

癸是揆的意思，指萬物可揆度。

由此可見，十天干與自然界的萬物有關，尤其是與太陽的出沒有關。因為太陽循環往復的週期運動，對萬物產生著直接的影響。因此，十天干又叫十母。

十二地支的含義：

子是滋的意思，指萬物開始萌芽於既動之陽氣下。

丑是紐，指陽氣在上而未降。

寅是移、引的意思，指萬物始生寅然。

卯是茂，指萬物生長繁茂。

辰是震的意思，指萬物經震動而長。

巳是起，指陽氣之盛。

午是忤的意思，指萬物盛大枝柯密布。

未是味，萬物皆成有滋味也。

申是身的意思，指萬物的身體都已成就。

酉是老的意思，指萬物之衰老。

戌是滅的意思，指萬物盡滅。

亥是核的意思，指萬物收藏。

由此可見，十二地支指地上的萬物，與太陽息息相關，因此，十二地支又叫十二子。

趣味鏈結：天干地支最初是誰創立的？

在中國古代的曆法中，甲、乙、丙、丁、戊、己、庚、辛、壬、癸被稱為「十天干」，子、丑、寅、卯、辰、巳、午、未、申、酉、戌、亥叫做「十二地支」。兩者按固定的順序互相配合，組成了干支紀法。天干地支在中國古代主要用於紀日，此外還曾用來紀月、紀年、紀時等。那麼，干支紀法的發明者究竟是誰呢？

梁啟超在《國文語原解》中認為，天干地支這二十二個字，頗為「奇異複雜而不可思議」。按梁氏的觀點，中國古代干支紀法的發明似乎與腓尼基的二十二個字母有關聯。

郭沫若提出了不同的觀點。郭認為，「十天干」純屬十進位記數法的自然發生，其中多半是殷人所創製。至於「十二地支」則起源於古巴比倫，在比較中國古代的十二辰和古巴比倫的十二宮後，指出中國古代的十二辰和十二地支都是從古巴比倫的黃道十二宮演變而來的。至今這個問題一直也沒有討論清楚。

「小時」是怎樣來的？

60分鐘被稱為1個小時。可是「小時」是怎樣來的呢？相傳「小時」是個外來詞。在中國古代，把一天分為十二個時辰，每個時辰相當於現在的兩小時，並且用「銅壺滴漏」的方法計算時間，這在人們的生產生活中非常不方便。

後來西方人的鐘錶傳入中國，西方人一小時60分的觀念逐漸被人們接受了，於是有人把中國的一個時辰叫「大時」，而把西方新時間的一個鐘點叫「小時」。隨著鐘錶的普及，「大時」一詞就消失了，而「小時」卻沿用至今。

而一刻15分鐘的由來，還是跟古代「銅壺滴漏」的計時方法有關，當

時的一刻是14分鐘多一點。

「銅壺滴漏」是最簡單、最原始的計時方法。具體做法就是用一把銅壺裝滿水，壺底鑽一個小孔，壺內豎起一根刻有度數的箭。隨著水從壺底的小孔裏不斷流出，水面緩慢下降，箭杆上表示時間的刻度就會逐一露出水面。一看水面淹沒在哪個刻度上，就知道是什麼時辰了。

可是由於水多時滴得快，水少時滴得慢，很不準確。因此，又在壺的上面階梯形地設置上、中、下三個播水壺，下面設一個受水壺，讓中、下兩個播水壺始終保持水滿狀態。這樣，水位穩定，滴漏的速度就均勻了。

東漢時，人們又發明了百刻計時制，在漏壺的浮箭上劃分100個刻度，計算時間更為精確。隨著西方鐘錶的傳入，人們接受了一小時60分鐘的觀念，他們發現把一刻定為15分鐘更為合理，於是古老的一刻14分多一點的計時方法就逐漸被取代了。

趣味鏈結：一日為何從半夜開始？

俗諺說「一年之計在於春，一日之計在於晨」。在先人的習慣裏，他們認為一天就是從早晨開始。因為他們長期以來都過著「日出而作，日落而息」的生活。一天的開始到底是不是早晨呢，如果不是，那又是什麼時候呢？

古代人們的一天也是24小時，他們把太陽經過當地子午圈的兩個瞬間，分別稱做上中天（中午12點）和下中天（半夜12點）。下中天人們是無法見到的，因為太陽在地球的背面。古人把上中天的時辰定做「午正」，下中天定做「子正」。由於太陽經過子午圈上中天的瞬間，正是太陽當空，觀測起來簡單易行，如果把這一瞬間算一日的開始，似乎也合理。後來，人們認識到把一天從正午分開很不合理，給生產、生活帶來了諸多麻煩。這時聰明的天文學家們就將子正時辰（半夜12點，即0點）作為一日的開始。當人們甜甜熟睡之時，新的一天也就悄然誕生了。

陰陽、五行學說分別是什麼？

陰陽學說早在夏朝就已形成了，但它是何人所創，至今沒有一個定論。陰陽本是兩種相反相對的事物，古人認為「陰陽相生」，即陰陽相結合可以生出萬物，在天形成風、雲、雷、雨各種自然氣象，在地形成河海、山川等大地形體，在方位則是東、西、南、北四方，在氣候則為春、夏、秋、冬四季。

陰陽學說是一種樸素的唯心主義世界觀，指節可以觀天、掌紋可以察地，但它提倡的天、地、人合一的觀念還是比較科學的。發展到後來，陰陽學說越發沾染上了濃重的神秘色彩，比如某些「命理師」屈指一算，一看掌紋，就能斷出凶吉，其實這是沒有任何科學根據的。

五行學說是中國早期唯物主義哲學思想的萌芽，指金、木、水、火、土五種物質和它們的運動。這一概念早在戰國時期就已基本成型，古人把自然界的事物分別列入這五大範疇，並以此說明世界萬物的起源。

這五類物質各有不同的心性，如木有生長發育之性；火有炎熱、向上之性；土有平和、存實之性；金有肅殺、收斂之性；水有寒涼、滋潤之性。

除此而外，五行還有著相生相剋的順序和關係。例如木可生火（木生火）、火後有灰燼（火生土），礦石原料來自地下（土生金），金屬遇冷則有水露（金生水），水能滋長植物（水生木），以及水滅火、火冶金、金伐木、木犁破土、築土禦水等等。

五行學說的這五種元素，在天上形成五星，即金星、木星、水星、火星、土星，在地上就是金、木、水、火、土五種物質，在人們生活中就是仁、義、禮、智、信五種德性。

趣味鏈結：五星「金、木、水、火、土」的別名

金星，古時候又叫做太白、明星、大囂。因為金星光色銀白，亮度特

別強，除了太陽和月亮外，它是天空中看起來最亮的星體。

木星，古時候又叫做歲星或歲，有人認為甲骨文中的歲字即指歲星。《史記‧天官書》中提到的攝提、重華、應星、紀星等，都被認為是木星的別名。木星在五星之中是體積最大的一顆星，由於木星十二年繞天一周，每年居十二次中的一次，所以被稱為歲星。

水星，古名辰星，是離太陽最近的一顆星，看上去總是在太陽兩邊擺動。由於中國古代把一周天分為十二辰，每辰約三十度，故稱水星為辰星。

火星，古名熒惑，因為它的紅光熒熒似火而得名。火星在天上喜歡「神出鬼沒」，時而由西往東，時而由東往西，很迷惑人，故名熒惑。火星是離地球最近的一顆星。

土星，古名鎮星。土星約二十八年繞天一周，每年進入二十八宿中的一宿，叫歲鎮一宿，好像輪流坐著二十八宿一樣，所以被稱為鎮星。

太極八卦圖是怎樣構成的？

在中國古代傳說中，太極八卦是遠古的聖人伏羲所創。伏羲觀察天地鳥獸等萬物演變，從中受到啟發，推演出象徵宇宙真理的八卦。起初八卦比較複雜，為了讓更多的人去瞭解它，伏羲等人經過長期的修改，把它簡化抽象，形成了今天我們所見的圖像。

太極八卦圖，以同圓內的圓心為界，畫出相等的兩個陰陽表示萬物間的相互關係。圖中的「S」線將太極圖清晰地分為兩個關聯部分，一條是陰魚，一條是陽魚。陰魚用黑色，陽魚用白色，這是白天與黑夜的表示法。陽魚的頭部有個陰眼，陰魚的頭部有個陽眼，表示萬物都在相互轉化，互相滲透，陰中有陽，陽中有陰，陰陽相合，相生相剋。

太極八卦圖把圓心分為四份，並定為四象。四象為太陽、太陰、少陽、少陰。四象表述空間的東西南北，時間的春夏秋冬。任何一組矛盾加

中心，就構成為三才。古代哲學認為天、地、人為三才，又在四象的學說基礎上，更進一層，增加了陽明、厥陽兩項，與四象組成六合之說。

四象若加圓心就構成五行之說，南方為火，北方為水，東方為木，西方為金，中間為土。六合加圓心稱為七星。四象透過「一分為二」的切分，又構成八卦圖。先天八卦方位表示為：「乾南、坤北、離東、坎西、震東北、兌東南、巽西南、艮西北。」八卦加軸心稱之為九宮。配九宮數為乾九，坤一，巽二，兌四，艮六，震八，離三，坎七，中央為五。

總之，太極八卦圖是由太極和八卦組合而成，它反映了現代哲學中矛盾對立統一的規律。後來它又為道教所利用。道家認為，太極八卦圖神通廣大，可以震懾邪惡。

趣味鏈結：太極是什麼意思？

「太極」的概念很早就出現了，著名的《易經》中記載道：「易有太極，是生兩儀。兩儀生四象，四象生八卦。」古人還認為「一生二，二生三，三生萬物」。即世間萬事萬物都是由「無」生出來的。由「無」生出了一，一分化為二，二生出三，三再演化就可以生出一切東西。

按照古人的觀點，宇宙有無限大，所以稱為太極，但是宇宙又是有形的，即有實質的內容。按易學的觀點，有形的東西來自於無形，所以無極而太極。

十二生肖是中國特有嗎？

生肖是一種民俗現象。它指的是人所生年的屬相，一共有十二個，通稱「十二生肖」，分別用十二種動物來代表。這十二種動物都是與中國人民關係最為密切的動物，它們分別是鼠、牛、虎、兔、龍、蛇、馬、羊、猴、雞、狗、豬。

「生」就是所生之年；「肖」就是類似、相似的意思。生肖成為中國

民間普遍流行的紀生年和紀歲、排輩分的符號體系，兩千多年來早已蔚為大觀，婦孺皆知了。

那麼，十二生肖是怎麼來的呢？

華夏民族在很久以前就發明了天干地支理論，並用干支來紀年、紀月、紀日、紀時，這是中國古代曆法的重大發明。干支是天干和地支的總稱。甲、乙、丙、丁、戊、己、庚、辛、壬、癸叫天干；子、丑、寅、卯、辰、巳、午、未、申、酉、戌、亥叫地支。

後來，因為人們對動物非常崇拜，就用十二種動物與十二地支相配，形成了更生動的紀年法：子為鼠、丑為牛、寅為虎、卯為兔、辰為龍、巳為蛇、午為馬、未為羊、申為猴、酉為雞、戌為狗、亥為豬。

十二生肖就這樣出現了。它的出現很有意義，這包括以下三個方面。

十二生肖的廣泛性是其他任何事物都無可比擬的，它把人與人連接得很近。不僅如此，它還對人的思維方式、信仰追求、倫理道德等方面產生了深刻影響。在十二生肖中，時常會出現好惡之分與貴賤之別。所以，十二生肖在人們心中的分量不可低估。

十二生肖的出現還廣泛影響著中國古代的民俗。中國古代民間除了流行生肖遊戲、生肖算命外，還有生肖剪紙、生肖卡、生肖圖、生肖燈、生肖麵食等等，多不勝舉。古人不光活著時使用生肖屏風、生肖鏡、生肖錢幣等以圖吉利，佩戴生肖護符以圖保佑，即使死後也要用生肖俑陪葬，達官貴人的墓室還要繪上生肖壁畫。

十二生肖的出現也產生了種種禁忌。這些禁忌在民間婚姻方面比較常見。其實，以今天的眼光看來，生肖只是年齡的象徵而已，且是毫無科學根據的。

生肖這一種文化現象，並不為中國所獨有，而是幾乎遍布世界各地。

在十二生肖方面與中國最為相似的國家是印度。印度的十二生肖是該國神話中十二個神所駕馭的禽獸，除了獅相當於中國的虎、金翅鳥相當於中國的雞之外，其他的都與中國相同。

古代巴比倫、希臘、埃及的十二生肖與中國的十二生肖也大致相似，只是沒有豬和鼠。

　　法國人按十二個月來計算生肖，生肖物是天上的星座。一月份出生的人屬摩羯星座，其餘按月依次為水瓶座、雙魚座、白羊座、金牛座、雙子座、巨蟹座、獅子座、處女座、天秤座、天蠍座、射手座。這些星座也主要以動物來命名。

　　除此，緬甸、越南、柬埔寨等國也有類似中國的生肖。

趣味鏈結：與十二生肖相關的詩

　　宋代著名的理學家朱熹曾寫過一首《十二生肖詩》，其中的每句話都隱含著一個生肖。其詩如下：

　　夜聞空箪齧飢鼠，曉駕羸牛耕廢圃。
　　時才虎圈聽豪誇，舊業兔園嗟莽鹵。
　　君看蟄龍臥三冬，頭角不與蛇爭雄。
　　毀車殺馬罷馳逐，烹羊酤酒聊從容。
　　手種猴桃垂架綠，養得鵾雞鳴角角。
　　客來犬吠催煮茶，不用東家買豬肉。

十二生肖之中為何沒有「貓」？

　　十二生肖常用來記人的出生年。在古人用以作為十二生肖的動物中，除了龍以外基本上都是人們生活中比較常見的動物，其中有平時為人們生產或生活立下汗馬功勞而受到敬仰、關注的，如牛、羊、犬、馬、雞、豬等；也有人們用以作為圖騰來崇拜的，如虎、蛇等。

　　可是，為什麼沒有貓這種動物呢？

　　原來，十二生肖的說法起源於夏代發明的天干地支理論。之後，十二生肖與地支的相配體系就固定了下來。

而無論是《禮記》中所說的山貓，還是《詩經》中「有熊有羆，有貓有虎」的豹貓，都是生活在野外的野生貓。

我們今天飼養的家貓其祖先，據說是印度的沙漠貓。現在見到最早的家貓捕鼠圖，是東漢古石墓中發現的。由此可知，印度貓進入中國的時間大約是在東漢時期，那正是中印交往透過佛教而頻繁起來的時期。直到唐代，養家貓才較普及。

因此，家貓來到中國的時間和十二生肖的說法產生的時間恐怕已相差千年了，所以「姍姍來遲」的貓自然就沒有被列到十二生肖之中。

趣味鏈結：十二生肖的順序如何？

鼠、牛、虎、兔、龍、蛇、馬、羊、猴、雞、狗、豬是中國的十二生肖，而且它們的先後順序是固定不變的。那麼，古人為什麼要給它們排定了順序，且分別與十二地支相對應呢？

對於這個問題，有人給出了以下這個十分有趣的答案。

傳說，當年黃帝遴選十二生肖，搞了一個公開賽跑。參賽的動物很多，其中野牛並不像現在的牛那樣慢慢騰騰，而是四蹄生風，跑得一「牛」當先。在它就要衝刺終點的關鍵時刻，偷偷騎在它背上的老鼠卻來了個「喧賓奪主」，竊取了第一名。老實本分的野牛只好屈居第二。然後，其他動物也都到達了終點，依次是：虎、兔、龍、蛇、馬、羊、猴、雞、狗、豬。

比賽結束後，黃帝就依它們的先後順序，把十二地支依次分配下去。

古人是怎麼用十二生肖計時？

據說生肖的制定與十二時辰有關。在中國漢代，人們用十二地支配十二種動物來計時，叫做十二生肖。十二生肖分別指：子鼠、丑牛、寅虎、卯兔、辰龍、巳蛇、午馬、未羊、申猴、酉雞、戌狗、亥豬。人們先

是用此法區分每天的十二個時辰，後來發展到用此法紀年。王充的《論衡》中就記載了以十二獸配十二地支的方法。

其實，古人將一天劃分為十二個時辰，與我們今天的二十四時是完全一樣的，因為古人的每個時辰恰好等於現代的兩小時。十二時辰和現代時段對照如下：

子（鼠），深夜十一時至一時，此時老鼠最活躍。

丑（牛），凌晨一至三時，耕牛將出早工。

寅（虎），凌晨三至五時，虎時常在此時出沒傷人。

卯（兔），清晨五至七時，此時尚屬「旭日」、「曉月」，而依中國傳說，月中有兔。

辰（龍），上午七至九時，按傳說，是群龍行之時。

巳（蛇），上午九至十一時，蛇出洞之時。

午（馬），中午十一時至下午一時，按舊傳統說法馬為陰類，此時陽光到頂，陰氣始生。

未（羊），午後一至三時，相傳羊此時所食之草再生力最強。

申（猴），下午三至五時，天氣將晚，猿猴啼叫。

酉（雞），黃昏五至七時，月出之時，所謂「金雞」。

戌（狗），晚上七至九時，狗開始守夜。

亥（豬），晚上九至十一時，天地混沌不清，豬貪睡。

十二生肖計時法，是中華民族文化的寶貴遺產。它通俗易懂，使用方便，所以直到今天仍然沿用。

趣味鏈結：古代的十二時

古時將一日分為「十二時」，據《左傳》杜預注，這十二時為夜半、雞鳴、平旦、日出、食時、隅中、日中、日昳，晡時、日入、黃昏、人定。漢太初改朔之後，對於一晝夜有了等分的時間概念，十二時辰又有了更細緻的劃分。比如把子時分為子初、子正，丑時分為丑初、丑正等。

每逢「黃道吉日」就一定吉利嗎？

「黃道」是個天文學名詞，最早起源於古巴比倫，後傳入古希臘。西曆紀元左右又從希臘傳入印度。在隋唐時期傳入中國，當時由於佛教盛行一時，大量印度佛經被翻譯引入中國，「黃道」的概念也隨之被翻譯進入了中國。

「黃道」的概念是怎樣的呢？具體來講，以地球為座標，把太陽在天上位移的路徑，稱為黃道。這條路徑是波形的，其中夏至時太陽落在波形曲線的最高點，冬至則坐落於最低點。

由於太陽本身是不停自轉和公轉的，所以它每天所在的位置都是不同的。每在一個位置，都會與周圍的天體構成一種組合。據說這種不同的組合可以影響地球上的人，好的影響稱為吉；壞的影響就稱為凶。當太陽到黃道某個位置上，並與星圖形成吉祥的影響力時，就是所謂的黃道吉日。

黃道吉日在民間被認為是一個萬事皆宜、不避凶忌的日子。按民俗上說，天上的神煞包括黃道和黑道兩種神煞，共十二位，有青龍，白虎，明堂，天刑，朱雀，金匱，天德，玉堂，天牢，玄武，司命，勾陳。其中青龍，天德，玉堂，司命，明堂，金匱稱為六黃道，當這六神出現在同一天的時候，就是所謂的黃道吉日了。其實，這其中有一定的迷信思想，但代表了人們對一切美好事物的願景，所以長期以來沒有被淘汰。

趣味鏈結：「東青龍、西白虎、南朱雀、北玄武」指的是什麼？

建築裏古有黑陵門、白道門、朱窪門、青流門。這四個門的名字，都是取自四大神獸，即青龍、白虎、朱雀、玄武。東方青龍（也叫蒼龍）又稱做孟章神君；西方白虎又稱做監兵神君——它們的職責是守衛道觀山門。此外四方四靈也和五行相應：青龍代表木、白虎代表金、朱雀代表火、玄武代表水，中央無極土，四象不只是代表金木水火土而已，也代表了四季。青龍（春）、朱雀（夏）、白虎（秋）、玄武（冬）。

第四章 節日節氣

「元旦」是怎麼定下來的？

每年陽曆的一月一日，是中國傳統的新年——元旦。元旦年年要過，可又有幾人知道元旦這個節日是怎麼定下來的呢？

「元旦」是個合成詞，按單個字來講，「元」是開始、第一之意；「旦」字在《說文解字》裏解釋為「從日見一上，一，地也」，表示太陽剛剛從地平線上升起，是個象形字，也就是早晨的意思。那麼「元旦」合在一起就表示新年的第一個早晨了。

據說「元旦」這一名稱，最早出自顓頊時期，顓頊以農曆正月為元，初一為旦。但此後，夏、商、周、秦、漢的元旦日期並不一致。據《史記》記載，夏代是正月初一；商代是十二月初一；周代是十一月初一；秦統一中國後，又以十月初一為元旦；漢武帝時恢復夏曆，以正月初一為元旦，並一直沿用未改。

到了近代，辛亥革命成功後，孫中山為了「順農時」、「便統計」，定正月初一為春節，而以西曆（陽曆）1月1日為新年。

趣味鏈結：元旦飲「屠蘇酒」的習俗是怎樣的？

中國從三國以來，就有元旦飲屠蘇酒的習俗。屠蘇是什麼？

《通雅・植物》中說：「屠蘇，闊葉草也。」那麼，屠蘇酒就是用屠蘇草浸的酒了？其實不然。屠蘇酒是一種酒名，古人以為飲用可健身體。陳延之《小品方》中說：「此華佗方也。元旦飲之，辟疫癘一切不正之氣。」蘇東坡《除夜野宿常州城外》詩云：「但把窮愁博長健，不辭最後飲屠蘇。」

《本草綱目》中載有製屠蘇酒的方子：「用赤木桂心七錢五分，防風一兩，菝葜五錢，蜀椒、桔梗、大黃五錢七分，烏頭二錢五分，赤小豆十四枚，以三角絳囊盛之，除夜懸井底，元旦取出置酒，煎數沸，舉家東向，從少至長，次第飲之。藥滓還投井中，多飲此水，一世無病。」說飲此水可「一世無病」，當然是誇大其辭，「東向」飲酒，也有其迷信色彩，但如果作為一種防疫病酒，就不可與迷信一概而論了。

過「春節」的習俗起源於何時？

春節就是農曆新年，古代稱「元旦」、「元日」、「元辰」、「元正」、「元逆」、「元朝」、「正元」、「新正」、「朔日」。民間俗稱「過年」、「過新年」。春節是中華民族的傳統節日，除漢族外，滿、蒙古、瑤、壯、白、高山、赫哲、哈尼、達斡爾、侗、黎等十幾個少數民族也有過春節的習俗，並且還都富有自己的民族特色。但是，過「春節」的習俗起源於何時呢？

據史料記載，春節風俗源於遠古社會的「臘祭」。「臘祭」原是神農氏（一說伊耆氏）時代的「索鬼神而祭祀，合聚萬年而索享之」的「歲終出祭」活動，與過年根本沒有關係。可是由於宗教、風俗自身的保守性和歷代統治階級出於自身目的的提倡，這種產生於生產力低下的原始時代的

傳統禮俗，被保留了下來，並一直沿用，沿襲到20世紀40年代，就演化為「春節」的習俗了。

又由於正月初一為「歲之元、月之元、時之元」，故而又稱「三元」，俗稱「年初一」、「大年初一」。

趣味鏈結：為什麼過春節也稱過年？

春節，又稱過年，是中國的傳統節日，也是歷來最受人們重視的節日。可是過春節為什麼稱為過年呢？

「年」字的出現始於中國古代西周（前1046～前771年）。當時的年並沒有現在說的過年的意思。因為當時社會很不穩定，人民的生活條件也非常差，都還沒有過年的概念。年作為節日，形成於漢代（西元前206～西元220年）。

在這之前「年」有收成之意，也可通「稔」字講，有莊稼成熟豐稔之意等，凡此種種。

也許有人認為「年」作為節日名在秦朝就開始了。其實不然，秦雖統一中國，但徭役賦稅極為苛酷，民不聊生。直到漢代，也就是西元前206～西元220年，老百姓才有了一個安穩的社會環境，勉強能過著較為穩定的日子。在年終收成之餘，勞累的身體也該放鬆了，百姓們就適當地進補，並用一些簡單的方式慶祝。而此時恰好就是秋去冬來，立春前的一段日子。隨著時代的發展，天文曆法的進步，後來就把過年定在一年的歲首。而這個時候也恰好能遵循二十四節氣，順應農時，有利於農業生產。

20世紀初，中國在使用陰曆的同時，亦採用陽曆，並把陽曆的1月1日定為元旦，也就是俗稱的陽曆年，也叫過小年。20世紀40年代後，採用西曆（陽曆），但是陰曆同時存在，因為陰曆的二十四節氣與農作物的生長直接相關，順應「農時」，所以廢止不得。因此把農曆年的一月一日定為春節，一直延續至今。

古代春節有哪些習俗？

在歡度傳統的新春佳節時，中國有不少有趣的習俗，為節日增添了斑斕的色彩。

除夕的夜間，人們通宵不睡，說是叫「守歲」。有守歲之說，自然就有「踩歲」。

所謂踩歲就是指，除夕夜將芝麻秸鋪在大門的過道上或院子裏供人踩踏。因芝麻開花節節高，且芝麻粒多，此習俗含有「壽高多福」之意。現代人將花生殼、瓜子丟在地上，踏上去啪啦作響，亦有「踩歲」之意。

扔愁帽的習俗。除夕之夜在古時有「扔愁帽」的習俗。夜深人靜之際，人們將自己戴過的舊帽子或舊頭巾悄悄扔到街上。此習俗含有「扔掉一年的憂愁，迎來一年的新喜」之意。

置壓歲果的習俗。除夕之夜，將橘子、荔枝等果品置於床畔，謂之「壓歲果子」。「橘」、「荔」取其諧音，含有「吉利」之意。惟壓歲果當夜不食，需等到大年初一時才取而食之。

送賀年柑的習俗。新春到親友家賀年時，有的地區要帶上柑子，謂之「賀年柑」。「柑」又稱「大橘」，取其諧音，有「大吉」之意。主人收下大橘後，又以自家的大橘回贈，意為「互相吉利」。

吃團圓飯的習俗。除夕這天夜晚，全家人團聚在一起，在劈劈啪啪的爆竹聲中，大家舉杯祝酒，一起吃年夜飯。在外地的家庭成員，凡是能回家的，一般都在除夕之前趕回家，所以年夜飯又叫「團圓飯」。古時候吃年夜飯時，桌上會放一個燒得很旺的火爐，全家人圍著吃年夜飯，因此也叫「圍爐」，表示日子過得紅火興旺。

古人用餐時，在平時是男女不同席的，但吃年夜飯時，男女老幼都在一起吃，表示全家永遠歡樂團聚的意思。

趣味鏈結：中國人過年為什麼要放鞭炮呢？

鞭炮也叫爆竹，過年放鞭炮是中國人的傳統習俗，沒有鞭炮就感覺年味不足。

放爆竹賀新春的歷史，在中國已經有兩千多年了。有關爆竹的文字資料，被認為最早的是《詩經‧小雅‧庭燎》篇中「庭燎之光」的記載。所謂「庭燎」就是把竹竿放到大火裏燒，竹竿燃燒後，竹節裏的空氣就會膨脹，竹腔爆裂，發出聲響，這也就是「爆竹」的由來。

那過年為什麼要放爆竹呢？

據說在古時候，每到過年的時候就有一種叫做山魈的怪物到人間來搗亂，老百姓為了驅逐它，就「燃竹而爆」，把山魈嚇跑。所以說鞭炮最早與桃符、春聯一樣，都是中國民間用來驅除邪魔鬼怪的。據梁朝宗懍在《荊楚歲時記》中載：「正月一日，三元之日也。春秋謂之端日，雞鳴而起，先於庭前爆竹，以劈山魈惡鬼。」

到了唐代，爆竹仍以竹著火爆響，又稱為爆竿。後來，經過煉丹家的不斷摸索，發明了火藥。有人將火藥裝在竹筒裏燃放，聲音更大，從此燃竹驅山魈的習慣就逐漸被火藥取代了。《神異經》上說：「西方山中有怪焉，長尺餘，一足，性不畏人。犯之令人寒熱，名曰山魈驚憚，後人遂象其形，以火藥為之。」

北宋時，爆竹在製作技術方面有了很大的改進。已經出現了用紙捲裹著火藥的燃放物，還有單響和雙響的區別，改名「炮仗」，後又改為「鞭炮」。

「爆竹聲中一歲除。」春節早晨人們為了開門大吉，先放爆竹，爆竹聲後滿地紅紙屑，紅的顏色讓人感到喜氣和喜慶，人們稱之為「滿堂紅」。後來，人們還把爆竹用到慶賀婚禮、開業典禮，以及其他的一些重大活動上，也是一種喜慶的表示。

何時開始有春節貼對聯的習俗？

除夕這天，家家戶戶都要貼上寫著祝福的春聯。春節貼春聯是中國流傳至今的一個傳統習慣。春聯也叫對聯、春貼、對子。據說春聯來源於2000多年前的「桃符」。

古人認為桃木可以避邪，用桃木製成長條狀木板（也有做成劍狀的，稱為桃木劍），謂之桃符，過年時，人們在桃符上題詞，稱為題桃符。所題內容不過是一些壓邪話和符咒，比如「姜太公在此，百無忌禁」或「有令在此，諸惡遠避」等。

直到五代十國時，後蜀皇帝孟昶在桃木劍上題寫了「新年納餘慶，嘉節號長春」的句子，據說這句話就是最早的春聯。此後，過年時有寫聯語的，有掛桃符的，還有貼門神的。

到宋代時，對聯的概念還沒有出現，題桃符開始流行起來。據說蘇東坡訪王文甫，就曾贈王一副「門大要容千騎入，堂深不覺百男歡」的對聯。王安石有《元日》詩：「爆竹聲中一歲除，春風送暖入屠蘇。千門萬戶曈曈日，總把新桃換舊符。」

而「對聯」名稱真正出現是在明代，西元1368年，明太祖居金陵（南京）時，除夕之夜，令公卿士庶之家都貼春聯，過年時還曾親自微服出行，逐門觀看，以為樂趣，並乘興親筆題聯。

當時明太祖所題之聯，流傳下來的不多。比如題給大才子陶安的，他這樣寫：「國朝謀略無雙士，翰苑文章第一家」；題給民間某殺豬匠的，他這樣寫：「雙手劈開生死路，一刀割斷是非根。」由此可以看出，此時聯語已經藝術化了。從此春聯在廣大的農村和城鎮普遍盛行起來。

趣味鏈結：夜貼對聯的王羲之

過新年，貼對聯，這是中華民族的老傳統了。有一年，著名書法家王羲之連貼了三次對聯都被喜歡他字的人偷揭走了。臨近除夕，不得不又寫

了一副。他怕再被人揭走，就上下剪開，各先貼一半。

上聯是「福無雙至」，下聯是「禍不單行」。這樣，果然奏效，人們見他寫的不是吉慶的內容，也就不再揭了。到了新年黎明之際，王羲之又各貼了下一半，上聯成「福無雙至今日至」，下聯成「禍不單行昨夜行」。路人聞之，皆擊掌歎絕。

吃年夜飯為什麼要關門？

在中國江南一帶，每年吃年夜飯的時候，家家戶戶都要關起大門，不能大聲說話，不能敲擊碗筷。吃完年夜飯，將桌上的碗筷收拾乾淨後，再打開大門，這叫做閉門生財，開門大吉。

相傳，這種做法是為了哄騙鐵拐李。

據說到了每年的最後一天，玉皇大帝都要瞭解民間的生活狀況，於是就派鐵拐李下凡查看民情。鐵拐李是個跛腳叫花仙，因此便在人間吃年夜飯的時候，提著要飯的籃子跛著腳沿街到各家乞討。

討完飯後，鐵拐李把討來的東西提給玉帝看，誰家窮，誰家富，一看就知道了。據此，玉帝便讓富人一年遭幾次災，不要太富；窮的則讓他發幾次財，不要太窮了。

這事兒慢慢傳到了人間，一個精明的商人知道了這個情況之後，很快就想到了應對之策。到吃年夜飯時，這戶人家把大門關得緊緊的，家人誰也不准大聲說話。等鐵拐李來討飯時，打開門，桌上什麼也沒有。鐵拐李一看，認為這戶人家窮得連年夜飯都吃不起，於是就大發慈悲，悄悄在這戶人家的門口放上幾個元寶就走了。就這樣，這家人越來越有錢了。

天下沒有不透風的牆，別家也看出了他家發財的原因，便都跟著學起來。後來，鐵拐李見家家都關著門吃年夜飯，便知自己下凡探察之事已被人們覺察，就不再到人間來討飯察貧富了。但關起大門吃年夜飯的習慣，卻從此流傳下來。

趣味鏈結：除夕夜為什麼要守歲？

人們把每年農曆最後一天的夜晚叫除夕，「除」字的本義是「去」，引申為「易」，即交替；「夕」字的本義是「日暮」，引申為「夜晚」。「除夕」合起來就是明日即另換新歲的意思。

古人認為除夕這一天是一個人長一歲的界日（指虛歲），而這個晚上又是舊歲已過、新年到來的一夜。人們舉家歡慶，徹夜不眠，圍坐守歲，辭舊迎新，以求新的一年裏大吉大利，這一習俗即謂除夕「守歲」。關於守歲的由來，有一個遙遠的傳說。

傳說遠古時代有一個被稱為「祟」的小妖怪，他長著黑黑的身子，但手卻是雪白的。每年春節除夕之夜，它都要到人間害人，專門摸熟睡的小孩子的腦門。凡是被「祟」的雪白小手摸過的小孩，就會生病，莫名其妙地發高燒，等到十幾天高燒退去後，小孩就會變成癡呆瘋癲的傻子。

所以每年到了除夕這一天，家長們都怕「祟」來傷害自己的孩子，就整夜亮著燈，陪孩子一起玩，不讓他們睡覺。這在當時叫做「守祟」，後來，人們覺得說「祟」這個怪物有些晦氣，又因為「歲」與「祟」諧音，於是人們就慢慢改「守祟」為現在所說的「守歲」了。

「除夕不空鍋」的來歷是什麼？

「除夕不空鍋」說的是除夕夜裏（也有說從除夕夜起連續三天），人們要在飯鍋裏放上些乾糧或其他食品（一般放在箅子上面），稱為「壓鍋」。表示去年的餘糧能夠存放到今年，意為年年有餘，以此來祈盼來年生活富裕安康，溫飽無虞。

關於「除夕不空鍋」的來歷，民間有個很有趣的故事。傳說朱元璋在當上皇帝之前，與老母親相依為命，家裏十分窮苦，常是吃了上頓沒下頓。有一年除夕之夜，朱家又沒有了過年的食物，老母親也沒有辦法。

朱元璋不由心生一計，不妨拉下臉來偷點東西回來吃。朱元璋想，村子裏的人都是抬頭不見低頭見的，都認識臉兒，不好下手，於是他走了三里地，好不容易才摸進了一家人的廚房。在廚房裏找了半天，卻很失望地發現，鍋裏什麼吃的東西也沒有。朱元璋一氣之下就把那口空鍋揭下來扛走了。

朱元璋扛著鍋走到半路上，轉念一想，我把人家的鍋偷走了，人家怎樣做飯呢？再說現在是過年時節，家家戶戶都在忙著過年，我這鍋怎麼賣呢？想來想去，朱元璋決定抄原路給人家送回去。

可這時，東方既白，天已經快亮了。朱元璋心頭十分著急，萬一給人發現了豈不糟糕？想到這裏，朱元璋默默祈禱：「老天爺，讓天再黑一會兒吧！再黑一會兒吧！」結果，天果然又黑了一陣兒，這樣，鍋就完璧歸趙了。

朱元璋登基做皇帝之後，回憶起自己除夕之夜偷鍋送還的經歷，想到現在還有不少人像他曾經一樣貧窮，於是就下令全國上下，每年除夕之夜都不能空鍋，最少要放上兩個饃（五穀磨成麵粉後做的乾糧）。

為了讓老百姓信服，他說這樣，一來為乞丐準備了食糧，以防止他們把鍋偷走；二來除夕把吃的放在鍋裏，就象徵著年年有餘糧，家家生活富裕，來年的生活會更好。自此以後，「除夕不空鍋」的習俗就流傳了下來。

趣味鏈結：「溫鍋」是賀喜喬遷的代稱，其習俗是怎麼來的呢？

現在人們常把搬家或喬遷稱為「溫鍋」。說起「溫鍋」可能與當時人們的生活水準低下有關。以前，普通人家蓋房子常是傾其所有，房子蓋完後，就會出現經濟拮据的情況，家裏不是缺錢就是少米。這時街坊鄰居就會送來一些食物、禮品，幫著添置些家庭用具，以助他們度過困境，同時也為向他們表示祝賀之情。

主人為了感謝街坊，也為了讓新家熱鬧起來，就會炒菜做飯，設宴招

待。由於遷入新居，鍋灶都是新的，同時也是涼的。這一炒菜做飯，鍋灶就熱起來了，故而叫「溫鍋」。「溫鍋」標誌著這個家從此步入了正軌，紅紅火火地過日子了。實際上，溫鍋就是親朋鄰里相助，眾人添柴火焰高，把喬遷新居的暫時困難緩解了。

溫鍋充滿了濃濃的親情，使新戶主在精神上也能得到極大的安慰。此外，有些地方溫鍋時希望人越多越好，他們覺得人越多人氣越旺，特別是搬到一個新地方之後，人們更希望有眾多的人前來溫鍋，其想法是人多勢大不受欺壓。

為何有初一吃餃子過年的民俗？

初一吃餃子過年，是說大年三十晚上要包好餃子，等到初一的時候拿出來吃了過年。關於這句民諺的來歷有一個很有趣的故事。

農曆年在民間是備受重視的，很久以前，在一個貧困的山村，有一戶人家很窮，常常是吃了上頓沒有下頓。到了年三十這一天，就是年關了，為了新年能吃得飽，只好向親友借來米麵。和好麵後，用蘿蔔菜做餡，非常精心地包起餃子來了，包好的餃子由裏到外擺放得一圈一圈的，非常整齊，也很美觀，灶王爺看到之後非常滿意。

同村有個財主，家財萬貫，命令手下人包餃子，用肉、蛋等料調餡，這些人粗手粗腳的，包好後胡亂地放在蓋簾上，灶王爺見了很不高興，就想懲罰他們。

到了初一這天，財主家的餃子下鍋煮熟後，一吃味道全變了樣，豬肉餡變成了蘿蔔菜餡。而那戶窮人家的餃子卻變成了肉蛋餡的。後來這家窮人知道是灶王爺幫了他們的忙，所以每到過年的時候就包餃子。這事在村裏傳揚開後，村裏人即使再忙，過年也要包餃子，把餃子擺放得整整齊齊，以討個「圈福」的口彩。

趣味鏈結：「年初一，不吃稀」有何講究？

古代科學技術很不發達，人們認為生活中所做的某件事，就會預兆以後的生活中會發生與之相類似的事。比如，「年初一，不吃稀」就是這種忌諱的典型代表。

古人說在大年初一這天，不能吃稀飯，否則一年之中，外出旅行時一定會碰上下雨。無論是誰，出門遠行都盼望著遇上晴朗的好天氣，不希望被雨淋。所以人們為了防止這種忌諱應驗在自己的身上，大年初一時從來不吃稀飯。

另外，稀飯在有些地方稱為「粥」或「糊塗」，很容易讓人聯想起「發昏」、「不明白」、「不清醒」等含義。而這些話又都是過年時所忌諱的話語，因此「年初一，不吃稀」。

更為重要的是，「稀」還意味著「薄」的意思，年節吃稀，意味著一年吃喝不足；「年初一，不吃稀」，則象徵著過去和將來的一年裏豐衣足食，生活富裕。

為何有春節吃年糕的傳統習俗？

過春節時，中國各地人民都有吃年糕的習慣。年糕又稱「年年糕」，與「年年高」諧音，意寓人們的工作和生活一年比一年提高。

年糕作為春節食品，在中國具有悠久的歷史。據說在早年，年糕是為午夜祭神、歲朝供祖之物，後來這一習俗發生了演變，才成為了春節食品。據考古探測發現，中國大約在七千年前就開始了稻穀的種植。漢朝時，人對米糕就有「稻餅」、「餌」、「餈」等多種稱呼。據說年糕是從米糕發展而來的。

在西元6世紀，當時的《食次》一書中就載有米糕「白繭糖」的製作方法，即將糯米蒸熟以後，趁熱舂成米餈，然後切成桃核大小，晾乾油

炸，滾上糖即可食用。

後來，米糕進一步發展，就出現了粉糕，即將糯米粒磨成粉製作而成。其做法是先把糯米製成粉，然後再用絹羅過濾，加水、蜜，再做成團，將棗和栗子等貼在粉團上，用箬葉裹起蒸熟。

而年糕也多是採用糯米磨粉製作而成的，只不過名稱不同。粉糕就是年糕的最初雛形。又因為糯米蒸熟後，有很強的黏性，所以年糕又稱「黏黏糕」。不難看出，「年年糕」就是北方「黏黏糕」的諧音。

年糕不僅是一種節日美食，而且歲歲為人們帶來新的希望。正如晚清的一首詩中所云：「人心多好高，諧聲製食品，義取年勝年，籍以祈歲稔。」

趣味鏈結：年糕的由來和傳說

年糕到底始於何朝何代？說起來還有一段故事哩！

西元前514年，吳王闔閭派大臣伍子胥督建王城。幾年之後，王城完工，吳王命名為「闔閭大城」。

西元前484年，闔閭死後，其子夫差繼位。夫差是個好大喜功之人，他一心想討伐齊國，稱霸中原。伍子胥屢次勸諫，夫差不但不聽，反而十分惱怒。

伍子胥預料到自己將有殺身之禍，他悄悄地對幾個親信說：「將來如果我有不測，都城被圍，民無所食，你們可去象門城下掘地三尺取糧。」不久，奸臣誣陷伍子胥私通齊國，夫差不分青紅皂白，賜寶劍一把，逼伍子胥自盡。

伍子胥死後，越王勾踐便舉兵伐吳，一路勢如破竹，把吳國都城團團包圍。吳國軍民被圍困日久，城中糧絕，每天都有人餓死。這時，伍子胥的幾個老部下突然想起伍子胥生前的囑咐，便帶領軍民去象門挖地，結果挖到了許多包裹嚴實的「城磚」。

原來，這些城磚都是用糯米粉蒸熟後壓製而成的。這種糯米磚十分堅

韌，既可做磚砌城，又可充飢。這是伍子胥生前暗地設下的「積糧防急」之計。就這樣，士兵和百姓靠著這些「城磚」，終於度過了劫難。

從此以後，每逢過年，人們都要用糯米粉做成「城磚」，供奉伍子胥，以表示他們對這位救命恩人的紀念。久而久之，這「城磚」便被稱做「年糕」，形成了過年吃年糕的習俗。

古人是怎樣拜年的呢？

拜年是中國民間的傳統習俗，是人們辭舊迎新，相互表達美好祝願的一種方式。拜年的傳統由來已久。那麼古人是怎樣拜年的呢？

自古以來，拜年的習俗就分兩種，一種是向長輩叩歲的叫拜年；另一種是平輩之間的相互道賀，稱之為賀年。「拜年」的最初意思是《左傳‧昭公十七年》所載的：「彗所以除舊布新也。」「彗」即掃帚的意思，本指掃除塵土，引申為過年時除卻過去一年的晦氣，迎來新年的好運。

另據考證，真正意義上的拜年出現在宋代（多是賀年的形式），盛行在明代。南宋吳自牧《夢粱錄》中有古人賀年的記載：「正月朔日，為之元旦……士兵皆交相賀，民男女，亦皆鮮服往來拜節。」由此句我們可以看出，當時不僅士兵互拜，朝官也一樣。他們不計相識與否，皆望門投帖，以示新春的祝賀。

還有史料記載，在宋朝的上層社會中，倘若坊鄰親朋太多，難以登門遍訪，就使遣僕人帶名片去拜年，稱為「飛帖」，各家門前貼一紅紙袋，上寫「接福」兩字，即為承放飛帖之用。

到了明代，盛行的拜年習俗中，又有了新的花樣，他們以投謁代替拜年。明朝傑出畫家、詩人文徵明在《賀年》詩中描述的就是這種情況，他在詩中寫道：「不求見面惟通謁，名紙朝來滿蔽廬；我亦隨人投數紙，世情嫌簡不嫌虛。」這裏明代人們所言的「謁」即是現今賀年卡的起源。

拜年中的「團拜」形式，大約出現在清朝，清人藝蘭生在《側帽餘

譚》中說:「京師於歲首,例行團拜,以連年誼,以敦鄉情。」

趣味鏈結:拜年的由來

關於古人為什麼要拜年的問題,有這樣一個傳說。傳說「年」獸每逢臘月三十晚上,看到人間熱鬧非凡,就會竄到村子裏,吞噬牲畜和百姓。人們為了應付它,就只好備些肉食放在門外,然後把大門關上,躲在家裏,整個晚上都不能入睡。

「年」獸在飽餐肉食之後,一般在天快亮的時候就回去了。這時候在家裏擔憂了一晚上的人們,就會打開門,挨家挨戶問個好,看看誰家有沒有什麼損失,相互作揖道喜,互相祝賀又躲過了「年」獸的迫害,可以有新的一年的平安了。這就是「拜年」的由來。

元宵節是怎麼流傳下來的?

農曆正月十五,叫「元宵節」,也叫「上元節」、「元夕節」、「燈節」,是中國民間富有悠久歷史的傳統節日。關於元宵節的由來歷來有很多種說法。

說法之一認為,農曆正月十五吃元宵,是中國人民的傳統習慣。據記載,「元宵」二字的出典與隋煬帝有關。隋朝末期,隋煬帝殘暴無度,為了粉飾太平,他把西元610年的正月十五這一天定名為「上元」。並在洛陽端門以外,建國門以內,搭起高臺「歌舞昇平」,開始大張燈火,同時開展奇術異能、歌舞百戲活動。

由於這天晚上熱鬧非凡,一些賣小吃的小販也出來兜售食品,尤以湯圓最受歡迎,後來就把湯圓定為上元節的應節食品,所以上元節也有「元宵節」的叫法。

另一種說法認為,古時有「三官」,即天官、地官、水官,都是道教信奉的神,並說「天官賜福,地官赦罪,水官解厄」。

相傳東漢的道教始祖張道陵做三官時為人治病，深得老百姓愛戴。後來道教以三官配三元，說：「天官正月十五生，為上元；地官七月十五生，為中元；水官十月十五生，為下元。」於是道教分別把正月十五稱為「上元節」，七月十五稱為「中元節」，十月十五稱為「下元節」。上元節這種說法就由此流傳了下來。

說法之三認為，「元宵節」的由來與漢朝時期的漢文帝有關。並說它在道教產生之前就是一個傳統節日了，與第二種說法有很大的出入。

漢高祖劉邦死後，呂后獨攬朝政，把劉氏天下變成了呂氏天下。呂后病死後，諸呂惶惶不安，害怕遭到傷害和排擠。於是，在上將軍呂祿家中秘密集合，共謀作亂之事，以便徹底奪取劉氏江山。

此事傳至劉氏宗室齊王劉襄耳中，劉襄為保劉氏江山，決定起兵討伐諸呂。隨後，劉襄與開國老臣周勃、陳平等一起，在正月十五徹底平定了「諸呂之亂」。平亂之後，眾臣擁立劉邦的第二個兒子劉恆登基，稱漢文帝。

由於漢文帝是在平定「諸呂之亂」後上臺的，他深感太平盛世來之不易，為了紀念平息之日，每年正月十五日夜，他都要設夜宵款待有功之臣。後來就乾脆把正月十五這一天定為元宵節了。

在當時過元宵節，還沒有放燈的習俗。直到漢明帝永平十年（西元67年），有人從印度求得了佛法，漢明帝為了提倡佛教，敕令在元宵節點燈，以表示對佛教的尊敬。元宵節放燈的習俗才由此發源。漢代司馬遷在建議漢武帝修改曆法、創建《太初曆》時，把元宵節列為重大節日寫入書中。

相比較而言，第三種說法更能讓人信服。

趣味鏈結：元宵是用什麼做成的？

元宵是用糖和各種果肉做餡，外面滾上糯米粉，呈小球形狀，清水煮熟食用，香甜可口，古時候人們叫它湯圓、湯糰、圓子。因為這種食品在

元宵節時吃，所以後來人們也就習慣把它叫做元宵。

元宵之夜，正是農曆新的一年的第一個月圓之夜，全家老少齊聚，吃著象徵家人團圓、和睦、吉利的元宵，高高興興度過春節的最後一晚。

清明節掃墓起源於何時？

「清明節」是漢族傳統節日，亦稱為「植枝節」、「踏青節」、「聰明節」等。彝、壯、布依、滿、侗等23個少數民族也有這個節日。

從二十四節氣上講，清明是二十四節氣中的第五個小節氣，時間在西曆四月五日前後，夏曆則是三月上旬。清明節主要是祭祖掃墓的日子。

據《禮記》記載：「王者祭天地，諸侯祭山川，卿大夫祭王祀，士庶人祭其先。」所謂「祭其先」者，意思就是說，老百姓祭祀自己的祖先。

到了春秋時代，民間已有了「吉日良辰，郊祀野祭」之風，但並未形成一種真正的儀式。到了唐開元二十年，掃墓已經成為一種儀式，並被「編入五禮」。據《舊唐書》記載：「寒食上墓，禮經無文，近代相傳，寖以成俗，宜許上墓，同拜掃禮，編入五禮，永為定。」隨後，唐末宋初，掃墓的習俗開始盛行起來，《宋史‧唐格傳》裏有「徑往錢塘掃墓」之句。

清明這天除了祭祖掃墓之外，還有禁火寒食、插柳踏青、興農事、盪鞦韆、蹴鞠（踢球）、放風箏、拔河、打馬球等活動。也正是因為有禁火寒食、興農事等活動，清明節才作為一種獨立的節日流傳了下來。

趣味鏈結：從科學的角度來看，人們為何選擇在清明節掃墓？

世人選擇清明掃墓，除了祭拜祖先的需要外，從科學的角度來講，還有以下幾種原因。

其一，清明時節氣候轉暖，雨水增多，草木蔓生，陵園墓地需要修整；其二，清明前後，山清水秀，桃紅柳綠，可藉此去郊野，掃墓踏青；

其三，可能與人們懷念介之推有關，因為他被焚於清明前一日，而清明前一日是寒食節。

「端午節」是發源於屈原投江嗎？

農曆五月初五是端午節，又叫「端陽節」，也叫「端五」、「端陽」，還有的地方叫「中天節」。端午節是中國最古老的節日，已經有四、五千年的歷史了。除了漢族有端午節這個節日外，蒙古、回、藏、苗、彝等26個少數民族也都有這個節日。

端是開始的意思。每月有三個逢「五」的日子，頭一個就是端五。古代「午」與「五」通用，故稱「端午」。又以奇數（單數）為陽，偶數（雙數）為陰，所以也叫「端陽」。這一天兩個「五」相重，因此又稱為「重五」。關於端午的始源，大致有「屈原說」、「龍節說」、「惡日說」三種。

學者指出，有文字可考的端午始源應該是夏至，《風土記》有「俗重五月五日與夏至同」的記載。他認為端午的風俗，就是源自夏至的風俗。比如古代夏至有祭祀活動，端午節也有。他文中引用了大量的，可以用為佐證的材料，很具有說服力。

他查閱古籍，發現《後漢書‧禮儀志》一書也認為，漢代五月五日的風俗是來自夏、商、周時期的夏至節。唐代韓鄂也在《歲華紀麗》中開宗明義地解釋端午為：「日葉正陽，時當中夏。」從科學的角度來分析，只有在夏至，太陽才可能完全合於正陽的位置。端午又叫天中節的原因也在於此。

文章還說，關於端午始源的各家說法，無論屈原說、龍節說，還是惡日說，最多只能勉強解釋其中習俗的少數幾個，只是有心人的一種附會罷了。那麼端午節的習俗有哪些呢？

既然端午節是在五月五日這天，那麼它的許多習俗自然就與「五」有

關。比如在端午節這天給小孩的長命縷，就是用紅、黃、藍、白、黑五色絲線做成的，繫在兒童的脖頸、手腕或足踝上，保佑小孩長命百歲；各家懸插的「五端」：菖蒲、艾草、石榴花、蒜頭和龍船花（山丹花）。在南方過端午節時人們吃的「五黃」：黃瓜、黃鱔、鹹鴨蛋黃、黃豆瓣包的粽子、雄黃酒。這無一不與「五」有關。除此之外，端午還有賽龍舟和吃粽子的習俗。

後來端午節的習俗流傳到日本、朝鮮和東南亞等地。

趣味鏈結：艾和菖蒲真的能避邪嗎？

民諺「清明插柳，端午插艾」。人們把插艾和菖蒲作為端午節的重要活動之一。五月正是炎熱酷暑將臨之時，也是流行病、瘟瘴疫癘將發之際，插艾可以發揮一定的抑制作用。

艾又名艾蒿，它的莖、葉都含有揮發性芳香油，可驅蚊蠅，淨化空氣。菖蒲是提神通竅、健骨消滯、殺蟲滅菌的藥物。菖蒲形狀似劍，掛在門上，可以達到殺菌防病的目的，故有「端午佳節，菖蒲做劍，懸以避邪」之說。

為什麼七夕是中國的情人節？

農曆七月初七，俗稱七夕，後來演化成中國的情人節。這個節日是怎麼來的呢？還得從牛郎織女的神話故事說起。

據說在很久以前，有個叫牛郎的年輕人靠放養一頭老黃牛為生。由於家裏窮，他每天放牧回來就和牛睡在一個屋子裏。時間久了，這頭老黃牛覺得牛郎很善良，就決定要幫助他。

一天，老黃牛告訴牛郎說：「農曆七月初七這天，會有幾個仙女到東邊山下的一個湖裏洗澡。到時你只要悄悄拿走掛在樹枝上的那件粉紅色衣服，那個仙女便無法返回天宮，只能留下來做你的妻子了。」老黃牛說到

這裏，深情地看著牛郎，牛郎聽得心花怒放，恨不得這一天馬上就到。

在接下來的日子裏，牛郎對老黃牛照顧得就更加細心了。幾天後，老黃牛又對牛郎說：「我年歲也大了，大去之期已經近了。我死後你把我的皮和兩個角保存下來，遇到大的困難時你就把它拿出來，到時能幫上你的忙。」說完老黃牛就死了。牛郎捨不得老黃牛死去，哭成了一個淚人。

很快就到了農曆七月初七，在黃昏時分牛郎來到了這個湖邊。大老遠就看到了那件粉紅色的衣服，他拿起衣服悄悄藏到了別的地方。等到仙女們洗完澡，都陸續回了天宮，這時他發現，有個年齡最小的仙女，還在哭著找自己的衣服。牛郎笑盈盈地捧著衣裳出現了。兩人四目相對，一見鍾情。雙雙攜手回到了牛郎的住處。

原來這位仙女名叫織女，兩人相處一段時間之後，牛郎向織女求婚，織女看牛郎忠厚老實，便含羞答應了。兩人成親後生了一對子女，玉帝知道這事後大為震怒，派王母娘娘下凡將織女帶回天庭。

王母娘娘趁牛郎不在家時，強行將織女抓走。牛郎回家後看到織女被王母娘娘抓著正在升天，急得團團轉。他忽然之間想起了老黃牛死前的叮囑，於是披上牛皮，抱起兩個孩子，飛快地追了上去。眼看就要追上她們了，這時王母娘娘拔下頭上的金簪子，往天空中一劃，馬上出現了一道波濤洶湧的天河，把牛郎和織女分隔兩邊。

這天河是沒辦法過去了，兩個孩子見不著媽媽，就在河這邊哇哇地哭了起來。哭聲驚動了玉帝，玉帝見兩個孩子很可憐，就允許他們一家每年七月七日相會一次。

牛郎織女的愛情故事，對民間的影響很深，不論婦孺老幼幾乎都知道。歷代文人騷客也都有歌詠，「盈盈一水間，脈脈不得語」、「兩情若是久長時，又豈在朝朝暮暮」等名句，為這段傷感的愛情故事作了最好的詮釋。

趣味鏈結：你知道銀河有多少種別稱嗎？

說起銀河，我們都會想到牛郎織女那段淒美感人的愛情故事，王母娘娘拔下金釵在空中一揮手，製造了一條銀河，隔開了一對癡情男女，於是為天下的文人墨客提供了無限的創作題材和靈感。關於銀河的別稱，在中國古典詩文中有很多。

銀河的「天漢」之稱，見於陸機的《擬明月皎月光》一詩：「招搖西北指，天漢東南傾。」

銀河的「星漢」之稱，來自於曹操《觀滄海》中「星漢燦爛，若出其裏」這句詩。

銀河的「星河」之稱，則是大詩人杜甫的命名。他在《閣夜》中寫道：「五更鼓角聲悲壯，三峽星河影動搖。」

銀河的「絳河」之稱，出自杜審言的《七夕》詩：「白露含明月，青霞斷絳河。」

李白在《月下獨酌》這首詩中，把銀河稱為「雲漢」，原詩這樣寫道：「永結無情友，相期邈雲漢。」

王建在《秋夜曲》中寫道：「天河悠悠漏水長，南樓北斗兩相當。」於是，銀河有了「天河」之稱。

李賀則更形象地稱銀河為「銀灣」，他在《溪晚涼》中寫道：「玉煙青濕白如幢，銀灣曉轉流天東。」

「雲母屏風燭影深，長河漸落曉星沉。」則是李商隱《嫦娥》詩中的句子，他把銀河稱為「長河」。

中秋節的起源有哪些傳說？

農曆八月十五是中秋節。在歷史上，中秋節與元宵節、端午節合稱為「三大節」。在中國古代，人們將農曆七、八、九三個月，分別叫做

孟秋、仲秋、季秋。八月十五正屬秋季正中，故而稱為「仲秋」或「中秋」。中秋節是「三大節」中僅次於春節的第二大傳統節日。

關於中秋節的起源，歷來有很多種說法。一種說法認為可以追溯到兩千多年以前。《禮記》記載：「天子春朝日，秋夕月」，意思是說，古時天子祭祀太陽的時間在春天，祭祀月亮的時間在秋季。而農曆八月正是秋季中間的月份，八月十五又是中間之中，所以，八月十五日就被擇為祭神吉日，稱為中秋節。

從時令上說，秋天正是莊稼收穫的黃金季節，所以在有的地方「中秋節」又名「秋收節」。春播夏種的穀物到了秋天就是收穫的時候了，自古以來，人們都在這個季節飲酒舞蹈，喜氣洋洋地慶祝豐收，八月十五日就逐漸發展為廣大勞動人民歡慶的節日了。而另一方面，中秋節是月亮最圓的時候，有象徵團圓之意，因而中秋節又有「團圓節」之稱。

還有一種說法認為，中秋節源於唐玄宗遊月宮的浪漫故事。相傳唐玄宗中秋之夜在宮中祭月時，伴隨道人作法，將手中拐杖化做空中銀橋後，步入月宮。但見門樓匾額上書「廣寒清虛之府」幾個大字，門口的高大桂樹下白兔正在搗藥，宮內嫦娥和諸仙女在悠揚的樂曲伴奏下，翩翩起舞，蹁躚不已，玄宗大讚美妙。

玄宗歸來後，整理出暗自在月宮記下的舞曲，命名為《霓裳羽衣曲》，並在宮中廣為傳唱。據說稱月宮為「廣寒宮」也與玄宗夜遊月宮的故事有關。自此以後，每年到了八月十五這天，宮中都要舉行祭月活動，久而久之，就定為正式節日了。又因為八月十五正值仲秋，所以就命名為中秋節了。到了宋代，中秋節已經十分熱鬧了，親朋好友之間大擺宴席，互贈月餅，已經初具現代中秋節的雛形了。

趣味鏈結：「月餅」一詞最早見於何時？

「月餅」一詞，最早見於南宋吳自牧的《夢粱錄》，書中所描述的月餅是像菱花餅一樣的餅形食品。到了宋代，有記載說「八月十五祭月，其

祭果餅必圓」。由此可見「月餅」一詞已經正式使用了。中秋節吃月餅，有團圓之意。

在中秋節的禁忌裏，所祭月餅必須是圓的，但不能供桃子和梨，因桃不能避邪，不能近神道，梨和「離」諧音宜諱。分瓜必定花切，犬牙交錯切出蓮花瓣來以取吉利。

重陽節有哪些習俗？

農曆九月初九，是中國一個古老的傳統佳節——重陽節。為什麼把農曆九月初九叫「重陽」呢？《易經》載：「以陽爻為九。」古人以九為陽數，九月初九，兩陽相重，故叫「重陽」。

重陽節又名重九節、九月九、茱萸節、菊花節等。《西京雜記》記載：「九月九日佩茱萸，食餌（即重陽糕），飲菊花酒，令人長壽。」因此，重陽節，又有「老人節」之稱。

重陽節這天為什麼要登高、飲酒、插茱萸呢？據梁代吳均《續齊諧記》一書記載，東漢時，河南汝河一帶瘟魔為害，疫病流行，呻吟痛苦之聲遍布。有個名叫桓景的人，歷經艱險入山，拜費長房為師，學消災救人的法術。一天，費長房告訴桓景：「今年九月九日瘟魔又要害人，你快回去搭救父老親人。」並告訴他應對辦法，說道：「那天你只要領著鄉親們登上高山，大家頭上插滿茱萸，一起喝菊花酒，就能挫敗瘟魔，消除災殃。」桓景回鄉，遍告鄉親。

九月九日那天，汝河洶湧澎湃，雲霧彌漫，瘟魔來到山前，因菊花酒酒氣刺鼻、茱萸異香刺心，難於靠近。桓景揮劍激戰，斬瘟魔於山下。當晚，人們返回家園，家中「雞犬牛羊，一時暴死」，而人們卻免受災殃。從此，重陽節登高、飲酒、插茱萸避災的風俗，就世代相傳了下來。

以上傳說雖沒有什麼科學依據，但是九月九日正是秋高氣爽的季節，此時登高望遠，賞菊插萸，飲酒作詩，實在是一種十分有趣、對身心有益

的郊遊活動。可以說重陽節是中國民間的旅遊日。

趣味鏈結：有關重陽節的詩詞佳句

歷代文人騷客對重陽節的登高、飲酒等寫過不少激動人心的詩詞。曹丕有「歲月往來，忽復九月九日」之句，表達了又逢重陽的驚喜；唐朝詩人王維的《九月九日憶山東兄弟》寫道：「獨在異鄉為異客，每逢佳節倍思親。遙知兄弟登高處，遍插茱萸少一人。」表達了對兄弟的深切思念。

李白《九日登巴陵置酒望洞庭水軍詩》：「九日天氣清，登高無秋雲，造化辟山嶽，了然楚漢分。」孟浩然《秋登蘭山寄張五》：「天邊樹若薺，江畔舟如月，何當載酒來，共醉重陽節。」他還寫過「待到重陽日，還來就菊花」。南宋女詩人李清照有「佳節又重陽」的詞句。由這些名詩佳作可以看出古人對重陽佳節都是有著特殊感情的。

臘八節的習俗起源於何時？

農曆十二月初八，是中國傳統的「臘八節」。「臘」是中國遠古時代一種祭禮的名稱，在《說文解字》裏解釋為：「臘，冬至後三戌，臘祭百神。」從先秦起，臘月都是用來祭祀祖先和神靈的日子。到南北朝時期，據傳「臘祭」之神有八種，「臘祭」才被固定到臘月初八這一天。當時人們稱這一天為「臘日」。相傳「臘八節」就是起源於遠古的這種「臘祭」，俗稱「臘八節」。

臘八節有很多種習俗，除了祭祖敬神的活動外，人們還要舉行驅儺儀式逐疫（古代驅鬼避疫、驅鬼治病的一種巫術活動）。古書記載：「十二月八日為臘日。村人並擊細鼓，戴胡頭及金剛力士以逐疫。」

此外，臘八節最重要的一項活動就是喝臘八粥。中國喝臘八粥的歷史已有一千多年。每逢臘八這一天，不論是朝廷、官府、寺院，還是黎民百姓家都要做臘八粥。

臘八粥是用八種當年收穫的新鮮糧食和瓜果煮成的，一般都為甜味粥。在中原地區的許多農家有喜歡吃臘八鹹粥的。臘八粥內除大米、小米、綠豆、豇豆、花生、大棗等原料外，還要加蘿蔔、白菜、粉條、海帶、豆腐等。

據說喝臘八粥可以延年益壽，還有滋補的功效，有食療的作用。比如做臘八粥時，加入大棗，就對脾胃虛弱、血虛萎黃和肺虛咳嗽等症有一定療效。

趣味鏈結：關於臘八節的詩詞佳句

歷史上歌詠臘八節的詩歌有很多，這裏只摘取名家之作入編。

唐代杜甫的《臘日》詩：「臘日常年暖尚遙，今年臘日凍全消。侵凌雪色還萱草，漏洩春光有柳條。縱酒欲謀良夜醉，還家初散紫宸朝。口脂面藥隨恩澤，翠管銀罌下九霄。」詩中寫出了往年臘日很冷，而今年臘日卻很暖和的情景。詩人在高興之餘有一種辭朝還家，縱酒狂飲歡度良宵的想法，但此時此刻，他又因感念皇帝對他的恩澤，而不能隨便離開。

宋代陸游的《十二月八日步至西村》寫道：「臘月風和意已春，時因散策過吾鄰。草煙漠漠柴門裏，牛跡重重野水濱。多病所須惟藥物，差科未動是閒人。今朝佛粥交相饋，更覺江村節物新。」詩的意思是說，雖是隆冬臘月，但已露出風和日麗的春意。柴門裏草煙漠漠，野河邊有許多牛經過的痕跡。臘日裏人們互贈佛粥（即臘八粥），更感覺到些許清新的氣息。

冬至開始「數九」是什麼意思？

冬至，中國民間叫做「交九」，也叫「數九」。所謂「數九」，就是從冬至（或其次日）這一天開始，每過九天算做一九，連數九個九日，九九就過完了，也就是古人常說的「九九消寒」。古人就是以這種「連冬

起九」的方式捱過漫長冬季的。

九九過完已是寒消暖至，冬去春來之時，也就是俗稱的「九九豔陽天」了。此時，時節已進入到驚蟄和春分之間了。

民間關於數九的歌謠有很多，其中有：「一九二九，伸不出手；三九四九，凍死貓狗；五九六九，隔河看柳；七九河開；八九雁來；九九寒盡，春暖花開。」但最為流行的還是：「一九二九，不出手；三九四九，冰上走；五九六九，沿河看柳；七九河開；八九雁來；九九加一九，耕牛遍地走。」

除了這種歌謠數九的方式之外，民間還有許多用圖、表或字句的方式來數九的。這種方式更能準確地紀錄九九的進程和九九之中任何一天的天氣變化。比如畫素梅一樹，共八十一朵。從冬至起逐日用紅筆點染其一朵，待畫梅紅遍，就表示九九已經過完了，謂之「九九消寒畫」；再如畫表一幅，九行八十一格，日塗一圈於一格，上陰下晴，左風右雨，格滿則寒消，謂之「九九消寒表」。

其實在古代沒有天氣預報的情況下，這些「數九」的方式還是比較科學的，至少在一定程度上反映了中國古代勞動人民的勤勞和智慧。

趣味鏈結：三伏天之「伏」有什麼講究？

民間有勸人勤奮苦練的俗語，說「冬練三九，夏練三伏」，這「伏」該如何理解呢？

伏天，俗稱三伏天，包括初伏、中伏、末伏。「三伏」基本上是從夏至後第三個庚日算起的。「伏」的意思是說夏天天氣炎熱，宜伏不宜動。

「庚日」和「干支」紀日法有關，從西元前776年至今，中國在很長一段時間裏都用這種方法紀日，其中凡是有「庚」字的日子都叫「庚日」。

而「三伏」的初伏，就是從陽曆6月21日或22日後第三個庚日開始的，共有10天時間；第四個庚日為中伏，在有些年份裏是10天，有些年

份是20天;立秋(陰曆8月7日或8日)後第一個庚日為末伏,也是10天時間。三伏天是一年中最炎熱的日子,需要注意降溫防暑。

為什麼三伏天最熱呢?因為夏至的那天是白晝時間最長、正午太陽高度最高、太陽輻射最強的一天。夏至以後,得到的太陽輻射逐漸減少,然而地面吸收的熱量仍大於放出的熱量,熱量在繼續緩慢上升,到了7月下旬前後,大氣吸收與釋放熱量處於平衡的狀態,部分地區會出現氣溫最高的時候,所以有「熱在三伏」之說。

第五章 民俗禮儀

古代青年男女的成人禮儀式

成人禮是古人生活中不能缺少的一種禮儀，現今在很多地方依然保存著這一習俗。成人禮的舉行，是青年男女進入成年人的標誌，大多在十五歲至二十歲時舉行，各地不一。

在古代，漢族男子的成人禮叫做冠禮，它起源於原始社會，至今已有幾千年的歷史了。冠禮也稱為丁禮，是青年男子可以娶親的一個標誌。冠禮舉行後，青年男子便可以參加氏族的各項活動了。冠禮一般由氏族長輩依據傳統為青年人舉行，並且還有一定的儀式。

在周代時，按照周朝的制度，男子二十歲行冠禮，而天子諸侯為了早日執掌國政，大多提早行禮。傳說周文王十二歲而冠，成王十五歲而冠。

古代女子的成年禮稱為笄禮，也是漢民族的傳統成人儀禮。笄禮俗稱「上頭」、「上頭禮」。笄，即簪子。自周代起，規定貴族女子在訂婚（許嫁）以後出嫁之前行笄禮。一般在十五歲舉行，如果一直待嫁未

許人,則年至二十再行笄禮。

女子在舉行笄禮時,最重要的一個特徵就是改變幼年的髮式,即將頭髮綰成一個髻,然後用一塊黑布將髮髻包住,隨即以簪插定髮髻。另外還要給女孩修額,用細絲線絞除面部汗毛等。主行笄禮者多為約請的多子多孫的老婦。

貴族女子受笄後,表示可以結婚了,然後就要拜祖先和父母,在宗室聆聽母親的教誨。母親一般會授以女兒「婦德、婦容、婦功、婦言」的規範,說白了也就是教女子在嫁做人婦之後的一些必備品行和道德。古人稱這項工作為「教茶」。

其實,古代青年男女舉行成年禮的過程是大同小異的,下面只就古代男子的成人禮儀式,也就是冠禮,具體談談各方面的細節。

古代冠禮儀式在寺廟內舉行,比較隆重,時間為兩個月。在確定要舉行冠禮的前十天,受冠者要卜筮吉日,這項工作多由父母代為完成。若十日內無吉日,則筮選下一旬(也就是下一個十天)的吉日。

吉日選定之後,就要告知親朋好友。在冠禮前三日,要用筮法選擇主持冠禮的大賓,並選一位「贊冠」者協助冠禮儀式。行禮時,主人(一般是受冠者之父)、大賓及受冠者都穿禮服。先加緇布冠,次授以皮弁,最後授以爵弁。

每次冠禮舉行完畢,皆由大賓對受冠者讀祝詞。祝詞大意是,在這美好吉祥的日子,給你加上成年人的服飾;請放棄你少年兒童的意志,造就成年人的情操;保持威儀,培養美德;祝你萬壽無疆,大福大祿。

這項儀式完成後,受冠者去拜見其母,然後由大賓為他取字。周代通常取字稱為「伯某甫」(伯、仲、叔、季,視排行而定)。取字完畢,主人會送大賓至廟門外,敬幾杯酒表示感謝,同時又以束帛儷皮(帛五匹、鹿皮兩張)做報酬,另外再饋贈牲肉。受冠者則拿著禮物去拜見郡首,又執禮贄(野雉等)去拜見鄉大夫等。

若受冠者父親已歿,受冠者則需向父親神主祭祀,表示在父親面前完

成冠禮。祭後拜見伯、叔，然後饗食。此加冠、取字、拜見君長之禮，後世因時因地而有變化。

清中期以後，青年男女的成年禮多移至娶妻前數日或前一日舉行。某些地區自宋代以來，儀式簡易，不宴請賓客，僅在本家或自家範圍內進行。

趣味鏈結：因笄禮而衍生的名詞有哪些？

古語說：「二十而冠，十五而笄」。由笄禮而衍生的名詞有如下幾個：

笄年：古代女子年滿十五就要束髮插簪。

笄字：古代女子可以出嫁的年齡。字，指古代女子成年許嫁時才可以命字。

及笄：古代女子到了成年行笄禮的年齡，故後世稱女子的適婚年齡為及笄。

加笄：古代女子於十五歲時行加笄之禮，以示成年。

弱笄：古代女子於十五歲時即束髮加簪，稱為「弱笄」，表示成年之意。

三叩九拜中的「九拜」意思是？

古代的大禮中最為人們所熟知的就是「三叩九拜」，在一般的理解中，「九拜」就是連續拜九次，而禮法上的「九拜」真是這樣子嗎？

所謂「九拜」其實是古代行禮時的九種禮拜方式。這九種禮拜方式分別叫「稽首、頓首、空首、振動、吉拜、凶拜、奇拜、褒拜、肅拜」。這九種禮拜方式不僅僅是名稱不同，更重要的是它們的動作要領不同。

「稽首」是拜禮之中最隆重的一種禮儀，一般用在君臣之間。在古裝劇中，朝堂之上文武百官對皇帝所行之禮即為此禮。稽首的基本要領是：先跪下，再拜手，然後手至地，首亦至地。稽首也是吉禮之中最為重要的

禮儀。

「頓首」是喪事之拜中最重要的禮節。頓首的基本要領如下：即先跪拜手，然後手至地，首亦叩地。頓首與稽首不同之處在於，稽首頭至於地而不叩，頓首頭至於地而叩。

「空首」的動作要領為：跪而拱手，頭俯至於手，與心平。

「振動」的動作要領是：先拜而後踴。踴是喪禮中最哀慟的表現，頓足，跳躍，以示哀之至也。

「吉拜」的動作要領如下：先拜手，而後重複九拜中的「頓首」動作。也是喪禮之拜。

「凶拜」是古人的凶事之禮，其要領是先做「九拜」中的「頓首」而後再拜。

「奇拜」之「奇」表示單數，在這裏是拜一次的意思。

「褒拜」指拜的次數在再拜以上。

「肅拜」是女性常用的禮拜方式，拜而不跪，俯首兩手下垂。

因此，「九拜」是一個非常籠統的說法，它涵蓋了古時全部的禮拜方式。「九拜」中既包括了吉禮，又包括了凶禮，既包括了男人行禮的方式，也包括了女人行禮的方式。很顯然，在任何一次儀式之上，都不可能窮盡這九種禮拜方式，因為「九拜」中包含了性質完全不同的禮拜形式。所以，九拜不僅不是拜九次的意思，而且也不可能在任何一次儀式上聽到「行『九拜』之禮」。

趣味鏈結：在古代禮節中「拜」和「揖」是同一個動作嗎？

在古代禮節中，有「拜」和「揖」兩種方式，凡「拜」必先跪坐。《說文》載：「跪，拜也。」段玉裁注：「所以拜也。」就是說，行拜禮是要跪的。因為古人在漢代以前都是席地而坐，行拜禮是極為方便的，直起身來做「長跪」姿態，就可以行拜禮了。

拜禮中還有一個「空首」禮，所謂「空首」禮，是指下跪後兩手拱

合，俯頭至手與心平。因為頭不至地而至手，所以稱為「空首」，也稱為「拜手」。「空首」禮是當時拜禮中最常用的一種禮節。

有時為了表示更加尊敬而行兩次空首禮，就稱為「再拜」。如《儀禮‧大射禮》：「公降一等，小臣辭。賓升再拜稽首，公答再拜。」

而「揖」則不同，「揖」禮也稱拱手禮，是不必跪的，有「立而行拱手禮」之說。《史記‧高祖本紀》：「酈生不拜，長揖。」《漢書‧周勃傳》：天子「至中營，將軍亞夫揖曰：『介冑之士不拜，請以軍禮見。』」

行拱手禮時，兩手掌抱成拱形於胸前，身體略向前傾斜，眼睛看著對方，嘴裏說著問候或祝福的話，有時手還要搖幾下。最常見的形象就是某些孔子畫像中，孔子所做的姿勢。

由此可以看出，「拜」的禮節比「揖」的禮節要重，由此我們還可以進一步知道，這兩種禮節所用的場合也是大不相同的。「拜」禮多用於下級對上級，比如臣下對君王行拜禮；而「揖」禮則多用於平輩之間，或是用在與陌生人打交道時。

中國人為什麼酷愛紅色？

中國人對於紅色的偏愛，有著濃厚的文化內涵。關於中國人為什麼酷愛紅色的問題，歷來有很多說法，大多都是公說公有理，婆說婆有理，莫衷一是。

有人說，古人認為烈日如火，其色赤紅，紅色是源於太陽的顏色。《淮南子‧天文訓》中說：「日為德，月為刑，月歸而萬物死，日至而萬物生。」因此古人看到陽光下的萬物生機勃勃，就產生了對太陽的依戀和崇拜，自然而然，象徵太陽的紅色也就備受中國人的青睞了。

另有人說，紅色是火，當年燧人氏鑽木取得的火種一直燃燒至今，使人類吃上了熟食得以繁衍。火帶來了光明，使華夏不再黑暗；火帶來了溫

暖，使華夏不再寒冷，所以國人獨崇紅色。

可是民俗學家卻有另外一種說法，他們認為紅色可以避邪，所以國人酷愛。這種說法的根據是，據說在很久很久以前，有一隻叫「年」的怪獸，它力大無比，殃及人類，卻又無人能降伏它。後來，有人發現這怪獸怕紅色，於是在除夕之夜，家家戶戶掛紅燈籠貼紅紙。果然把「年」嚇得無影無蹤。從此以後，每逢年到，到處一片紅色。從此紅色就被人們尊崇起來了。

還有一種說法認為，漢朝時，漢高祖稱自己是「赤帝之子」。「赤」就是紅色，從那時起，紅色就成了人民崇尚的顏色。漢朝以後，中國各地崇尚紅色的風俗已基本趨於一致，並一直沿襲下來。

但老百姓自己說，紅色是一種喜色。每逢喜慶，老百姓都有搓紅團分送親友的習俗，過年時做的年糕上也喜歡點上紅點；嬰兒滿月時則要做紅雞蛋饋贈鄉鄰親友，親朋送的禮物也要包上紅紙；老人過壽，不僅壽堂上要掛紅壽帳，還要做紅壽桃，身穿紅衣服。

另外人之降生首先見紅；兩性初交也要見紅；大紅的「喜」字是跳動著的生命的火焰，紅色無疑是喜慶的象徵。就連對人的好惡也要用紅色來表示，如果是受愛戴的關公，那他一定要是紅臉；如果是奸詐的曹操，那就給他塗上白臉。久而久之，民間這種酷愛紅色的習俗就流傳了下來。

趣味鏈結：何為「丹書不祥」？

「丹書不祥」的說法其實與民間的文化忌諱有關，與紅色的吉祥含義相去甚遠。在古代，「丹書」有兩種意思，一是指用朱筆書寫的祥瑞之書，據說大禹治水時洛河神龜背負出水的洛書就是丹書；另一種是指古代帝王賜給功臣世代享受優遇或免罪的憑證，即「丹書鐵券」，據說《水滸傳》裏的小旋風柴進原是前朝後裔，家裏就藏有宋太祖所賜的丹書鐵券。

而老百姓之所以有「丹書不祥」的心理，原因有兩點，一是因為，古代衙門多用朱筆紀錄犯人的罪狀，丹書是定罪之書的代名詞。另外犯人在

被判決斬首時也是用紅筆勾寫。二是因為，民間傳說閻王爺勾畫生死簿時也是用紅筆，被紅筆填寫名字的人遲早要到閻王爺那裏去報到，相當於被判了死刑，所以人們有丹書不祥的說法。

在中華民族中，黃色象徵著什麼？

在許多顏色中，黃色是中國封建統治者最為重視的顏色，被視為封建皇權的象徵，比如古代帝王登基之時，就要以黃袍加身；古代的宮殿都是紅牆黃瓦。長期以來，黃色為統治階級所壟斷，老百姓是不能隨便使用的。可是為什麼，單單黃色會有如此高的地位呢？

學者們考證認為，黃色乃中和之色，它介於黑白赤橙之間，是諸種顏色的中央之色。這種中和色與中華民族的性格相吻合，因此而被選為高貴之色。這種只是從非政治的因素進行考慮分析的觀點，可信度不高。

另有學者考證指出，中國「古代人民悉為黃種」，又有「黃帝者猶言黃民所奉之帝王耳」的說法，因此，中華民族獨選黃色為尊貴之色。但有人很快就提出了反對的觀點，說中國的封建社會長期都處於閉塞的狀態，沒有與別種膚色相比較的機會，從哪裡知道自己的膚色是黃色的呢？因此，這種說法是不成立的。

比較可信的說法是，華夏民族世代居住於黃土高原，以種莊稼為生，而土地又是黃色的，因此他們對黃色很熟悉，也有很深的感情。《說文解字》云：「黃，地之色也。」《淮南子·天文訓》：「黃色，土地之色。」《考工記·畫繪之事》：「地謂之黃。」

由以上這些論述和記載我們可以看出，古人獨選黃色為尊貴之色，不無其道理。再說封建社會又有重農抑商的思想，黃色理應成為尊貴之色。

趣味鏈結：宮殿廟宇為什麼多是紅牆黃瓦？

古代帝王的宮殿，其建築大多是紅牆黃瓦，在道教建築中也大多採用

這種顏色。這是為什麼呢？

古代盛行「五行」學說，在這種學說中，黃色代表中央方位（中央屬土，土為黃色）。在唐代，黃色就已被規定為代表皇室的色彩。到了宋朝，封建帝王的皇宮開始採用黃色的琉璃瓦頂，並一直沿襲下來。

至明、清兩代，便明文規定只有皇帝之宮室、陵墓建築及奉旨興建的寺廟才准許使用黃色琉璃瓦，其他建築一律不得擅用。至於道教為何採用紅牆黃瓦的建築樣式，這跟當時的統治者對道教的重視有關。

「福」字倒貼的來歷是什麼？

過年時，把「福」字倒貼在門上，是中國民間由來已久的風俗。這是借「福倒了」的諧音說「福到了」，以圖吉利，寄託了人們對幸福生活的嚮往，也是對未來的美好祝願。可是「福」字倒貼的習俗起源於何時呢？

據《夢粱錄》卷六「除夜」記載：「歲旦在邇，席鋪百貨，畫門神桃符，迎春牌……士庶家不論大小，俱灑掃門閭，去塵穢，淨庭戶，換門神，掛鍾馗，釘桃符，貼春牌，祭祀祖宗。」這裏所說的「貼春牌」就是寫在紅紙上的「福」字。但是不是倒貼，我們無從考證。

據說倒貼「福」字的風俗，最早起源於清代恭親王府。有一年的春節前夕，恭親王府的大管家為討主人歡心，寫了幾個斗大的「福」字，叫一個下人貼於庫房和王府大門上。

沒想到這個下人目不識丁，他把福字全給貼倒了，為此，恭親王福晉十分氣惱，欲鞭罰懲戒。幸好大管家是個能說善辯之人，他怕福晉怪罪下來殃及自身，慌忙下跪陳述：「奴才常聽人說，恭親王壽高福大造化大，如今大福真的到（倒）了，乃吉慶之兆。」

恭親王福晉一聽，倒也合乎情理，心想：「怪不得過往行人都說恭親王福到（倒）了，吉語說千遍，金銀增萬貫。沒學問的奴才，還真想不出這種招式呢！」遂賞管家和家丁各50兩銀子。從此倒貼福字的習俗就傳入

了民間，人們都理解為「福到了」的意思。

趣味鏈結：倒貼「福」字的傳說

朱元璋當上皇帝後，封自己的妻子為皇后，是為馬皇后。馬皇后由於腳大曾遭到世人的恥笑（因為當時中國婦女以纏足為美），朱元璋對此很不高興。

一天朱元璋微服出行，到了一個鎮上，看見許多人在圍觀一幅漫畫，畫面繪著一個赤腳女人抱著個大西瓜，意思是取笑淮西婦人大腳。朱元璋看了，以為鎮上的人有意取笑他的馬皇后，因為馬皇后正是淮西人。

朱元璋很是氣惱，回宮後就讓下官去鎮上調查，看看有哪些人在圍觀那幅畫，對凡是沒有圍觀的人家就讓其在門上貼一個福字，以作為區別的記號。馬皇后知道這件事後，就悄悄派人去通知鎮上所有人，務必在天亮之前在大門口貼個福字。其中有一家人不識字，竟然把福字給貼倒了。

第二天御林軍來到鎮上，看到家家戶戶都貼有福字，不知該從哪兒下手。正在六神無主、不知所措的時候，突然發現有一家把「福」字給貼倒了，可這個把福字貼倒了的人家，我們該不該拿呢？御林軍心裏拿不定主意，於是就立即稟報了朱元璋，朱元璋聽了勃然大怒，立即命令御林軍把那家滿門抄斬。

馬皇后是個很有善心的人，為了挽救這家人的性命，她忙站出來說：「那家人知道當今聖上英明，能給百姓帶來福音，所以故意把福字貼倒了，這不就是『福到』的意思嗎？」朱元璋聽後，眉頭頓時就舒展開了，當眾赦免了那家的罪過。後來倒貼福字的習俗就流傳了下來。

為什麼本命年要紮紅腰帶？

古時人們將自己十二年一遇的屬相當成是自己的本命，到了該屬相的年便是「本命年」。「本命年」有很多習俗，這些習俗在民間有著廣泛的

影響。民間在本命年裏有穿紅衣服、紅襪子、繫紅腰帶的習俗，人們認為這樣可以避邪躲災，逢凶化吉，能夠給人帶來好運。那麼這種習俗是怎麼形成的呢？

本命年的紅色講究源於古人對紅色的崇拜。紅色是太陽的顏色，是血的顏色，是火的顏色。除此之外，新年貼紅對聯；漢族的舊式婚禮中新婚的紅嫁衣、紅蓋頭、紅蠟燭；新科的紅榜等等，不論做什麼事，人們都要用紅色來增添喜慶。

漢民族把紅色視為喜慶、成功、忠勇和正義的象徵，尤其認為紅色有驅邪護身的作用。因此每逢本命年，人們便早早地穿上紅色內衣，或繫上紅色腰帶，有的隨身佩戴的飾物也用紅絲繩繫掛，認為這樣能趨吉避凶，消災免禍。漸漸地，這種習俗就成為一種傳統了，這實際上反映了人們對美好生活的嚮往與祈禱。

趣味鏈結：什麼是本命年？

本命年就是十二年一遇的農曆屬相所在的年份，俗稱屬相年。在傳統習俗中，本命年常常被認為是一個不吉利的年份，民間通常把「本命年」也叫做「坎兒年」，意思就是度過本命年如同邁過一道坎兒一樣。

本命年也為年忌，《靈樞經》中，設置年忌本為讓人自警，不幹壞事，以規範社會行為。每到年忌之時，遂成厄關，須用各種避邪方法防止病災傷亡禍事的發生。最常用的避邪辦法就是紮紅腰帶（俗稱「紮紅」），或穿紅背心、紅兜兜、釘紅領子，以紅剋邪。

掛上長命鎖就真的能長命嗎？

長命鎖就是掛在小孩子胸前的「長命縷」。關於掛「長命縷」的習俗，最早可追溯到漢代。漢代時人們為了讓孩子健康成長，得到神靈的保佑，就會專門為孩子製作一個「長命縷」佩戴在胸前。「長命縷」多為絲

線編織而成的，但也有少量是從廟裏買來的。

在明清時期，「長命鎖」在漢族地區已經十分流行，長命鎖已經出現了銀質的。有錢的家庭，在孩子出生後，一般會出資請銀匠打製。不過窮苦人家沒有白銀，也請不起銀匠，故而還是多從市面上購買銅製或鐵製的長命鎖，做工都十分粗糙。小孩佩戴長命鎖，意在「鎖」住長命，不會夭折。「長命鎖」一般要掛到成年後方可取下。

為什麼人們會認為掛上長命鎖就能鎖住孩子的長命呢？主要原因在於，真正的鎖的功能和「鎖」字的字面意思給人的感覺是鎖上就拿不走了，是取「鎖」的雙關義。還有一種，認為長命鎖的「鎖」是一種具有神力的護身符，戴上這種神力護身符，任何鬼神都搶不走孩子，小孩子自己也跑不掉。

趣味鏈結：長命鎖都有哪些別名？

長命鎖也被稱為「長命縷」，也有叫「長生縷」、「續命縷」、「延年縷」、「五色縷」、「辟兵繒」、「朱索」、「百索」等名稱的。宋代稱這種五彩絲繩編結物為「珠兒結」、「彩線結」，到了明代，風俗變遷，成年男女使用者日少，通常用於兒童，並成為一種兒童頸飾。一般多用於小兒滿周歲時，百索進一步發展，就成了長命鎖。

民間犯忌諱的話有哪幾類呢？

從原始社會起，人們往往相信語言有超自然的力量，因此形成了一些口彩與忌諱。這些口彩或忌諱，大多與詞語諧音或是詞語會意有關。常見的有如下幾類：

一、關於鬼神的話。

民間對崇拜的事物，如天界、冥界、神祇，往往懷有敬畏的心理，常常避開這些字眼。在不得不說的時候，必須加上「爺」、「老爺」、「娘

娘」、「奶奶」以示敬懼，如老天爺、送子娘娘、山神老爺、閻王老爺、泰山老母。

二、關於靈善動物和凶惡動物的話。

民間以某些動物為靈善動物，如黃鼠狼、刺蝟等，稱之為「仙家」，供奉甚恭。而對虎等凶惡動物也禁直言，稱虎為「大蟲」，東北則稱虎為「山神爺」，其他地方稱為貓、大貓、巴山子、山貓子；長沙甚至因「腐」與「虎」諧音而改「腐乳」為「貓乳」。民間還把狼稱為大口、老麻子，稱蛇為長蟲、長長、小龍、鰍鰍，稱鱉魚為甲魚、團魚。

三、關於疾病與死亡的話。

在民間，未成年人只要說「腰疼」，成年人便馬上說道：「小孩兒沒腰，不疼。」這是民間對疾病諱深莫及的心理表現。即使真的生了病，也不能說出「病」字，諱言曰，不好受、不合適、不愉作、不好、不大好；稱殘疾者為不得勁兒、不方便、不行、有材毀、耳背、耳沉、眼色不好等。

許多民族以「死」為不吉利語，平時不准說「死」。民間以為，說巧了，正撞上死神，非死不可。逢年過節，更要忌說「死」，死魚、死鴨，可說成「文魚」、「文鴨」，文，言其不動。

人們還忌諱說死屍，故稱停放屍體為「停喪」，用「喪」指死了人。抬死屍、棺材的人叫「舉重的」、「抬重的」，故平時有些地方少說「舉」、「抬」，把「抬」說成「夯」。「屍」也稱為「靈」，如停放屍體的地方叫靈堂，守護屍體叫「守靈」，抬屍出葬叫「起靈」。

四、關於虧空、破財之類的話。

生意人以贏利為目的，最忌諱「蝕」、「折」、「耗」等字眼。「耗」，商家大忌，故言耗子為「老鼠」；商業忌「乾」，沒利潤，白忙活，要倒閉，喝西北風，故遇「乾」及其諧音時必委婉言之。

「數」，諧音「輸」，所以商家忌諱錢幣往外數，而必須往懷裏數；在粵方言中，書、絲、獅、豬與「輸」同音，也成為忌諱，所以通書改為

「通勝」、「通贏」，絲瓜改為「勝瓜」，「金獅」改為「金利來」，豬頭改為「利是」，豬耳朵改為「順風耳」。

其實民間這類話還有很多，說到底，這些犯忌諱的話語是人們對自己所幻化出的超自然的力量的一種消極迴避。同時，與人們在實踐中片面歸納的「說狼狼到，說鬼鬼來」的語言心理有關係。

趣味鏈結：民間討口彩的字和畫

民間討口彩的字最顯著、最普遍的例子就是過年時，用大紅的紙寫一個「福」字倒貼在門上，以博取「福到（倒）了」的口彩。

最常見的畫就是民間的剪紙，比如門楣上掛五隻蝙蝠圖案的剪紙，是取「五福（蝠）臨門」的吉兆。畫兩隻喜鵲站在梅樹枝頭，諧音「喜上眉（梅）梢」。

另外還有畫家專門作博取口彩的畫作，比如，畫一隻小貓在牡丹花下追著蝴蝶，貓、蝶諧音「耄耋」，意為八、九十歲的老人，表達出人們追求健康長壽的美好願望。

「破財消災」的說法是否可信？

民間有人遭了小偷或是丟了錢包，通常會有「破財消災」的說法。他們認為，丟了錢財就會免去一些災禍，這跟塞翁失馬的道理有些相似。

「破財消災」有幾種方式，一種就是上面所說的錢丟了或是被偷了；另外一種就是「拿錢消災」。所謂「拿錢消災」就是拿出一部分錢來抵消災禍，舊時此風頗盛。例如，遇到疾病久治不癒，人們便去求巫師，花點許願錢，以買來身體康復；家中屢遭坎坷事，是為不順，可用錢辦道場以破解，換來時來運轉；遇到官司之事，也是破財之事，用錢物疏通關係，或是以錢物作為賠償手段，以求免得牢獄之災。

這種「拿錢消災」的俗信又是從何而來的呢？一般認為與佛教教義

（佛教教義為「真、善、忍」）有一定的關係。佛教認為，錢可以給自己「消業」，買一張通往極樂世界的通行證。另外佛教還認為，一個惡貫滿盈的人只要一直做善事，不斷施捨與捐贈，幫助窮苦的人家，就能「放下屠刀，立地成佛」，以前做過的惡事就一筆勾銷，死後閻王也不會計較。

另一方面，也來自民間根深蒂固的財與義對立的觀念。民間認為，大凡有錢之家，都是透過非正常勞動得來的，攢錢聚財的過程，就是丟掉良心、作孽「行業」的過程，故曰「無商不奸，無奸不商」。如果這些人願意破財，就是為自己積德積福，減輕罪孽。

其實，錢財為身外之物，生不帶來，死不帶去，人要能仗義疏財，破財消災，便一切煩惱都沒有了。

趣味鏈結：破財消災，誰是受益者？

破財消災主要有以下受益者：首先是那些廟宇及道士、尼姑、和尚。出家人的廟宇、身上的衣服、口中的食物，主要靠香客的香火錢。

其次是民間的巫師神棍。他們不但以此為業，而且不乏以此發家致富者。他們打著敬神敬仙、驅鬼避邪的幌子，為人家辦法事、辦香火，以此索要錢財。有些風水先生、算命先生也以「破財消災」為口號，招攬生意，騙取錢財。

「夜貓子進宅」是不祥的嗎？

夜貓子是民間對貓頭鷹的俗稱。貓頭鷹是一種獵食性鳥類，夜間捕食活動的小動物，比如捕食四害之一的田鼠。但它不會隨便沒事進宅門的，它要是進到屋裏，多半是為獵食而來。因此，「夜貓子進宅，無事不來」的說法是有科學依據的。

然而在民間，早在幾千年以前，人們就把夜貓子當成了一種不祥之鳥，說它是「惡聲之鳥」，非常討厭它。夜貓子進屋更被認為是不祥的預

兆。史書記載，西漢賈誼見到一隻夜貓子飛進他的宅室，便打開占卜書，書中說，這種鳥飛到宅室，預示著主人將要死去。賈誼趕緊叫人趕走了它，並立即求神拜佛，總算沒有發生什麼意外。

另有史書記載，有一隻夜貓子停在某人家院裏的槐樹上，這家主人便讓人將它射下來了。可沒過兩天，這家主人就死了。所以，民間俗信「夜貓子進宅沒好事」，兆示主人病災死亡的事就流傳開了。後來人們只要發現夜貓子，不是趕走它，就是殺死它。難道民間的這個俗信主要來源於這個傳說嗎？

其實，民間這種俗信，主要是基於夜貓子的生活習性而來的。古人認為，夜貓子晝伏夜出，習性似乎與鬼怪相同，說它像個幽靈，因此他們稱夜貓子為「黑遊神」。再者，夜貓子常棲居於荒丘叢棘之中，或墳墓裏面，容易接近遊神野鬼，陰氣重，由此人們認為它可以與陰間來往，是勾魂鬼的化身。

現實中最為引人注意的，還是夜貓子的淒厲叫聲和恐怖笑聲。因此，民間將夜貓子發出的聲音歸為「四大難聽聲音」之一。人們說，夜貓子的叫聲非常刺耳，不符合人們的審美要求。

趣味鏈結：夜貓子進宅的目的是什麼？

因為夜貓子主要以抓田鼠為食，它的停留、定居與否，是與那個地方的鼠類多少有密切關係的。如果某個地方的鼠類由於人或其他動物的捕殺，或氣候影響、傳染病流行而大批死去的話，夜貓子便不會在這個地方停留、棲住。

如果某個地方鼠類較多，食物豐富，夜貓子便會在這個地方停留、棲住，並開始產蛋，繁衍後代。所以，夜貓子每年飛到北方以後，總是不停地尋找鼠源豐富的地方，找到以後，才在樹洞中築巢、產蛋。

夜貓子每年產蛋多少，也取決於鼠源的豐富與否，如果鼠源豐富，它便產十多個蛋，如果不豐富，它便產兩、三個蛋，甚至不產蛋，等到寒冬

到來之前，便飛往南方。

據觀察，在食源豐富的地方，一窩夜貓子在一個夏季便可捕食一千多隻野鼠。有夜貓子叫的地方必定有夜貓子停留、棲住，這個地方的鼠類必定猖狂，農作物遭鼠害一定苦不堪言。在古人眼裏，夜貓子便與鼠災、歉收、飢荒、死亡結合起來了。

「喜鵲叫，喜事到」有依據嗎？

喜鵲也被稱為報喜鳥，是民間最受歡迎的鳥兒之一。喜鵲成了民間的一種表達喜慶的象徵。那麼，喜鵲是憑什麼被人們視為吉祥之鳥的？是否真能兆喜？

喜鵲招人喜愛的原因之一是因為它是益鳥。喜鵲常在山腳林邊、城市村莊周圍的大樹、屋頂和莊稼地裏活動。一到清晨，它們便成群結隊飛到曠野、田地、菜園覓食，吃些蝗蟲、螻蛄、夜蛾幼蟲、松毛蟲等植物及農作物害蟲，也吃些雜草的種子。

喜鵲招人喜愛的原因之二是因為它的形體美觀。喜鵲不像全身漆黑的「黑寡婦」（烏鴉）那樣，而是黑中透紫，黑白相間，也有灰、褐色的，它的尾巴是身子的一倍多長，站立、走動時為保持平衡，點頭翹尾，顯得十分活潑。並且在活動時，它不避人類，晝行夜伏，與人們「日出而作，日落而息」的生活習慣相同。因此，人們願意把它當做朋友。

再者，喜鵲的叫聲很好聽，它嘹亮、清脆而單調，給人一種歡快的感覺，似乎在與人們進行著某種融洽的交流。

還有，喜鵲的名字裏有個人們常用的吉祥字「喜」字，因此民間認為它是報喜的鳥兒。因為長期以來，民間都有用吉利語給所謂兆吉的東西命名的習慣。生活中與之類似的例子還有不少，但也有更多是用其諧音的，比如，蝙蝠在民間因為其諧音「福」，而將它們放在吉祥圖案中，構成「五福捧壽」、「壽山福海」、「福壽雙全」、「福在眼前」、「喜從天

降」等圖案。

趣味鏈結：民間其他的兆喜之物

民間兆喜的東西還有蜘蛛、貓等。民間以為，蜘蛛脫巢而降，為喜事的先兆，《爾雅疏》曰：「此蟲來著人衣，當有親客至。」民間吉祥圖案「喜從天降」畫的就是一隻蜘蛛從網上直垂而下的樣子。

七夕之夜女子們還用其卜巧。用器皿扣住一瓜，明早視之，有蛛結網，便為得巧，得到紡織縫補的本領。「是貓就避鼠」，又因為「貓是虎的老師」，貓的到來，也能兆喜。有諺曰：「豬來窮，狗來富，貓來開當鋪。」貓可以致富，帶來好的運氣，故而以別人家的貓來為上吉，且將其飼養好，不讓它再溜走，就表示財運永在。

此外，民間兆喜的東西還有火，民間認為火發笑，是有客人到的先兆。有人也許會問，火怎麼能發笑呢？其實所謂的火發笑，只不過是半乾的木柴在烈火中燃燒時，柴枝裏面的水分從燒裂的樹皮處洩漏出來，故而導致火苗發出一陣陣聲音，民間便認為是火發笑。

為何民間說烏鴉是不祥之鳥？

古人有用單字的習慣，因此，烏鴉在古文言文中一直被稱為「烏」。民間通俗的叫法是老鴰、老鴉，又叫「黑寡婦」。烏鴉在民間是不受歡迎的鳥兒，普遍認為它是不祥之鳥。至於這一觀念是何時開始的，我們無法進行確切的考證。

據史載，周武王時期，周武王率八百諸侯過黃河討伐紂王，卻見一隻烏鴉落在大帳上，便以為出師不利，是上天不讓他在這個時候討伐殷紂，於是便班師回朝。

到了清朝時，烏鴉被當做「凶徵」（即有凶事發生），是不能輕易得罪的。《清稗類鈔》載，康熙某科鄉試，華亭董含出闈後返里，一日，忽

有群鴉數千隻，飛繞其居宅，曉夜屯宿，聲喳喳，驅之不去。「家人以為不祥，村夫輩且謂鴉噪，主凶徵也。」

時至今日，民間依然對烏鴉的「呱呱」叫聲非常厭惡，認為烏鴉對著誰家叫，誰家就要死人，因此民間有「烏鴉報喪，喜鵲報喜」的說法，其實這只是一種唯心主義的世界觀。

那人們為什麼偏偏對烏鴉這種鳥兒有這種偏見呢？究其根源，大致有四個方面的原因：一是烏鴉的叫聲淒厲單調，驚人刺耳，不合人們的審美習慣；二是烏鴉渾身上下漆黑一片，像個幽靈，又像是人們治喪時所穿的黑孝衣；三是烏鴉的食性，除食昆蟲、穀實草種外，還偏嗜屍肉，貪食腐屍，是墳場的常客；四是烏鴉常棲於廟堂、墳場，晨出求食，暮時而返，結陣如雲，似乎沾了神氣鬼魄，成了「神兵」、「天兵」，有預報人們死亡的作用（因為民間忌談死亡）。

另外值得補充說明的是，民間之所以說烏鴉是「黑寡婦」，是因為在古代社會中，寡婦沒有地位，常遭人鄙視，認為寡婦剋夫，身上有晦氣，不能參加一些喜慶場合，誰沾上她，誰就有災禍。

趣味鏈結：烏鴉叫為不祥之兆的由來

其實在早期，人們對鳥兒的毛色並無太多的關注。所以在早期人們並不討厭一身黑的烏鴉。後來人們接觸的事情多了，對烏鴉的一身黑就表示不滿了。又因為它的叫聲難聽，喜食腐肉，總愛在寒冷的冬天和曠野裏出現，形成一幅寒鴉枯木的淒涼景象，故人們就把烏鴉與悲慘淒涼的氣氛聯繫起來。

當時有則貶損烏鴉的傳說是這樣的：相傳，春秋戰國時期，有位叫公冶長的人，他能聽懂鳥的話。有一天，他在樹林裏聽鳥唱歌，忽然飛來一隻烏鴉站在樹枝上對他說：「公冶長，公冶長，南山有一狼拖羊，快點去，莫慌張！你吃肉，我吃腸，腸子掛在樹枝上！」

公冶長聽了，趕到南山一看，果然有一惡狼拖著一隻羊。他趕走了

狼，把羊拿回去吃了。可就是忘了把羊腸給烏鴉掛在樹枝上。烏鴉大為不滿，總想出這口怨氣，便一直懷恨在心。

不久，公冶長又在聽鳥唱歌，烏鴉飛來站在樹枝上說：「公冶長，公冶長，南山有一狼拖羊，快點去，莫慌張！你吃肉，我吃腸，腸子掛在樹枝上！」

公冶長聽了興高采烈地趕去一看，原來有一個人被殺死在那裏，嚇得他趕緊拔腿就跑。他這一跑正好被前來查案的公差給發現了，公差就把他當做殺人凶手抓了起來，並關進了大牢。從此，人們都認為烏鴉叫是不祥之兆。

為什麼古人會崇尚數字「九」呢？

在古人的觀念裏，奇數為陽，偶數為陰，而奇數裏最大的數字是「九」，故而古人對「九」這個數字特別重視，認為「九」可以代表陽氣最盛。古人還以奇數象徵天，以偶數象徵地，並把「九」當成是天的象徵，因此有「九天」、「九重天」、「九霄」之說，紫禁城被稱為「宮闕九重」，宮廷器物也多以「九」名之。

「九」之所以被人們所崇尚，除上述原因外，還因為在中國傳統文化中，「十」是滿盈之數，物極必反，滿則溢，極盛必衰，故以自謹待之，而「九」為「百尺竿頭更進一步」，永遠呈上升趨勢，故「九」為至尊之數，為帝王所看中，皇宮建築，多用「九」或「九」的倍數。

故宮午門上的正樓，面闊、進深均為九楹，共有九九八十一間；佛堂供物重量，就是九九八十一斤。《易》上講，「九五，飛龍在天，利見大人」，龍者，皇帝也，「九五之尊」遂為帝王之稱。器物也多以「九」為名。如「九龍杯」、「九龍壁」、「九桃壺」；皇帝生日，娛樂為九「九」，即八十一種節目，「九九大慶會」，祝頌之辭也取《詩經‧小雅‧天保》中連用的九個「如」字句，稱「天保九如」。

除此之外,「九」還諧音「久」,有長長久久的意思。民間以「九」作為最高境界,活到一百歲以上,總是說九十九,以期望活得更長久。

趣味鏈結:民間歷來喜歡數字「8」,是因為「8」和「發」諧音嗎?

以前「8」在中國大多數地區,只是作為一個偶數,取其成雙成對的意思。如北方農村講究「三六九出門,二五八回家」。但並不是所有的地方都講究「8」這個數字,甚至在有些地方還忌諱言「8」,比如在安徽的某些山區,因殯葬抬棺須用8個人,所以他們忌諱言「8」。那「8」和「發」是怎麼扯上關係的呢?其實這和「8」的粵語發音是分不開的,粵語中「8」和「發」的讀音相似,因此「8」就成了「發」的代名詞了。廣東作為中國市場經濟的先鋒,首先「發」了起來,知識大軍南下,商業大軍北伐,將「8」炒得空前火爆,從這個角度分析,「8」又是市場經濟的產物。

「8」當做「發」用,也只是用在實實在在的「發財致富」和作為賀詞的「恭喜發財」上,並沒有單獨用做口彩語。但在有的地方還是有忌諱的,他們認為「8」諧音「巴」,巴住走不動,不能前進;再者就是由「8」容易聯想到「王八」,所以他們諱言。

故而,用「8」代表「發」的用法,並不是放之四海而皆準的。因此,在與各地的商人做生意時,一定要作好地域劃分,切記不可濫用。

為什麼民間避諱「四」?

現代人對於數字有不少的禁忌,如很多人就不太喜歡「四」,選電話號碼、車牌號碼,甚至辦喜事選日子都要避開「四」,究其原因,是由於「四」與「死」的發音較為接近,很容易使人聯想到死亡。

通常在醫院裏不設四號樓和四號病室,在路上也沒有四路公車。

溫州俗諺說,「在世不祝四十,死了不祭四七」。因為四十諧音「死

日」。所以民間有忌諱四十歲過生日的習慣。

香港人對「四」字也很忌諱，門牌號常常沒有「四」號，汽車牌號如果碰上「四」字頭，那算萬分倒楣，怎麼也不肯要。相反地，「三」卻大受歡迎，因為在香港「三」與「升」諧音，表示很吉利。

數字忌諱雖然不科學，但卻有很大的影響力。這種忌諱不光中國存在，在西方國家也同樣存在。

趣味鏈結：古人的數字講究

中國現在通行的阿拉伯數字是在清末時傳入中國的，在這之前，古人一直用漢字來表示數目。他們那個時候並沒有什麼「四」、「八」的講究，並且能用每個數字造出吉利的詞語，比如：一帆風順，二龍騰飛，三羊開泰，四季平安，五福臨門，六六大順，七星高照，八方來財，九九同心，十全十美。

當然古人也有用數字表達諷刺的，比如：十年寒窗，九載熬油，八進科場，七品到手，六親不認，五官不正，四體不勤，三餐飽食，二話不說，一心撈錢。

在古代「抓周」就能「試兒」嗎？

古時候，父母在孩子剛滿一周歲這天，在吃中午的「長壽麵」之前，要為孩子舉行抓周儀式。抓周是小孩周歲禮中最為重要的一項儀式，即在孩子周歲這天，把代表各種職業的器具及生活用品放在小孩面前，讓小孩任意抓取，從而預測他的志向與前途。小孩如果抓到了筆，便認為將來是文人；抓了算盤，就認為長大後會做生意；如果男孩抓到了女人的頭花，則認為是個貪色之人，家人在這方面就會嚴加管教；如果是女孩抓到了頭花，則認為她將來是個愛美之人，一定長得非常漂亮。

根據抓周的結果，家人、親族就會聚在一起，共商培養大計，並委託

親朋中有識有能的人加以引導。

對於抓周，據史料記載，可上溯到一千五百年前的南北朝時期。《顏氏家訓‧風操》載：「江南風俗，兒生一期為製新衣，盥浴裝飾，男則用弓矢紙筆，女則用刀尺針縷，並加飲食之物及珍寶服玩，置之兒前，觀其發意所取，以驗貪廉智愚，名之為試兒。」一期，即一周歲。

到唐宋時代，抓周的習俗則更為流行。民間十分重視，儀式也很隆重。《夢粱錄‧育子》篇中談到有關南宋時杭州風俗時說：「至來歲得周，名曰『周晬』，其家羅列錦席於中堂，燒香秉燭，頓果兒飲食，及父祖誥敕、金銀七寶玩具、文房書籍、道釋經卷、秤尺刀剪、升斗等子、彩段花朵、官楮錢陌、女工針線、應用對象、並兒戲物，卻置得周小兒於中座，觀其先拈者何物，以為佳讖，謂之『拈周試晬』。」

現在大部分家庭都把抓周作為一種富有童趣的遊戲，仍為家庭增添了許多歡樂和趣味。

趣味鏈結：為什麼孩子生百日稱為百歲？

自嬰兒降生之日起，至一百日，古稱「百日」，也稱「百晬」，又稱「百歲」、「百祿」。由於舊時醫療水準有限，嬰兒出生一百天內死亡率很高，如能平安度過百日，便有了長大成人的希望。

「百」在中國文化觀念中，有象徵圓滿的意義，所以民間特別重視嬰兒「百歲」之日，這天往往要進行慶賀，叫「過百歲」、「做百日」等。

給嬰兒慶祝百歲的習俗至少在宋代便已趨流行。如《東京夢華錄》記載：「生子百日置會，謂之百晬。」《夢粱錄》也說：「生子百時，即一百日，亦開筵作慶。」此後興盛不衰。胡樸安《中華全國風俗志‧京兆》說：「一百日後，名曰百祿，請客與滿月時同。」

過百歲是嬰兒成長過程中，除周歲外的又一重要禮儀，在這一禮儀中，同樣凝聚著親友的祝福和呵護。這些祝福和呵護寄寓在他們的話語裏，也寄寓在各式各樣的富有象徵意義的食品、衣物、飾品中。幼小的孩

子就在親友的祝福和呵護中漸漸地長大。

什麼是舊時民間的「借壽」習俗？

　　舊時，人們受鬼神觀念的影響嚴重，認為人的壽數都是一定的，壽命長短是由上天來決定的。並且他們還認為壽數與物品一樣，可以借用。要是家裏有人生了病，久治不癒，到了臥床不起的地步，家人就會採取借壽的辦法，為病人借來一定的歲數，供他使用，以延長他的壽命。

　　借壽這天，子女、至親齋戒沐浴，載斗米，米內插秤桿、剪刀等物，上蒙紅色絲棉，捧赴廟中，祈禱於神，泣告蒼穹，願減己之壽命，以延病者之年，用以表示孝心。也有親戚、朋友關係不錯的，自相邀集十來人，親往寺廟，虔心拜禱，各願借壽一歲，求神祇延長病人壽命，使之痊癒，得以治理家中未完之事。俗傳，此舉必須心甘情願才會靈驗，以十人為出借最佳。

　　如果為病人借了壽，病人轉危為安，大家便認為上天的神祇已同意借壽，於是便焚香許願，禱謝上蒼；如果病人還沒有好轉的跡象，病情還在一天天惡化下去，自願借壽之人就要禱告上天，請求收回前願，以防閻羅判官稀里糊塗，錯把壽數給了別人。

　　說白了，借壽完全是家人出於好心，讓病人有個希望，精神支柱不垮的一種心理安慰。是一種善意美麗的欺騙。

趣味鏈結：中國人的虛歲是怎麼計算的？

　　外國人說中國人，有兩個年齡，一個是真實年齡，一個是虛假的年齡。這種說法倒也不錯，中國人確實有兩個年齡，所謂的真實年齡，就是周歲；所謂的虛假年齡，也就是我們所說的虛歲。

　　對於「周歲」肯定很多人都明白，可虛歲是怎麼回事，確實容易讓人犯迷糊。很多人認為，周歲加一歲得出的結果就是虛歲，這種說法似乎也

有道理，但並不全面。

其實，在生活中，「虛歲」的概念一般是用於男人的。民間有「男進女滿」的說法，意思是說男人按虛歲計算年齡，女人按實歲計算年齡。況且在實際的計算中，虛歲也不僅僅就是周歲加一歲那麼簡單。

虛歲的計算，在真實的年齡上加一歲是其中一種。但也有特殊的情況，比如一個人是在農曆年的最後一天出生的，那麼他不但一出生就算一歲，並且一到大年初一又要加一歲，按這種方法計算，這個孩子滿周歲時，就已經快三歲了；如果一個人的生日是陰曆的臘月中下旬，那麼這個人還沒有滿月，他的虛歲就已經到兩歲了。因此，在計算虛歲時，春節是個特別重要的時間點。

知道了這個道理，我們就會理解，為什麼很多老人往往會提前兩年過自己的七十大壽、八十大壽了。

古人行拱手禮的規範為何？

拱手禮，是古代作揖禮的一種。古人在行拱手禮時，一定是右手成拳，用左手扶抱右手，你知道他們為什麼要這樣嗎？

古人之所以這樣行拱手禮，是因為古人把揖禮分為「吉拜」和「凶拜」兩種。他們認為，人們習慣於用右手攻擊別人，用左手扶住右手就免除了要攻擊別人的嫌疑，是一種友好的表示，為吉禮，反之則為凶禮。

就見面禮的初衷而言，中國人創行的抱拳拱手禮與西方人的伸手相握禮都表示友好和尊敬之意。但有一種說法認為，抱拳拱手有與對方保持距離的內斂和封閉色彩，而伸手相握則有急於接近對方的張揚和進取因素。

因此，近現代學者對這兩種禮儀展開了很多討論，大多對此說不以為然。如林語堂先生在《生活的藝術》一書中就兩種見面禮作了比較，得出了拱手禮優越於握手禮的結論。

他在書中說拱手禮的優越之處在於，一是避免了因皮膚相觸得傳染病

的可能；二是在行拱手禮時，時間的長短完全取決於自己，不會感受對方的壓力。而握手則既有得病之虞，又有被動伸手、任人宰割的感覺。

林先生之說，貌似頗有幾分道理，不過仔細分析可知，在現實生活之中，愛美之心人皆有之，若某人手上有皮膚病的話，那他也是羞於與別人握手的，甚至某人得了灰指甲都羞於出手，這還擔心什麼皮膚病呢。而拱手禮似乎有輕描淡寫的嫌疑。因此，現在世界上所通行的大多為握手禮，握手禮已經定格成了一種國際交際禮儀。

趣味鏈結：什麼叫抱拳拱手禮？

抱拳拱手禮也叫江湖禮，其禮拜方式是右手握拳在內，左手大拇指屈、其餘四指伸開展掌在外，雙手相合，抱腕當胸，稱拱手禮。

拱手禮是後輩向師長所行之禮。後來擴展到平輩和朋友間也行此禮，表達恭敬之意。右手成拳代表武力，左手伸掌掩住，是告訴人要謹守法度，遵守國家和社會秩序，不能以武犯禁；屈起左手大拇指，是告訴人要謙虛謹慎，絕不要自稱老大；左手伸開的四指代表德智體美，右拳五指與左手伸開的四指合起來，叫做五湖四海。

佩戴戒指是怎麼來的呢？

佩戴戒指的由來，大致有以下三種說法。

一是蠻說。蠻說認為這是古代搶婚演繹的結果。當時，男子搶來其他部落的婦女，為了防止她跑掉，就給她戴上枷鎖。經過多少年的演變，枷鎖變成了訂婚、結婚戒指，男子給女子戴戒指表示她已歸他所有。這種說法似乎解釋不了男人戴戒指的由來，由此看來，這種說法有失偏頗。

第二種是崇拜說。這種說法認為，戒指源自古代的太陽崇拜。古代戒指是將玉石製成環狀，象徵太陽神日輪，認為它像太陽神一樣，給人以溫暖，庇護著人類的幸福和平安。同時也象徵著美德與永恆，真理與信念。

婚禮時，新郎戴金戒指，象徵著火紅的太陽；新娘戴銀戒指，象徵著皎潔的月亮。

第三是禁忌說。這種說法認為，戒指異名「指環」，史書中稱「約指」、「手記」、「代指」等。最初，戒指是宮廷中后妃群妾用以避忌的一種特殊標記。當有了身孕或其他情況不能接近君王時，皆以金指環套於左手，以禁戒帝王的「御幸」，平時則用銀指環，套在右手上。後來，戒指傳到民間，去其本義，以為美觀，久之便留成風氣。

明代都邛《三餘贅筆》記曰：「今世俗用金銀為環，置於婦人指間，謂之戒指。」從字面分析「戒」字含有禁戒之意。因此，婦女在當時佩戴指環，並非為了炫美，也非為了裝飾，而是以示謹慎，起著禁戒的作用。

趣味鏈結：「男左女右」的習俗起源於何時？

「男左女右」的習俗在生活中處處都能見到，比如說戴戒指有男左女右的講究；排座、照相、服裝，甚至在浴室和廁所的坐落上都習慣以男左女右為序等。在我們的日常生活中，男左女右的習慣已經成為一種傳統。究其根源，這一講究起源於何時呢？

據考證，「男左女右」的習俗起源於中國古代哲學。古代哲學認為，宇宙中通貫萬物的兩大對立面就是「陰陽」。在傳統上一般將大、長、上、左視為陽；將小、短、下、右視為陰。男子體強性剛，屬陽於左；女子體嬌小，性溫柔，屬陰於右。

而在男女佩戴戒指的問題上，傳統禮教認為，左為上，象徵尊嚴和力量；右為下，象徵溫柔和體貼。因此，在戒指的佩戴上有「男左女右」之分。這一習俗延續至今，形成了社會生活中的一種傳統習慣。

人們為什麼尊崇福神？

福神最初源於福星，在民間有很多種福神形象，比如民間年畫「天

官賜福」中的天官是最常見的福神。畫中的天官身著朝官紅色袍服，繡龍玉帶，手持大如意，慈眉悅目，五綹長髯，一副雍容華貴之像，像是很有「福」的樣子。

據說，天官是道教「三官」之一，三官的職能分別是天官賜福，地官赦罪，水官解厄。天官所賜之「福」，也包含著財運，所以有的年畫，又把天官作為財神。

關於「天官賜福」的來歷，民間有一則很有趣的神話傳說。傳說從前有個叫陳子禱的人，長得溫文爾雅、俊美絕倫，和龍王的三公主一見鍾情，結為夫婦。後來分別在正月十五日、七月十五日和十月十五日，生了天官、地官、水官三兄弟。

這三兄弟神通廣大，法力無邊，為民間做了很多好事，得到了當朝太師的讚許和百姓的敬仰。後來，封建統治者為了讓人們在精神世界中有所寄託，就把天官敕封為「紫薇大帝」，掌管「賜福」；地官封為「青靈大帝」，掌管「赦罪」；水官封為「賜穀大帝」，掌管「解厄」。這也就是全國各地「三官廟」裏的上元、中元、下元「三元大帝」。

後來，人們為了祈求多福就到三官廟裏去拜天官，請求天官賜福給自己。在古時候，有人為了能生個兒子，往往也有拜天官的。另據記載，從前民間戲班子開場戲的「天官賜福」，就是從這裏脫胎而來的。

趣味鏈結：民間年畫「三星高照」中的三星有什麼象徵意義？

民間所謂的「三星高照」，通常是指福、祿、壽三星。「人間福祿壽，天上三吉星。」民間年畫中也常常把福、祿、壽三個神仙湊在一起，合稱福祿壽。它們分別代表著福運、官祿和長壽，因為這三種都是健康人所需要的，所以福、祿、壽三吉星非常受人們的歡迎。特別是在春節，許多人家的牆上都換上了喜氣洋洋的「三星」年畫。

福、祿、壽三星，在中國流傳年深月久，家喻戶曉。千百年來，中國民間一向將福、祿、壽三星作為交往禮儀和日常生活中幸福、吉利、長壽

的象徵。正如江南民間小曲中所稱頌的：

　　福星高坐把福施，祿星送子下祥雲。

　　壽星騎鹿送蟠桃，三星高照喜臨門。

祭灶習俗與熟食習慣有關嗎？

中國自古以來就有祭灶的習俗，後世把每年的農曆臘月二十三日定為祭灶節。每當此時，人們都忙碌著年前的祭灶送神活動。

祭灶，在先秦時就是重要的祭禮「五祀」之一。祭灶的日期，在歷史上一般有正月、四月、五月、八月、十二月等幾個說法，後來逐步演變，祭灶的時間也變為臘月二十三或二十四日。

祭灶習俗分為送灶和迎灶兩個部分。所謂送灶就是恭送灶王爺上天。在送灶這一天，家家都要將灶臺、几案、鍋碗瓢盆打掃得乾乾淨淨，在灶神像旁貼上「上天言好事，下界保平安」的對聯。

為什麼要送灶呢？因為灶王爺每年要在這一天返回上天言人間善惡，如果說了哪家的壞話，哪家就必定倒楣、走厄運。所以民間把送灶活動看得很重，不敢有絲毫怠慢。故而有的家庭還會在灶前供上一盤糖瓜，希望灶神吃了它以後，不說他們的壞話。

而迎灶就是再祭祀一次，把灶王爺從天上迎回來。一般在除夕晚上，燃上香燭，擺好供品，把新買來的灶神像貼在灶上神龕裏，上頭寫「保佑」二字，兩邊貼對聯，有的寫「上天言好事，回宮降吉祥」；有的寫「油鹽深似海，米麵積如山」。這就算是把灶神又請回來了，俗稱「迎灶」。至此，整個祭祀活動宣告完成。

至於說祭灶習俗與熟食習慣的關係，在歷史上是可以找到證據，證明它們是有關係的。因為隨著火的發現，原始人將火逐漸應用於生產和生活中。最具典型意義的就是，在生產上，出現了刀耕火種；在生活上，出現了熟食。而熟食的出現，與烹調設備「灶」又是互不可分的。正如《說

文》裏指出：「灶，炊也。」「灶，造也，創造食物也。」而最有概括力的就是《漢書‧五行志》裏的：「灶者，生養之本。」

如果說以上所說還不足以證明的話，那麼先看看發明熟食與「創造食物」的「灶」，究竟是誰吧。《禮記‧禮器》篇裏記載：「灶者，是指老婦之祭。」東漢經學家鄭玄，不僅明確指出是婦女，而且認為創造食物的「灶」，也是婦女。他說：「老婦，先炊者也。」（鄭玄釋《禮記‧禮器》）而與鄭玄同一時期的經學家許慎則認為是祝融，他說：「為祝融，祀以為灶。」

對於此說，東漢時期的學者高誘加以解釋，說祝融是「火正」，「死為神，托祀於灶」。後唐經學家孔穎達，將史前的「老婦」之說，與祝融為「火正」、「死為神」的解釋相結合，提出合二為一的看法，主張「祀火神而以老婦為配」。他說：「古者原奧神，禮器所謂燔柴於奧者也，蓋老婦之祭，歷世奉以為炊。中夏則祭灶，而此奧配之。」

孔穎達的「合二為一」之說的基本特徵是，既不稱為祀「火神」，也不叫做祀「老婦，先炊」，而是統統合稱為「灶神」。所以，此說不僅逐漸演變為民間生活中講究的「祀灶」習俗，而且逐漸受到帝王的重視，如《五經異義》裏，作了比較透澈的解釋：「孟夏祀灶，王者所祀，古之有功德於人。」

趣味鏈結：民間送灶習俗具體是怎樣的？

民間關於灶神是誰，有很多種說法。不管是男是女，灶神的職能都是一樣的。到了年底，祭完灶便是送灶，即要把灶王爺送上天。

那怎樣把灶王爺送上天呢？難道民間真有灶王爺這個人嗎？其實所謂的灶王爺就是一尊木刻或是一紙畫像。民間的送灶儀式是這樣的，如果供的灶神是木刻像，便把像翻轉身，年三十除夕，再把像翻過身來復位，表示灶神接回來了。如果是紙神像，則把它揭下來，拿到院子裏，要把灶神像放在紙馬上火化，讓灶神騎馬上天，然後壓上紙錠，說是給灶王爺路上

花費用。

火化紙神像時，一般還要在紙馬下面墊上乾燥的豆稭之類的東西，一燒起來，發出劈劈啪啪的響聲。好像在爆竹聲中送灶君。燃燒時，人們反覆念叨「上天了，上天了」，還有的人家圍著火叩頭。

中國古代有哪些財神爺？

財神爺的起源頗為難考，所祭祀的神明也因時因地而有所不同。財神爺，一般認為有五類，即「正財神爺」趙公明；「文財神爺」比干、范蠡；「武財神爺」關羽；「偏財神爺」五路神、利市仙官；「準財神爺」劉海蟾。這些財神爺，又可分為文財神爺和武財神爺兩大類，最為人們熟知的則是「正財神爺」趙公明和「武財神爺」關羽。

據《封神榜》載，趙公明原在峨眉山羅浮洞修道。姜子牙輔佐周武王伐紂，他跑下終南山管閒事，站在商紂一邊對抗義師，後來陣亡。一道遊魂被敕封為「金龍如意正一龍虎玄壇真君之神」，並統領「招寶天尊」、「納珍天尊」、「招財使者」、「利市仙官」四個部下。他們的職責都與財有關，故而後世尊他為財神爺。

從塑像上看，趙財神面孔黝黑，鬍鬚濃密，身跨黑虎，手執鋼鞭，一副凶狠霸道、威武十足的武將架式，但他另一手卻捧著金元寶，故又稱「黑虎玄壇」。

除此之外，現在民間人氣最旺的還有「武財神爺」關聖帝君，即關羽關雲長。傳說關雲長管過兵馬站，長於算數，發明日清簿，而且講信用、重義氣，故為商家所崇祀。做生意的人多以關公為他們的守護神，同時被視為招財進寶的財神爺。

尤其是《三國演義》一書把關羽進一步神化，故而現實生活中許多從業者紛紛借「三國」之事奉關公為其行業之神，如豆腐業（相傳關羽年輕時曾以販賣豆腐為生）；鐵匠業（相傳關羽早年以打鐵為業）；燭業（關

公秉燭達旦，恪守叔嫂之禮）；工商業（關公「上馬金、下馬銀」、「封金掛印」和桃園結義、關公重義）；還有理髮業、屠宰業、刀剪鋪業（因為他們的工具都是刀，而關羽的兵器就是青龍偃月刀）……

現如今，這兩大財神在民間的知名度都是很高的，只不過奉行群體不同而已。廣大農村的居家之人多奉趙公明為主財神；而出門在外、闖蕩江湖、做生意之人多奉關羽為主財神。

趣味鏈結：「財神」比干、范蠡簡介

比干是殷紂王朝的三大忠臣之一，紂王不但不聽他的勸諫，還聽信妲己的讒言，把比干的心挖了出來。傳說比干因為沒有了心，所以辦事就不偏不倚。那他為何被人們尊為財神呢？

在《封神演義》裏，比干被封為文曲星。因為在古代，要想出人頭地，就只有走科舉考試這條路。一旦考取了功名，俸祿財源自然就來了，所以比干這個文曲星自然就成了財神。

范蠡是春秋末年越王勾踐手下的謀臣，他很有學識，人也機智聰明。越王被吳王夫差打敗後，范蠡輔佐勾踐臥薪嚐膽，終於滅吳國，成就了霸業。

而越王成功後，范蠡卻功成身退，隱跡江湖。據說他憑藉過人的智慧，在後半生白手起家，積金數萬，既善於理財，又樂善好施，故人們尊他為財神。

關於面相的判斷有道理嗎？

民間俗信天命論，說一個人命運的好壞是與生俱來的，以為吉凶禍福都可在人的面相上呈現出來。具體來講，有以下幾方面的說法：

第一，以耳朵大小、厚薄斷定一個人是福大還是孤苦。民俗以為，「耳大有福，耳小命薄」，並傳說古代帝王大都耳大垂肩。即使豬的大

耳,也是福氣大的象徵,叫「懶人有懶福」,心寬體胖,吃飽就睡。反之,耳小則為孤苦之相。同樣,耳有厚薄之分。耳大且厚,並有紅潤顏色,為上耳;耳大而薄,「扇風耳」,有點福氣也存不住,甚至以為「兩耳兜風,惡過雷公」。民間還有一種風俗,凡遇到好事,則先摸摸耳朵下垂部分,厚者為有福必得,薄者為無福消受,曰:「摸摸耳垂有多厚。」民間還以耳後棱處有黑點為貴,叫「倉」:「左倉主錢,右倉主糧」,「兩耳有倉主爹娘」。

第二,以眼睛形狀斷定人的命運。民俗以為,「眼斜心不正」、「三角眼毒孤,桃花眼主淫」;又根據動物的眼睛形狀以眼論命:「長就的龍眼坐王位,長就的鳳眼坐正宮,長就的獅眼做宰相,長就的虎眼是總兵」,而「馬眼東奔西跑,牛眼力大無窮,羊眼吃齋好善,狗眼傷人行兇,猴眼熟能生巧,豬眼蠢笨無能,雞眼摸黑早起,鼠眼專挖地洞」。眼白與眸子的比例也很重要,白眼多邪淫,黑眸多純正,而「眼露睛,不長壽」。女性尤忌「四白」,即上下左右皆露眼白,叫羊眼,「眼有四白,五夫守宅」。

第三,以眉的形狀斷定人的性格、命運。民俗以為,「眉分八字貪花柳」、「倒八字眉性野粗」,長眉毛為壽眉,不能拔,拔下促壽。

第四,以鼻子的形狀和鼻梁的形狀斷定人的性格、命運。民俗以為,「鷹鉤鼻,陰險不可交」、「斷鼻樑,娶二房」,而以鼻子修長挺拔者為上。

第五,以人中長短寬窄斷定子嗣。民俗以為,人中最好是又長又寬,就像劈開的竹管那樣棱角分明,則必有子;如果又短又窄,且溝槽模糊,則必命中無子,說:「人中寬又長,兒女站滿堂;人中一條線,有子也難站。」

第六,以嘴的大小、形狀斷定人的命運。民俗以為,「口小而圓,衣食難全」、「鎖口紋,餓死人」、「唇黑主危」。並且有男女不同的講法,說「男人嘴大吃四方,女人嘴大吃四莊」,也有說成「女子嘴大吃菜

糠」、「女子嘴大吃錢糧」的，顯然體現了中國古代女子「櫻桃小口」的審美標準。

第七，以頭部大小、各器官的比例形狀、顴骨高低、肌肉狀況推斷人的性格和命運。民俗以為，「頭大面小，終身不了」，必遭厄運而身亡；「五官不正心不正」、「五官不正，邪氣通天」、「下巴歪，衣食貧窮少人來」，歪嘴斜眼之人為凶邪之相；「耳後見腮狠毒」，耳朵靠近臉部而耳後還有一部分臉面的人是心狠手辣、無情無義的「狼」；「黃臉飢瘦，實實不好鬥」、「黃臉猴腮，必定心乖」、「臉上無肉，必定歹毒」，以為黃臉而瘦為奸詐之相；而滿臉橫肉則為凶惡之人，必定凶死。對於顴骨高低，則以男女而論，「男人兩顴高，生來志氣高；女人兩顴高，殺夫不用刀」。

人的相貌與人的性格、命運真有如此密切的關係嗎？如果單純地把它發展為一種相面理論，那是唯心的、反科學的。早在兩千多年以前相面就被我們的祖先否定過：「相人之形狀顏色而知其吉凶妖祥，世俗稱之；古之人無有也，學者不道也。」可見，相面是隨著對人體的迷信、禁忌而生發出來的東西，不管相面術士如何吹噓「靈驗」，如何舉歷史事例證明其「準確」，都是不足為信的。

另一方面，人的相貌特別是氣色又是人的性格、生活經歷的一種載體，是顯性資訊，人們據此可以對某些基本特徵進行斷定。文學作品中，刻畫人物性格，很重要的一個方面就是肖像描寫。社會交際過程中，尖嘴猴腮之人確實令人不愉快，必然會影響其生活道路。中國傳統醫學診斷病情，「望聞問切」，「望」是首要的診斷手段。所以，這個問題我們不能簡單地以「是」與「否」來回答。

趣味鏈結：何謂「白眼」與「青眼」？

「白眼」一詞最初見於《易·說卦》：「巽為木，為風……其於人也，為寡髮，為廣顙（額頭），為多白眼，為近利市三倍。」這裏所說的

巽卦對應於人的面相特徵是頭髮少，前額光，眼睛裏眼白占的量多，特別善於牟利。所以在這裏，「白眼」多的人一般指精明、好動和善變的人，並沒有輕視和瞧不起的意思。

到了魏晉時期，「白眼」才有了輕視和瞧不起的意思。相傳「竹林七賢」之一的阮籍對於他不歡迎的人，則會翻「白眼」侍候，即眼睛上視，露出眼白看人，以示輕視和嫌惡之情。

後來，人們也用「白眼」表示一個人性情孤傲，對俗人俗世的蔑視和憎恨。如唐代杜甫詩中的「舉觴白眼望青天，皎如玉樹臨風前」（《飲中八仙歌》），王維的「科頭箕踞長松下，白眼看他世上人」（《與盧員外象過崔處士興宗林亭》）。

與白眼的孤傲蔑視相對，青眼則表示喜愛的讚賞之情。如宋黃庭堅《登快閣》詩云：「朱弦已為佳人絕，青眼聊因美酒橫。」元代逎賢「滄海誰青眼，空山盡白頭」（《南城詠古·黃金臺》）用的就是這個意思。

另外，由喜愛和讚賞的意思而來，青眼還可借指知心朋友。如唐權德輿《送盧評事婺州省覲》詩：「客愁青眼別，家喜玉人歸。」宋司馬光詩：「呼兒取次具杯盤，青眼相逢喜無極。」（《同張聖民過楊之美明日投此為謝》）其中就用青眼指好友。

第六章 宗教神話

盤古開天地的神話

　　遠古時，天地一片黑暗，混沌得像個大雞蛋，有個叫做盤古的巨人就在這個「大雞蛋」中，他在裏面酣睡了約一萬八千年，醒來後發現周圍一團黑暗。盤古在黑暗中變得不安起來，他張開巨大的手掌向黑暗劈去，只聽見一聲巨響，「大雞蛋」碎了。千萬年的混沌黑暗被攪動了，其中又輕又濁的東西慢慢上升並漸漸散開，變成了藍色的天空；而那些厚重混濁的東西慢慢地下降，變成了腳下的土地，即所謂的「陽清為天，陰濁為地」。

　　盤古站在這天地之間非常高興，他害怕天地再合攏起來變成以前的樣子，於是雙肢踏地，用頭頂天，就這樣，天地每長一丈，盤古的身體就跟著長高一丈。又過了一萬八千年，天越來越高，地越來越厚，盤古的身體長得有九萬里那麼高了。

　　經歷了這麼多年的苦撐之後，盤古變得筋疲力盡，累死了。盤古臨死時，呼出的氣成了風和雲，聲音成了雷霆；左眼變成太陽，右眼變成

月亮；四肢五體變成大地的四極和五方的名山；血液變成奔騰不息的江河；筋脈變成道路；肌膚變成農田；頭髮和髭鬚變成天上的星星；皮膚上的汗毛變成花草和樹木；牙齒、骨骼和骨髓變成了地下礦藏；汗水變成了雨露。盤古的身體化成了世界萬物。

傳說，盤古的精靈魂魄也在他死後變成了人類。所以，都說人類是世上的萬物之靈。

趣味鏈結：盤古神話是怎麼形成的？

盤古神話雖未見於先秦古籍，但它和《山海經》中所記載的燭龍神話卻有相似之處，或者就是這一神話演變的。後來這個故事又吸收了南方民族盤瓠傳說的某些因素，才創造出這樣一個開天闢地的神話人物。到明末周遊寫《開闢衍繹》時，盤古的手中又給加上了斧頭和鑿子這兩件工具。

創世女神女媧如何造人？

據說女媧是個「人頭蛇身」的女神。盤古開天闢地後，她在天地間到處遊歷，時間久了，熱愛生命的她感覺盤古的創造還算不上完整，於是就產生了創造人間生靈的想法。

據說女媧在正月初一造雞，初二造狗，初三造豬，初四造羊，初五造牛，初六造馬，初七這一天，女媧在黃河邊洗手時，不經意間發現了自己的倒影，突然來了靈感，應該造一些管理這些動物的人類，於是她就順手從地上抓起一把黃泥，放些水進去揉和揉和，仿照自己的容貌捏成頭部，她又覺得依照自己的身體捏造的有些不好，就把小泥人的下半身捏成了兩條腿的形狀，希望人能夠直立行走。說也奇怪，剛把這小泥人放在地上，泥人就活了。

她造了一批又一批，覺得太慢，於是用一根藤條蘸滿泥漿，揮舞起來。一點一點的泥漿灑在地上，都變成了人。為了讓人類永遠繁衍下去，

她創造了嫁娶之禮，自己充當媒人，讓人們懂得「造人」的方法，憑自己的力量傳宗接代。

為了讓新生的人類活得更快樂，女媧又用竹子製作了笙、簧等樂器。看著在音樂中跳舞歌唱的人們，女媧自己也覺得很快樂。

另有傳說，說是女媧與伏羲是兄妹，她與伏羲結婚而產生人類，後來女媧禁止兄妹結婚，這反映了中國原始時代由血緣婚進步到族外婚的情況。

趣味鏈結：傳說中女媧是如何補天的？

自盤古開天闢地以後，女媧造出了人類。人類一代又一代繁衍生息，其樂融融。可是，有一年，水神共工和火神祝融吵架且大打出手，最後祝融打敗了水神共工，共工因打輸而羞憤地朝西方的不周山撞去，哪知那不周山是撐天的柱子。不周山的崩裂使天塌了下來，當時天崩地裂，據古書中記載：「天不兼覆，地不周載；火爛焱而不滅，水浩洋而不息；猛獸食顓民，鷙鳥攫老弱。」

女媧目睹了人類的這種遭遇後，決心重整天地的秩序，救人類於水火之中。於是她精心挑選了許多五色的石頭，架起火把它們熔化成漿，然後再用這種石漿去填補殘缺的天窟窿。歷盡千難萬苦，女媧終於補好蒼天。

補好了天，女媧又斬下巨龜的腳，分別豎在大地的四方，傾斜的天空被重新擎住，再也沒有坍塌的危險了。支撐好天之後，女媧又運用神力，殺死了在中原地區危害人類已久的水怪黑龍，把蘆葦草燒成灰，堆積起來，湮塞洪水，填平溝壑。

女媧修補蒼天，扶正四極，止住洪水，平定冀州，殺死黑龍，又理順春、夏、秋、冬四季，調和萬物陰陽的變化，其功甚偉，所以在西漢的《運斗樞元命苞》中，女媧和她的哥哥伏羲、遍嘗百草救人的神農一道被列為中華民族人始之初的三皇，號媧皇。

夸父追日反映了什麼精神？

夸父追日的神話故事主要見於《山海經·海外北經》和《大荒北經》。夸父是個巨人，雙耳奇大，耳上掛有兩條黃蛇，住在北方荒野的載天山上，是幽冥之神后土的後代。

有一天，夸父種完地裏的莊稼後，發現太陽還沒有落下，就突發奇想，想要去看看太陽是什麼樣的，夸父一縱身飛上了天空，直奔太陽而去。太陽發現有人在追他，就加快了速度移動。

眼看著就要追上了，夸父覺得口乾舌燥，想要喝水。夸父一口氣喝乾了黃河和渭河的水，口渴仍沒止住。他又想去喝北方大澤的水，可還沒有走到，就渴死了。夸父臨死前，拋掉手杖，這手杖頓時變成了一片鮮果累累的桃林，為後來追求光明的人解除口渴。

關於夸父追日的神話所表現的主旨，歷來有很多不同的說法，比如《山海經》記載這個神話時說他「不量力」；晉代陶潛在《讀山海經》詩中卻稱讚說「夸父誕宏志，乃與日競走」。但主流的說法還是認為這個故事曲折地反映了遠古時代人們向大自然競勝的精神。

趣味鏈結：精衛為什麼要填海？

相傳遠古時，太陽神炎帝有一個小女兒，名叫女娃，女娃是他最鍾愛的女兒。有一天，女娃駕著小船到東海去遊玩，不料海上起了大風浪。像山一樣的海浪陣陣襲來，把小船打翻了，女娃被淹死在海裏。炎帝痛失愛女，無比思念，但人死不能復生，他縱然是太陽神，卻沒有救活死人的法力，所以也只有獨自神傷嗟歎了。

女娃知道父親很懷念自己，她也不甘心就這樣死去，於是就讓精魂化做了一隻小鳥，花腦袋，白嘴殼，紅腳爪，整天發出「精衛、精衛」的悲鳴，所以，人們又叫此鳥為「精衛」。精衛痛恨無情的大海奪去了自己年輕的生命，她發誓要將東海填平。因此她常常飛到西山去銜一粒小石子

或是一段小樹枝，展翅高飛，一直飛到東海，然後投擲到波濤洶湧的大海裏，企圖將大海填平。

就這樣，精衛飛翔著、鳴叫著，一趟又一趟地往返於東海和西山之間，無論天晴還是下雨，從不間斷。後來，精衛和海燕結成了夫妻，生出許多小鳥，雌的像精衛，雄的像海燕。小精衛和她們的媽媽一樣，也去銜石填海。

「燧人氏」代表的意義？

在人類社會初期的很長一段時期內，人們生火做飯，用的都是天然火種，由於「天然火種」不易保存，火種的保存就成了當時最重要的一件事。當時，火種一般由氏族裏最重要的人物專門保管。

那時候，有個叫遂明的地方，據說連日月都照不到，所以沒有資格保存火種。沒有火種這可怎麼辦呢？遂明人想盡了各種辦法，還是找不到另外生火的方法，他們十分苦惱。

遂明的大山裏，生長著一棵曲盤萬頃的遂木古樹，有很多鶚鳥住在上面，因為鶚鳥啄樹幹時會冒出火星，所以當地人叫它「火樹」。某天，一個人遊歷至此，坐在樹下休息，正巧趕上鶚鳥在啄樹幹，「咚咚咚」三聲之後，黑暗中火星閃爍。

這人恍然大悟，原來找了這麼久的火種，就在我們身邊啊。於是他撿了一些遂木古樹的枝葉，回家後，找來很尖的石頭來敲擊。果然能夠產生火星，並點燃乾草和枯葉，他高興極了。

他很快把自己的這個發現告訴了族人，人們奔相走告，過了不久，這種方法就應用開來，人們再也不用為天然火種發愁了。後來大家為了紀念他，就把這個人稱做燧人氏，意思是取火的人。後代子孫更是尊稱他為聖人燧皇。

趣味鏈結：神農氏是傳說中主掌稼穡的土神嗎？

據記載，當初人們吃生肉，喝獸血，穿獸皮。神農認為人們這樣生活下去，是難以維持的。於是，他「嘗百草之實，察酸苦之味，教民食五穀」。

但實際上農業生產知識是上古人類實踐經驗的積累，並無神農其人。後來人們推測神農氏的事蹟，大致反映了相當於母系氏族制繁榮時期的社會情況。

神話傳說中的四大魔獸

四大魔獸是古代神話傳說中的四種凶惡的動物，分別是：饕餮、窮奇、混沌和檮杌。

饕餮是一種最貪吃的動物，傳說軒轅黃帝大戰蚩尤，蚩尤被斬，其首落地化為饕餮。《山海經・北山經》有云：「鉤吾之山其上多玉，其下多銅。有獸焉，其狀如羊身人面，其目在腋下。虎齒人爪，其音如嬰兒，名曰狍鴞，是食人。」根據晉代郭璞對《山海經》的注解，這裏說的狍鴞即是指饕餮。饕餮是古人對貪得無厭之人的稱謂。

關於窮奇的記載，《山海經・北山經》有云：「又西二百六十里，曰邦山。其上有獸焉，其狀如牛，蝟毛，名曰窮奇，音如獋狗，是食人。」另外一種說法說窮奇是神名，《淮南子・墜形訓》：「窮奇，廣莫風之所生也。」高誘注曰：「窮奇，天神也。在北方道，足乘兩龍。其形如虎也。」後來「窮奇」用來比喻背信棄義之人。《左傳・文公十八年》有云：「少昊氏，有不才子，毀信惡忠，崇飾惡言，天下謂之窮奇。」

混沌：混沌，即混敦。其狀如犬，似羆而無爪，有目而不見，有兩耳而不聞，有腹無五臟，行走而足不開。混沌因既混且亂，故後世稱是非不分之人為「混沌」。《左傳・文公十八年》有云：「昔帝鴻氏有不才子，

掩義隱賊，好行兇慝，天下謂之渾沌。」

《神異經・西荒經》中有云：「西方荒中有獸焉，其狀如虎而大，毛長兩尺，人面虎足。口牙，尾長一丈八尺，擾亂荒中，名檮杌。」另有一說是神名，《國語・周語上》：「商之興也，檮杌次於丕山。」另外有一本戰國時的書名叫《檮杌》是專門記載楚史的史書。後來「檮杌」被用來比喻頑固不化、態度凶惡之人。《左傳・文公十八年》有云：「顓頊氏有不才子，不可教訓，不知話言，天下謂之檮杌。」

趣味鏈結：古代傳說中的「四靈」

早在周代，中國民間就出現了龍、鳳、麒麟、龜為「四靈」的傳說。

龍是「四靈」之首。對中國文化的影響可謂深遠，它影響到了整個中國社會，滲透到了文化的各個層次。但世間本來沒有龍，龍是人類想像的產物，現實生活中並不存在。

據考古學家研究，早在五千多年前，中國北方有個華夏族，勢力非常強大。他們在蛇的圖形上，添加了圖騰的特徵，如鱗甲類圖騰、有角獸的圖騰、有四隻爪子的爬蟲類的圖騰，還有多種猛獸的圖騰，最終融合成一種不可一世的龐然大物，這就是「龍」的由來。

鳳凰，也是古代人民以幻想中的保護神而演化出來的鳥圖騰形象，在自然界，並不存在鳳凰這種禽鳥。鳳凰和龍成為中國對稱美的一個典範，「龍鳳呈祥」成為中國傳統文化的一種體現。

傳說黃帝後裔中的商族，以鳳鳥作為自己的圖騰。周武王伐紂，相傳有「鳳鳴岐山」的瑞兆。後來，鳳族後代的商，被龍族後代的周所吞併。經過周文化與商文化的融合，龍、鳳被保留下來，並結下了不解之緣。在中國民間，人們一直還是將龍和鳳凰作為吉祥喜慶的美好象徵。

在周代名作《山海經》中，提到了鳳凰。書上說，鳳凰鳥，產生在貊國的東北方，其羽毛有紅、黃、青三種顏色，非常美麗，身朝東方。

麒麟，也是一種不存在的怪獸，它只是人們幻想中的「靈物」。雄獸

稱為麒，雌獸稱為麟。傳說中的麒麟性格溫良，不履生蟲，不折生草，是有德行的仁獸。

漢代的麒麟形象，與現在的鹿相似，頭上有獨角，角上長肉球。《毛詩正義》中說：「麟，麕身，馬足，牛尾，黃色，圓蹄，一角，角端有肉。」與龍、鳳一樣，麒麟也是綜合化了的圖騰。

「四靈」中唯有龜是真正存在的動物。龜因其長壽、通靈而被人們視為一種圖騰形象，歸於「四靈」之中。

嫦娥究竟是誰？

嫦娥原為姮娥、姬娥，也寫做嫦娥、素娥。嫦娥奔月神話，流傳很廣，最早有文字記載的時間可以追溯到戰國初期的《歸藏》（已佚）。戰國時屈原的《天問》，也提及了這個故事，但沒有說明白。現在有據可考的最早記載見於漢代的《淮南子》一書。

《淮南子‧覽冥篇》及東漢高誘注說：「姬娥，羿妻。羿請不死之藥於西王母，未及服之，姮娥盜食之得仙，奔入月中為月精也。」晉代干寶《搜神記》中也記載了這個故事，並從這時起稱姮娥、姬娥為嫦娥。

但有另外一種說法認為，月仙為結麟，不是嫦娥。《三餘帖》說：「今言月中有嫦娥，大謬，蓋月中自有主者，乃結麟，非嫦娥也。」也有的古書，把結麟寫成月精，與月同居；也有寫結麟是奔月的神仙。又有人說結麟就是嫦娥。

還有一種說法認為，嫦娥的叫法有很多別稱，是從常儀、常宜、常羲、尚儀演變而來的。《山海經‧大荒西經》說：「有女子方浴月，帝俊妻常羲，生月十有二，此始浴之。」有人說帝俊即帝嚳，常羲即常儀。《呂氏春秋‧勿射篇》說：「尚儀作占月。」有人說古時讀常為尚，尚儀即常儀。總之，常儀、常宜、常羲、尚儀都是嫦娥的音轉而已。

趣味鏈結：吳剛折桂的傳說

相傳月亮上廣寒宮前的桂樹生長繁茂，有五百多丈高，下邊有一個人常常砍伐它，但每次砍下去之後，被砍的地方就會立即合攏。幾千年來，就這樣隨砍隨合，這棵桂樹永遠也不能被砍掉。據說這個砍樹的人名叫吳剛，是漢朝西河人，曾跟隨仙人修道。到了天界後他犯了錯誤，仙人就把他貶謫到月宮，日日做這種徒勞無功的苦差事，以示懲處。

壽星為什麼是一個老人形象呢？

民間傳說，壽星為司長壽之神，他是福、祿、壽三星之一，又稱南極老人星。關於壽星的形象，《西遊記》中寫他「手捧靈芝」，長頭大耳短身軀。《警世通言》中有《福祿壽三星度世》的神話故事，畫像中壽星為白鬚老翁，持杖，額部隆起。

民間的年畫上也把壽星畫成一個老態龍鍾的老人模樣，並且還稱他這種隆起的頭為「壽星頭」。壽星身量不高，大耳朵，長眉白髮，弓背彎腰。拄彎彎的龍頭拐杖，杖上還掛著一個盛著靈丹妙藥的葫蘆，手托仙桃，突出的大腦門，儼然是個慈祥和善的老者，深得人們的喜愛。

可是他的「壽星頭」是怎麼來的呢？也就是說他的頭部為何會有個隆起呢？關於這個問題，民間有則很有趣的傳說。

說壽星的母親懷胎九年，孩子還沒出生，母親十分著急，就問肚子裏的孩子：「兒啊，你為何還不出世？」沒想到這孩子在娘胎裏就能說話，壽星回答說：「如果家門口石獅雙眼出血，我就出生。」不料，此事被隔壁屠夫知道了，屠夫悄悄用豬血塗上石獅雙眼。第二天早上起來，壽星的母親見了石獅，就告訴兒子說石獅雙眼已經流血了，壽星聽了就急忙從母親腋下鑽了出來，就這樣，壽星誕生了。

因為年份未到，所以他的頭就變長了。因為一般凡人都是十月懷胎，

傳說壽星要十年懷胎，當然，這是一則解釋型故事。至於「壽星」究係何人？有的說是彭祖，有的說是張搏，眾說紛紜，莫衷一是。

趣味鏈結：福星與祿星的原型

古代將木星稱做歲星，人們認為，它所在的地方有福，能降福於民，所以又稱福星，民間即有「福星高照」的說法。

但道教卻另有一種說法，認為福星本是漢代道州（今湖南道縣）刺史楊成。當時的皇帝漢武帝覺得道州的侏儒很有趣，於是下令讓道州刺史每年進貢幾名到宮裏做宮奴，楊成認為這項規定不合人道，於是冒死上疏說：「我們這裏只有長得矮的百姓，但沒有長得矮的奴隸。」要求廢除這項進貢。

漢武帝聽後，深感慚愧，於是取消了進貢。道州百姓感念楊成，紛紛建祠繪像供養，奉他為本州的福星，以後各地民間都將他視為福神，成為道教的福星。

祿星掌管人間的榮祿貴賤，他的來歷不明，由於祿有發財的意思，所以民間往往以財神趙公明的形象來描繪他，頭戴鐵冠，黑臉長鬚，手執鐵鞭，騎著一頭老虎。但在道教的三星群像裏，他卻是一位白面文官。

是否真有《天仙配》中的董永？

《天仙配》是個民間神話故事，最早見於漢代，故事的主角是一個叫做董永的窮人。有人指出，董永不僅是文學作品中的人物（比如唐人《董永行孝變文》、明人《織錦記》、《百日緣》等都描寫了這個人物），而且歷史上確有其人。

漢代劉向《孝子圖》、唐代李翰《蒙求》、元代郭居《二十四孝》、清代《歷代孝子錄編》及《中國人名大辭典》等都有董永為漢代千乘人的記載。漢代統治者提倡孝道，統治階級標榜「以孝治天下」，孝子董永賣

身葬父，恰恰迎合了這種潮流，便成了盡孝道的典型了，所以統治者極力表彰他，讓他做千乘人。

到了後世，歷代統治者都把「孝」作為普遍遵循的道德規範，董永的故事也就久傳不衰，變得婦孺皆知了，在中國的很多地方都有董永墓祠。但值得指出的是，董永的故事最早僅是在山東及黃河流域傳布。到了魏晉時代，北方人避亂南遷，才流傳到了長江流域。

認為歷史上真有其人的觀點是，孝子董永賣身葬父實有其事，遇仙女及仙女生子則是人們的良好願望，是為了美化這個大孝子。但我們絕對不能以藝術典型的董永否定歷史上的董永。

趣味鏈結：葬式葬儀的孝道文化

喪葬活動，在靈魂觀念的支配下產生，並不斷發展。中國古人對靈魂既敬又畏。亡故的祖先之魂離肉體而去，卻還時時牽掛著子孫，世間子孫的一舉一動，他們都明察秋毫。後來，對祖上之德的敬畏情緒，又逐漸擴大到夫妻和兄弟姊妹親屬關係中，靈魂隊伍的聲勢越來越浩大。

或許是因為靈魂所具有的超凡之力，生者對其可能造成的禍福作用既懼且喜。聰明的古人在意識到靈魂關注人間的同時，也就想出了控制靈魂的辦法。豐厚的葬品、隆重的葬儀，是想讓靈魂感到生者的一片孝心真情，是想讓靈魂在另一個世界裏還能如生時那樣盡情享用。而「劾鬼」之法，則是對某些不懂事理的靈魂的懲罰。

東漢時期，民間普遍存在著「劾鬼」和在墓中放「鎮魂瓶」的儀式，目的是讓死者靈魂遠離本土，不要騷擾和妨礙生者。但是，在孝道文化的支配下，古時生者對輩分名分較高的死者靈魂，大都畢恭畢敬，不敢冒犯褻瀆，這使得中國古代的葬式葬儀帶有顯著的孝道文化特徵。

中國人重視喪葬之禮遠遠超過其他民族，喪禮為孝子賢孫提供了表示孝敬之心的機會，活人可以表達對死者的尊敬，儀式的排場可以使家人臉上增光。喪葬禮，是整個人生禮儀中的最後一項儀式，它表示一個人走完

了自己的全部旅程。自古華人喪禮繁雜且隆重，其核心所注重的並非儀式或陪葬品，而是一種重人倫的喪禮精神——慎終追遠。

佛教是何時傳入中國的？

佛教起源於古代印度，作為一種思想文化傳入中國後，對中國的思想和文化產生了極大影響。至於佛教是何時傳到中國的，歷來說法不一。這些說法大致有如下幾種：

一種說法認為，夏商周三代以前佛教就已經傳入中國了。「三代以前」泛指中國遠古神話傳說中的三皇五帝時代。此說不可取，因為這個時期，佛祖如來尚未降生，更無佛教。

第二種說法認為，孔子時代，佛教就已經傳入中國。此說源於寓言，也不可信。

第三種說法認為，佛教是在戰國末年傳入中國的。據傳，燕昭王禮賢下士，曾有外來僧人獻藝，此說同樣不可信。

第四種說法認為，秦始皇時有外國僧人來華，佛教進入中國。這種說法在歷史上找不到依據，同樣不可信。

第五種說法認為，漢武帝時就已有佛教了。據記載，張騫通西域，此後，佛教經由絲綢之路傳入中國，這種說法證據不足，同樣不足信。

那麼佛教到底是什麼時候傳入中國的呢？其實，要解決這個問題，只要從佛教的創立時間著手，問題就變得簡單了。據史記載，佛教創立於西元前6世紀至西元前5世紀的古印度，開始主要流行於恆河中、上游一帶，到西元前3世紀孔雀王朝的阿育王時，由於阿育王崇信和扶植佛教，派教徒到印度各地以及周圍國家傳教，使得佛教得到了空前的發展。

佛教徒由印度出發，向世界各地傳播。向南傳到斯里蘭卡和東南亞國家，向北傳入大夏、安息，以及大月氏（今阿富汗境內至中亞一帶），並越過蔥嶺傳入中國西北地方，最後傳入中國，時間大約相當於西漢末年，

可以籠統地說，佛教在兩漢之際開始傳入中國。

自此，佛教傳入中國，直至三國末，它的流傳速度都是微弱緩慢的。起初佛教被視為神仙方術的一種。後來，漢譯佛經大量出現，佛教教義開始與中國傳統思想結合，佛教得以迅速傳播。當時出現兩個主流教派，分別是以安世高為代表的小乘禪學和以支讖、支謙為代表的大乘般若學。

此後，佛教在中國經歷了四、五個世紀的流傳和發展，到隋唐時期，達到鼎盛，形成了若干宗派。唐末以後，佛教開始衰微。

趣味鏈結：佛教傳入中國的傳說

《後漢書》記載：「世傳明帝夢見金人長大，項有光明，以問群臣。或曰：『西方有神，名曰佛，其形長丈六尺，面黃金色。』帝於是遣使天竺，問佛道法，遂於中國圖畫形象焉。」

相傳，西元64年的一個夜晚，東漢明帝劉莊做了一個怪夢，在夢中他見到皇宮裏有一個身材高大，頭頂散發著金光的人在宮中飛來飛去，不知是神是妖，心中大惑不解。

第二天早朝的時候，劉莊要眾臣解這個夢，眾臣都不敢妄下斷言。這時一位非常博學的大臣傅毅奏道：「臣聽說印度有神，他的名字叫佛，就像陛下夢見的那個樣子。」劉莊聽後非常高興，為了圓夢，就派遣大臣蔡愔、秦景、王遵等18人前往西域尋佛。

寺和廟有什麼區別？

生活中，人們經常把寺廟連在一起用，殊不知，寺和廟並非是一體的。「廟」是指中國古代供祭祖宗神位的屋舍，也有人將皇帝的宮殿稱之為「廟堂」或「廊廟」，比如范仲淹的《岳陽樓記》中寫道：「居廟堂之高，則憂其民；處江湖之遠，則憂其君。」

在有些史書裏，把皇帝與大臣所商討的對策也稱為「廟算」或「廟

議」。皇帝死後，追贈的諡號便也稱為「廟號」。這無一不與廟有關。不管從哪方面來說，廟都是一個高規格的所在。

既然如此，那麼哪些人死後可以入廟呢？在歷史上，先秦之後有一個規定，凡有功於國的，死後方可入廟，享受人們祭祀禮拜。故《後漢書‧梁統傳》描述梁統之子梁竦：「嘗登高遠望，歎息言曰：『大丈夫居世，生當封侯，死當廟食……』」現如今，從歷史上留存下來的廟，幾乎都是用來供奉和祭祀有功於國的歷史人物的，如關帝廟、岳飛廟、孔廟等。

而寺則大大不同於廟，它是和尚修行和居住的處所，除此之外，寺院裏還要供奉各類大小不同的佛像。比如，建於東漢永平十一年（西元68年）的白馬寺，是中國歷史上的第一座佛寺。確切地說，寺與廟的最大不同就是，寺裏供奉的是佛，而廟裏供奉的則是偶像化的有功之臣。人們在寺裏祈求，是精神的追求，是期望得到佛祖的保佑；而人們在廟中祭祀，則往往是為了紀念國殤，表達對功臣的緬懷。

趣味鏈結：中國有多少個少林寺？

據《少林寺資料集》統計，中國在歷史上前後共有10個少林寺。其中，最著名的當然是有康熙皇帝御筆書匾的那個河南登封嵩山少林寺。

為何男性僧侶稱為「和尚」？

「和尚」是對佛教男性僧侶的一種通稱。可這種稱呼是怎麼來的呢？似乎鮮有人知。關於這種稱呼的由來，歷來有很多種說法，有人說這是從梵文翻譯過來的，也有說這是佛教中國化的結果，總之，莫衷一是。不過從梵文翻譯過來的說法，被更多的人所接受。

佛教認為，人的生、老、病、死都是苦，苦的根源在於各種欲望。要想脫離苦海，首先必須消滅一切欲望，做到與世無爭，並苦心修行，忍受人世間的一切痛苦，只有這樣，死後的靈魂才可以升「天堂」得到解脫。

所以說佛教的人生處世哲學是主張一切調和，萬事忍為先，以和為貴。「和」就是忍耐、服從的意思，「如來以『和』為尚」，因此，「和」就被佛教徒崇尚為修行的根本方法。「和尚」的稱呼也就逐漸傳開了，但這很可能是一種附會，貌似有一定的道理。

但更為準確的說法是，由於佛教是從印度傳入中國的，在梵文裏與「和尚」相對應的詞是「Upādhyāya」，意思是博士或親教（親承教誨）師。所以就有人認為這是梵文音譯，可是專業人士說，準確的音譯是「鄔波馱耶」。

於是，有人就提出了這是佛教中國化的結果，但起源還是梵文音譯，是隨著佛教傳播的需要，音轉為和尚的。隨著佛教影響力的逐漸增大，尤其是佛教傳入中原漢地以後，「和尚」就成為對佛教男性僧侶的固定稱呼了。

趣味鏈結：老和尚為何自稱「老衲」？

「衲」即補綴、縫補之意，引申出來可以是衣物的意思，可這跟寺院裏的和尚有什麼關係呢？這得從舊社會的生活習俗說起。

舊時社會上的物質生活並非像今日般豐富。以衣履來說，平常百姓也僅僅是有衣數件而已。民間有諺語說：「家財萬貫，縫縫補補一大半。」所以舊時生活中，縫補是件常事。而僧人是清苦的佛教徒，當然要自己衲鞋衲衣。他們將化緣得來的布頭布片補綴連合，衲成僧衣稱「百衲衣」，所以，他們自稱「老衲」或「貧衲」也就不足為奇了。

中國佛教有哪八大宗派？

中國佛教意指佛教在中國發展的特殊形式或指中國化的佛教。中國佛教是北傳佛教的中心，可分漢地佛教、西藏佛教和傣族小乘佛教。中國佛教主要有八宗，即性、相、臺、賢、禪、淨、律、密八大宗派。

一是法性宗，又名三論宗。此宗主要依據的經典是《中觀論》、《百論》、《十二門論》。

二是法相宗，又名瑜伽宗。此宗主要依據的經典是《解深密經》、《瑜伽師地論》、《成唯識論》等。

三是天臺宗。此宗主要依據的經典是《法華經》、《大智度論》、《中論》等。

四是華嚴宗，又名賢首宗。此宗主要依據的經典是《華嚴經》。

五是禪宗。雖說禪宗單傳心印，不立文字，稱教外別傳。但初祖達摩以《楞伽經》傳於二祖慧可作為印心準繩，弘忍、慧能又教人誦持《金剛經》，所以《楞伽》、《般若》是此宗的經典依據，此外還有《六祖壇經》。

六是淨土宗。此宗主要依據的經典是《阿彌陀佛經》、《無量壽經》、《大乘無量壽莊嚴清淨平等覺經》等。

七是律宗。律宗主要是學習和研究戒律的。

八是密宗，又名真言宗。此宗依《大日經》、《金剛頂經》建立三密瑜伽。事理觀行，修本尊法。講求尊老愛幼，主張「天下興亡，匹夫有責」等等，都是這種民族精神特徵的體現。

趣味鏈結：佛教壁畫的飛天形象是什麼樣的？

飛天是佛教圖像中的眾神之一，又名香衣神。她們居住在風光明媚的天宮十寶山中，不吃酒肉，專門採集各種各樣的花露和散放天雨花。每當佛說法的時候，她們就在佛周圍的天際飛來飛去。

中國的飛天是與敦煌石窟同時出現的，大約是在十六國時期。當時的飛天形象，與西域石窟的飛天形象相似，被稱為西域式飛天。到了北魏時期，飛天形象發生了顯著變化，臉型已由橢圓變為條長而豐滿。北魏晚期到西魏，出現了新的飛天形象，面貌清瘦，額寬頤窄，臉上染兩團赭紅，也就是歷史上所記載的「面短而豔」的飛天形象。

但最值得注意的是，敦煌壁畫中，第一次出現了裸體飛天。隋代飛天，臉形不一，但總體而言，正在探索形成統一的時代風格。唐代出現了雙飛天。唐代晚期的飛天，已由濃麗豐厚，逐漸轉化為淡雅蕭疏，體現了「天人共悲」的宗教境界。西夏的飛天，具有西夏的獨特風格，世俗性較濃。元代的飛天，是個胖胖的女童形象，雖然缺少輕盈縹緲的韻律，卻具有另一種意趣。

從十六國開始，直到元末，千百年間，敦煌飛天形成了獨特的歷史文化。實際上，飛天的形象歌頌了婦女的美麗、善良、智慧和尊嚴，是宗教神話中的理想人物。

中國佛教有哪四大菩薩？

俗話說：「天下名山僧占多。」南宋詩人陸游也說過：「天下名山，唯華山、茅山、青城山無僧寺。」中國除少數名山為道教勝地外，幾乎無山不寺，無山不廟。通常所說的中國佛教四大名山，實際上原是佛教的四大道場，即佛祖或菩薩顯靈說法的場所。

佛教傳入中國後，它的流傳和發展都一直處於低谷之中，自東漢後期開始，隨著大量漢譯佛經的出現和外國著名佛教徒的請入，佛教的發展才出現了一絲轉機。當時中國的佛教徒先後請來著名的菩薩東來定居，他們自立道場，授法講經，於是就慢慢形成了中國佛教的四大菩薩和四大名山。

文殊菩薩，全稱文殊師利菩薩。是智慧、雄辯、威猛的的象徵。其道場在五臺山。五臺山在山西省東北部，共有五座山峰，因山高頂平，看上去像平臺，所以取名五臺山。又因夏無炎暑，又叫清涼山。

普賢菩薩，是德行的代表，峨眉山是其道場。峨眉山，位於四川省峨眉縣西南，又稱光明山。歷代修建的寺院達100餘座，現只存先鋒寺、萬年寺、報國寺、伏虎寺、遇仙寺等。

觀音菩薩，觀世音菩薩的略稱。觀音是大慈大悲的菩薩，普陀山是其道場。普陀山又名「海天佛國」，位於浙江省東部海中舟山群島上。

地藏菩薩，又稱大願菩薩，能夠盡孝道、擔苦難、除疾病。在中國貧苦百姓中信徒最多，道場在九華山。九華山，在安徽省青陽縣西南，有十王、缽盂等九十九座山峰。山上有祇園寺、百歲宮、甘露寺等寺院。

趣味鏈結：何謂四大法門

四大菩薩代表四大法門。觀音是「大悲菩薩」，文殊是「智門之主」，普賢是「行門之主」，地藏是「願門之主」。悲、智、行、願構成了佛教的四大法門。

和尚為什麼要剃光頭？

在佛教裏，出家的男性僧侶稱為「和尚」，出家的女性僧侶則稱為「尼姑」。說到和尚給人的第一印象就是，光頭，並且頭上還有幾個戒疤。尼姑也有以光頭示人的，是不是出家人就一定要剃光頭呢？要解決這個問題，得從佛教的來源說起。

中國佛教源於印度，而印度的佛教剛剛興起之時，就要求教徒剃光頭。佛教認為，頭髮代表著世人心中的煩惱和欲望，虛榮和感情，我們常說的「三千煩惱絲」就是這個意思。剃髮就意味著斬斷三千煩惱絲，完全脫離了凡塵，一切的私心、雜念和煩惱全都沒有了。所以，佛祖釋迦牟尼最初對迦葉等五人說法時，就親手為他們剃去了頭髮，去除煩惱之根，表示接受他們做自己的弟子。

除此之外，佛教剃髮，還有另外一個原因，當時印度教派林立，並且都沒有剃髮的規矩，所以佛教為了區別於其他教派，就以剃光頭作為標記。久而久之，光頭就成了佛教徒典型的標誌了。

可能有人會問，在古代，「身體髮膚受之父母」，若有損傷是要背上

大不敬的罪名的。那麼和尚剃光頭，豈不是犯了大不敬之罪？其實，隨著佛教在中國的影響力逐漸增大，又由於出家人是「跳出三界外，不在紅塵中」的方外人士，他們剃髮是紅塵之外的事，與俗世無關，所以封建傳統是限制不了的。

趣味鏈結：為什麼出家人自稱「方外人士」呢？

僧人、道士這些出家人都自稱是方外人士。這方外是什麼意思呢？

在《管子》、《詩經》中所記載的方外，是指區域之外、中國之外（即夷狄之地）的意思。《莊子》：「彼遊方之外者也。」其中的方外是指浮世之外，或超越世俗的世界。但這些似乎與出家人不搭界。

「方外」是個合成詞，從單字來解，「方」就是「道」的意思，也指世俗秩序或邦國律法。平常百姓皆在世俗秩序及邦國律法約束之內，故都是方內之人。而在此世俗價值體系規範之外者，就是方外之人。

依佛教、道教思想理念而言，僧侶、道士都是出家人，擯棄了世人固守的道德規範，不能用世俗的規律加以約束，因此都可稱做方外人士或塵外之士。

和尚僧衣顏色有何意義？

僧衣是和尚身分的標識，若問你和尚穿什麼顏色的衣服，你一時肯定答不上來。細心的人會發現，不同僧侶的服裝顏色是不同的。不同寺院的出家人站在一處，著裝色彩斑斕，迥然不同，這是佛教在中國不同民族間傳播的結果。

佛教在中國漢族、藏族、傣族等民族間，流傳近兩千年，在各族中形成了不同的佛教系統。由於各族佛教系統不同，僧人著衣的顏色也就不一樣。單說漢族這個中國最大的民族中，佛教徒著衣就有好多種顏色。佛教對僧衣的顏色是否有嚴格的規定呢？答案是肯定的。

佛教對僧衣顏色的規定，主要有兩條，一是不許用上色（天子所喜好的顏色）或純色；二是所有新衣必須有一處點上另一種顏色，以破壞衣色的整齊而避免貪圖穿著。在佛界裏這叫做「壞色」或「點淨」。

雖然要避開上色和純色，但僧衣顏色仍有許多選擇的餘地。早期佛教自兩漢之際傳入中國時，多選用赤色作為衣色，當時有僧侶「披赤衣」的說法。到了三國時期，僧衣的顏色受到道士服色的影響，而逐步趨向於緇色（即黑色之中微有赤意），因而也稱佛教徒為「緇衣」或「緇流」。

唐宋時，以紫色袈衣為最貴，當時武則天就賜給沙門法朗等九人紫色袈裟。另一方面，也因執著於赤色而以朱紅袈裟為最尊貴。唐宋以後，僧衣的色彩自由度較大。到明朝洪武初年，僧衣的服色有了統一的規定，按照當時佛教所分的三大類，即禪（禪宗）、講（天臺、華嚴、法相宗）、教（又稱律，從事喪儀、法事儀式）三類，規定禪僧穿茶褐常服、青條和玉色袈裟；講僧穿玉色常服、綠條和淺紅色袈裟；教僧穿皂常服、黑條和淺紅色袈裟。

到了近代，佛教僧衣的顏色沒有一定的規制，大多以褐、黃、黑、灰等為主色。

趣味鏈結：什麼叫「衣缽相傳」？

「衣缽」是佛教僧人的隨身之物，「衣」指「三衣」，即僧尼不同場合所穿用的三種法衣。「缽」即僧尼所使用的食器，由梵名缽多羅而來。

佛教禪宗師徒間傳法，常以「三衣」和「缽」為信，傳給接班人，稱為衣缽相傳。《壇經·行由品》記載：「三更受法，人盡不知，便傳頓教及衣缽。」後世常以衣缽相傳指師徒之間以技術、學問相傳授。

衣缽相傳也寫做衣缽相承，郭沫若《十批判書·韓非子的批判》中寫道：「《韓非子》書中屢次引用申子，正表明其衣缽相承。」

「衣缽相傳」這個佛教用語，常被後人用來比喻前人的學術思想或藝術手法對後人有很大影響。金人王若虛《滹南遺老集》卷四十：「魯直開

口論句法，此便是不及古人處。而門徒親黨以衣缽相傳，號稱法嗣，豈詩之真理也哉！」

和尚頭上的疤點有何意義？

和尚的光頭形象已經廣為人知，可是和尚的光頭上，為什麼還有幾個用香頭燒灼出的小圓點呢？這些小圓點在佛語中又叫什麼呢？這種疤點在佛語裏叫「蒸頂」，也就是人們常說的「燒戒」，俗稱「燒香疤」。

凡新遁入空門者，佛門例行的儀式就是，由佛教長老為新來的小和尚剃度和燒香疤。剃度是一進佛門就有的，但燒香疤卻不是想有就有的。小和尚在受戒之後經過一段時間的修行，老和尚認為他合格了，就會給他點上戒疤加以認可。所燒香疤數目不等，有三、六、九或十二，視僧侶道行的深淺而定，隨著覺悟和道行的不斷精進，疤點就會越燒越多，但總數不會超過十二個。但也有人認為燒香疤是為了區別喇嘛與漢僧，是對漢僧的一種歧視。

燒香疤是一件相當痛苦的事情，僧人受戒當天，其他和尚用手緊按著受戒者的頭頂，使其固定不動，佛教長老用艾草做成黑色小粒艾絨，放在受戒僧徒頭皮上，迅速點燃，或用燃香直接灼燒其頭頂。這樣疤點就出來了，燒戒儀式也就完成了。

據說燒戒源於梁武帝時期，普遍流行於元代。據考證，元代高僧志德傳戒時，給弟子燃香於頂，約定為終身之誓，此事逐漸演變，後成為慣例。燒戒疤是中國佛教獨有的一種特色，並不是佛教原有的規矩。佛教發源地的印度從不燒戒。日本和尚甚至可以娶妻生子，更無燒戒之說。

趣味鏈結：和尚點香疤的數量有多少？

頭頂上香疤數量不等：有1點，有2點，有3點，有6點，有9點，有12點，據說點越多表示越虔誠。

什麼是「叩等身禮」？

「叩等身禮」是藏傳佛教信徒最虔誠的祈禱方式，也是對佛最高的敬禮，世人常稱其為「頂禮」、「五體投地」或「五輪投地」。

「叩等身禮」的常見方式是，雙手合十高舉，觸額部、口部和心部各一次，然後雙膝跪地，全身俯伏，兩手前伸，額觸地面。這一連串動作，都是有其特定含義的，比如合十，代表領受了佛的旨意和教誨；觸額、觸口、觸心，代表心、口、意都與佛合為一體。叩拜時，心發虔誠，口訴祈求。

「叩等身禮」是由「叩長頭」和「等身禮」兩部分組成的。「叩」就是叩首，也就是磕頭的意思，這是叩等身禮中最主要的一種禮儀。所謂「叩長頭」就是在佛殿經堂或佛像前磕頭幾百、幾千，甚至幾萬次。

而行「等身禮」的方式則有很多種，有一種是圍繞著寺院或神山聖湖右轉磕頭。每磕一次，齊手指尖處畫一條橫線，下一次腳尖對齊上一次畫的橫線，再磕再畫，一直到繞完一圈為止。如果寺院周長是三千公尺的話，成人磕一圈大約需要一千七百多次。

還有一種是頭朝寺院或神山聖湖，也就是以寺院或神山聖湖為圓心磕頭一圈。與上面一種方式幾乎相近，但移動方式不同，每磕一次頭，移動和自己身體寬度一樣的距離。如果要繞完一個周長三千公尺的寺院，成人大約需要磕六千多次。

因此，叩拜者的手掌和膝蓋往往因磨損而淌出鮮血，而這樣則越發表現出了對佛的虔誠。如今，在各大寺院經堂的地板上，這些叩拜信徒因虔誠拜佛而留下的凹陷痕跡猶在。

趣味鏈結：什麼是佛教的課誦制度？

課誦，又叫功課，是佛教寺院定時念經、誦咒、禮拜、梵唄歌讚、懺悔、祝禱，期望以此獲得功德（善的報應）的日常宗教活動。

在印度佛教的早期，每天除了為維持基本生存所必需的外出乞食以外，僧人還要進行宗教修行，其內容主要有兩項：一是聽佛陀說法或相互討論教理；一是修習禪定。後來，寺院中有了佛像，佛陀所說的佛法也被紀錄下來，於是禮拜供奉佛像和誦讀經典的儀式也隨之產生。佛教傳入中國後，非常重視誦讀佛經，認為誦讀佛經會積累功德。

據說現在學校裏所說的上課，最初就是借鑑佛教的這種說法而來的。

佛教舍利究竟為何物？

佛教舍利是指佛教祖師釋迦牟尼佛，圓寂火化後留下的遺骨和珠狀寶石樣生成物。據傳，兩千五百年前釋迦牟尼涅槃，弟子們火化了他的遺體，助他升入了天堂。而在弟子們清理火化的灰燼時，從中得到了一塊頭頂骨、兩塊肩胛骨、四顆牙齒、一節中指指骨舍利和八萬四千顆珠狀真身舍利子。

弟子們相信這些烈火都燒不壞的舍利，一定有佛祖的法力在裏邊。於是佛祖的這些遺留物被信眾視為聖物，爭相供奉。在歷史煙雲的變幻中，絕大多數舍利被散失、湮沒、毀壞，所留存下來的已經非常有限了。

1987年，法門寺的地宮被發掘出來，在地宮中發現了許多唐代古物，一顆世界上唯一的佛指舍利也因此與世人見面了。出土時，佛指舍利用五重寶函包裹著，高40.3公分，重16.2克，其色略黃，稍有裂紋和斑點。

據史料記載，唐時，佛指舍利「長一寸二分，上齊下折，高下不等，三面俱平，一面稍高，中有隱痕，色自如雨稍青，細密而澤，髓穴方大，上下俱通」。所記與實物吻合，只是佛指舍利因受液體浸泡千年而變得顏色微黃了。

趣味鏈結：佛教的念珠

念珠也是由梵文的音譯得來，又稱佛珠或數珠。是眾僧念經誦法時

用來計數的，通常由香木製作而成，也有用瑪瑙、珍珠或玉石製成的。從念珠種類上看，大致分九種：一千零八十顆、一百零八顆、五十四顆、四十二顆、三十六顆、二十七顆、二十一顆、十八顆、十四顆。

何時規定和尚不准吃肉？

大多數人都知道，和尚是不能吃肉的，和尚吃肉，是佛教所禁戒的。實際上，不是所有和尚都必須不吃肉，不吃肉只是某些僧人的禁忌。佛經《戒律廣本》中寫得很明白，佛教沒有吃素的規定。

其實，佛教傳播的早期，僧侶是可以吃肉的，他們可以吃「三淨肉」，即非親眼所見、非親耳聽到、非親自宰殺的動物都可食用。南傳佛教依循小乘佛教戒律，出家人也可以食肉。另外，藏傳佛教也不忌葷辛。

佛家禁止吃「葷」是因為佛經裏「葷」字不讀「葷」，而讀「薰」，即薰的意思，指氣味薰人的蔬菜，「葷乃蔬菜之臭者」，並沒有提到肉食。有的經書上講得更具體：「若佛子不得食五辛，即大蒜、蔥、慈蔥、蘭蔥、興渠。」佛教認為吃了「葷」，會耗散人氣，有損精誠，難以通於神明，所以嚴加查禁。

禁食魚肉葷辛的飲食方式，是中國佛教文化特有的戒律之一，據傳是南朝梁武帝蕭衍提出來的。梁武帝蕭衍是一個虔誠的佛教徒，自稱「三寶奴」。竟然先後四次，從金鑾殿上逃到同泰寺要當和尚。

蕭衍對《大般涅經》爛熟於心，他看到經書裏規定：「戒殺生」，於是他就以帝王身分倡行戒殺與素食。僧人們在梁武帝的帶動下，也嚴格吃素食，並以素食招待客人。時間一長，吃素就成了僧人們的習慣，而且逐漸成了寺院裏的一種必須遵守的戒律。

隋唐以後，僧人均以大悲心為懷，視食肉與殺生會同遭果報，有違菩薩行，故而僧侶嚴禁一切肉食，每天以飯、粥、豆腐、蕪菁及大鍋菜為餐。吃素就成了漢族佛教出家人的主要特徵之一了。

趣味鏈結：和尚化緣是因為寺院缺少食物嗎？

和尚化緣的行為主要是基於佛教理念，並不是因為寺院缺少食物。僧侶募化乞食，廣結佛緣，故稱化緣。當然，那些為了佛事而舉辦的募化活動，也可以稱為化緣。可是僧侶為什麼要化緣呢？

這是因為，按照佛教戒律規定，僧侶為了維持生命而乞食，便是「淨命自居」，可以「省事修道」、「破一切驕慢」。另外，佛門僧侶的梵文意譯就是「乞士」的意思，也就是以乞食為生的人。所以和尚手持缽盂，行走四方，化緣求食的形象就出現了。

化緣既是僧侶修行的必要課程，也是供大眾建立功德的一種行為。僧侶借化緣虔誠修行，教化大眾，結交因緣，還可減少寺院的經濟壓力。而大眾接受化緣捐獻錢物，是因為他們相信這種行為預示著人的功德不斷增長，有助於得到長壽福慶。

佛語所說的「大千世界」指什麼？

人們常說「大千世界，無奇不有」，那麼這「大千世界」到底有多大呢？這一說法又是從何而來呢？

「大千世界」是對人類社會的統稱，源自佛教術語。據《華嚴經》卷四說：以須彌山（須彌山是古印度傳說中的一座山，在它周圍四方有東勝神、南贍部、西牛賀、北俱廬四個洲，人類就住在南贍部洲）為中心，以鐵圍山為外廓，在同一日月照耀下的四大洲和七山八海，叫做一個世界。累計一千個世界，叫做「小千世界」；累計一千個「小千世界」，叫做「中千世界」；累計一千個「中千世界」，才叫做「大千世界」。因此以「千」為單位，經過三次累計而來，準確的叫法應是「三千大千世界」。宇宙中有無數「大千世界」，隨著佛教的傳播，這一術語逐漸通俗化，世人常用來形容廣大而豐富多彩的世界。

趣味鏈結：佛藏是指佛教徒的收藏嗎？

佛藏是《大藏經》的簡稱，是一部彙集了佛教一切經典的百科全書，古時也稱《一切經》。又由於《大藏經》的內容主要由經、律、論三部分組成，所以又稱為《三藏經》，「藏」有容納、收藏的意思，係印度梵語的意譯。

佛藏之中，「經」的內容是佛為指導弟子修行所說的言教；「律」是佛為信徒制定的日常生活中所應遵守的規則；「論」是佛教弟子們解釋和研究教義的著述。

佛教三藏的分類起源很早。相傳釋迦牟尼去世後不久，他的弟子們為了永久保存他所說的教法，就齊集所有教徒，在一起透過會談的方式，把他所說的話逐字逐句統一固定下來，並結集出版，這就形成所謂的佛藏。

佛教為何鍾情於蓮花？

「蓮」在佛教中有著很重要的地位，佛經中，佛國即為「蓮界」，寺廟即為「蓮舍」，和尚的袈裟即為「蓮服」，和尚行法手印即為「蓮花合掌」，甚至於和尚手中使用的「念珠」也是用蓮子穿成。佛教為何對蓮如此鍾情呢？

佛經認為，蓮花生在污泥之中，猶如人生在濁塵的世界，佛教要求人們不要受世間邪惡污穢（即魔）的侵擾和影響。可是凡夫俗子有幾個能做到出自塵濁而不被污染呢，故而佛教就為人們提供了方便，讓人們修持，練就自己的覺悟和定力，以達到脫離塵濁的目的。而「荷花出污泥而不染」的特性與佛教希望天下眾生不受塵世污染的願望相一致。所以佛教獨鍾情於蓮花。

另一方面，佛教誕生於印度，印度自古就有愛蓮的風氣。蓮花是印度的國花，被視為神的象徵。如今在恆河流域出土的印度最早的藝術品，就

是一尊頭戴著蓮花，蓮神合一的裸體女神像，據鑑定，這是西元前3000年的遺物。除此之外，最早記載關於印度蓮花女神的《吠陀》文獻中也說，蓮神生於蓮花，站在蓮花上，戴著蓮花的花環。

所以，佛教鍾情於蓮花，無外乎這兩種原因。我們現在所見的佛像和佛經中，介紹佛國淨土聖賢的圖畫或雕塑，其形或坐、或站，都以蓮花為座，在蓮花臺之上。史料說這代表著清淨莊嚴。可見蓮花已經成為了佛國淨土的象徵，是佛教不可少的標誌了。

趣味鏈結：中國古代的白蓮教

白蓮教，一種民間宗教，因依託佛教的一個宗派白蓮宗而得名。元、明、清三代在民間流行。白蓮教始於南宋初年茅子元創立的白蓮宗，其教義源於佛教的淨土宗，崇奉阿彌陀佛（無量壽佛），提倡五戒（不殺生、不偷盜、不淫邪、不妄語、不飲酒）。

到了元代，該教吸收了其他宗教觀念，主要是彌勒下生說，逐漸轉為崇奉彌勒佛，改稱白蓮教。元朝統一中國後，白蓮教受到朝廷的承認和獎掖，進入短暫的全盛時期。明初，朱元璋為了鞏固政權，明令禁止白蓮教，白蓮教從此勢落。清代乾隆年間山東王倫起義和嘉慶年間川、鄂、陝白蓮教大起義，白蓮教又一次震驚朝野。

在白蓮教中，教主的權力是至高無上的，而且是父死子繼，教內實行封建制統治，等級森嚴。教徒入教需交納錢財，定期集會，燒香禮拜，宣講經卷，教習拳棒，其主要信徒有農民、手工業者、城市貧民和流民，也有胥吏、差役和下層知識份子等。

白蓮教的經卷繁多，主要有《金鎖洪陽大策》、《玄娘聖母經》、《鎮國定世三陽曆》、《彌勒頌》和《應劫經》等。

「阿彌陀佛」是什麼意思？

「阿彌陀佛」是古印度的梵語「Amitābha」音譯而來的，又簡稱「彌陀」，他是西方極樂世界的教主。阿彌陀意思就是「無量」的意思，所以阿彌陀佛又可稱為無量壽佛或無量光佛，是無量功德的覺悟者。

傳說阿彌陀佛在修行的時候發了「四十八宏願」，希望用此宏大願力，幫助眾生往生到西方極樂世界。《阿彌陀經》稱，信徒只要一心念誦阿彌陀佛的名號並深信不疑，死後就可往生「西方極樂淨土」，所以和尚常念「阿彌陀佛」。

趣味鏈結：「南無阿彌陀佛」的「南無」是什麼意思？

南無，是梵文「Namas」的音譯，讀做那謨，譯做「南謨」、「那謨」等，意為致敬、歸敬、歸依，是佛教信徒一心歸順於佛的用語，常用來加在佛、菩薩名或經典題名之前，表示對佛、法的尊敬和虔信。

誦經時為什麼要敲木魚？

木魚是佛教裏最常見的法器之一，是用木頭做成的，中心是空的，因形狀像魚，故名木魚。木魚有兩種形狀，最常見的一種是圓形木魚，表面刻成魚紋狀，大小不等，大者置於佛殿，小者置於佛案。和尚誦經時，常要用木槌敲擊它。

關於它的用途，共有兩種說法。一種觀點認為，和尚敲木魚是為了便於掌握誦經節奏；另一種更深層次的認識，認為和尚敲木魚是為了「自警」，即不寐。因為「魚晝夜未嘗合目，亦欲修行者晝夜忘寐，以至於道」。

相傳，曾經有個好事者問僧人道：「你們敲木魚有什麼用呢？」僧人回答說：「施主有所不知，敲木魚是用來召集眾僧的。」那人又問：「為

何要做成魚形,其他動物之形不可嗎?」僧人回答不上來了。

待好事者走後,這位僧人帶著這個問題去問方丈師叔,方丈說:「魚是從來不合眼睛的,之所以把它做成魚形,就是為了啟示我們出家人要像魚一樣晝夜不眠,專心於佛道修行。又因為魚生活在水中,不可能時時見到、想到,所以用木槌敲擊魚身,讓僧尼能夠聽到聲音,以達到督促的作用。」

趣味鏈結:「梆」的用途

「梆」也是木魚的一種,不過不是用在佛堂之上的。這種木魚經常懸掛在寺院齋堂附近,一般是懸吊在簷廊的木梁下,呈直魚形,扁平而中空,僧人稱其為「梆」。「梆」的敲擊聲十分響亮,作為通知僧眾進齋飯的信號之用。

「梆」的懸掛十分講究,按佛門規矩,一般寺院只許魚頭朝寺內方向,只有十方叢林方可魚頭朝外。

十八羅漢分別是什麼?

十八尊羅漢是根據修行形象特徵命名的,不是正規佛稱,指降龍、伏虎、笑獅、騎象、坐鹿、布袋、芭蕉、長眉、歡喜、沉思、過江、探手、托塔、挖耳、看門、開心、舉缽、靜坐。

降龍羅漢:迦葉尊者,傳說曾降伏惡龍。

伏虎羅漢:彌勒尊者,曾降伏過猛虎。

笑獅羅漢:伐闍羅弗多羅尊者,原為獵人,因學佛不再殺生,獅子來謝,故有此名。

騎象羅漢:迦理迦尊者,本是一名馴象師。

坐鹿羅漢:賓度羅跋羅墮闍尊者,曾乘鹿入皇宮勸諫國王學佛修行。

布袋羅漢:因揭陀尊者,常背一布袋,笑口常開。

芭蕉羅漢：伐那婆斯尊者，出家後常在芭蕉樹下修行用功。

長眉羅漢：阿氏多尊者，傳說生時就有兩條長眉。

歡喜羅漢：迦諾迦伐蹉尊者，原是古印度一位雄辯家。

沉思羅漢：羅怙羅尊者，佛陀十大弟子中，以密行居首。

過江羅漢：跋陀羅尊者，過江似蜻蜓點水。

探手羅漢：半托迦尊者，因打坐完常將手舉起伸懶腰，而得此名。

托塔羅漢：蘇頻陀尊者，是佛陀所收的最後一名弟子，他因懷念佛陀而常手托佛塔。

挖耳羅漢：那迦犀那尊者，以論「耳根清淨」聞名，故稱挖耳羅漢。

看門羅漢：注荼半托迦尊者，為人盡忠職守。

開心羅漢：戌博迦尊者，曾袒露其心，使人覺知佛於心中。

舉缽羅漢：迦諾迦跋厘墮闍尊者，是一位托缽化緣的行者。

靜坐羅漢：諾矩羅尊者，又稱大力羅漢，因過去乃武士出身，故力大無窮。

趣味鏈結：佛教的「四大金剛」是指哪些人？

「四大金剛」是佛教的守衛之神，他們總是以威風凜凜的形象示人。如今，我們去名山古剎遊覽，踏進寺廟大門時就會看到這「四大金剛」。

據傳，「四大金剛」來源於印度神話。神話中說，喜馬拉雅山有「四天」，各天都有一個王在護衛天下，稱為「護世四天王」，也叫「四大金剛」。

「四大金剛」所穿服飾各不相同，他們各守一方。身穿白色甲冑，手持琵琶的是「東方持國天王」，也叫「滅怖畏金剛」；身穿青色甲冑，手執寶劍的是「南方增長天王」，也叫「無畏金剛」；身穿紅色甲冑，拿著長蛇的是「西方廣目天王」，也叫「除怖畏金剛」；身穿綠色甲冑，拿著寶幢的是「北方多聞天王」，也叫「雖勝金剛」。隨著佛教傳入中國，這「四大金剛」也就跟著來到了中國。

據資料記載，歷史上，「四大金剛」曾幫助人們討伐暴政。執劍者呼風，執幢者喚雨，執琵琶者調，執蛇者順，一舉為人們創造了一個「風調雨順」的年景。

佛教中的佛、菩薩和羅漢的區別？

生活中有很多人都分不清哪些是佛，哪些是菩薩，哪些是羅漢，常籠統地稱他們為「佛像」。其實，佛教中的佛、菩薩和羅漢是有很大區別的。

佛教中被稱做「佛」的是指，無論智慧與悟性都已達到最高境界的覺悟者，他們不藉助外力的作用，而是靠自己的悟性完全覺悟的。佛不僅自己覺悟了，而且還幫助他人覺悟，使自己和他人覺醒，共同得到圓滿。

「菩薩」又稱「緣覺」或「獨覺」者，覺悟僅次於佛，能夠使自己覺悟，並發大心願為眾生求最高的覺悟方法與覺悟的道理。他們雖達到了大乘佛教中的上乘境界，但不能使自己與眾生的覺悟、行為一起達到圓滿。

「羅漢」人稱「自了漢」，又稱「聲聞」者，他們是聽到釋迦牟尼宣講佛法的聲音，受到啟發後才有所覺悟的，覺悟次於菩薩。羅漢比較注重自我覺悟，自我解脫，而較少把佛教的教義擴大化。所以，他們到達的只是小乘佛教中的最高境界。

由此我們可以看出，佛、菩薩和羅漢是以覺悟大小來劃分的。他們三者所覺悟的境界是大不相同的。

趣味鏈結：五百羅漢的來歷

北京碧雲寺、蘇州西園、四川新都寶光寺、武漢歸元寺等處，都有「五百羅漢堂」。你知道這五百尊羅漢的來歷嗎？唐代高僧玄奘寫的《大唐西域記》中有關於五百羅漢來歷的記載。

傳說摩揭陀國有一千個佛僧，其中，五百個是凡夫僧，五百個是羅漢

僧。國王無憂王對他們都很敬仰，一視同仁。所謂羅漢僧，是指那些斷除了貪、欲之念，已得正果，不受生死輪迴的佛僧。

這五百羅漢僧平時不露其相，連無憂王也不知道他們是羅漢僧。在五百凡僧中，有一個名叫摩柯提婆的，經常發表一些違背教規的言論，影響了一大批佛僧。無憂王很生氣，想把一千佛僧全部淹死。

五百羅漢僧知道這種情況後，各顯本相，騰雲駕霧而去，在迦濕彌羅國的一個山谷裏隱居了起來。無憂王知道他們隱居後，又悔恨又懼怕，親自到羅漢僧隱居的地方向他們承認自己的過錯，並請他們回去，但羅漢僧們不肯。

直到這時無憂王才真正見到了五百羅漢的真實面目，回去後，無憂王便在國都建起一座寺廟，照五百羅漢僧的模樣塑了五百尊像，並不時供奉，五百羅漢像就流傳了下來。在玄奘西天取經時，五百羅漢像由西域傳到了中國。

觀音形象是男身還是女身？

觀世音是梵文音譯過來的，又稱「光世音」、「觀自在」等。唐朝時因避唐太宗李世民的諱，略去「世」字，簡稱觀音。所謂觀音，即是說神通廣大的觀世音時刻都在關照著世間受苦受難的眾生，一旦稱頌其名，她就立刻前往解救，所以觀音殿堂的匾額上，有所謂「普度眾生」、「慈航普度」、「大慈大悲」、「救苦救難」等。

在廟堂裏，觀世音一般被供奉在佛祖釋迦牟尼大雄寶殿之後的大悲殿中。觀音最初是個男身，在佛教的發源地印度，觀音菩薩就是一位男神。他通常的形象是上身裸露，手執蓮花，半透明的袈裟自腰間下垂，覆蓋臀部和大腿，頭戴冠冕，頸掛項圈，手套臂環、鐲子等飾物。在中國早期的佛教形象中，如敦煌莫高窟的壁畫、南北朝時期的木雕等，觀音形象大多是以男身出現的，甚至還留有兩撇小鬍子。

南北朝以後，觀音逐漸變成了女菩薩模樣。其形象、面龐嫵媚秀美，姿態端莊華貴又不失穩重的氣質。無論是被稱做大悲觀音、千手觀音、白衣觀音，還是過海觀音，以及送子觀音或紫竹觀音等，都無一例外地為女相，漢文的一些佛教典籍中也將觀音描繪成女身。佛經說觀音可以隨機應變，用種種化身來拯救眾生，因此就有了這種種不同的名稱和形象。

《北齊書》中記載一個故事說，北齊武成帝（高湛）在位時，有一次身患重病，在臥床期間夢見觀音菩薩以一位亭亭玉立的婦人形象立在面前。在《南史》中也有類似的記載：「陳後主皇后沈氏，陳亡後入隋，隋亡後過江毗天靜寺為尼，則以觀音為名，則觀音為之女相亦可知。」

到宋、元以後，觀音的中年美婦人形象，便深深扎根在中國百姓的心中，並一直流傳至今。

趣味鏈結：送子觀音的由來

送子觀音是觀音菩薩的化身之一，俗稱「送子娘娘」，通常做手捧嬰兒的中年婦女相，也有做觀音雙手合十狀，前立一童男的。

在中國的許多地方，都有新婚夫婦在房中懸掛或張貼「送子觀音」畫像的做法，其意義就是祈求得到觀音保佑，早生貴子。佛教是自印度傳入中國的，那麼送子觀音是不是也是從印度傳入中國的呢？

生活中，人們常見的東方香積世界阿閦佛、南方歡喜世界寶生佛、西方極樂世界無量壽佛、北方蓮華莊嚴世界微妙聲佛，以及駕獅子持智慧之劍的文殊菩薩、騎白象的普賢菩薩，都是從印度傳來的。

而「送子觀音」的形象，卻是佛教在傳入中國後創造的。《法華經》中說：「若有女人設欲求男，禮拜供養觀世音菩薩，便生福德智慧之男；設欲求女，便生端正有相之女。」這就是民間「送子觀音」的由來。

除了有送子觀音之外，還有「子安觀音」，也是中年婦女的形象，據說，這是中國佛教為了保佑孕婦安全生產而創造的神靈形象。

道教名山有哪幾座？

道教是發源於中國本土的宗教，據說在道教創立之初，選擇了一些大山作為道場講法，並修煉道術，設爐煉丹，傳授道法，後來這些山就成為道教名山了。如華山、泰山、恆山等都是道教名山。年長日久，這些山嶽不僅以風景優美著稱，而且成了道教的名勝古蹟，著名的道教名山有：

武當山又稱太和山，是著名武當拳的發源地，在湖北省十堰市境內。著名的張三豐就是道教中人，他當時就在武當山修煉。

道教以青龍、白虎、朱雀、玄武為四方守護神。玄武又稱真武，也就是民間所供奉的真武大帝。

道教認為玄武是黃帝托胎轉世，出生後叫淨樂國王子，後來進入太和山修煉成仙，被玉皇大帝封為玄武，守護北方，玉皇大帝認為除他之外無人能夠擔當這項重任，於是改太和山為武當山。

明永樂皇帝即位後，自稱是玄武轉世，下令大修武當山。山頂有中國最大的銅殿，俗稱金頂（因其在太陽的照射下燦燦發光而得名），殿中供奉有真武銅像。

泰山是五嶽之首的東嶽，也稱岱宗、岱嶽，在山東省泰安市境內，有道教第二小洞天之稱。古代很多帝王都在泰山進行祭天拜地的封禪大典。道教宮觀布滿山間，山下岱廟供奉泰山主神，山頂的碧霞元君祠供奉泰山女神。此外，還有黃伯陽洞、碧霞洞、斗姥宮等道教名勝古蹟。

衡山是五嶽之中的南嶽，在湖南衡山縣境內，道教稱為第三小洞天。衡山有七十二峰，有黃庭觀、上清宮、降真觀、九真觀等著名道觀。

西嶽華山在陝西華陰市境內，是道教第四小洞天。其主峰為落雁、朝陽、蓮花，素以奇險著稱。華山有四仙庵，據說是全真教的譚紫霄、馬丹陽、劉海蟾、丘處機修煉處。此外還有玉泉院、鎮岳宮、東道院、玉女廟、雷祖殿等。

北嶽恆山在河北曲陽縣西北，為道教第五小洞天。相傳茅山派祖

師——西漢時的茅盈年十八歲時就進恆山修道。山上的通元谷為張果隱修處。

中嶽嵩山又稱嵩高山，在河南登封市，道教稱第六小洞天。山有七十二峰，嵩山之頂叫峻極峰。現在保留有唐代建築——崇唐觀和精思院。

江西貴溪縣西南的龍虎山也是道教聖地，由龍山和虎山兩座山組成。因道教名師張道陵在山上的壁魯洞（又稱駐仙岩）發現異書，居住於此，此山才成為道教名山。有道教第三十二福地之稱。

茅山在江蘇省句容縣境內，道教稱第八洞天、第一福地和第三十二小洞天。相傳西漢景帝時茅盈和兩個弟弟茅固、茅衷在這裏修道成仙，因此改名三茅山，簡稱茅山，為茅山派發源地，隋唐時道教建築有20多處，清代還保留有許多道觀。抗日戰爭期間，很多道觀被日軍焚毀。

青城山在四川都江堰市境內，因四面青山環繞，形狀像城郭，所以有青城之稱。相傳是張道陵創立五斗米道以後講道收徒的地方。山上有上清宮、天師洞、丈人宮等多處道教建築。

嶗山，在山東省青島市境內。宋元以後形成道教勝地，山中有許多道觀，只有一座佛寺。嶗山道士因蒲松齡《聊齋志異》的描寫而聞名天下。

趣味鏈結：十大洞天是哪些？

洞天，是道教所說神聖居住的洞府，意為洞中別有天地。據《雲笈七籤》載，中國有十大洞天，他們是：

王屋山洞：一稱小有清虛之天，即山西垣曲、河南濟源兩縣的王屋山。
委羽山洞：一稱大有空明之天，即浙江黃岩縣的委羽山。
西城山洞：一稱太玄總真之天，疑是青海的西傾山。
西玄山洞：一稱三元極真之天，即西嶽華山。
青城山洞：一稱寶仙九室之天，即四川青城山。
赤城山洞：一稱上清玉平之天，即浙江天臺縣赤城山。

羅浮山洞：一稱朱明輝真之天，即廣東羅浮山。

句曲山洞：一稱金壇華陽之天，即江蘇茅山。

林屋山洞：一稱元幽神之天，即江蘇吳縣西洞庭山。

括蒼山洞：一稱成德隱玄之天，即浙江仙居、臨海兩縣間的括蒼山。

道教與氣功有什麼關係？

道教是中國本土產生的宗教，正式形成於東漢後期，迄今已經有近兩千年的歷史了。它是在綜合中國上古時代原來就有的鬼神信仰、巫史文化和各種方技術數的基礎上，融合了陰陽家、神仙家的一些學說，以道家黃老之學為主要依據而形成的，具有鮮明的中華民族文化特色。

氣功的發展已經有很久遠的歷史了，最初與道教是沒有關係的。相傳早在商周以前，就有赤松子、彭祖等以氣功養生聞名於世，尤其是彭祖，因精通氣功，活了八百歲，成為養生延壽的代表人物。相傳周朝有個叫王子喬的人，因為練氣功養生而成了神仙。戰國以後，氣功不但被作為養生延壽之術，而且還被道教所吸收，當做能通往長生不死之路的「仙道」。

道教氣功門類很多，不同時期、不同門派的氣功各有不同，但總體而言，有守一、存思、行氣、內丹等靜功，又有導引、按摩等動功。道教氣功所發揮的作用就是為道教長生成仙的信仰服務的。

秦漢以後，道教將宗教化的氣功作為煉養成仙的主要途徑，中華傳統氣功從此主要在道教中發展，從而也被道教進一步宗教化，摻雜進不少糟粕。大致來說，道教氣功的發展可分為三個階段。

第一階段是後漢末至西晉末，這一階段的各種煉養功均已創立，尤以守一、內丹最為系統。

第二階段是東晉至唐末，這一時期道教中的清派氣功主張存思、服氣，在社會上影響極大。此階段道教氣功除了養生、延壽、成仙外，還用於治病。

第三階段是唐朝末年以後，這一階段的道教氣功在煉養方面漸漸統一到內丹一種方式。無數道教徒懷著追求長生不老的熱忱，竭其畢生精力探索、修煉，積累了豐富的氣功實踐經驗，極大地促進了道教的發展。

長期以來道教氣功學廣泛流傳，對儒佛二家及民間各派氣功、中醫、武術、書畫等都有著深刻的影響。今天的氣功，以源於道教者為最多。

趣味鏈結：道教符咒

道教的「符籙」，是道教的基本法術之一，又稱為「符書」、「丹書」等。「符」本是古代用以調動軍隊的憑信，大約在漢代的時候，被道教吸收過來作為道術的一個手段。

道教認為，「符」本是三清天雲氣自然形成的，把它描摹在紙張、絲帛之上，就成了體現在筆墨之中的道之精氣，用它可以驅邪輔真、制御生死、安鎮五方。

道士畫符，據說是假借某位神仙帝君給鬼神下的一道命令。道教認為這些文字圖片是天神的文字，正是它們可以達到遣神役鬼、鎮魔壓邪的作用，因而道士受道，首先就要受符籙。

符與籙二者之間有細微的區別：符主要是寫一些祈禳之辭，而籙常常是錄一些鬼神的名姓。「符」、「籙」合起來就是按照天神的旨令和所授的信符，依據諸神名冊所定的職責去命令和役使某個神靈。所以說，在道教看來，掌握了符籙，也就具有了代天神役使三界官屬的權威。

玉皇大帝和王母娘娘有關係嗎？

神話傳說中，玉皇大帝居於太微玉清宮，是掌管人間、天上、地下一切事物的神仙。在民間，很多人都認為玉皇大帝的配偶是王母娘娘，這究竟有沒有亂點鴛鴦譜呢？

王母的概念早在遠古時期就有了，不過史書中所描述的形象有很大的

差別。《山海經》記載：「西王母其狀如人，豹尾虎齒而善嘯」，純粹就是個怪物，並不是天上的神仙。而在《竹書紀年》中寫道：「十七年，王西征崑崙丘，見西王母。其年西王母來朝，賓於昭宮。」《穆天子傳》卷三云：「吉日甲子，天子賓於西王母，乃執白圭玄璧，以見西王母。西王母再拜受之。」可見，在《竹書紀年》和《穆天子傳》的記載中，西王母是人間的國王，掌管著世間的一切事物，連天子做事都得去請示她。

到了兩漢之際的西漢時，西王母的形象與乞丐無異，司馬相如《大人賦》中曰：「吾乃今日睹西王母，皓然白首，戴勝而穴處兮。」在東漢後期，道教產生了，並且影響日益增大，玉帝和西王母都成為了道教所崇拜的神仙，並且出現了這兩位天神是夫妻關係的記載。

玉帝在道教典籍裏的全稱是「昊天金闕無上至尊自然妙有彌羅至真玉皇上帝」，簡單一點叫「昊天金闕至尊玉皇大帝」，簡稱「玉皇大帝」。西王母則被崇奉為「西元九靈上真仙母」，後來又加上了更複雜的「白玉龜臺九靈太真金母元君」封號，完全把他們神化了。

到了南宋時期，當時的一些著作中，已經廣為流傳玉帝和西王母是夫妻關係的記載，並且已經大眾化了。此後，在四大名著之一的《西遊記》中也有西王母是玉帝皇后的說法，影響就更深了。

趣味鏈結：玉帝所住的天宮是什麼樣的？

在《西遊記》裏我們看到，玉皇大帝所住的地方，有三十三座天宮和七十二重寶殿，「殿殿柱列玉麒麟」「壽星臺上有千千年不謝的名花；煉丹爐邊有萬萬載常青的瑞草」。可見玉帝所住的地方，既富麗堂皇，又等級森嚴。

二郎神是真有其人？

在道教和佛教傳說中都有二郎神這個人物，二郎神在民間更是人人皆

知的一個神。關於二郎神的原型有很多種說法，大致說來，有以下幾種。

一種說法認為，二郎神是隨大禹治水的功臣。傳說上古時，諸龍失管，天下水災嚴重，禹奉命率眾治水。剛開始，禹由於沒有經驗，常常是事倍功半，不能有效治理水患。後經人指點，大禹馴服了一條叫應龍的孽龍幫著治水，水患才得以平息。《楚辭・天問》曰：「河海應龍，何盡何歷？」說的就是這件事。

由於古音「二」與「孽」、「郎」與「龍」相近，時間長了，人們就將「孽龍」傳成了「二郎」。久而久之，人們就將這條龍神化，稱為「二郎神」了。

第二種說法認為，二郎神是秦代蜀郡太守李冰的第二個兒子，他當時協助李冰，斬蛟鎖龍，築堰平患，不遺餘力，積勞成疾，死後升天化神，蜀人奉其為灌口（四川省的一個地名）二郎神，祠祀不絕。據說都江堰二郎神廟中的像，描繪的就是他的形象。這尊塑像為右腿擱在左腿上，翹著「二郎腿」的坐像形象。

第三種說法認為，二郎神的原型為玉皇大帝的外甥楊戩。《西遊記》與《封神演義》中都有記載，楊戩神通廣大，曾誅六怪、劈桃山。楊戩，天生有三隻眼，又修煉有七十三種變化，法力無邊。曾幫助姜太公一舉討伐了暴紂。由於神魔小說《封神演義》的巨大影響力，人們大多認同楊戩就是二郎神的原型。

趣味鏈結：太上老君的原型是誰？

在道觀的大殿止中一般都供奉著「三清」的尊位，其中的太清就是太上老君（其他兩位是玉清元始天尊，上清靈寶天尊，他們統領所有天神，為神王之宗，飛仙之主）。

太上老君是道教對老子的尊稱，歷史上實有其人。據《史記》記載，老子姓李名耳，字伯陽，是楚國苦縣（今河南鹿邑東）人。他是道家學派的創始人，春秋時期的思想家，後來被道教尊奉為始祖，並受到歷代帝王

的青睞。

老子與道教其實並無關係，老子是哲學家，不是宗教家，也未創立宗教。老子的著作是學術性的，不是宗教性的。後來道教奉他為始祖大致有三個原因：一是他的《道德經》正合道教宗旨；二是老子出生年代早；三是老子有許多神奇的傳說。

有關老子的傳說，最著名的要數「紫氣東來」的故事。相傳楚康王時，東宮賓友尹喜觀星望氣，見東方紫氣西移，天文呈現出祥瑞之象，知道將有聖人入關，就求為函谷關令。第二年夏天七月，老子果然離開中原西行入關，尹喜就把他挽留下來，對他執弟子之禮，邀請他到玉樓觀。老聃給他講授了《道德五千言》。次年，老子升天而去。尹喜繼續留在玉樓觀清修三年，撰寫了《關尹子》。尹喜後來遠赴蜀地追尋老子，也升天成仙。

道教在關於老子的傳說上，進一步加以神化。魏晉時老子已為玄妙玉女所生，並認為他是宇宙生成的根本，是萬物之源。

第七章 文史典籍

《山海經》是實用的地理書嗎？

《山海經》是中國先秦典籍中具有獨特風貌的作品。它共有18卷，其中5卷為《山經》，另外13卷為《海經》。現在，一般認為非一人之作，應該是由從戰國初年到漢代初年巴蜀地方的人所作。

在中國浩如煙海的古籍中，《山海經》以「怪」而聞名，自古以來被稱為「奇書」。其中的怪事、怪物吸引和激發了無數學者的興趣和想像。

《山海經》的書名最早見於《史記・大宛列傳》，但司馬遷認為它荒誕不經，不能登大雅之堂，因此沒有用太多的筆墨來說明。

西漢劉向、劉歆父子整理了《山海經》並將它公布於世，以為是大禹、伯益治理洪水時所記。

班固依劉歆《七略》作《漢書・藝文志》，把《山海經》列在「數術略」中探究地域、人、物等形狀以制其吉凶貴賤的「刑法類」之首，這是對《山海經》性質的最早說明。

東漢王景治水，明帝賜以《山海經》。

在《隋書・經籍志》中，《山海經》被列在「地理類」之首，被視為實用的地理書。

之後的《舊唐書・經籍志》也把它歸為地理書。在這以後的很長一段時期，《山海經》是地理書便成了定論。

雖然《山海經》是地理書，但它以簡單的故事情節和人物形象，孕育著後代小說的胚胎。其浪漫主義的創作方法，也給中國小說以重大影響。魏晉時期的志怪小說、唐代傳奇、《西遊記》、《封神演義》、《鏡花緣》等都與《山海經》有著因承關係。清代的《四庫全書總目提要》甚至把它視為「小說之最古者爾」。

趣味鏈結：《山海經》記載了哪些神話故事？

《山海經》記載了很多神話故事，如「夸父追日」、「精衛填海」、「西王母」、「女媧之腸化為十人」、「黃帝與蚩尤之戰」、「大禹治水」、「王亥」、「刑天」等等，內容奇特，想像豐富，被視為中國古代神話傳說的淵源。

「四書」、「五經」是指哪些？

「四書」、「五經」是中國古代的一系列儒家經典書籍。

「四書」是《論語》、《孟子》、《大學》、《中庸》這四部書的合稱。南宋理學家朱熹將這四部書輯錄在一起，加以注釋，題稱《四書章句集注》，始有「四書」之名。宋代以後，「四書」被定為科舉取士的初級標準讀物。

其中，《論語》是孔子的學生記載孔子及其部分學生言行的書；《大學》是《禮記》中的一篇，傳說是曾參的學生記述曾參言論的書；《中庸》也是《禮記》中的一篇，相傳為孔子的孫子子思所作；《孟子》是孟

子及其學生的著作。

「五經」是《詩》、《書》、《禮》、《易》、《春秋》這五部儒家經典著作的合稱。

《詩》即《詩經》，是中國第一部詩歌總集，司馬遷在《史記》中說它為孔子所編，但後人認為不可信；《書》即《尚書》，為中國上古歷史文件和追述古代事蹟的著作彙編，相傳是孔子編選的；《禮》即《禮記》，為秦漢以前各種禮儀論著的選集，相傳多為孔子弟子及再傳弟子所記；《易》即《易經》，由卦、爻兩種符號和卦辭、爻辭兩種文字構成，是古代占卜所用的書；《春秋》是編年體的魯史，相傳是孔子據魯國史官所編《春秋》再加以整理、修訂而成。

「四書」、「五經」都是封建統治者用來麻痺、欺騙人民的思想武器，但是其中也保存了中國古代的一些哲學、文學和歷史資料。

趣味鏈結：「六經」是指什麼？

「六經」原稱「六藝」，分為「小藝」和「大藝」兩部分。

「小藝」包括禮、樂、射、御、書、數，是古代學校教育主要內容。

「大藝」則包括《詩》、《書》、《禮》、《樂》、《易》、《春秋》六種典籍。從戰國後期開始，這六種典籍被尊為「六經」。由此可見，「六經」就是所謂的「六藝」。確切地講，「六經」就是「六藝」中的「大藝」。

漢初，「六經」與「六藝」常常並稱，如司馬遷著《史記》時仍稱「六藝」；孔子以《詩》、《書》、《禮》、《樂》、《易》、《春秋》教弟子，「蓋三千焉，身通六藝者，七十二人」。

直到漢武帝「罷黜百家、獨尊儒術」後，封建統治者出於鞏固自身統治的需要，競相尊崇儒術，「六經」之稱才代替了「六藝」。

《詩經》有何特色？

《詩經》是中國文學光輝的起點。它所表現的「飢者歌其食，勞者歌其事」的現實主義精神對後世文學影響很大，在中國乃至世界文學史上都占有極高的地位。

《詩經》原名為《詩》，是中國古代第一部詩歌總集，是從西周到春秋中期大概五百年間的作品，共有305篇，包括《風》、《雅》、《頌》三類。

《風》又叫《國風》，是《詩經》中的精華，也是中國古代文學寶庫中璀璨的明珠。

《國風》中的周代民歌是中國現實主義詩歌的源頭。這些民歌以絢麗多彩的畫面，反映了勞動人民真實的生活，表達了他們對受剝削、受壓迫的不滿。

如在《七月》中，我們看到了奴隸們血淚斑斑的生活；在《伐檀》中，「不稼不穡，胡取禾三百廛兮？不狩不獵，胡瞻爾庭有縣貆兮？」的詩句更讓我們感悟到被剝削者階級意識的覺醒，憤懣的奴隸已經向不勞而獲的寄生蟲、吸血鬼大膽地提出正義的責問；在《碩鼠》中，我們感受到了勞動者對統治階級直接展開鬥爭，以取得生存權利的震撼人心的力量。

《國風》中也有數量不少的愛情詩，這些愛情詩反映了不合理的婚姻制度給婦女造成的極大痛苦，表達了青年男女對美滿婚姻的嚮往和追求。如《氓》、《穀風》等篇為我們展示的正是這種生活畫面；基調健康、樂觀美好的戀歌，如《靜女》、《木瓜》等，更為愛情增添了一種和諧、喜悅的情愫。

《雅》有《大雅》、《小雅》之分：《大雅》基本上都是貴族創作的作品；《小雅》中既有貴族作品也有勞動人民創作的民歌，另外還有105篇詩。

《頌》分為《周頌》、《魯頌》和《商頌》，是貴族祭祀祖先和神靈

的詩歌。

《詩經》的作者是誰呢？其實，它的作者成分很複雜，地域也很廣。因為《詩經》中除了有周王朝樂官製作的樂歌、公卿列士進獻的樂歌外，還有許多原來流傳於民間的歌謠。

而關於這些民間歌謠是如何集中到朝廷來的，則有不同說法。

漢代某些學者認為，周王朝派專門的采詩人到民間搜集歌謠，以瞭解政治和風俗的盛衰利弊；又有一種說法認為，這些民歌是由各國樂師搜集的，樂師是掌管音樂的官員和專家，他們以唱詩作曲為職業，搜集歌謠是為了豐富他們的唱詞和樂調，以獻給天子，於是這些民間歌謠便彙集到朝廷裏了。這些說法，都有一定道理。

趣味鏈結：《詩經》中有哪些比較經典的愛情詩？

《關雎》是《詩經》中比較經典的一首愛情詩，寫的是一個男子對一個女子的思念、追求過程，寫出了他追求未果的痛苦和求而得之的喜悅。其文、義、聲、情俱佳，為《國風》之始、《詩經》之冠。

該詩首先這樣開頭：「關關雎鳩，在河之洲，窈窕淑女，君子好逑。」在這個男子聽著鳩鳥和鳴的時候，看見有一個女孩在河邊採荇菜，她左採右摘的美好姿態給他留下了難忘的印象，對她的愛慕之情油然而生，無論醒時、夢時他都思念著她。

而在「求之不得」的下面四句則總括地寫出這種強烈激動的感情，但因為追求未果，所以他「寤寐思服」，「輾轉反側」；第二章的八句則寫出這個男子日夜不安的苦悶和焦灼的心情；最後一章進一步表達了這個男子對採荇菜女孩的深切思慕，「琴瑟友之……鐘鼓樂之」則表達了他抱得美人歸的美好願望。

《蒹葭》也是《詩經》中比較經典的一首愛情詩。「蒹葭蒼蒼，白露為霜」展現了一幅蕭瑟冷落的秋景，給全詩籠罩了一層淒清落寞的情調。這時，主人翁來到河邊，翹首佇立，凝視著河的對岸——那便是給人以隔

霧觀花、若隱若現、朦朧縹緲之感的仙鄉瓊樓，「伊人」就居住在這裏。

主人翁反覆去尋求「伊人」，而「伊人」卻在「水中央」、「水中坻」、「水中沚」，恍惚迷離，可望而不可及。但主人翁沒有因此甘休，而是決心衝破天塹追求伊人，他一忽兒逆水而上，一忽兒順水而下，但都無法到達「蓬萊仙境」，咫尺天涯，令人無限惆悵！

法家的典籍是《韓非子》嗎？

法家是先秦諸子中對法律最為重視的一派，他們以主張「以法治國」而聞名，而且提出了一整套的理論和方法，並把這些理論和方法集中到韓非子的作品集《韓非子》裏，為後來建立中央集權體制的秦朝提供了堅實的理論依據。之後，漢朝又繼承了秦朝的中央集權體制，中央集權體制便成了中國古代封建社會的政治與法制主體。

韓非子生活於戰國末期韓國的貴族家庭，是中國古代著名的思想家。因為他「喜刑名法術之學」，所以是法家的代表人物。

當時韓國很弱，常受鄰國的欺凌，韓非子多次向韓王提出強國富民的策略，但未被採納。在孤憤之中，韓非子寫下了《孤憤》、《五蠹》等一系列文章，這些作品後來集為《韓非子》一書。

戰國後期，為躲避戰亂，韓非子全家遷至今河南省駐馬店市西平縣酒店鎮的韓棠村。身為貴族的韓非子從小立志要成就一番偉業。於是，在弱冠之年他便告別父母，獨自一人遊歷天下，最終拜師於當時著名的思想家、政治家、法家——荀子。

韓非子為人正直、天資聰慧又勤學不怠，因而荀子放言：「帝王之術非韓非不能大，法家之思非韓非不能廣。」

西元前233年，秦王發兵攻打韓國，向韓國索要韓非子，韓王就派韓非子出使秦國。韓非子到秦國後，秦王很高興，和他促膝暢談天下大事。韓非子勸秦王不要先攻打韓國，應先將趙國消滅掉。秦王以為韓非子有私

心，便開始猜疑，置之而不重用。

李斯、姚賈因嫉妒而進讒言詆毀韓非子，說他本是韓國公子，終究為韓而非為秦盡全力。如果秦王不用而放他回韓國，則猶如放虎歸山，給秦國留下禍患，所以最好殺了他。秦王聽信讒言，將韓非子論罪下獄。李斯為了趕盡殺絕，便落井下石，派人送毒藥給韓非子，逼他自殺。等秦王要召見韓非子時，才知道他已身死獄中。

韓非子擅長創作寓言故事，並藉由這些故事來述說自己的政治觀點。《韓非子》一書共彙集了三百多則寓言故事。其中，「自相矛盾」、「守株待兔」、「濫竽充數」、「老馬識途」、「曾子殺豬」等寓言已經成為中國文學寶庫中的瑰寶而代代相傳。

以韓非子為代表的法家在法理學方面作出了傑出的貢獻，對於法律的起源、本質、作用，以及同社會經濟、時代要求、國家政權、倫理道德、風俗習慣、自然環境的關係等都作了深入的探討，對後世產生了深遠的影響。

趣味鏈結：法家學說有哪些不足的地方？

法家學說也有很多不足的地方。

比如，法家極力誇大法律的作用，過於迷信法律的功能，過分強調治國應用重典，「以刑去刑」，而且認為對輕罪也要實行重罰。這違背了「罪罰相當」的基本法理。

法家還認為，人的本性都是追求利益的，沒有什麼道德的標準可言，所以，就要用利益、榮譽來誘導人民去做事情。這說明了法家對人性的認識過於狹隘和悲觀。

他們還認為，對於在戰爭中立下戰功的將士就應給予包括官職在內的極高賞賜，唯有這樣，才能激勵將士們浴血奮戰。這反映了法家的階級局限性。

法家的這些主張反映了新興封建地主階級的利益和要求，為結束諸侯

割據、建立統一的中央集權體制的國家提供了理論依據。秦始皇統一中國後採取的許多政治措施，就是法家理論的應用和發展。

「楚辭」有何含意？

「楚辭」顧名思義就是楚人所為、楚地所生之辭。它有兩種含義，一是指一種詩歌體裁，即戰國時代的屈原在楚國民歌基礎上創造的詩歌樣式，後來許多人都模仿它作詩，所有這類詩被統稱為「楚辭」。二是指西漢劉向彙編的包括屈原、宋玉，以及漢人賈誼、淮南小山、東方朔、嚴忌、王褒等人作品的書，定名為《楚辭》。

「楚辭」之名始見於漢初的《史記‧酷吏列傳》，以後沿用不變。它不僅是一種文體的名稱，也是一部詩歌集的名字。

趣味鏈結：《楚辭》

西漢末年，大學者劉向將戰國時代楚國詩人屈原等的作品和漢人的一些擬作，包括屈原《離騷》、《九歌》、《天問》、《九章》、《遠遊》、《卜居》、《漁父》、《招魂》、宋玉《九辯》、景差《大招》、賈誼《惜誓》、淮南小山《招隱士》、東方朔《七諫》、嚴忌《哀時命》、王褒《九懷》、劉向《九歎》，計16篇，匯為一編，名為《楚辭》。

其中屈原的《離騷》為《楚辭》的代表作，故也稱這種詩體為「騷體」。《楚辭》的誕生在中國文學史上具有劃時代的意義。

「樂府」的由來

樂府是漢朝時由政府出資設立的一個音樂機關。樂即音樂，府即官府。它最早見於漢惠帝時，到武帝時擴充為大規模的專署。

樂府主要是為了適應宮廷的需要，採集民間音樂，創作和填寫歌詞，以供皇帝消遣娛樂之用。樂府所采詩歌的地域遍及黃河流域、大江南北。在客觀上達到了保存民歌的作用，使得大量漢代民歌得以集中、紀錄和流傳。後人就將樂府所唱的這些詩歌稱為「樂府」了。

樂府的領導人一般是傑出的音樂家，當時由李延年擔任。關於歌詞的寫作，由幾十位文學家配合擔任，普通的工作人員，約八百多人，大多是各地民間的藝人。

在西元前6年，由於政府逐漸腐敗，貴族、大官僚和地主大肆兼併土地，農民失去土地，流民日多，統治出現危機，西漢政府便下令取消了樂府的機構。樂府這一機構雖然消亡了，但人們稱「樂府」為一種詩歌體裁的習慣並沒有改變。

趣味鏈結：南北朝的樂伎指什麼？

兩晉南北朝是中國歷史上一個大動盪的時代。這一時期的皇帝，對樂舞藝術格外青睞，一時樂舞繁榮，女樂舞伎極為普遍。

南朝齊帝東昏侯為寵妃潘貴妃修建三殿，鑿金為蓮花鑲貼在地上，潘貴妃在蓮花地上翩翩起舞，「步步生蓮花」。唐代歌舞大曲《踏金蓮》即來源於此典故。陳後主生活奢侈，寵妃張麗華能歌善舞，懂巫術，常在後宮聚集一些女巫跳鼓舞。後主還給一些詞藻豔麗的詩篇配上音樂，如《玉樹後庭花》等。

在諸皇言傳身教下，王侯將相也歌伎填室。西晉大財主石崇有位叫綠珠的寵妾，生得豔麗非凡，她擅長吹笛，又善舞《明君》，極受石崇喜愛。

這些才貌俱佳的女樂舞伎大多命運悲慘。張麗華投井，綠珠被迫墜樓而亡。可見她們大多處於社會的低層，強顏歡笑，備受奴役。但她們所創作的樂舞藝術，為豐富中華民族的藝術寶庫作出了可貴的貢獻。

中國字典的起源和發展

我們現在常用的字典，是以字為單位，對每個字分別注明讀音、意義和用法的一種工具書。

中國的字書源遠流長。相傳，西元前8世紀周宣王太史籀，用四言韻句編寫了一部教兒童識字的啟蒙讀本，叫做《史籀篇》。這就是中國最早的字書，可以說是字典的雛形。今天所見是收錄在《說文解字》中的《史篇》及所錄的「籀文」223字。

中國最早的正式字典要算《說文解字》。該字典是東漢許慎編撰的，計15卷，共收字10516個。按文字形體偏旁構造，分列540部，首創了部首編排法，是世界上最古老的字典之一。原本已失傳，現行的《說文解字》是由宋代徐鉉兄弟重新整理的。

康熙四十九年，清朝康熙皇帝下令文華殿大學士兼戶部尚書張玉書領銜，負責編纂一部大型字典，歷時6年成書。全書共42卷。康熙皇帝認為這部書「善美兼具，可奉為『典常』」，並取名曰「字典」，即《康熙字典》。它是中國當時收字最多的一部字典。

趣味鏈結：《康熙字典》到底收了多少字？

成書於康熙五十五年的《康熙字典》，是中國當時收字最多的一部字典。在兩百多年後的今天，這部字典對於我們學習古漢語仍有很大的幫助。那麼，這部著名的字典到底收了多少個字呢？

劉葉秋著的《中國字典史略》說：「《康熙字典》共收字四萬七千零三十五個……」，該段文字的注釋說，清汪汲撰《字典紀字》一卷，對於《康熙字典》的字數曾作了詳細的統計。古《冷廬雜識》卷二「字典」云：「字典十二集，二百十四部，旁及備考，補遺，合四萬七千三十五字。」其中所說的「字典」即指《康熙字典》。

司馬光與《資治通鑑》

《資治通鑑》以政治、軍事和民族關係為主，並對經濟、文化和歷史人物進行了評價，目的是要透過回顧國家盛衰、民族興亡的歷程和各朝各代治國安邦政策的得失來警醒世人。在歷史上，除《史記》之外，幾乎沒有任何一部史著可與《資治通鑑》媲美。

司馬光是北宋大臣、史學家，字君實，陝州夏縣（今屬山西）人，世稱「涑水先生」。他是寶元進士、仁宗末年任天章閣待制兼侍講知諫院。他奉英宗詔令評論歷代名臣事蹟，遂編撰《通鑑》，以作為封建統治的借鑑。

治平三年（1066年）四月，司馬光編成編年史《通志》8卷，並向神宗進讀《通志》，深受讚賞，賜名《資治通鑑》，並由神宗親自寫序。因為司馬光反對王安石推行新政，所以退居洛陽續撰《通鑑》。

自英宗治平三年（1066年），至神宗元豐七年（1084年），司馬光傾其畢生精力奉敕編撰《資治通鑑》，共費時19年。他在《進資治通鑑表》中說「日力不足，繼之以夜」，「精力盡於此書」。由此可見他對此書的用心之專。

《資治通鑑》記載了上起周威烈王二十三年（西元前403年），下迄後周世宗顯德六年（西元959年）共1362年的古代歷史，是中國歷史上第一部編年體通史著作。

《資治通鑑》史實豐富，以政治軍事為主，兼收經濟、文化、制度，時間記載精確，凡有事件發生，年月以數序，日以干支記，時又有春夏秋冬，敘過重要史實之後，又有分析和評論。

《資治通鑑》的取材極嚴，所記的每一個史實都是從多種史料中比較選取，精詳考證，有疑問者，又另著《考異》三十卷，用以辨正各種史實的不同記載。因此這部史書內容文義精簡而不失淺明。

趣味鏈結：何謂編年體？

編年體的體例特點是以時間為線索來記事，按年代的順序敘述每年發生的歷史大事，所謂「記事者以事繫日，以日繫月，以月繫時，以時繫年」，使史實發展的秩序分明，條理清晰。

編年體史書的早期代表作是西晉初年在汲郡戰國古墓中出土的《竹書紀年》和孔子據魯國史書編纂的《春秋》。

但《春秋》文義晦澀，於是魯國人左丘明又作《左傳》進行注釋，按《春秋》的編年線索，補充敘述《春秋》中未詳的重要史實，讓讀者瞭解《春秋》中對歷史人物和事件的褒貶含義。

後代仿效《春秋》和《左傳》者很多，但獨以宋代司馬光編纂的《資治通鑑》最為經典，成為中國現存編年體史書中規模最大和影響最為深遠的一部。

但編年體也有很大的缺陷，即機械地按年份來記載各種歷史事件，而把單一歷史事件在數年甚至數十年的連續發展順序割裂開來，造成了「一事而隔越數卷，首尾難稽」的僵局。所以，在編年體盛行後不久，紀傳體隨之而出。

《清明上河圖》描繪的是何景色？

宋代長卷名畫《清明上河圖》是中國古代風俗畫的傑出代表，也是馳名中外的藝術珍品。自它問世以來，從金代至20世紀80年代，人們普遍認為畫中所描繪的是清明時節的景色，所表現的是人們清明節上墳的情景。

後來，這種認識被推翻了。因為這幅名畫所描繪的是秋色，而不是春光。其證據如下。

在畫中，河岸小販的桌子上擺著切開的西瓜，虹橋的兩岸有幾處攤子上也放著瓜塊，而這在清明時節的北方是不可能的；畫中拿扇子的人物多

達10餘人，所以此時應是帶有幾分「秋老虎」餘熱的時節；而且畫中有幾個孩子光著下身在街頭嬉戲，倘若真是清明時節，那麼孩子們光著身子會被凍壞的；另外，在打穀場上設有碾穀用具，應是秋收在望之時。所有這些都顯示了：畫中所描繪的分明是秋色！哪是北國春寒的清明？

現在，這種看法已經得到公認。既然這幅名畫所描繪的的確不是清明時節的景物，那麼「清明」、「上河」又作何解釋呢？

實際上，以前的人們將這幅畫命題中的「清明」二字誤解了，以為「清明」就是指「清明節」。其實，此中的「清明」二字另有別意，並非指「清明節」。《後漢書》中就有「固幸得生於清明之世」的話，這句話中的「清明」即為「太平」的意思。作者張擇端以「清明」為畫題名，是為了稱頌「太平盛世」的。

至於「上河」二字，如果說該畫所表現的是人們清明節上墳的情景，恰如前文所述，這顯然是錯誤的。所以，「上河」應該是趕集的意思，圖中畫有一條河也可以證明這一點。

趣味鏈結：《清明上河圖》流落何方？

《清明上河圖》雖是稀世珍寶，卻遭遇坎坷。

最早收藏這幅名畫的是北宋徽宗皇帝趙佶。金人攻陷汴京之後，趙佶被金人擄往北國，此畫也就流落到民間，輾轉流傳。

蒙古人建立政權之後，這幅名畫再次被收進皇宮。後來，又被趙氏宗室的後人、中國著名書法家趙孟頫暗中用一幅假畫頂替真品，並將真品抽出，藏到湖北老家，後又流傳到蘇州。

明代嘉靖年間，這幅名畫被宰相嚴嵩得到，而在嚴嵩失勢以後，因為他的財產被查封，它便又被收入皇宮。隆慶年間，皇宮失火，成國公朱希忠乘亂得到這幅名畫。後來，它又輾轉易主，被一內臣竊得，藏於一石縫之中，欲乘無人之時帶走，不料恰遇天降暴雨，它被泡得面目全非，一代名畫就這樣「香消玉殞」了。

但是，《清明上河圖》還有一真品。張擇端在北宋滅亡後，因思念故園重新又繪製了一幅，這幅畫同樣也是輾轉流傳，但還是有幸被保存了下來，現藏在北京故宮博物院。

《天工開物》的特色？

中國第一部大百科全書《天工開物》的作者，是中國明代的大科學家宋應星（1587～1663年）。宋應星認為中國地大物博，若一個人的每一種知識都要靠別人口授或者親自去觀察，那麼他所學到的知識是非常有限的，故人應向書本學習，所以他就執意要撰寫一本可以讓人們系統地學習農業、手工業生產知識的書。

崇禎七年（1634年），宋應星出任江西分宜縣的一個管理教育的官職——教諭。在這一時期，他把勞動人民在長期實踐中積累下來的生產技術等方面的知識加以整理，撰寫成了《天工開物》，並在崇禎十年（1637年）印刷發行。

因為他強調生產實踐的重要性，批判那種「五穀不分、四體不勤」的人，所以他在全書的結構上刻意作了安排：前面一些卷目都是與人民群眾日常生產生活關係較為密切的內容，其中篇幅最長的是農業技術，其次是金屬冶鑄技術。這也反映了他「貴五穀而賤金玉」的思想。

《天工開物》分為上、中、下3篇，上編記載了穀物的栽種、蠶絲棉苧的紡織染色，以及製鹽製糖的工藝；中篇記載了磚瓦、陶藝的製作、車船的製造、金屬的鑄造、礦石的開採和燒煉，以及製油造紙的方法等；下篇記載了兵器的製造、顏料的生產、釀酒的技術，以及珠玉的採集和加工等，內容十分豐富，並配有123幅精美形象的插圖。

全書又可細分為18卷，依次為：乃粒（五穀）、乃服（紡織）、彰施（染色）、粹精（糧食加工）、作鹹（製鹽）、甘嗜（製糖）、陶埏（陶瓷）、冶鑄（鑄造）、舟車（車船）、錘鍛（鍛造）、燔石（燒造）、膏

液（油脂）、殺青（造紙）、五金（冶金）、佳兵（兵器）、丹青（朱墨）、曲糵（製酒）、珠玉（珠寶玉器）。

因為《天工開物》門類多，技術範圍廣，所以被譽為中國的第一部大百科全書。

趣味鏈結：法國皇帝為何也喜歡《天工開物》？

《天工開物》是一部圖文並茂的科技文獻。該書詳細地敘述了各種農作物和工業原料的種類、產地、生產技術和工藝裝備，以及一些生產組織經驗，既有大量確切的資料又有精美的插圖，所以它不但廣受中國人民的歡迎，而且被翻譯成多種文字在世界各地出版。

18世紀，當法國皇帝拿到《天工開物》後，如獲珍寶，愛不釋手，並將它深藏在皇室文庫中。

為何《三國演義》深受眾人喜愛？

元末明初，中國的小說創作進入了一個新的時期，尤其是章回體小說步入日臻完善的階段。中國的第一部流傳最廣、影響最深、成就最高、氣魄最大的章回體古典小說當屬《三國演義》。它是由羅貫中的椽筆誕生並風行於世的。

羅貫中是中國元末明初的一位傑出的古典小說家。他在中國的文學發展史上作出了不可磨滅的偉大功績，同時也為世界文學寶庫增添了燦爛的光彩，就是他把章回體小說這一文學式樣推向成熟的階段。後來的很多學者曾給予他極高的評價，把他與司馬遷、關漢卿相提並論。

《三國演義》原名《三國志通俗演義》，由羅貫中在民間傳說和有關話本、戲曲的基礎上寫成的，是一部成就很高的歷史小說。在廣闊的社會歷史背景下，小說展示出那個時代尖銳複雜又極具特色的政治軍事衝突，對後世政治、軍事謀略方面產生了深遠的影響。

《三國演義》的故事始於黃巾起義，終於西晉統一，展現了西元184年到280年間的歷史風雲。作者透過集中描繪三國時以曹操、劉備、孫權為首的魏、蜀、吳三個統治集團之間的政治、軍事、外交鬥爭，揭示了東漢末年社會的動盪和現實的黑暗，譴責了階級統治者的暴虐，反映了人民的苦難，表達了人民期盼明君、渴望安定的強烈願望。

　　全書描寫了大大小小的戰爭，構思宏偉，手法多樣，使讀者清晰地看到了一場場刀光血影的戰爭場面。其中官渡之戰、赤壁之戰等戰役的描寫更是波瀾壯闊、跌宕起伏，讀來驚心動魄。

　　全書寫到了400多個人物，採用誇張、對比等手法，成功地塑造了以曹操、諸葛亮、張飛、關羽、劉備等為代表的性格鮮明的典型人物，對他們的足智多謀、驍勇善戰作了入木三分的描寫。如關羽「溫酒斬華雄」、劉關張「三英戰呂布」、劉備「三顧茅廬」、趙雲「長阪坡救阿斗」、孫劉聯軍「火燒赤壁」、諸葛亮巧施「空城計」等章節都寫得有聲有色、引人入勝。

　　全書事件複雜，情節曲折，頭緒紛繁，結構宏大，剪裁精細，取捨適當，脈絡清楚，布局嚴整，各種事件既有史實依據，又不完全拘泥於史實，在一定程度上達到了歷史真實與藝術浪漫的完美統一。

　　全書「文不甚深，言不甚俗」，易為讀者所接受。其語言雅俗共賞，簡潔明快，富於個性化和傳奇色彩。此外，它的歷史性很強，學者認為它是「七分真實，三分虛構」，民間也有「真三國，假封神（演義）」的說法。

　　《三國演義》豐富了中國的文學藝術寶庫，對後世文學產生了不可低估的影響，不僅在中國家喻戶曉、婦孺皆知，而且還被翻譯成十多種文字，在世界各國出版發行，受到各國人民的喜愛。在國外，《三國演義》被稱為「一部真正具有豐富人民性的傑作」，而《大英百科全書》則稱其作者羅貫中為「第一位知名的藝術大師」。

趣味鏈結：為寫小說，羅貫中怎樣去收集素材？

羅貫中（約1330～約1400年），名本，別號湖海散人，太原清源人（今太原市清徐縣）。其祖籍四川成都府，先祖羅仲祥後唐時仕青州（即今清徐），後因原籍發生水災且路途遙遠，便落籍太原清源，遷居城西白馬山（今白石溝）寺溝村。

羅貫中成年後即離開故鄉，外出遊歷。他先在晉中和晉東南地區瞭解、收集關於五代時期梁晉交戰的故事和傳說，後離開山西到冀、魯、豫交界的大名府、河南衛輝府、懷慶府、開封府、山東臨清、東平一帶活動，為他創作小說收集素材。

約1350年前後，羅貫中沿京杭大運河南下到了杭州。在杭州，他曾創作了三個劇本。

1353年，羅貫中投身張士誠起義軍，結識了正在醞釀創作《江湖俠客傳》（《水滸傳》的底本原名）的施耐庵，並拜其為師。

1363年，因張士誠獨裁專斷，不接受部下的勸諫，施耐庵等識時務者便棄暗投明。羅貫中也離開了張士誠的起義軍，經杭州到淳安等地考察當年方臘起義的遺跡。

在這之後的一個時期，為搜集與三國時期東吳方面一些重要人物有關的故事傳說，他的足跡遍及蘇、浙、贛、皖四省的廣大地區。

施耐庵如何創作《水滸傳》？

《水滸傳》是中國歷史上第一部描寫農民起義的長篇小說，它具有豪放粗獷的陽剛美和崇高美。這種美學風格對後來的英雄傳奇小說產生了一定的影響，對後來的戲劇也有較大影響，直到今天，《水滸傳》的故事仍然是戲劇劇碼中的重要內容。

其實，《水滸傳》對後世的影響，不僅僅局限於文學的範圍。幾百

年來,《水滸傳》在人民群眾中廣為流傳,直接推動了人民群眾的反抗運動。

施耐庵,元末明初作家,原籍江蘇興化。他出身船家,家境貧寒,今人一致認為他是《水滸傳》的作者。施耐庵童年時隨父至蘇州,13歲時在蘇州附近的滸墅關讀書,29歲時中舉人,30歲赴元大都會試,結果落第。後經友人推薦,他到山東鄆城任訓導,在此期間,他熟悉了山東的風土人情,並遍搜梁山泊附近有關宋江等人的英雄事蹟。

35歲時,施耐庵考中進士,到錢塘任縣尹。但只任了兩年,便因與當道權貴不合便憤然懸印回到蘇州。

張士誠農民起義軍占據蘇州以後,施耐庵投筆從戎,成為張士誠的幕僚。這使他熟悉了農民起義軍的軍營生活和許多起義軍首領。

後來,他發現張士誠等首領日益驕逸,料驕兵必敗,於是離開張士誠的起義軍,遂居在常熟河陽山和江陰祝塘一帶以教書為生,並潛心創作《水滸傳》。

張士誠失敗後,朱元璋在蘇州搜捕張士誠的部下,施耐庵為避禍只得離開蘇州,在現屬大豐市的白駒鎮定居,並繼續創作《水滸傳》。

《水滸傳》成書後,民間廣為傳閱。朱元璋看到此書後很生氣,下令抓捕施耐庵,並關進刑部天牢。

後來在劉基的幫助下,施耐庵託病就醫被釋放,由其弟子羅貫中接到淮安暫住養病,並繼續整理《水滸傳》。不久,施耐庵去世,其遺體被安葬在淮安,後遷移到興化白駒場施家橋。

抗日戰爭時期,當地抗日民主政權將施耐庵墓整修並立碑保護至今。

趣味鏈結:《水滸傳》中共描寫了多少個人物?

一部《水滸傳》洋洋百萬言,塑造的人物在古今小說中頗為大觀。據統計,《水滸傳》全書描寫的人物,有名有姓的有五百七十七位(包括主要人物一百零八位),有名無姓的有九位,無名有姓的有九十九位,書中

提到但沒有出場的有一百零二位，無名無姓但對故事情節的開展有一定作用的人物四十位，共計八百二十七位。

《水滸傳》有什麼特色？

《水滸傳》與《三國演義》一樣，也是作者在民間故事和話本、戲曲的基礎上創作而成的。

《水滸傳》圍繞「官逼民反」這一線索展開情節，表現了一群不堪暴政欺壓的「好漢」揭竿而起，聚義水泊梁山，直至起義失敗接受招安的全過程。

《水滸傳》有哪些特色呢？

首先，《水滸傳》異乎尋常的魅力來自於對豪俠精神的渲染。小說透過對武松、魯智深、李逵等人的描寫，充分揭示了豪俠精神的內涵：行事從感情出發，熱愛無拘無束的快樂生活；身懷絕技，有一身好功夫，講義氣，有時甚至不惜破壞社會秩序。在這些人的身上所表現出來的那種人生氣象，如仇必報、恩必償，言必信、行必果，仗義疏財、打抱不平等，都給讀者帶來了極大的心理愉悅。

其次，《水滸傳》最閃光的思想在於：它將統治者視為「盜賊草寇」的起義給予了充分肯定，並深刻反映了上至皇帝、下至大小官吏的橫行霸道和昏庸無能所造成的民不聊生的社會現實。

再次，《水滸傳》對人物形象的描寫藝術成就很高。書中的人物形象，既是對現實生活的高度概括，又富有理想主義的精神和傳奇色彩，呈現了現實主義與浪漫主義這兩種創作方法的完美結合。書中善於透過人物的行為、語言來揭示其複雜的內心世界。在表現相近人物的個性時，常用同中見異的表現手法來區別他們的不同。

書中所塑造的眾多英雄形象，如逆來順受、終至怒而反抗的林沖；見義勇為、粗獷豪爽的魯智深；粗中有細、一往無前的李逵；正直剛烈、英

勇無畏的武松等，均為中國文學畫廊中熠熠生輝的藝術典型。

另外，《水滸傳》的敘事結構非常嚴謹科學，情節描寫非常精彩。其龐大的連環式結構，環環緊扣，扣人心弦，故事緊張有趣，「三打祝家莊」、「大破連環馬」、「三敗高俅」等戰鬥場面，繪聲繪色，引人入勝；而一些精彩的章節，如「魯提轄拳打鎮關西」、「景陽岡武松打虎」、「林教頭風雪山神廟」、「吳用智取生辰綱」等更是膾炙人口，廣為傳誦。

最後，《水滸傳》在語言藝術上取得了很高的成就。在敘述上，其語言以明快、風趣見長，常帶有評書的詼諧，善於白描，簡潔明快，沒有冗長煩瑣的敘事；在描寫上，其語言以生動、準確見長，顯示出精細的觀察力和卓越的表現力；在人物語言上，其人物語言的性格化達到了很高的水準，以充分的個性見長，其人物語言不僅表現了人物的性格特點，而且對其出身、地位，以及所受文化教養而形成的思想習慣有時也能準確地表現出來，在這一方面只有《紅樓夢》才能與之媲美。

趣味鏈結：《水滸傳》中梁山泊的原型在何處？

從《宋史》中的《任諒傳》、《楊戩傳》中可以看出，宋江等人聚義之時，梁山泊正被官兵清剿，「興利除弊」，非但不見宋江等人在此，而且也不見其他「盜賊」之類的蹤跡，由此可見，宋江起義軍本與梁山泊風馬牛不相及，只因梁山泊歷來流傳著許多綠林好漢劫富濟貧的故事，《水滸傳》的作者便將宋江等人劫富濟貧的英雄事蹟移植到了梁山泊，虛構出這一方根據地。

梁山泊確實有其地。《水滸傳》中的梁山指山東的梁山。綜合各種史籍記載，可知山東境內的梁山位於今山東東平湖西、梁山縣南，本名良山，因漢文帝次子梁孝王曾到此遊獵，才改名為梁山。

現代學者經考證，大都認為《水滸傳》中所描寫的梁山泊位於今山東陽穀縣、梁山、鄆城縣之間，多年來此說也已在史學界、文學界和戲劇

藝術界成為定論。只是因為歷數百年滄海桑田之變，今天的水泊絕大部分已成平陸，毫無往日那「縱橫河港一千條，四方周圍八百里」的壯闊景象了。

武松與武大有何關係？

有人說武松與武大其實就是親兄弟，只是因為武大得了侏儒症，所以兄弟兩人才在身高上相差懸殊。

其實，根據清河縣地方誌記載，武松和武大這倆人在歷史上都確有其人，但他們根本不存在任何關係，更不是親兄弟。

首先，從時間上看，武松與武大根本不是一個朝代的人，他們所生活的年代相差幾百年。

武松出生在宋朝，武藝高強，行俠仗義，專好打抱不平，因他專與富人作對，所以在家待不住，經常在外流浪。而武大則是明朝一個清官，身材魁梧，面目清秀，絕非像《水滸傳》中所說的那樣。他二十三歲時得中會試，被任命為清河縣令，因為愛民如子，聰明過人，把清河縣治理得井井有條，百姓得以安居樂業，所以他的美名在清河縣廣為流傳。

其次，武松與武大雖都是清河縣人，但並非是一個村子的，他們所生活的村子相距百里。

武松的家位於今清河縣西南約八公里的王什莊，原為一王老婆婆所建，故本名為王氏莊，後因嫌其不雅才改為王什莊；而武大的家位於今清河縣城東三公里的武家莊，今天在那裏還有武大郎的墓地。王什莊與武家莊相距百里，所以武松與武大不可能是親兄弟。

施耐庵在創作《水滸傳》時把兩人結為兄弟，可以說是為了創作的需要，也可以說是一個巧合。

趣味鏈結：武大郎賣的炊餅到底是什麼東西呢？

武大與炊餅密不可分，一提起武大，就不能不說到炊餅。而炊餅到底是什麼東西呢？透過翻閱各種歷史典籍，我們可知炊餅原名就叫蒸餅。

那蒸餅又是什麼呢？翻看《辭源》就會知道：蒸餅「即饅頭，亦曰籠餅」。由此我們可以得出這樣的結論：炊餅其實就是我們日常生活中所吃的饅頭。

而《水滸傳》中所提到的饅頭，與炊餅卻是兩回事，這又是何因呢？既然炊餅就是饅頭，那為什麼不統一用饅頭來稱呼呢？其中的原因很可能是兩者的做法不同，《水滸傳》中的一段記載可以證明這一點。

據《水滸傳》記載，當武松來到孫二娘店中時，孫二娘介紹說：「本家有好酒、好肉，要點心時，好大饅頭。」這江湖上赫赫有名的「人肉饅頭」，顯然更像今天的包子，是帶餡的。另據宋人筆記記載，「包子即饅頭別名」。只是後來不知是什麼原因，人們把帶餡的饅頭通稱「包子」，而不帶餡的則稱為「饅頭」了。而在當時，武大郎所賣的「炊餅」則是指不帶餡的「饅頭」，即我們今天日常生活中所吃的饅頭。

《水滸傳》中人物的諢號由來

《水滸傳》中出場的人物諢號大部分都是對人物外貌、能力或品行的概括。

首先，《水滸傳》中的一大半諢名都與相貌有關。如劉唐頭髮赤紅，於是得諢號「赤髮鬼」；楊志臉有青色胎記，於是叫「青面獸」；史進年輕時在身上紋了九條龍，於是叫「九紋龍」。

其次，有些諢名是用以表現人物能力的。因為跳蚤在鼓上再怎麼蹦跳都不會弄出聲響，給善偷的時遷起「鼓上蚤」這個諢名就非常形象，比喻時遷再怎麼偷都不會被別人發現；又如張清善用五色石擊人，百發百中，

因此得諢名「沒羽箭」。

再次，還有一些諢號是表現人物品行的。如首領宋江，雖無絕世身手卻行俠仗義，見好漢有難必出手相救，因此人稱「及時雨」或「呼保義」；再如阮小二，脾氣火暴、爭強好勝，於是得諢號「立地太歲」，意指不可侵犯；類似的諢號還有「拼命三郎」、「混世魔王」等等。

最後，有一類諢號只是一些軍銜、官銜、職業或綽號而已，並無特殊意義。如「小尉遲」、「菜園子」、「毛頭星」、「獨火星」等等。

趣味鏈結：為什麼孫二娘叫「母夜叉」？

《水滸傳》中的孫二娘被稱為「母夜叉」，可能有兩層原因：一是形容她長得凶神惡煞；二是體現她開人肉作坊、賣人肉包子的殘忍。除了孫二娘外，《水滸傳》中第六回還提到一個殺人放火的惡道丘小乙，他的綽號是「飛天夜叉」，用來形容他的胡作非為。

《西遊記》參考《永樂大典》？

《西遊記》是明代小說中的「四大奇書」之一。以唐僧玄奘西天取經為主線的西遊記故事在宋代就已流傳於民間，但很粗糙，又不連貫，因此吳承恩決心寫出一部完整的《西遊記》。於是，他在前人有關著述及民間傳說的基礎上，進行了再創作，融入了自己對現實生活的感悟，撰寫了這部具有現實意義的偉大長篇小說。

此前，他聽說京城國子監和南都（南京）國子監都藏有全套刻印本《永樂大典》，其中收錄有元末明初的話本《西遊記》和元代雜劇《唐三藏西天取經》等幾種不同版本。這些都是創作《西遊記》前必須閱讀的，可是一般人根本無權讀到。

他尋思再三，借了盤纏，帶上好友沈伯生（已高中進士，後升任南都國子監祭酒）寫的幾封信，趕到南京，住在顧樓街文友朱祠曹家。他持

著沈的介紹信件先後找了幾位官場上的朋友，想讓他們幫忙借到《永樂大典》，可是他們都表示：國子監規制嚴格，無法借出《永樂大典》中收錄《西遊記》版本的零本。

無奈之下，吳承恩只好花錢請國子監裏的太學生們抄錄《永樂大典》，而且這還多虧得到國子監裏那位沈伯生友人的關照。吳承恩借宿的朱祠曹家距離國子監所在地的成賢街還有幾里路，他每天下午就趕到國子監大門外耐心等候。當拿到抄錄好的書稿後，他如獲至寶，愛不釋手。回到住處後，他就認真翻閱，潛心研究。因為吳承恩只是山陽的一介窮書生，根本拿不出那麼多錢，所以請別人抄書稿的費用也是朱祠曹墊付的。

這次歷時月餘的南京之行，對於吳承恩創作《西遊記》至關重要。他在自己的一篇文章中也稱此次「南都之行」是「覓寶而得寶」。在作了多年的充分準備，以及積累了完備的資料後，吳承恩於71歲那年開始動筆創作。在接下來的7年裏，他廢寢忘食，嘔心瀝血，最終完成了這部堪稱世界文學瑰寶的《西遊記》。

趣味鏈結：有人認為《西遊記》為邱處機所寫，這有道理嗎？

《西遊記》的作者是吳承恩，但也有的學者認為《西遊記》為邱處機所寫，他們的觀點有道理嗎？

其實，在《西遊記》上署名作者為吳承恩，也只是上世紀20年代以後的事。而在此之前，《西遊記》的作者到底是誰人們還沒有定論，於是一些學者提出了《西遊記》為元代的邱處機所寫的觀點，並一度鬧得沸沸揚揚。

但是，他們的觀點顯然是錯誤的。其原因主要有如下兩個方面。

首先，邱處機是山東棲霞人，生活於宋末元初，為道教全真教七子之一。明末清初，一位修行者自稱發現了大略堂古本的《西遊記》，不僅補足了唐僧出身一回，而且署名作者為邱處機，放上了元代大文學家虞集為《西遊記》寫的「序」。從此，便有人以為《西遊記》為邱處機所寫。但

是，唐僧去印度取回來的是佛經，而邱處機為道教中人，佛教和道教是兩種截然不同的宗教，他涉足佛教之事豈不是有有辱師門之嫌？

其次，從時間和地域上分析，他們的觀點也存在著可疑之處：一是在時間上不符合，《西遊記》中寫到了明代之事，而邱處機生活在宋末元初，他怎麼能預知後世之事從而寫進書裏呢？二是在地域上也不符合，學者經研究發現，《西遊記》中多淮安方言，而邱處機一生都在華北地區生活，他怎麼能學到淮安方言呢？

民國初年，魯迅、胡適等研究中國古代小說史的學者推斷說，《西遊記》的作者乃是淮安人吳承恩。至此，認為《西遊記》為邱處機所作的觀點才被徹底推翻。

《西遊記》有史實根據嗎？

《西遊記》是中國古代歷史上最成功的神話小說。小說以西元7世紀中國著名的佛學大師唐僧玄奘到印度取經的故事為原型，虛構了唐僧和他的三個徒弟在取經途中遭遇的種種艱難險阻，成功地塑造了一個不怕任何權威、與所有惡勢力勢不兩立的神猴形象——孫悟空，隱晦地表達了作者對現實生活的美好願望。

唐僧取經在歷史上是一件真實的事情。大約距今1300多年前，即唐太宗貞觀元年（627年），年僅25歲的青年和尚玄奘離開京城長安，隻身到天竺（今印度）遊學。他從長安出發後，途經阿富汗、巴基斯坦等地，歷盡艱難險阻，最後到達印度。

玄奘在那裏學習了兩年多，並在一次大型佛教經學辯論會上任主講，受到了讚譽。貞觀十九年（645年）他回到了長安，帶回佛經657部。他這次西天取經，前後歷經19年，行程幾萬里，是一次傳奇式的萬里長征，在當時轟動一時。

《西遊記》就是將玄奘取經的故事透過神話的形式再現了出來，它的

藝術成就非常高，它應用神性、人性和物性（自然性）三者合一的方式來塑造人物。孫悟空的神猴形象在中國文學史上更是獨具特色，可謂空前絕後，既有神的威力又閃現著現實社會中人與動物的習性，在古代同類小說中十分罕見。

小說透過豐富大膽的藝術想像，創造了一個充滿神奇色彩的神話世界，故事情節曲折生動，精彩緊湊，充滿了非凡的藝術魅力。

小說的語言是在口語的基礎上加工提煉而成的，生動而流暢，極富表現力。人物語言個性鮮明、幽默詼諧，有很強的生活氣息。

在結構上，小說以取經人物的活動為主線，逐次展開情節，枝幹分明，頗具匠心。

趣味鏈結：花果山的原型究竟在哪裡？

有許多山都自稱花果山，而到底哪座山才是《西遊記》中花果山的原型呢？

有一百二十七名專家、學者舉行《西遊記》學術研討會。在會上，大家一致認為：透過對連雲港雲臺山的實地考察和大量文物資料的實證，雲臺山上的花果山就是《西遊記》中花果山的原型。其具體的理由主要有以下五點。

第一，在三百年前，雲臺山的四周還是汪洋大海，而三百年前正好與吳承恩所處的年代極為相近。

第二，據史料記載，在清康熙七年的一次大地震中，雲臺山下的海岸線迅速向北推移了14公里，另外加上黃河改道，淤塞成陸，所以才形成了今天的雲臺山。如今，雲臺山的東部仍與大海相連，這與《西遊記》中所說的「傲來國」的特徵十分吻合。

第三，在雲臺山下有條燒香河，直通吳承恩的老家——與連雲港相鄰的淮陰市淮安。據說，他曾乘船沿燒香河，數次登上雲臺山，足跡遍布花果山，在搜集到許多膾炙人口的傳說後，便結合《大唐三藏取經詩話》等

創作了《西遊記》。

第四，《西遊記》中的許多淮安方言也可說明花果山就是連雲港的雲臺山。

第五，雲臺山上的許多景觀與《西遊記》中所記載的景觀有著密切的聯繫，像雲海奇樹就與「孫悟空大鬧天宮」有關；怪石古塔、廟宇洞穴則與「孫悟空三打白骨精」相符合。

《西遊記》中的沙僧形象

在《西遊記》的電視劇中，沙僧脖項上掛的是佛珠，但在吳承恩的小說中，沙僧脖項上掛的卻不是佛珠，而是九個骷髏。在小說的第二十二回中作者對沙僧從流沙河中現身就有如下一段描寫：「身披一領鵝黃氅，腰束雙攢露白藤。項下骷髏懸九個，手持寶杖甚崢嶸。」

在這段描寫中，「項下骷髏懸九個」尤為引人注目。吳承恩為什麼給沙僧設計了這樣一個可怕的道具呢？有專家認為：這九個骷髏既是沙和尚吃人的見證，也是他炫耀戰功的一種方式。

這在《西遊記》的第八回中交代得清清楚楚，沙和尚被觀音菩薩降伏，情願皈依正果，主動講道：「我在此間吃人無數，向來有幾次取經人來，都被我吃了。凡吃的人頭，拋落流沙，竟沉水底。這個水連鵝毛也不能浮，唯有九個取經人的骷髏，浮在水面，再不能沉。我以為異物，將索兒穿在一處，閒時拿來玩耍。」

據《大唐三藏取經詩話》中記載，沙僧的原型深沙神脖子上那串骷髏是三藏法師的前身，據說唐僧曾兩度被深沙神吃掉。在元人雜劇《西遊記》中，深沙神已改名為沙和尚，脖項上也開始有了九個骷髏頭。該雜劇說唐僧「九世為僧」，被沙和尚吃了九次，由此可見，把九個骷髏頭掛在脖項上是沙僧炫耀戰功的一種方式。

趣味鏈結：古人為什麼會以人的頭骨來進行裝飾？

在古代許多的原始部落中，由於當時生產力落後和文明不發達，甚至有人吃人的現象，所以普遍存在獵首，並以人的頭骨作為裝飾的習俗，以表明自己的勇敢。

根據史書記載，自遠古至漢代，常以斬獲敵人首級的多少來作為軍人論功行賞的憑據。蔡琰在《悲憤詩》中寫道：「馬邊懸男頭，馬後載婦女。」這就是對一些少數民族以人頭炫耀戰功的真實描寫。吳承恩對沙僧脖頸上的骷髏所作的描寫，絕非胡編亂造，而是有事實根據的。

妖怪為何都要吃唐僧？

《西遊記》是一部充滿浪漫主義色彩的神話故事書，成書於明代，是作者根據唐太宗時僧人玄奘不畏艱難險阻獨自一人去天竺（今天的印度）取經的故事，然後參照民間傳說和戲曲話本，加工改編而成的。

妖怪抓走了唐僧，要吃他的肉是《西遊記》中婦孺皆知的故事。那麼，妖怪為什麼要吃唐僧的肉呢？

首先，唐僧肉是《西遊記》的衝突焦點，寫妖怪要吃唐僧的肉是作者的有意安排。這種安排一方面表現了妖怪的凶惡，襯托了唐僧的善；另一方面也是為了製造衝突的需要，因為沒有衝突就沒有戲劇張力，把民間傳說中的妖怪與取經隊伍對立起來，有利於推動情節的發展。

其次，唐僧肉來源於民間傳說，這種安排有著廣泛的群眾基礎。當時民間都流傳著唐僧是如來弟子金禪子轉世，已有十世修行，誰要是能吃上他的一塊肉就會長生不老的說法；更有女妖精如能取其元陽即可修煉成太乙上仙的說法。如此看來，唐僧肉確實有著令人難以抵抗的誘惑力。

因此，吳承恩就安排了一連串的妖怪為了吃塊唐僧肉而處心積慮地設下圈套捉拿唐僧的故事。如此設計情節、組織故事實在是太妙了，也表現

出作者的獨具匠心。

趣味鏈結：《西遊記》中的中藥知識

吳承恩在《西遊記》中寓醫學於文學之中，用多種形式普及醫學常識，給人很多有益的啟示。如在書中第六十八回中，寫孫行者到朱紫國揭了招醫求賢的皇榜，入朝為國王治病。書中借行者之口強調診治疾病要「四診」合參的重要性時說：

「醫門理法至微玄，大要心中有轉旋，

望聞問切四般事，缺一之時不齊全；

第一望他神氣色，潤枯肥瘦起和眠；

第二聞聲清與濁，聽他真語與狂言；

三問病源經幾日，如何飲食怎生便；

四才切脈明經絡，浮沉表裏是何般；

我不望聞並問切，今生莫想得安然。」

這段文字概括了「四診」的內容。特別是這種歌訣形式的描寫，不僅深入淺出，通俗易懂，而且容易記憶，可與中醫學中傳統的「十問歌」相媲美。

接著又在第六十九回中描繪了「懸絲診脈」的過程，他請國王坐在龍床之上，後按雙手寸、關、尺脈象。最後綜合分析說道：「診此貴恙，是一個驚恐憂思號為『雙鳥失群』之證。」那國王聞言，滿心歡喜，並說：「指下明白！指下明白！果是此疾。」

書中還借沙僧之口說：「大黃味苦，性寒，無毒，其性沉而不浮，其用走而不守，奪諸鬱而無壅滯，定禍亂而致太平，名之曰『將軍』。此行藥耳，但恐久病虛弱，不可用此。」又借豬八戒之口說：「巴豆味辛，性熱，有毒。削堅積，蕩肺腑之沉寒；通閉塞，利水谷之道路；乃斬關奪門之將，不可輕用。」把大黃、巴豆兩種藥物的性味、功用及特點描寫得十分生動。

《紅樓夢》是曹雪芹的自傳？

有人認為，《紅樓夢》是曹雪芹的自傳，書中的賈寶玉就是曹雪芹，這種觀點是否正確呢？

事實上，《紅樓夢》根本就不是曹雪芹的自傳，書中的賈寶玉也不是曹雪芹。其原因是，賈寶玉和曹雪芹兩人的出身不同，他們所過的生活也相差甚遠。

書中的賈寶玉出身於一個大富之家，是個「錦衣紈絝」、「飫甘饜肥」的「富貴閒人」，而曹雪芹是不是這樣的人呢？根據曹雪芹的生平資料，他的生活經歷和書中所塑造的賈寶玉的生活經歷是相差甚遠的：襁褓之中的曹雪芹就遭遇了巨變，家道開始敗落。他過的是窮愁難挨的貧民式生活，哪能像書中的賈寶玉那樣，每天身邊都圍滿了如花似玉的妙齡女子，在大觀園中風流快活呢？

由此，我們可以說《紅樓夢》根本就不是曹雪芹的自傳。

文學家在創作時，往往都在主人翁的形象裏面加入自己的思想感情。曹雪芹也是如此，他在塑造賈寶玉這個人物形象時，寄託了自己對政治、社會、人生的某些思考、憤慨和嚮往。如果讀者把這個當做是曹雪芹年少時的生活寫照，那未免太荒唐了。

趣味鏈結：《紅樓夢》這一書名是怎麼來的呢？

這個問題要追溯到甲戌本《紅樓夢》書首的《凡例》，其中寫道：「《紅樓夢》旨義，是書題名極多，《紅樓夢》是『總其全部之名』；又曰《風月寶鑑》，是戒妄動風月之情；又曰《石頭記》，是自譬石頭所記之事也。此三名，皆書中曾已點睛矣……然此書又名《金陵十二釵》，審其名，則必係金陵十二女子也！然通部細檢去，上中下女子，豈止十二人哉？……」由這段記載，我們可以看出該書命名為《紅樓夢》的原因。

又如何理解「紅樓夢」這三個字呢？原來「紅」同「朱」，「紅樓」

也即「朱樓」，是古代王侯貴族住宅的代稱。在「紅樓」兩字的後面再加上一個「夢」字，寓意著紅樓貴族的顯赫無非是南柯一夢。另外，這一命名也清晰地展示了傳統封建意識對人性的禁錮以及封建社會必然滅亡的歷史趨勢。

曹雪芹卒於何時？享年多少？

曹雪芹卒於何時一直是紅學界爭議很大的問題。對此，紅學界有三種不同的看法：即「壬午說」（1763年）、「癸未說」（1764年）及「甲申說」（1764年初春）。

胡適堅持「壬午說」，他憑甲戌本「壬午除夕，書未成，芹為淚盡而逝」的脂批，認為曹雪芹卒於壬午除夕（1763年2月12日）。

周汝昌提出「癸未說」，建議把曹雪芹的卒年改為癸未除夕（1764年2月1日）。

另外，還有的人堅持「甲申說」，認為曹雪芹卒於甲申歲首（1764年初春）。

但可以肯定的是，在乾隆二十九年（甲申1764年）春末，曹雪芹已病故。敦誠就為他寫了「四十蕭然太瘦生」、「四十年華付杳冥」的挽詩，其中就兩次提到了「四十」這個數字；張宜泉也在《傷芹溪居士》詩題下注明雪芹「年未五旬而卒」。

因此，曹雪芹應該卒於甲申（1764年）春末，享年應在四十至五十歲左右。

趣味鏈結：曹雪芹的名字是來源於「雪底芹芽」這道菜嗎？

曹雪芹不僅是一位偉大的文學家，而且還是一位業餘的烹飪專家，《紅樓夢》一書中就有大量有關食物的記載和飲食細節的描寫。他本人的名字也與飲食有著密切的關係。

有人認為，他之所以起曹雪芹這一名字，是因為他生前最愛吃「雪底芹芽」這道菜；又因為蘇東坡有詩云：「泥芹有宿根，一寸嗟獨在。雪芹何時動，春鳩行可膾。」所以，喜歡美食和詩詞的曹雪芹便自號「雪芹」。

《紅樓夢》一共寫了多少個人物？

著名的紅學家徐恭時對《紅樓夢》中的人物數量進行了新的統計。他的統計數字是在歷年閱讀此書的過程中，先以庚辰本作為底本，然後逐回逐段地把人名材料做成箚記，廣覽各家表譜，在相互核對後把人物歸類而得出的。

寧榮兩府本支：男16人，女11人；眷屬女31人。

賈府本族：男34人，女8人。

賈府姻婭：男52人，女43人。

兩府僕人：丫頭73人，僕婦125人；男僕67人，小廝27人。

皇室人數：男9人，女6人；太監27人，宮女7人。

封爵人數：男37人，眷屬14人。

各級官吏：既有姓名又有職位者26人，單有職位而無姓名者38人；胥吏3人。

社會人物：男102人，女71人；醫生14人，門客10人；優伶男6人，女17人；僧道男17人，尼婆49人；連宗男4人，女4人。

外國人：女2人。

警幻天上：男6人，女19人。

合計：共975人，其中男495人，女480人；有姓名記載的732人，無姓名記載的243人。

趣味鏈結：《紅樓夢》中為何有兩個寶玉？

《紅樓夢》中，有甄（真）、賈（假）兩個「寶玉」。這是為什麼呢？

清代有位名叫「二知道人」的舊紅學家曾對甄寶玉這個形象作如此分析：「雪芹寫出一甄寶玉者，恐閱者誤以賈寶玉為絕特也。筆下之假寶玉只此一人，世上之真寶玉正復不少，所以甄寶玉之模樣與賈寶玉同，甄寶玉之舉止議論皆與賈寶玉同。女媧所煉之石，盡人情緣矣。」

這位「二知道人」頗具慧眼，沒有從甄、賈寶玉這兩個人物著手，而是從「真」、「假」寶玉這一角度切入，分析了藝術形象是現實人物的反映這一特性。他認為曹雪芹之所以寫出了一個賈（假）寶玉，是因為世上有很多的甄（真）寶玉。這個說法應當說是正確的。

《紅樓夢》中的「金陵十二釵」

「金陵十二釵」是指以林黛玉、薛寶釵為首的十二位經常出現在大觀園中的女性。《紅樓夢》一共描寫了九百多個人物，那「金陵十二釵」的說法是實指還是概指呢？

「金釵十二」最早出自南朝梁武帝的《河中之水歌》：「頭上金釵十二行，足下絲履五文章。」它的意思是形容美女頭上的金釵很多，後用以比喻妃嬪或姬妾眾多。

作者在《紅樓夢》的第一回中就交代：「曹雪芹於悼紅軒中披閱十載，增刪五次，纂成目錄，分出章回，則題曰《金陵十二釵》。」在甲戌本「凡例」中也有：「此書又名曰《金陵十二釵》，審其名，則必繫金陵十二女子也。」據此，大多數的讀者都認為「金陵十二釵」指的就是正冊裏的十二位女子，即林黛玉、薛寶釵、賈元春、賈探春、史湘雲、妙玉、賈迎春、賈惜春、王熙鳳、巧姐、李紈、秦可卿。

其實，這是一個誤解，因為第五回中對「金陵十二釵」又有了新的交代，其中有下面的對話。

寶玉因問：「何為金陵十二釵正冊？」警幻道：「即貴省中十二冠首女子之冊，故為正冊。」寶玉道：「常聽人說，金陵極大，怎麼只十二個女子？如今單我們家裏上上下下就有幾百個女孩兒。」警幻微笑道：「貴省女子固多，不過擇其緊要者錄之，兩邊二櫥則又次之。餘者庸常之輩，則無冊可錄矣。」寶玉再看下首一櫥，上寫著「金陵十二釵副冊」；又一櫥上寫著「金陵十二釵又副冊」。

透過以上這段對話我們可以知道，「金陵十二釵」只是一個通用的名稱而已，分為正冊、副冊、又副冊三類，全部加起來應該是三十六名女性。

賈寶玉首先看的是「又副冊」，上面寫道：「霽月難逢，彩雲易散。心比天高，身為下賤。風流靈巧招人怨，壽夭多因誹謗生，多情公子空牽念。」由此我們可以猜測，此人指的應該是晴雯。

接下來他看的是副冊，上面說道：「根並荷花一莖香，平生遭際實堪傷；自從兩地生孤木，致使香魂返故鄉。」透過後面的故事可推知，此人很可能就是香菱。

但是，副冊中還有十一位女性和又副冊中的十位女性沒有被提及，所以後人無從確知究竟指的是哪些女性。不過，庚辰本《石頭記》中的第十七、十八回對此也提及過，將寶琴、岫煙、李紋、李綺等人歸入副冊，但後來這種歸類卻遭到了反駁，被認為是沒有說服力的。因為作者對沒有提到的其他女性人物，本來就是泛指，並沒有確切地安排她們的位次和明確說明她們是屬於副冊還是又副冊。

趣味鏈結：「金陵十二釵」是以什麼標準來劃分的？

讀過《紅樓夢》之後，我們就會明白「金陵十二釵」的劃分標準是她們各自地位的高低貴賤。

正冊以林黛玉為首,另外十一位分別是薛寶釵、賈元春、賈探春、史湘雲、妙玉、賈迎春、賈惜春、王熙鳳、巧姐、李紈、秦可卿。

副冊以香菱為首,她們的身分肯定低於正冊中的「十二釵」,可能只是處於妾的地位,其中身分相對高一些的也就只有尤二姐、尤三姐等人。即使如此,她們與又副冊中的相比,又是高人一等的。

又副冊以晴雯、襲人位居前兩位,由此可知其餘的十位地位更低,而且這十二人很可能全都是丫鬟、戲子之類的人物,處於受壓迫、受奴役的地位。

《聊齋志異》有哪些主要內容?

《聊齋志異》內容豐富多彩,人物栩栩如生,故事新奇巧妙。作者將古代小說中「志怪」、「傳奇」和「人情」的精華揉為一體,使得該書的藝術造詣在歷代文言小說之上,是17世紀後半期話本、擬話本小說之花所結出的碩果,也是中國微型小說從低級到高級發展過程中的里程碑。

《聊齋志異》自問世以來,很快風行天下,膾炙人口,經久不衰。在名作如林、異彩紛呈的古典小說領域裏,因為它題材廣泛、花樣繁多,所以還沒有哪一部作品能像它那樣,用文言寫作,卻又擁有如此眾多的讀者,不僅為士林所看重,還成為一部雅俗共賞、老少皆宜的民間文學作品。

那麼,《聊齋志異》有哪些主要內容呢?根據其故事所體現的主題不同,它主要有以下四個方面的內容。

第一,作者懷著對封建社會的憤懣情緒,毫不留情地揭露、嘲諷貪官污吏和惡霸豪紳的貪婪狠毒嘴臉。這類作品以《促織》、《席方平》、《商三官》、《向杲》等篇最具代表性。

第二,封建社會的腐朽科舉制度,使作者深受其害,所以他借某些故事來猛烈地抨擊科舉制度的黑暗,在勾畫出考官們昏庸貪婪的面目,譴責

科舉考場中營私舞弊風氣的同時，也剖析了科舉制度對知識份子靈魂的禁錮與腐蝕。《司文郎》、《考弊司》、《書癡》等篇就是其中的代表作。

第三，對人間堅貞純潔的愛情及為了這種愛情而努力抗爭的底層婦女和窮苦書生予以衷心的讚美。這類作品主要有《鴉頭》、《細侯》等。另外，除了描寫人與人之間的美好愛情外，《聊齋志異》也描寫了狐鬼精靈與人之間的淒美戀情，塑造了很多容貌美麗、心靈純潔的女性形象，如紅玉、嬰寧、香玉、青鳳、嬌娜、蓮香等，頗具浪漫情調。

第四，經由短篇小說來闡釋倫理道德。這些作品主要有《畫皮》、《嶗山道士》等；以浪漫主義的精神和天馬行空的想像力來塑造正面人物，這些人物常常是由花妖狐魅變來的女性形象；另外，它還善於運用夢境和上天入地、虛幻無常的手法營造情節，衝破現實的束縛，表現了作者的理想和願望。

趣味鏈結：王士禎是如何稱讚《聊齋志異》的傳奇性與趣味性的？

清代的大文學家王士禎對《聊齋志異》的稱讚，算得上是蒲松齡人生中的重要事件。

王士禎，號阮亭，又號漁洋山人，新城人，官至刑部尚書。他是清初一代文宗，創立了「神韻說」。

王士禎丁憂期間到西舖探望姑母，即畢際有的夫人，因此和蒲松齡相識。王士禎對《聊齋志異》很感興趣，向蒲松齡借閱後，寫下了36條評語，說《張誠》是「一本絕妙傳奇」，還說《連城》「雅是情種，不意《牡丹亭》後復有此人」。

他還寫下這樣一首詩——《戲題蒲生〈聊齋志異〉卷後》：「姑妄言之姑聽之，豆棚瓜架雨如絲。料應厭作人間語，愛聽秋墳鬼唱時。」在詩中，他高度稱讚了《聊齋志異》的傳奇性與趣味性。

王士禎算得上是蒲松齡生命中的貴人，而人們對王士禎作品的認識卻又是因為蒲松齡的名作《聊齋志異》，這一點頗有趣味。

原來，當年的蒲松齡是希望通過王士禛寫序來提高《聊齋志異》的知名度，而現在王士禛的《漁洋山人精華錄》這部鴻篇巨制裏知名度最高的詩，竟然就是這首《戲題蒲生〈聊齋志異〉卷後》。

《四庫全書》是由何人領銜編修？

《四庫全書》是中國歷史上乃至世界歷史上規模最為宏大的一部百科全書式的大叢書，基本上囊括了乾隆以前中國古代的重要著作，許多珍本秘笈因《四庫全書》的編修才得以保存下來。《四庫全書》的編修是一項極為浩繁的工程，素有「千古巨制文化淵藪」的美稱。

紀昀（1724～1805年），字曉嵐，一字春帆，晚號石雲，道號觀弈道人，又因其北京虎坊橋寓所有一巨大太湖石，故又稱孤石老人。他是清代直隸河間府獻縣（今河北省滄州市滄縣崔爾莊）人。

紀曉嵐24歲時參加了順天鄉試，以超群的才華拔得頭籌。這一段時期，他潛心研究考證學，博覽群書，這為他後來編修《四庫全書》打下了扎實的知識基礎。

乾隆十九年（1754年）三月，紀曉嵐得中進士。按照清代科舉制度規定，新科進士除一甲三名授修撰及編修外，另外再選其中一部分有文學、書法特長的進士入翰林院庶常館學習，稱為翰林院庶起士，紀曉嵐就因為他傑出的文學才華而被選中，入翰林院庶常館學習。乾隆二十二年（1757年），紀曉嵐庶起士學習期滿，因成績優異而留館授編修。

可是，天有不測風雲，人有旦夕禍福。這一年發生了兩淮鹽運案，該案是乾隆年間的大案之一，其中牽扯到鹽運使盧見曾。紀家與盧家是親戚，紀曉嵐的女兒嫁給了盧見曾的孫子。紀曉嵐因報信洩密而被貶謫到烏魯木齊，他在那裏度過了兩年多的謫戍生涯。這對他的思想、性格、處世態度影響很大。回到京師後，他深感世態炎涼、仕途險惡，但他又不想隱身出世，所以他終日以書為伴，苦心研讀。

乾隆三十七年（1772年），乾隆帝降旨，購訪民間遺書，提倡對古籍進行整理和考據。並派軍機大臣為總裁，挑選翰林等官，選定員數，詳定條規，專司查校，編纂《四庫全書》。因為劉統勳的全力推薦，紀曉嵐擔任了《四庫全書》的總纂官。紀曉嵐非常敬佩劉統勳這位恩師及嚴師，所以他盡心盡職，並不遺餘力地招攬了當時許多著名的學者參加編修，深得乾隆帝的賞識。該年十一月，紀曉嵐被補為翰林院侍讀。

《四庫全書》是中國最大的一部叢書，共收錄圖書3503種、7.9萬多卷、3.6萬多冊，分為經、史、子、集四部。其中經部分為易、書、詩、禮、春秋等10類；史部分為正史、編年、紀事本末、別史等15類；子部分為儒家、兵家、法家、農家等14類；集部分為楚辭、別集、總集等5類，共計44類。

《四庫全書》所收之書來源於朝廷藏書和徵獻的民間藏書。為了妥善保存這批經典文獻，朝廷從全國徵集了3800多名文人學士，他們花了十年的時間，用工整的楷書抄錄了七部，分藏於北京、瀋陽、承德、揚州、鎮江和杭州。

趣味鏈結：是狼是狗？

一次，紀曉嵐應邀參加兵部尚書王傑的宴會，有位陳御史也來了，他比紀曉嵐大幾歲，也是一位生性詼諧、個性滑稽的人，與王傑、紀曉嵐都是莫逆之交，而且惺惺相惜，相互戲謔成習，無所顧忌。

就在他們推杯換盞、酒酣耳熱之時，廳外有一隻家犬徘徊，等候覓食殘骨。陳御史一看到狗，便靈機一動，故意用手指向廳外，佯問紀曉嵐：「是狼是狗？」

紀曉嵐一聽，知道御史在罵他「侍郎是狗」，他也假裝糊塗，隨口答道：「是狗。」王尚書插嘴問：「你何以知道是狗？」「狼與狗尾巴有別。」紀曉嵐慢條斯理地解釋：「尾巴下垂為狼，上豎（尚書）是狗！」

此語一出，引來滿堂哄然大笑，王尚書被罵得面紅耳赤，無詞以對。

陳御史更是笑得連喝進嘴裏的酒也噴了出來，指著王尚書說：「你倒是撿了便宜，我本來問是狼（侍郎）是狗？原來尾巴上豎（尚書）是狗。」說完大笑不止。

「狼狗之別，尚有其二」，大家的笑聲稍歇，紀曉嵐又接著說：「即以它們所吃的東西來分辨。大家都知道，狼是非肉不食；狗卻不同，狗是遇肉吃肉，遇屎（御史）吃屎！」紀曉嵐的話，使剛剛低落下來的笑聲一下子又爆響起來，這一回輪到陳御史面紅耳赤了。

魏源如何寫就《海國圖志》？

吉田松陰是日本明治維新變革的先行者，而啟迪他提出變革的書就是中國大學者魏源所寫的《海國圖志》，其變革口號也是來源於魏源的「師夷長技以制夷」。

魏源（1794～1857年）名遠達，字默深，湖南邵陽人，是中國著名學者和近代啟蒙思想家。乾隆五十九年（1794年）他出生於一個地主官僚家庭，10歲時家鄉遭災，家道從此沒落。由於家境貧寒，魏源讀不起書，只好到私塾裏借書，在母親的織布機旁苦讀了《四書》、《五經》等經典史籍。由於刻苦勤奮，他15歲便考中秀才，29歲時考中舉人。他熱心研究中國現實問題，喜歡議論時政，成為鴉片戰爭時期著名的思想家。

1840年9月的一天，占領定海的英軍為了籌畫進攻中國內地的作戰計畫，派出軍官刺探軍情，一名叫安突德的炮兵軍官偷偷地到定海附近測繪地圖，被當地的百姓抓獲，送交給寧波知府衙門。

魏源獲知此事後，非常高興，立即趕到寧波，親自審訊安突德。安突德向魏源交待了英國的歷史、地理、經濟、政治等情況，同時也詳談了英軍的武器情況和作戰意圖。事後，魏源根據安突德的交代材料，寫成了《英吉利小記》，向中國人民介紹了當時英國的歷史、地理等基本情況。

魏源還根據歷代史書記載及新搜集的外國圖文資料，夜以繼日地奮筆

疾書。到1843年初，他終於寫成了《海國圖志》。

《海國圖志》是鴉片戰爭失敗後中國先進知識份子瞭解西方的第一部百科全書式的寶貴典籍。它先後徵引了歷代史志14種、中外古今各家著述70多種，還有各種奏摺10多件和魏源的一些親身經歷。

《海國圖志》涵蓋了當時西方國家的政治、經濟、軍事、歷史、地理、文化等方面的內容。全書分六個部分，每一部分的側重各有不同。如《世界地圖及各國分地圖》篇，向人們提供了近百幅全新的世界各國地圖；在《世界各國史地》篇中，魏源透過徵引《地球圖說》、《外國史略》和《瀛環志略》等書中的材料，詳細地介紹了美國的民主政治，涉及美國的聯邦、選舉、議會制度等。

魏源的《海國圖志》是一部關於世界各國地理、歷史概況和社會現狀的巨著。它開闊了當時中國人民的視野，並促使他們邁出了向西方學習的第一步，後來的洋務運動和戊戌變法就受到了這部巨著的深刻影響。

趣味鏈結：《海國圖志》是在《四洲志》的基礎上編成的嗎？

1841年8月的一天黃昏，魏源在江蘇鎮江遇見了即將被發配到新疆伊犁的林則徐。兩位憂國憂民、力主抗英的愛國志士相見，不由百感交集，慨歎不已。

在魏源的住處，林則徐小心翼翼地打開一個布包，指著布包內的一大捆書報說：「這是我在廣東時組織譯員從香港、澳門的書籍和報紙上翻譯的譯文材料。如今我將被發配到新疆伊犁，路途遙遠，不知何年何月才能返回。我想把這些材料交給你，希望你能在這些材料的基礎上，編寫一本介紹海外各國情況的書，改變國人對世界的無知狀態。」魏源從林則徐手裏接過沉甸甸的布包，會意地點了點頭。

後來，他在林則徐《四洲志》的基礎上，搜集天下有關世界各國的地理、歷史資料，編成了集世界史地著作之大成的《海國圖志》。

清末四大譴責小說是哪四部？

　　清朝末年，國勢衰弱到了極點，民族危機深重，人民群眾對腐朽無能的晚清政府感到絕望，而一些具有改良思想的小說家更是紛紛通過小說來抨擊時政，提出各種各樣挽救國家的主張。在這些小說中，清末四大譴責小說的影響力最為巨大。

　　清末四大譴責小說是指以揭露清朝末年黑暗社會現實為內容的四部譴責小說。它們分別是李寶嘉所著的《官場現形記》、吳沃堯所著的《二十年目睹之怪現狀》、劉鶚所著的《老殘遊記》和曾樸所著的《孽海花》。

　　《官場現形記》全書60回，是由許多獨立成篇的小故事連綴而成的。書中通過描寫一群上至軍機大臣、總督、巡撫，下至道臺、知縣，乃至典史小官的封建官僚，惟妙惟肖地勾勒出他們賣官鬻爵、剋扣軍餉、吞沒賑款、販賣人口、媚上欺下、欺詐勒索、崇洋賣國等穢行醜聞，揭露和諷刺了晚清官場的腐敗，突出地反映了統治階級與人民群眾的尖銳矛盾，反映了清王朝對帝國主義屈辱投降的醜惡嘴臉。

　　《二十年目睹之怪現狀》全書共108回，也是以眾多的短小故事連綴而成的。該書以「九死一生」這個人物的商業活動為線索，寫他的所遇、所見、所聞。「九死一生」所目睹的「怪現狀」，主要包括官場的貪污受賄、營私舞弊，商場的官商勾結、爾虞我詐，洋場的嫖騙拐賭、醉生夢死，其中尤以對官僚統治的黑幕的揭露最為尖刻。作品文筆生動，諷刺辛辣，但對人物只是進行漫畫式的描寫，並沒有進行深度的挖掘，特別是它主張以恢復舊道德來改造「怪現狀」，削弱了對社會本質的揭露與批判。

　　《老殘遊記》全書共20回，在藝術上具有一定特色，語言精練準確，人物鮮明生動，在同類小說中藝術成就最高。書中通過描寫一個江湖遊醫老殘四處行醫途中的所見、所聞、所為，揭露了當時某些官吏的殘暴昏庸，著重抨擊了那些名為「清官」、「能吏」，實為昏官、酷吏的行為，痛斥他們以「萬家流血」染紅自己帽頂的罪惡本質。但作者對清政府仍寄

予希望，所以對民族資產階級和義和團運動抱敵對態度。

《孽海花》全書共30回。該書以狀元金雯青和名妓傅彩雲的風流韻事為線索，穿插了大量的官僚、文人的瑣聞逸事，從一個側面反映了從同治初年到甲午戰爭失敗近30年間的政治、外交、文化、思想狀況，對清末黑暗統治的揭露較為有力。

趣味鏈結：何謂譴責小說？

譴責小說是中國舊體小說的一種。清末戊戌變法維新運動失敗後，出現了大量的揭露社會黑暗、政治腐敗的小說，魯迅在他的《中國小說史略》中稱之為譴責小說。這類小說對於揭露當時黑暗社會的某些方面有一定的積極意義。清末四大譴責小說就是這類小說的典型代表。

第八章 文詞解析

臉和面的含意相同嗎？

臉和面在詞義上本來就沒有多大分別，但在有些場合也不能混用。比如罵人時常說「不要臉」而不見有人說「不要面」。另外，我們也常說洗臉，但不說洗面；常說做面膜，而不說做臉膜，這些都有什麼講究呢？

其實，「臉」和「面」存在這種差別是在近代才有的，在明代以前，「臉」和「面」都是書面用語，在很多文學作品中都出現了這兩個詞，如唐代詩人岑參有詩：「岸花仍自羞紅臉」，李清照詞云：「杏臉半開嬌旖旎」，白居易「猶抱琵琶半遮面」，以及崔護「人面桃花相映紅」等等，都把臉和面用進了文學詞句中。

為什麼在古文中又用「臉」，又用「面」呢？這是因為，這兩個字在以前意思是有差異的。「臉」這個字出現得比「面」晚，產生於魏晉以後，最初的意思就是頰，常常指婦女目下頰上可以施粉的部位。如白居易《昭君怨》中的「眉銷殘黛臉銷紅」，指的就是這個部位。此外，

「臉」在古代還有「瞼」的意思，也就是眼皮。南朝梁武帝《代蘇屬國婦》詩：「帛上看未終，瞼下淚如絲。」詩中的「瞼」是「眼皮」的意思。

相對來說，面的範圍就比臉要大，指整個頭的前部，包括臉。後來，隨著時間的推移，臉表示的範圍逐漸擴大，到現在基本上和面的意思差不多了。

而現在，之所以在口語中常用「臉」這個詞，是和口語的表達效果密切相關的。口語講求生動活潑，書面語講求文雅。而口語所要表達的意思，在書面中也可以採用文學化的語言表達：比如「不要臉」在文學作品中，可以說成不顧顏面；洗臉亦可說成淨面等等。另外，「不要臉」在發音上擲地有聲，鏗鏘有力，比「不要面」硬朗得多。

趣味鏈結：「兩面派」的「兩面」是說兩張臉嗎？

「兩面派」大多是指口是心非善於偽裝的人。「兩面派」是怎麼來的呢？

元朝末年，元軍和朱元璋領導的義軍在黃河以北展開了拉鋸戰。老百姓卻感到苦不堪言，因為哪方的軍隊來了都要歡迎，在門板上貼上歡迎標語，來得勤換得也快。

豫北懷慶府人素來生活節儉，想出了一個簡便易行的辦法：用一塊薄薄的木板，一面寫著歡迎元軍的「保境安民」的標語，另一面寫著歡迎義軍的「驅除韃虜，恢復中華」的標語。哪方軍隊來了，就翻出歡迎哪方的標語，既省錢又方便。可是，他們想不到，這個方法後來竟招來了大禍。

有一次，朱元璋的部將常遇春率軍進駐懷慶府，見到家家門口五顏六色的木牌上滿是歡迎標語，心裏十分高興。可是突然一陣狂風刮來，木牌被風吹得翻了過來，反面全是歡迎元軍的標語。常遇春非常氣憤，將掛兩面牌的人滿門抄斬。後來，「兩面牌」逐漸演變成為「兩面派」一詞。

現在和古代的半斤相同嗎？

在日常生活中，我們常聽到別人說某兩人不相上下時，有用平分秋色的，但更多時候用的是「半斤八兩」的口頭禪，這是為什麼呢？難道古代的半斤和八兩是相等的？

這和古代的衡量單位有關。在秦朝以前各諸侯國之間有很多度量單位，比如戰國時期的魏國用「鎰、釿、兩」；中山國用「石、刀」；秦國用「石、鈞、斤、兩、銖」；楚國既有「斤、兩、銖」，也有「鎰」。

秦始皇統一六國之後，為了便於人們生活，便於統治管理，統一了度量衡，他推行的國家標準，實際上就是以前秦國曾使用的度量衡標準。其單位間的轉換關係是：1石為4鈞，1鈞為30斤，1斤為16兩，1兩等於24銖。

秦代的度量衡標準一直為後來的王朝所沿用，在不同朝代只做過一些小的調整，但1斤為16兩的規矩一直沒變，所以就沿用了下來。

趣味鏈結：「半斤八兩」的傳說

過去有個宰相，由於一朝天子一朝臣，換了天子之後，這個宰相就漸漸不得勢了，最後抑鬱而終。宰相的孫子是個不學無術、遊手好閒、坐吃山空的人，最後混到連飯也沒的吃，就常常向人借米充飢。

一次他借米回來，半路上背不動了，只好停下休息。這時迎面走來一個穿著破爛衣服的年輕人。他叫住那人，說給他工錢，請他幫忙背米，那人很爽快地答應了。可是沒走幾步，那人也走不動了，他便埋怨道：「我是宰相的孫子，手不能提，肩不能挑，這還情有可原。你是一個窮人，為什麼也這樣不中用？」那人翻翻白眼說：「我還是堂堂尚書的孫子呢，如今也落到這步田地，你怎麼能怪我呢。」說完兩人欷歔感歎了一番。

後來有人評說，這個宰相的孫子和那個尚書的孫子，一個是半斤，一個是八兩，意思是說兩個人不相上下。

「回合」是怎麼計算的？

「回合」一詞源於古代車戰。「回」有「來回、往返」的意思；「合」則有「會合、交會」的意思。「大戰三百回合」的「回合」是怎麼計算的呢？

古代作戰通常是兩軍各霸一方，憑挑戰書應戰。兩軍對陣，派猛將前去應戰，其他成員則做觀望之態，無論生死，眾軍沒有命令都不得出去。不過短兵相接就是另外一回事了。

其實，古代回合的計算方式並不複雜，所謂的回合就是所派出去的將士，不論戰了多麼久，打了多少招式，只有鳴金（銅鑼）收兵，返回之後才算一個「回合」。這有點類似於今天的體育比賽。

「回合」在車戰中則是另外一種演算法。古代的戰車一般是四馬，中間兩匹為「服」，左右兩邊的稱「驂」。車一乘有甲士三人，步卒七十二人。車戰中的計算方法是，車戰開始時，戰車駛向對方，兩方開始交戰。這時的「回」就是敵我戰車擦身而過，再掉過頭來戈矛相交的過程（因為戰車還得有人駕駛，戰士都在車後面，所以必須掉頭）；待戰車駛入合適位置，雙方用弓箭對射的這個過程稱為「合」。戰車的「遠交」和「近攻」就是一個回合。

一個「回」，必有一個「合」。戰爭就這樣不停「回」「合」下去，直到有一方落荒而走，在「合」之後，不再「回」。

趣味鏈結：何謂「百戰」？

我們經常說的「百戰」，還確指一百種戰法。在明朝開國功臣劉基所著的《百戰奇略》一書中，指出百戰為：

計戰、謀戰、間戰、選戰、步戰、騎戰、舟戰、車戰、信戰、教戰、眾戰、寡戰、愛戰、威戰、賞戰、罰戰、主戰、客戰、強戰、弱戰、驕戰、交戰、形戰、勢戰、晝戰、夜戰、備戰、糧戰、導戰、知戰、斥戰、

澤戰、爭戰、地戰、山戰、谷戰、攻戰、守戰、先戰、後戰、奇戰、正戰、虛戰、實戰、輕戰、重戰、利戰、害戰、安戰、危戰、死戰、生戰、飢戰、飽戰、勞戰、佚戰、勝戰、敗戰、進戰、退戰、挑戰、致戰、遠戰、近戰、水戰、火戰、緩戰、速戰、整戰、亂戰、分戰、合戰、怒戰、氣戰、歸戰、逐戰、不戰、必戰、避戰、圍戰、聲戰、和戰、受戰、降戰、天戰、人戰、難戰、易戰、餌戰、離戰、疑戰、窮戰、風戰、雪戰、養戰、書戰、變戰、畏戰、好戰、忘戰。

「五福臨門」是指哪五福？

「五福臨門」常用做過年過節時說的吉祥話，這個詞最早出自《尚書·洪範》。

「五福」指的是五種人生所期望的美好理想。第一福是「長壽」，第二福是「富貴」，第三福是「康寧」，第四福是「好德」，第五福是「善終」。亦即長壽、富貴、康寧、好德、善終。

長壽是人人都期望的，民間有給小孩掛長命鎖的習俗，據說秦始皇也曾尋求長生不老的秘訣，派人煉製長生不老丹；富貴是說既要有錢，也要有地位；康寧是身體健康而且心靈安寧；好德是生性仁善而且寬厚寧靜；善終是臨死時，一切都很自然平靜，沒有一星半點橫禍、病痛，心裏沒有罣礙和煩惱，安詳而自在地離開人間。

按照一般理解，只有五福齊備才能稱得上幸福美滿，否則人生是很難完美的。而現實生活中，很少有人做到五福齊備。在傳統文化裏，最看重第四福——好德。民間也常有「積德」的說法，他們認為「善有善報，惡有惡報」。只有隨時布施行善，廣積陰德，才可以造福自己，造福他人。

趣味鏈結：「六根清淨」是指哪「六根」要清靜？

「六根清淨」是個佛學名詞，在佛語裏「六根」是指「眼、耳、鼻、

舌、身、意」。眼有視神經，耳有聽神經，鼻有嗅神經，舌有味神經，身有感觸神經，意有腦神經，這些都是心與物間的媒介的根本，所以稱為六根。

佛教認為，人之所以流轉於生死輪迴的苦海之中，就是由於六根不曾清淨，比如眼根貪色，耳根貪聲，鼻根貪香，舌根貪味，身根貪細滑，意根貪樂境。要想脫離苦海，必須得六根清淨，即「眼、耳、鼻、舌、身、意」六根於「色、聲、香、味、觸、法」六境不染著。

《法華經・法師功德品》載：「第一先總明聞經得六根清淨果報；第二廣別出六根清淨之相。」《水滸全傳》第四回相關記載有：「寸草不留，六根清淨；與汝剃除，免得爭競。」

「三教九流」分別是指什麼？

「三教九流」，今天通常是作為貶義詞，泛指社會上各種行業或江湖上各種各樣的人。但在以前，這個詞的意義卻是頗為高雅的。

「三教」這一說法最早出現於三國時代，指的是儒教、佛教、道教三種教派。儒教，本孔子所創，並非宗教，而漢儒為了抬高孔子的地位，把儒家學說渲染得像宗教一樣，並在祭孔的典禮中摻入了宗教的儀式，這樣就被人看做宗教了。佛教，是東漢時由西域傳入中國的，以其為印度釋迦牟尼所創而簡稱為釋。道教，是東漢時創立的一種宗教，講究煉丹修道，尋長生不老之法。三國時，三種教派影響很大，因此，人們就把三家相提並論，稱為「三教」。

《北史・周高祖紀》記載：「周武帝建德二年十二月癸巳，集群官及沙門道士等，帝升高座，辨釋三教先後。以儒教為先，道教次之，佛教為後。」

「九流」的說法，最早見於《漢書・藝文志》，指的是春秋戰國時代的儒家、道家、陰陽家、法家、名家、墨家、縱橫家、雜家、農家諸流

派。後世也有人將「九流」分成上、中、下三類的。

上九流：帝王、聖賢、隱士、童仙、文人、武士、農、工、商。

中九流：舉子、醫生、相命、丹青（賣畫人）、書生、琴棋、僧、道、尼。

下九流：師爺、衙差、升秤（秤手）、媒婆、走卒、時妖（拐騙及巫婆）、盜、竊、娼。

但這不是主流的說法，比較流行的還是《漢書》中的九種分法。這些流派及學說對中國古代思想、文化和文學的發展都曾產生過重大影響。

後來，人們把宗教、學術中的各種流派統而稱之為「三教九流」。隨著時間的推移，其含義便每況愈下，直至今天，「三教九流」已含有一種輕蔑的意味了。

趣味鏈結：「三令五申」的具體內容是什麼？

在古代，「三令五申」都是有確指的。宋代曾公亮撰寫的《武經總要》就記載了「三令」與「五申」的具體內容。

所謂「三令」即是：一令觀敵之謀，視道路之便，知生死之地；二令聽金鼓，視旌旗，以齊其耳目；三令舉斧鉞，以宣其刑賞。所謂「五申」即是指：一申賞罰，以一其心；二申視分合，以一其途；三申畫戰陣旌旗；四申夜戰聽火鼓；五申聽令不恭，視之以斧鉞。

從以上內容我們可以看出，所謂「三令五申」實際上就是將士在作戰中應遵守的原則，將士要在旗、鼓的號令下，全神貫注，依令而行，違令者必受到嚴厲的懲罰。

無事不登三寶殿的由來是什麼？

人們常說的「無事不登三寶殿」，比喻沒有事不會登門造訪，只要登門，必是有事相求。這裏的「三寶殿」跟佛教概念有關。

佛教將佛、法、僧三者稱為三寶，清代學者王有光解釋說：「三寶殿」是指「佛（佛教徒登場辦事的地方）、法（佛家珍藏經書的樓閣）、僧（和尚睡覺的禪房）」三大活動場所。這三個地方，都是閒人莫入的地方。

　　「無事不登三寶殿」的說法跟先民的迷信思想和佛教在民眾中的影響力有關。早期科學技術很不發達，天文曆法也很不健全。每遇到什麼事，老百姓都要求神拜佛，當時的統治者也是如此。比如天乾、雨澇，人的婚嫁和生老病死，富貴、功名等都要去「三寶殿」探求吉凶，以期全知全能、普度眾生的佛賜福給我們。

　　可見，無事的話是不會有人去「三寶殿」叨擾的。所以「三寶殿」也用來比喻有所求之地。

趣味鏈結：佛教寺廟的布局是怎樣的？

　　寺廟的第一道門叫三門，一般都是三門並立，中間一大門，兩旁各一小門，以象徵「三解脫門」，即空門、天相門、天作門，也有寫做「山門」的。

　　廟門內左右有鐘鼓樓，早晨敲鐘，傍晚擊鼓，這就是「晨鐘暮鼓」，目的是為了警醒塵世間的癡愚之人。山門後是天王殿，內供彌勒佛，殿的兩廂是四大天王，民間稱「四大金剛」。彌勒佛背面，是護法神韋馱。他面對如來佛，手拿金剛寶杵。過天王殿，中道有銅鼎，再後就是大雄寶殿。

　　大雄寶殿的「大雄」是稱讚釋迦牟尼威德至上的意思。殿內供迦葉佛、如來佛和彌勒佛，代表過去、現在、未來三世，又叫「三世佛」。有的殿中供阿彌陀佛、如來佛和藥師佛，也稱「三世佛」。阿彌陀佛為西方「極樂世界」教主，藥師佛為東方「琉璃世界」教主，如來佛前立著兩個弟子——阿難和迦葉，左右兩邊是十八羅漢。

　　大雄寶殿後有七佛殿，「七佛」是如來佛以前的六代先佛加起來的合

稱。佛教供七佛是為了顯示自己的歷史源遠流長。

此外，還有菩薩殿，內供觀音、文殊、普賢、地藏四位菩薩。有的寺廟中還有五百羅漢堂。

寺廟最後是存放經書的藏經閣。有的藏經閣中，還有「轉輪藏」。轉輪藏上設有存放經書的格子，可以轉動。殿中有「法輪」，輪上刻有佛教的六字真言，轉一圈代表念一次經。僧人和信徒為了表示自己虔誠，經念得多，就去轉「法輪」，法輪轉動象徵著「法輪常轉，自動不息」的意思。

「我」字最早的意義是什麼？

在日常生活中，「我」是第一人稱，常用來表示自己。「我」字行遍天下，是使用頻率最高的字之一，可是你知道「我」字是怎麼成為人稱代詞的嗎？

中國的文字大體上可以分為兩種，一種是象形字；一種是會意字。「我」字是會意字，它從「戈」形，字形就像兵器。「戈」是古代較為常見的一種兵器，橫刃，用青銅或鐵製成，裝有長柄。這種武器盛行於商至戰國時期，秦以後逐漸消失。

戈上突出的部分叫援，援上下皆刃，用以橫擊和鉤殺，勾割和啄敵人。所以「我」的本義就是一種兵器，但這種兵器的具體形制已經很難說清楚了。後來，「我」由兵器名稱引申出了「殺」的意思，《說文解字》就說：「我，古殺字。」

那麼代表兵器的「我」，怎麼又成了自己的代稱呢？原來「戈」是古代有代表性的武器，很容易激起大家的鬥志。所謂枕戈待旦，大丈夫當「能執干戈以衛社稷」（《禮記・檀弓下》）。因此武士們常取戈自持，凡持戈之人皆歸屬於我方，「我」便引申出表示自我的意思，並沿用至今。

「我」作為第一人稱代詞用，最早見於殷商時代的甲骨文中。當時的「我」作為代詞用時，均指「我們」，那是因為當時還沒有自我的觀念，到西周時，「我」就指代自我了。

趣味鏈結：你、我、他等指稱在古漢語中是怎麼表示的？

第一人稱「我」在古漢語中來源甚古。與「我」同義的有「身」（魏晉南北朝時多見）、「儂」（吳人自稱）、「奴」（唐五代時男女尊卑均可使用）。秦漢以後的口語裏很可能已經統一於「我」，「吾」字只見於書面了。現在北方一些方言不說我、我們，而說俺、俺們、咱、咱們，這是繼承了元代的傳統。

第二人稱代詞「你」是「爾」，在正式場合寫做「爾」。當「爾」的語義跟讀音已經有分歧之後，又在左邊加上「亻」以示區別，於是出現了「你」。「你」的寫法大概在南北朝後期出現，到隋唐之際已經相當通行。在北宋之前，文人筆下並不怎麼避諱「你」字，後來的人反而拘泥起來，往往寫成「爾」或「汝」。

第三人稱代詞有他、渠、伊等。在古文裏，作為賓語的第三人稱用「之」字表示。「其」、「彼」也在「他」字之前使用過。後來白話文興起，用「他」字做第三人稱代詞，可以代男性，也可以代女性及一切事物。

「睡」在古代的意思是什麼？

大家都知道，「睡」在現代漢語中是「睡覺」的意思，但在古文中的「睡」也是這個意思嗎？

從字形上來解，睡左邊是「目」，右邊是「垂」，垂除了聲音相近，可以做聲符外，還能表示眼皮下垂。從這裏你多少就可以看出這個字不是「睡覺」的意思了。《說文》釋曰：「睡，坐寐」，「坐寐」就是坐著打

瞌睡。如果硬要理解成睡覺的意思，那我們可以想像一下，眼皮下垂，好像跟躺著有點不搭界。

《史記・商君列傳》記載：孝公既見衛鞅，語事良久，孝公時時睡，弗聽。這裏「睡」就是「坐寐」的意思，如果理解為秦孝公時時躺下睡大覺，不僅文法上講不通，情理上也說不過去。

同樣是「坐寐」意思的，在《戰國策・秦策》中也可以找到。書中記蘇秦「讀書欲睡，引錐自刺其股，血流至足」。其中「睡」也是想睡覺、打瞌睡的意思。

那麼「睡」字的意思是在什麼時候轉變為睡覺的呢？據考證，「睡」字發生變化大致在秦漢以後。如唐代白居易《長恨歌》中有一句「雲鬢半偏新睡覺，花冠不整下堂來」，句中的「睡」就是指睡覺，而不是打瞌睡。至於宋代蘇東坡《海棠》詩「只恐夜深花睡去，故燒紅燭照紅妝」中的「睡」更只能是「睡覺」的意思了。

《三國演義》中寫劉玄德三顧茅廬拜訪諸葛亮，每次去諸葛亮不是在睡覺就是不在家。劉備第三次來，就聽到了諸葛亮剛一覺醒來，隨口吟的一首詩：

大夢誰先覺，平生我自知。

草堂春睡足，窗外日遲遲。

通讀此詩我們可知，這首詩並不是諸葛亮所作，為什麼呢？因為詩中「春睡足」三字露了破綻。先秦兩漢時的「睡」字，還不是睡覺的意思，只能作「打瞌睡」解。還有就是諸葛亮時代不會寫五絕，「知」、「遲」也不同韻。

趣味鏈結：中國古代床的演變是怎樣的？

床，這一睡眠用具的起源，可追溯到中國的商代。

原始社會時期，人們生活簡單，睡覺時只是鋪墊植物枝葉或獸皮等，掌握了編織技術後就鋪墊席子。商代甲骨文中，已有像床形的字了，說明

商代已有了床。迄今為止，發現的床的最早實物，位於信陽長臺關一座大型楚墓中，床上刻繪著精緻的花紋，周圍有欄杆，下有6個矮足，高僅19公分。

春秋以來，床往往兼做其他傢俱。人們寫字、讀書、飲食都在床上放置案几。魏晉南北朝後，很多建築物加高加大，擴展了室內空間，許多傢俱相應加高，床的高度也有所改變。晉代著名畫家顧愷之的《〈女史箴〉圖》中所畫的床，高度已和今天的床差不多。另外還出現一種四足的高床。但床仍未成為睡臥的專用傢俱。

唐代出現桌椅後，人們生活飲食等都是坐椅就桌。床由一種多功能的傢俱，退而成為僅供睡臥的專門用具。

明代，出現了用紗或網狀織物圍起來的床。同一時期，西歐出現了同時可睡幾個人的特大床。其背部是一塊鑲板，正面兩邊是雕花的圓柱，上有可以垂掛帷帳的天蓋。

19世紀20年代出現了彈簧床。19世紀後期，金屬床開始出現。

「三宮六院」各是指什麼？

三宮六院一詞與故宮有關，這種說法是在明清時期形成的。如果你看過紫禁城的布局，三宮六院就一目了然了。

故宮內以乾清門為界，南為外朝，北為內廷。內廷即是皇帝和他的后妃們起居生活的地方。民間俗稱的「三宮六院」是「三宮」和「六院」的總稱。三宮是指中路的乾清宮、交泰殿、坤寧宮，又稱「後三宮」；六院分別指東路六宮：齋宮、景仁宮、承乾宮、鍾粹宮、景陽宮及永和宮；西路六宮：儲秀宮、翊坤宮、永壽宮、長春宮、咸福宮及重華宮。因各宮均為庭院格局建築，故總稱「六院」。

三宮的命名體現了陰陽乾坤之說，隱含有天地祥和，萬物通泰之意。各宮的功能劃分是各有不同的。乾清宮是皇帝睡覺的地方。它的布局是，

東西有暖閣，共有九間寢室，每間有三張床，在這三九二十七張床之間皇帝每晚可任選一張安寢，毫無規律。據說這樣做是為了保障安全。同時，乾清宮還兼有處理部分政務的功能，比如舉行內廷典禮和家宴。

乾清宮裏的「正大光明」匾是順治帝親筆書寫的，自這時起，匾後就設置「建儲匣」，匣內存放接班人的名單。另外在清代，乾清宮還是皇帝駕崩之後的停靈之所。

交泰殿位於乾清宮和坤寧宮之間，是皇后於冬至、元旦和千秋（生日）時，接受賀禮的地方。交泰殿內有寶座，東次間有銅壺滴漏計時；在乾隆時期西次間設大自鳴鐘計時，宮中時間以此為準。除此之外，殿內的《無為》牌匾為康熙帝手書；殿內的《交泰殿銘》屏風為乾隆帝所書。

坤寧宮在明代時為皇后居所，清代順治帝將其改造為宮中薩滿教祭祀的場所。坤寧宮東端是皇帝的洞房，婚後按規矩最少要在這裏居住兩天才能搬走。

東西六宮多為嬪妃居所，不同時代，個別院落也為皇帝、皇太后、皇后和太子居住。六宮之內的嬪妃也多有等級劃分。她們睡覺時也有嚴格規定，大多不准仰臥，否則就會沖了龍氣。

趣味鏈結：「三姑六婆」是指哪三姑，哪六婆？

「三姑六婆」是指從事九種職業的女人，關於它的來歷，最早可追溯到明代，明代有個叫陶宗儀的學者，他著的《輟耕錄》第十卷中有這樣的記述：「三姑者：尼姑、道姑、卦姑也；六婆：牙婆（販賣人口的婦女）、媒婆、師婆（女巫）、虔婆（鴇母）、藥婆、穩婆（接生婆）也。」

清代小說家李汝珍在他的小說《鏡花緣》中有這麼一段文字：「吳之祥道：吾聞貴地有三姑六婆，一經招引入門，婦女無知，往往為其所害，或哄騙銀錢，或拐帶衣物。」

隨著時間的推移，現在已經引申指為喜愛搬弄是非的婦女。

「光陰」一詞由何而來？

「一寸光陰一寸金」，是中國關於珍惜時光的一則古訓。這裏的光陰用寸來計量，很是形象。那麼，「光陰」一詞又是由何而來呢？

「光陰」在文獻記載中，最早見於北齊顏之推《顏氏家訓・勉學》，其中有「光陰可惜，避諸逝水」一語。

人類的第一個時間概念就是白晝、黑夜的交替變換。所謂晝興夜寐，「日出而作，日落而息」是自然規律。「光」即是白晝，「陰」為黑夜。用「光陰」一詞籠統地代指時間，再合適不過了。

趣味鏈結：為什麼說「一寸光陰一寸金，寸金難買寸光陰」？

史載，中國漢代以前就已經開始用日晷來計時了。日晷分為晷盤和晷針兩部分，晷盤為圓形石板，四周刻有子、丑、寅、卯、辰、巳、午、未、申、酉、戌、亥等十二個度，用來表示時辰。晷針為銅質，立於晷面正中垂直於晷面。

太陽從升起到落下，照在晷盤的晷針上，晷盤便顯現出晷針的陰影，由長而短再由短而長，旋轉著映在圓晷盤的刻度之上，用此表示時間。日晷上光的陰影即「光陰」，隨太陽東升西落移動一寸當然很快，「寸陰」就是晷盤上晷針的影子移動一寸距離所耗費的時間。

漢唐以後，在一些詩文中開始出現「寸陰」、「寸晷」、「分陰」等詞語。唐末詩人王貞白，早年在江西廬山五老峰下的白鹿洞書院讀書時，曾寫下《白鹿洞詩二首》，其中一首中就有「讀書不覺春已深，一寸光陰一寸金」的句子，這也是「一寸光陰」的最早出處。

後來，人們又用「一寸光陰一寸金，寸金難買寸光陰」來比喻人們要珍惜時間，不可浪費虛度，是很有哲理的一句話。

「露馬腳」露的是什麼腳？

如果有些不想讓人知道的事情一旦出現破綻，甚至敗露，人們就會說是露了「馬腳」。這一詞語相傳來自於明太祖朱元璋的馬皇后。

相傳，布衣出身的朱元璋，自小家境貧寒，當過牛倌，做過和尚，後來，他加入了元朝末年起義軍郭子興的隊伍，由於他作戰勇猛，屢建戰功，郭子興很賞識他，於是將義女馬氏嫁給了他。馬氏是一個才女，精明幹練，輔佐朱元璋實現了統一大業。朱元璋當上皇帝，建立起明朝後封她為皇后。

馬氏雖被封為明朝的皇后，「龍恩」雖重，但深居後宮的馬氏卻為腳大而深感不安，在大庭廣眾間，總是遮遮掩掩，儘量避免將腳露出裙外。

有一天，馬皇后遊興大發，乘轎招搖過市，百姓見皇后的興轎過市，都翹首張望，想一睹皇后的風采。不料，一陣大風將轎簾掀起一角，馬氏擱在踏板上的兩隻大腳赫然入目。於是一傳十，十傳百，頓時轟動了整個金陵。「露馬腳」一詞就這麼流傳開了。

趣味鏈結：「露馬腳」來源的其他幾種說法

有一種說法認為，「露馬腳」是從「露驢腳」轉化而來的。

宋代某年陽春三月，汴京（開封）有不少人騎驢郊遊，有一個姓陳的商人騎的是「雪蹄驢」，走相好，叫聲清脆，很引人注目。

有一個小偷看中了這頭驢，他用膠酒將陳某灌醉，盜走「雪蹄驢」，藏在一個破廟中。後來官府派人搜查，見殘垣斷牆處露出驢腳，遂將小偷逮捕治罪，驢歸原主。

此事傳開，有人寫了一首歌謠說：

酒灌飽，雪蹄跑，官府派人找，虧得偷兒失算了，斷垣殘牆露驢腳。

以後，就出現了「露驢腳」的俗語。到了元代，崇馬之風大盛，人們又漸漸說成了「露馬腳」。

第八章 文詞解析

還有一說，「露馬腳」來自古人用馬假扮麒麟的遊戲。麒麟是「四靈」（龍、鳳、麒麟、龜）之一，被人們當做吉祥的仁獸。但是麒麟只是幻想出來的動物，人們在世界上找不到活的麒麟。

因此，在節日慶祝祭禮遊行時，人們根據想像，做了個麒麟皮披在馬身上。這假麒麟若裹不嚴，就會露出馬腳來，所以人們會心之餘就把露出事物的本來面貌叫做「露馬腳」了。

「吃大鍋飯」最初的意思是什麼？

「大鍋飯」這個詞，從字面上看，很多人都會認為是煮了很大一鍋飯，當然這樣也說得過去。但最初的大鍋飯卻不是這麼回事。

據說，「吃大鍋飯」的由來與佛教有關。在明代，廣東七星岩的慶雲寺常佛殿的一角放置著一口大鍋，這口鍋大得可以做數人的飯。但它四周圍著鐵欄杆，並不用來煮飯，而是用來化緣用的。凡是進廟燒香拜佛的善男信女們，在經過大鐵鍋旁邊時都要投進幾個銅錢，孝敬菩薩，以求顯靈，降福滅災。

這樣一來寺內僧人的生計就有著落了。因此，這口大鐵鍋雖然從未真正煮過飯，但是僧人們都靠著這口鍋吃飯，久而久之人們便稱其為「大鍋飯」了。

趣味鏈結：開除或解雇的代名詞為什麼是「炒魷魚」？

「魷魚」是一道美味，為何「炒魷魚」就是形容工作被辭退、解雇，甚至開除的意思呢？跟魷魚有什麼關係？

「炒魷魚」這個詞並不是近代才出現的，在古時，為人幫傭的人一聽到老闆的解雇通知，便只好捲起鋪蓋走人，因為那時候工人的被褥都是自帶的，老闆是不會提供的，離開時當然要捲起自己的鋪蓋了。

由於人們對開除和解雇這類詞十分敏感甚至恐懼，覺得它太刺耳，於

是有些人便用「捲舖蓋」來代替。不知什麼時候開始，人們忽然從「炒魷魚」這道菜中發現，在烹炒魷魚時，每塊魚片都由平直的形狀，慢慢捲起來成為圓筒狀，這和捲起的鋪蓋外形差不多，而且捲的過程也很相似。

由此人們產生了聯想，就用「炒魷魚」代替「捲舖蓋」，這樣說起來也更形象，更含蓄，所以這種說法一直沿用至今。

「壓軸戲」就是最後一齣戲嗎？

現在，許多人常用「壓軸」一詞來形容最後一個精彩節目。實際上，這是一個流傳很廣的錯誤用法。

在舊戲班裏，戲班排戲稱「打本子」，具體就是將臺詞用毛筆寫在底部有一個木軸的長條紙上，捲起來似一軸畫卷。

在舊時的戲劇社演出中，一場戲往往要演五、六個小時，尤其是大的戲。先有開鑼戲，亦稱「帽兒戲」，指演出時的第一齣戲。往下依次第二、第三、第四齣戲叫「中軸」。倒數第二齣戲叫「壓軸」、「倒二」，最後一齣戲叫「大軸戲」或叫「軸子戲」。如今誤用倒數第二的「壓軸」來稱倒數第一，實在是貽笑大方。

另外還要注意的是，「軸」字在戲劇界統讀去聲（四聲），不讀陽平（二聲）。「壓軸戲」是整個戲中最精彩的一段，具有較高的藝術水準，一般都是頭牌演員或名角來演。有些人把「壓軸戲」、「壓臺戲」、「大軸戲」混為一談，這實際上也是錯誤的。

趣味鏈結：「冷板凳」原指戲院裏開場前的清唱，後又是如何演變？

「冷板凳」是一句梨園行話，指戲院裏開場前的清唱，它的意思是怎麼演變的呢？

舊時戲臺上唱戲，臺面上道具多為靠背椅子，而板凳則是不上臺面的。在布置舞臺時，板凳通常放在下場門一側，懂行的人都知道，放在這

裏是專給「配樂」的敲鑼鼓的人坐的。臺上唱戲，鑼鼓一敲，場子裏頓覺熱鬧，故戲院老規矩，開大幕前，先來一番鑼鼓，叫鬧場。板凳有人坐自然就會熱。

如若沒有場面鑼鼓，演員就只能清唱，這場子就顯得冷清，這臺側的幾條板凳當然也是冷的，故戲開始時，作為一句梨園行話，將清唱稱為「冷板凳」。這就是「冷板凳」一詞的來歷。

另據傳說，說是有個很有名的戲曲演員叫「小三兒」，一次他來上海唱戲，由於舊上海灘的戲館多由地痞流氓把持著，他不知道潛規則，又自恃活兒好，沒有到這些流氓地痞門前招呼周到，這夥流氓就想法整治他。在小三兒登臺那天，戲院門口也不給出大廣告，甚至看板前的燈都不開。

在演出中，這些人又出來搗亂，在換場時，他們又將椅子換下，放了條板凳在舞臺中央，這下弄得全場大譁，戲也唱不下去了。此事一出，立即傳遍了上海灘，「冷板凳」一詞在上海流行起來。

「名下無虛士」是什麼意思？

「名下無虛士」是說一個人名能副實，不是空擺著的花架子。這個典故的來歷跟隋朝著名詩人薛道衡有關。

隋朝開皇四年冬，著名詩人薛道衡奉隋文帝楊堅之命出使陳朝，因古代交通不便，薛道衡到達陳朝首都建業（今江蘇南京）時，已是第二年的正月初七了。

古代稱正月初七為「人日」，也就是說是人過生日的意思。這一天，陳朝大臣們尊薛道衡為貴賓，設盛宴招待他。席間，陳朝大臣中有人說久仰薛道衡的才氣，很想見識一番，便讓他以「人日」為題作詩。

薛道衡自然不好推卻，張口就說了兩句：「入春才七日，離家已二年。」大臣們聽後，嗤其詩意淺拙無文，認為他是浪得虛名。只聽薛道衡又緩緩吟出了後兩句：「人歸落雁後，思發在花前。」大臣們再也不笑

了，紛紛驚歎：「這兩句委曲盡致，巧而不纖，名下固無虛士也！」

後來，人們就常用「名下無虛士」一語來比喻那些才學能副其名聲的人。

趣味鏈結：什麼是「大牌」？

我們平時閱讀報紙或者收看電視的娛樂新聞時，常會看到有報導說某明星在耍「大牌」。如拿自己的名氣當後臺，把自己的名氣當資本，不講道德，搞特殊等等。

那麼，到底什麼是「大牌」，這個詞又是怎麼來的呢？其實這和以前的戲子有關。

在以前，每逢戲團演出時，在戲園子門口就會豎起一塊大牌子，上面標明今天演什麼，誰是主角。演員的名字都有姓名牌，在那豎著。

一般來說，一齣戲裏主要演員的名字會寫在一塊比較大的牌子上，而別的演員掛的牌子就會略小一些。要是演員是個遠近聞名的人物時，那塊姓名牌子就更大了。要知道，名氣可是招徠觀眾的法寶。

戲院門口大小牌子的對比，顯然與演員的知名度成正比關係。正因為這樣，那些在影視、音樂等方面有點成績的，或者名氣比較響的明星們，就被稱為「大牌」了。

「雕蟲小技」真的是雕「蟲」呢？

我們常會用「雕蟲小技」這個詞來形容某些微不足道的技能，或是某些很容易就能實現的技藝。那麼這是為什麼呢？這個詞是怎麼來的呢？

「雕蟲小技」最初出現在西漢文學家揚雄的著作《法言·吾子》卷中，在當時寫做「雕蟲篆刻」。

這個詞在書中是一種比喻的說法，說自己年輕時喜歡作賦，有如童子雕蟲篆刻般的技藝，於文來說不利於文學發展，於國來說不能用來經邦治

國,是非常沒有價值的,到成年後就不作了。

考證辭源可知,這裏的「雕」和「篆」都是「雕琢、書寫」的意思;「蟲」和「刻」指的是「蟲書」和「刻符」;而「蟲書」和「刻符」又是秦始皇統一中國之前,八種字體中的兩種。當時的八種文字分別是「小篆(秦篆)、大篆、刻符、蟲書、摹印、署書、殳書和隸書」。這八種文字中秦篆為通令全國使用的文字。

由於古時候,書寫大多是在竹木簡牘上完成的,故而要雕蟲篆刻。而雕蟲篆刻在實際中的作用又很小,只有在辨認古字的時候才用得到。類似於現在所說的「雞肋」,故而人們才會用這種比喻。

回到揚雄的《法言》中看,揚雄用「雕蟲篆刻」來比喻作賦,雕蟲篆刻和作賦實在是有異曲同工之妙。「雕蟲篆刻」是一種艱深的文字學習;作賦則是一種高難度的文字遊戲。但放在經邦治國等「大道」上來說,它根本就是個「小技」,是個無關痛癢的技藝。後來,人們就把「雕蟲篆刻」說成是「雕蟲小技」。

由此可知,「雕蟲小技」所雕的是一種「蟲書」,並不是某種昆蟲。

趣味鏈結:生活中的亂寫亂畫為什麼被稱為「塗鴉」?

凡是街頭建築物的牆壁上所出現的各類色彩鮮豔的圖案,或奇形怪狀的文字,均可被稱做「塗鴉」,但這只是現代意義上的「塗鴉」。你可知道「塗鴉」一詞在古代是什麼意思?這一詞語又是從何而來的?

「塗鴉」一詞出自一個典故。唐代詩人盧仝《玉川子集・雲添丁》中的詩句「忽來案上翻墨汁,塗抹詩書如老鴉」這首詩是寫自己一個叫「添丁」的兒子,幼年時喜歡塗抹詩書,常把書弄得一團糟,整個弄得黑乎乎,如同烏鴉的毛色一樣。從詩中我們可以看出,這個「添丁」不僅打翻了墨汁,還亂塗亂畫。詩句將兒童頑皮天真的神態活靈活現地表達了出來。

後來,人們就用「塗鴉」一詞稱隨意寫作或繪畫。也有用來自謙的,

比喻書法幼稚。例如，清人徐枋《與楊明遠書》云：「外一扇乃幼兒塗鴉，亦以申義。」

現代意義上的「塗鴉」則具有了多重的文化內涵。引申為生活中街頭的亂寫亂畫，常令管理人員頭痛的一些東西。

「座右銘」怎麼成了格言呢？

「座右銘」就是寫出來放在座位旁邊的格言，用來鞭策自己。其實「座右銘」最初並非是置於座右的銘文，而是一種叫做欹器的酒具。

據說這種酒器空著放置的時候是傾斜的，把酒或水倒進去，到一半的時候就直立起來，滿了又會傾斜。所以，齊桓公總是把欹器放在他座位的右側，用來警戒自己絕不可以驕傲自滿。

後來孔子帶著學生到廟裏朝拜，看到這種酒具，就對弟子講述當年齊桓公置欹器於座右警戒自己的故事，並教育弟子，讀書學習也是這樣，驕傲自滿必然會招來損失。回去後，孔子也放置了一個欹器在座位右側，用來警戒自己。

其實這只是一種傳說。「座右銘」一詞，最早見於《文選》中崔瑗著《座右銘》一文。崔瑗是東漢人，字子玉。他為了報哥哥被殺之仇，手刃仇人。後來被官府免了刑罰回到家，便寫了這個《座右銘》，並常把它放置在座位右邊，用來警告自己。

現在「座右銘」就成了放置在座位右邊的名言警句了。一般言簡意賅，哲理性較強。其內容大體有以下四種：一是筆錄經典名言；二是摘抄名作佳句；三是自題；四是朋友贈言。如今的「座右銘」不僅僅局限在激勵鞭策之上，還有可能是一種紀念或緬懷。

趣味鏈結：古代的警枕有什麼來歷？

古代有一種用木頭製成的圓枕，實際上是一個木球，當人們一睡熟，

頭就很容易從圓枕上滑落下來，因此就警醒了。這種圓枕被稱為警枕。

警枕起源很早。古代的經書《禮記》中提到一種叫「疑」的用具，漢代鄭玄解釋為警枕，可見它在先秦時就有了。有關警枕的記載，古代相當多。東漢末年蔡邕寫有《警枕銘》。五代吳越王錢鏐年輕時在軍中不敢安寢，用警枕睡覺，並稱它為「浙中不睡枕」。北宋的司馬光也用警枕睡覺，一驚醒就又讀書寫作，這已成為古人勤奮學習的佳話。

「千夫指」的典故何來？

「千夫指」原意為一個人被眾人所痛恨，後來引申為眾怒難犯，魯迅詩句中就有「橫眉冷對千夫指，俯首甘為孺子牛」的名句。「千夫指」一詞出自《漢書・王嘉列傳》。

西漢哀帝，是個喜歡別人對其溜鬚拍馬的人，凡深知他這一點的朝中官員都獲得了很好的封賞，侍中董賢便是其中的受益者之一。董賢特別善於阿諛奉承，所以深得皇帝的寵信，二十二歲就當上了大司馬。

董賢升官之後，不把下官放在眼裏，憑藉皇上的恩寵，在朝中為所欲為，眾權臣都得讓他三分。更荒唐的是他公然把國家收繳的大量物資私自送給自己的親朋好友，還帶頭囤積居奇，牟取暴利。

他的這些無道行徑，引得許多大臣紛紛上書。但哀帝不但不制止，還庇護他，並且還要加封董賢土地兩千頃。丞相王嘉對哀帝說：「皇帝要加封董賢，引起了天下人的不滿。董賢強占民田，奢侈放縱，這是人所共知的。如果加封他，恐怕要失去民心，我看還是慎重些好！」哀帝聽了很不高興，但覺得大臣都反對，便默不做聲。

時隔不久，哀帝便藉口傳太后有遺詔，要賞賜董賢，又重提加封董賢的事。王嘉再次反對，他勸諫哀帝說：「爵位、俸祿、土地，是上天所擁有的，皇帝代天賜爵，應十分慎重；加封土地也應給有功的人。否則，老百姓不服氣，上天也會不滿意，會降災給人間。董賢是佞幸之臣，貪贓

枉法、假公肥私，而陛下卻賜爵加封使他更加高貴，這樣做，正直的人是不會為您效勞的。現在，天下人都恨董賢，俗話說：『千夫所指，無疾而終』（被千人所指罵，沒有病也得死），這是眾怒難犯呀！望陛下明察，以順應天下人的願望。」

由於王嘉多次上書揭露董賢，董賢便懷恨在心，在哀帝面前誣陷王嘉，由此，哀帝日益疏遠王嘉，後來以欺君之罪把王嘉下獄。在獄中，王嘉仰天長歎說：「我身為丞相，卻不能進薦賢才，黜抑小人，我對不起國家呀！現在我能為國家而死，死而無憾。」最後竟絕食吐血而死。

趣味鏈結：「孺子」是個人名，那「孺子牛」又是怎麼回事呢？

「孺子牛」出自《史記・齊太公世家》、《左傳・哀西元年》。後人用此詞語形容心甘情願地為別人服務，這裏的「孺子」乃是春秋時齊景公幼子的名字。

春秋時，齊景公非常寵愛小兒子荼，即晏孺子。有一次，他在後宮逗孺子玩耍，為了使孺子笑得開心，自己竟趴在地上，口銜繩子，讓孺子當牛騎。孺子一不小心從「牛」背上跌了下來，一扯手中的繩子，拉脫了齊景公的牙齒。齊景公並沒有怪罪，反倒還很關心孺子摔痛了沒有。齊景公臨死前把孺子立了國君。

顯然，當年的「孺子牛」是指齊景公對孺子的寵愛。魯迅先生的詩句「橫眉冷對千夫指，俯首甘為孺子牛」，是將其點化，目的是為了表達自己對人民大眾的無限忠誠。

「跳槽」為何變成指換工作？

「跳槽」現指換工作，在古代卻不是這個意思。「跳槽」原是個青樓術語，是說妓女看到了更有錢的嫖客就放棄現有的，另尋新歡，有如馬從一個槽換到了另外一個槽吃草。因此，這種另攀高枝的做法被形象地稱為

「跳槽」。

當然這個詞也可以挪用到嫖客身上，一個嫖客對一個妓女厭倦了，又另外找一個，這種行為也可稱為「跳槽」。

明代馮夢龍編的民歌集《桂枝兒》裏就有一首名叫《跳槽》的歌，歌中的青樓女子哀婉地唱道：「你風流，我俊雅，和你同年少；兩情深，罰下願，再不去跳槽。」句中的「跳槽」就是指風月場中男女另尋新歡的行為。

將「跳槽」這個充滿狎邪意味的詞用於變換工作或職業，確實讓人不敢輕易接受，最早或許只是句開玩笑或嘲諷的話。不過現在大家都已經習以為常，見怪不怪了。

趣味鏈結：「青樓」原來就是指妓院嗎？

在《現代漢語詞典》中，「青樓」詞條的解釋是妓院。翻閱古典文學作品可以看到書中將落難風塵的妓女多稱為「青樓女子」。

其實，「青樓」最早是泛指豪華精緻的樓房，是古代帝王的住所。據清代著名詩人袁枚的《隨園詩話》載：「齊武帝於興光樓上施青漆，世謂之青樓。」可見「青樓」乃是帝王之居。三國時曹植的《美女篇》：「青樓臨大路，高門結重關。」唐代駱賓王的詩也有「大道青樓十二重」之句，都是譽指豪華精緻的樓房及帝王居所。

後來，妓院和娼家有了關係。據考證，最早稱妓院為青樓者乃出自南朝梁劉邈《萬山見採桑人》一詩，內有「倡妾不勝愁，結束下青樓」的句子。對此，袁枚指出：「今以妓院為青樓，實是誤矣。」此後，文人墨客們便以訛傳訛，皆稱妓院為「青樓」了。詩仙李白有「對舞青樓妓，雙鬟白玉童」；杜牧有「十年一覺揚州夢，贏得青樓薄倖名」。

「三寸金蓮」是指女人的小腳？

「三寸金蓮」是中國古書裏描寫女人纖細小腳的代名詞。但不要被字面意思所迷惑，三寸金蓮的「三寸」其實是形容纏足的小，並非一定要小到三寸才行。

中國纏足的歷史自五代一直延續到民國初年。南宋時，婦女纏足已非常普及，纏足的風俗也逐漸由北方傳到南方，到了南宋末年，「小腳」已成為婦女的通稱。

到了清代，小腳受到了前所未有的崇拜與關注，大有越纏越小的趨勢。這時也以女子腳的形狀、大小來作為評判女子美與醜的重要標準。

至於為何與金蓮有關，一說是出自《南史》中的故事；南齊廢帝東昏侯驕奢淫逸，有一次，他命人用金子鑿成蓮花，貼到地上，然後讓他的寵妃潘妃在上面行走，東昏侯邊看邊高興地說：「此乃步步生蓮花。」從此，人們就用金蓮比喻女人的腳。

另一說認為，腳被纏得有如蓮花一樣小，或如蓮花一樣美。人們就用「三寸金蓮」來稱呼小腳了。

趣味鏈結：「春光」何以成了女人隱私的代名詞？

「春光」一詞是港臺常有的用法，尤其是在娛樂報刊雜誌上經常見到，並常以其稱女人身體不應外露的敏感部位、隱私。與之相類似的詞還有「走光」等。為何「春光」詞成了女人隱私的代名詞呢？

其實，這兩字本身並無猥褻的意思。「春光」是嚴冬已過，大地復甦，百花競開，非常美好的季節，一段愜意的時光。

其實，用「春光」一詞指代女人的隱私，主要取決於「春」字的多種含義。「春」字除了表示春天之外，還有就是與情欲有關。比如「春宮」和「思春」兩個詞，前者指宋代畫苑的男女秘戲圖或淫穢圖畫，後者指舊時怨婦思念情欲之事。

「小品」一詞有什麼來由？

「小品」一詞最早見於佛教用語，佛教稱大部佛經的簡略譯本為「小品」，是相對於大部佛經的「大」而言的。

「小品」一詞有很多種意思，從明朝後期開始用來指一般文章，但並不特指某一種專門文體。在明朝，人們提出「小品」這一概念主要是為了區別於以往那些關乎國家政典、理學精義的「高文大冊」，而提倡一種靈活便利、抒發真情的新體散文。它包括尺牘、遊記、雜記、隨筆、書信、日記、傳記、序跋等。

在現代，小品專指「篇幅短小的雜文或其他短小的表現形式」，與明代的有很大不同。比如「歷史小品」、「廣播小品」、「戲劇小品」等。在明代被稱為「小品」的文章，現代統稱為「小品文」。

近年來，戲劇小品非常流行，尤其是幽默性戲劇小品的流行，「小品」一詞似乎成了幽默性戲劇小品這種藝術形式的特指，已經不包括其他的「表現形式」了。

趣味鏈結：「汗青」指代史冊，與出汗有關嗎？

「汗青」是史冊的意思，最早出現在秦代。要完全明白這個詞的來歷，就要追溯到紙張發明之前了。

那時古人記事要用「竹簡」，即竹板，一般是用竹子烤製而來的。竹板製作並不簡單，首先要選上等的青竹（此「青竹」指綠色之竹），然後，削成長方形的竹片，再用火烘烤一片片青竹，一方面是為了便於書寫，另一方面也為了乾燥防蟲蛀。烘烤之時，新鮮濕潤的青竹片，會被烤出很多水珠來，好像出汗一樣。這道工序就叫「殺青」或「汗青」。

烤製完成，就可以書寫了。然後將寫好的竹片串連在一起，就是竹簡了。從出土的古代竹簡來看，長的竹簡常用於書寫儒家經典，短的竹簡常用其記載諸子事蹟及史傳。因此「汗青」就成了竹簡的代名詞，並引申為

史冊的意思了。

「史冊」與「汗青」是同義詞,當然可以通用。不過,在正式談論歷史記載之意的時候,還是多用「史冊」。

「五魁首」的由來

「五魁首」與明朝的科舉制度有關。「五魁首」是「五經魁首」的簡稱。「五魁首」到底有哪五魁呢?一般指《詩》、《書》、《易》、《禮》、《春秋》。這五經也被稱為儒家五經。

明代科舉考試常以儒家五經取士,每經的第一名叫「經魁」;每科前五名,必然分別是每一經的第一名(經魁),俗稱「五魁」。魁,即是首的意思。

魁跟中國古代的星宿崇拜有很深的關係,民間將「魁」解釋成「鬼之腳右轉如踢北斗」。魁星,又稱奎星,是天上二十八星宿之一,「奎主文運」。古時,魁星樓、魁星殿遍布全國各地,保佑各地的考生金榜題名。

據說「魁星點斗,獨占鰲頭」,許多考生在考試時都帶著泥塑的小魁星,或在座位前貼魁星像,以求保佑文運亨通。

趣味鏈結:獨占鰲頭裏所說的「鰲頭」是指什麼?

獨占鰲頭常用來指在某一方面特別頂尖的人,比如古代科舉考試殿試的第一名,高中狀元被喚做獨占鰲頭,這裏的「鰲頭」是指什麼呢?

「鰲頭」是指皇宮大殿前石階陛石上刻的鰲頭。古代科舉考試,因為在殿試中,選出狀元、榜眼、探花三甲後,就宣旨唱名,謂之臚傳。這之後贊禮官引東班狀元、西班榜眼二人到殿中天子座前的臺階下候殿試榜。

候榜也是有一定講究的,必須遵守邦國禮儀,即由狀元站在大殿前石階的陛石上,即是在「鰲頭」上迎榜,由於狀元一人獨占殿中的大鰲,所以就說他獨占(或站)鰲頭,所以「鰲頭」也成了狀元的代名詞。後世就

沿用「獨占鰲頭」比喻占首位或取得第一名。

請人幫忙時為什麼要說「借光」？

「借光」原指分沾他人的利益或榮耀，現在已經成了人們普遍使用的禮貌用語。關於這個詞的來歷，在《戰國策》中可以找到答案。

據《戰國策・秦策》記載，戰國時秦國將軍甘茂曾對齊國使者蘇代講過這樣一個故事：一條江邊住著不少人家，每晚，女孩們都湊到一起做針線活兒。其中有一位女孩家境貧寒，買不起燈燭，其餘的女孩嫌棄她，說她愛占小便宜，拒絕她來。

這位女孩說：「我雖然買不起燈燭，但是我每晚都比別人先來，把屋子打掃乾淨，把坐席鋪設整齊，讓大家一來就能舒適地做活，這對你們多少也有些方便。你們的燈反正是要點的，借給我一點光又有什麼損失呢？」女孩們覺得她的話有道理，便讓她留下來了。

在近代史上，從文學作品中也可以找到很多關於「借光」的例子。例如：魯迅《故事新編・理水》：「臨末是一個粗手粗腳的大漢……連聲說道：『借光，借光，讓一讓，讓一讓』，從人叢中擠進皇宮去了。」老舍《趙子曰》第七：「借光！這是六十號嗎？」這些作品中的「借光」都是麻煩別人或請求別人幫助的意思。

趣味鏈結：「鑿壁借光」的由來

「鑿壁借光」源自匡衡的故事。

匡衡字稚圭，西漢人。他勤奮好學，常常是不分白天黑夜地讀書，可是由於家境貧寒，晚上想讀書卻又無燭照明，於是他想到借用鄰居家的燈光。怎樣才能借到呢？他把自家可以接觸到鄰家燈光的那面牆壁鑿了一個洞，這樣就有光線了。後人即用「鑿壁、空壁、偷光、偷光鑿壁、鑿壁借輝、借光」等指勤學苦讀，有時也引申為求取他人教益。

「風涼話」是譏笑反諷的嗎？

「風涼話」，照今天詞典的解釋是「不負責任的冷言冷語」。據考證，這個詞的起源可以追溯到唐朝。

據《舊唐書》記載，唐文宗開成三年夏，有一天，驕陽如火，文宗和他的六位詞臣聚集在未央宮裏吟詩消夏。文宗說：「我們就以『盛夏』為題旨來作詩吧！」說完文宗首先朗吟道：「人皆苦炎熱，我愛夏日長。」他一吟出這兩句，六位詞臣都沉默了，各做若有所思狀。

突然，柳公權站起來打破了這一沉寂，接文宗的上兩句：「薰風自南來，殿閣生微涼。」其他詞臣也接著說出了自己的續詩。而文宗唯獨激賞柳公權的這兩句，說它「辭清意足，不可多得」。

這首詩傳到後世，後世人對此詩多有評騭。宋代蘇軾認為柳公權這兩句詩「美而無箴（諷諫）」，於是為它續上四句：「一為居所移，苦樂永相忘。願言均此施，清陰分四方。」

的確，蘇東坡的「清陰分四方」一句道破了詩中隱藏的東西。是啊，百姓酷熱，我說風涼。唐文宗在享受薰風生微涼時，哪能想到征夫耕叟正苦於夏日之酷熱呢！哪裡有一絲半毫的同情心？

今天所說的「風涼話」，就是從這裏延伸出來的。它的含義是：人家處於苦熱中，你卻偏說好風涼；人家處於困境中，你卻偏說好享福。

趣味鏈結：「胡說」、「胡鬧」等詞中「胡」字是什麼意思？

「胡說」一詞來源於兩晉時期。當時，鮮卑、匈奴、羯、氐、羌等北方少數民族先後統治中原地區，人們稱這一時期為「五胡亂華」。中原地區統稱這些少數民族的人為「胡人」。胡人之所以能主宰中原，主要是因為他們軍事力量很強，西晉王朝腐朽不堪。

在胡人統治中原之前，漢族統治者說話、辦事完全以孔子的學說作為根據，非禮勿言，非禮勿行。而胡人說話、辦事不依任何禮法，全按自

己的那一套來。據此，漢人稱他們的這些行為舉止為「胡說、胡鬧」，即胡人之說，之所為也。由此引申了很多與「胡」字相關的辭彙，這裏的「胡」字，都是「胡人」的意思。

後來人們用「胡說」來泛指沒有根據的言論。

「王八」何以成了罵人的話？

過去，社會上一些寡廉鮮恥的人，往往獲得「王八」、「王八蛋」、「王八羔子」之類的罵名。那麼這個詞是怎麼來的呢？關於這個詞的來歷共有四種說法。

「王八」是人名，據《新五代史・前蜀世家》的記載，「王八」是五代十國時前蜀主的大名。他原名王建，因為年輕時是個無賴之徒，在兄弟姊妹中又排行第八，所以與他同鄉里的人都叫他「賊王八」，這是一說。

「王八」由百家姓而來，因為在百家姓中，「趙錢孫李，周吳鄭王」中的王剛好排在第八位，故而有「王八」之說。不過這大多是被看做一種巧合，常被當做笑話的材料，此二說。

「王八」是「忘八」訛化而來的，應為「忘八」。《七修類稿》載：「今罵人曰王八，或云忘八之訛。言忘孝、悌、忠、信、禮、義、廉、恥。」「忘八」便是無「恥」了，此三說。

還有一說就是民間通俗的看法，「王八」就是指烏龜。《史記・龜策列傳》載：「能得名龜者，財物歸之，家必大富至千萬。一曰北斗龜，二曰南辰龜，三曰五星龜，四曰八鳳龜，五曰二十八宿龜，六曰日月龜，七曰九洲龜，八曰王龜。」由此可知，作者將「神龜」分為八種，每種都有一個名稱。

由於這八種神龜中，排第八位的名為「王龜」，所以很自然地就與「王八」聯繫起來了。於是，後人便將這列在第八位的「王龜」簡稱為「王八」。久而久之，「王八」也就成了烏龜的別名，人們也常將烏龜與

王八放在一起連用。

趣味鏈結:「混帳」最初與男女談情說愛有關,為何用做罵人了呢?

「混帳」是罵人的話,它的由來與蒙古包有關。在古代,中國北方的蒙古族過著群居的游牧生活,他們的生活很不穩定,常常是哪裡有水草他們就帶著帳篷式的蒙古包,趕著牛羊和馬群,在那裏定居下來。

白天,男人們去放牧,年輕的小夥子和女孩們被留在家(也就是帳篷)中做家務,而看家的常是老人或婦女。這時,一些小夥子耐不住寂寞,為了找年輕女孩談情說愛,就亂竄帳篷,想盡辦法混進女孩的帳篷裏去。

帳篷裏沒有其他人,他們就盡情地又說又笑,眉來眼去。如果碰上老頭也在那兒,年輕小夥就會笑嘻嘻地說一聲:「啊!對不起,我走錯帳篷了。」急忙抽身而退。碰上嚴厲的老頭,小夥子就會挨一頓罵:「你又混帳了!」「混帳東西又來了!」年輕小夥子自討沒趣,急忙退出帳篷。

後來,「混帳」、「混帳東西」就漸漸地變成了令人氣憤至極的罵人話了。

「拍馬屁」為何變奉承?

「拍馬屁」一詞是從產馬區流傳起來的。內蒙古、寧夏、青海、新疆等地,草原遼闊,盛產馬匹,家家戶戶都養。有了馬,就可以解決行路、運輸等問題。牧民們也常以養得駿馬為榮。當兩人牽馬相遇時,一般都會在對方的馬屁股上禮節性地輕拍一下,以表示尊敬。在拍的時候人們通常會說一些稱讚馬匹的話,對方也會作出相應的回應。

然而,這種禮節和習俗逐漸從養馬區流傳開來,變成了趨炎附勢者諂媚奉承的方式。當他們看到權貴的馬時,不管其馬肥瘦如何,都會爭著拍拍馬屁股恭維一番。因此後世就視「拍馬屁」為巴結討好、阿諛奉承的同

義詞，貶義色彩甚濃。

拍馬屁也稱「溜鬚」。現在人們往往以「溜鬚」一詞來形容那些獻媚取寵的行為，提起這一詞的由來，還有一段笑話呢。

據傳，宋真宗時，有個叫丁謂的宰相，他很有一套溜鬚拍馬的功夫，他是靠這個當上官的。一次他與老宰相寇準在一起吃飯，丁謂看到寇準的鬍鬚上黏了一些飯粒，便親自上前為寇準溜鬚拂拭，並對其鬍鬚加以盛讚。

沒想到老宰相為官清廉，深知此人心術不正，不吃他這一套，忍不住哈哈大笑道：「難道天下還有溜鬚的宰相嗎？」「溜鬚」這一典故由此而來，從而流傳至今。

趣味鏈結：「馬虎」一詞怎麼成了做事不仔細的代名詞呢？

日常生活中，人們都喜歡用「馬虎」來形容某些人辦事丟三落四，糊裏糊塗。從字面上看，這兩個字跟做事沒有絲毫的關係。那它的意思是怎樣演變的呢？

相傳，宋代時京城有個畫家，作畫往往隨心所欲。他特別喜歡畫虎和馬。一次，他剛畫成一隻虎頭，有位朋友登門來拜訪請他畫匹馬，畫家大筆一揮，就說馬畫成了，朋友看了，不倫不類，哭笑不得，一氣之下拂袖而去。

他的兩個兒子回到家見了，大兒子問他畫的是什麼，他說是馬；小兒子問他，他說是虎。不久，大兒子外出打獵，碰上一匹馬，卻以為是虎，一箭就給射死了，結果遭到人家索賠。小兒子外出采蘑菇，在林子裏遇到一隻虎，卻以為是馬，就想去騎，結果被虎一口吃掉了。

畫家因自己的馬虎圖，接連遭受損失，心中不快，就把《馬虎圖》燒了，還寫了一首詩自責：「馬虎圖，馬虎圖，似馬又似虎，長子依圖射死馬，次子依圖餵了虎。草堂焚毀馬虎圖，奉勸諸君莫學吾。」後來別人譏笑他就稱他為「馬虎先生」，從此，「馬虎」這個詞就流傳開了。

「斧正」的典故是什麼？

「斧正」的典故出自於《莊子・徐無鬼》，書中說戰國時期，博學的莊子和惠子是很好的文友，可是惠子早亡，莊子甚為痛惜。

一次莊子在惠子墓前給人們講了這樣一個故事：楚國國都郢有個人在粉刷牆壁時，鼻尖上濺了一點薄薄的白泥，於是他去請一位匠人給他削掉。匠人讓他站穩後，掄起斧子向他的鼻尖砍下來，那個人鎮靜端立，只覺一股疾風拂面，鼻尖上的白粉全都不見了，而鼻子卻絲毫沒有受傷。

國君宋元君聽說後，就派人去把這位匠人給請來了。宋元君說：「聽說你技藝高超，給我表演一下吧。」匠人歎了口氣說：「我確實會這種技能，可是，和我配合的那個人已死去好久了。」

莊子講到這裏已經是老淚縱橫了，哽咽著說：「自從惠子死後，我失去了學業上的摯友，再也沒有和我談得投機的人了。」

後來人們根據《莊子》的這個故事，引申出「斧正」一詞，意思是請別人來幫助自己削刪文章。這是對修改者表示尊敬的客套話，讚其水準高，修改起來，如同工匠削掉好友鼻尖上的白粉那樣。類似說法還有「郢正」、「郢削」、「斧削」等。

趣味鏈結：「捉刀」有什麼樣的典故？

「捉刀」是指請人代筆作文，也可指代人做事。「捉刀」一詞出自《世說新語・容止》裏的一則典故。

三國時，北方的匈奴使臣要拜見魏王曹操，曹操不明匈奴使臣的來意，不便直接出面，就叫部下崔琰代為接見。崔琰是個武官，生得儀表堂堂，胸前長鬚飄飄灑灑，顯得威武不凡，儀容比魏王要好很多。接見時，崔琰穿戴魏王的衣帽，比平時更有精神，曹操佩著刀，扮做崔琰的侍衛立在一旁。

接見完畢，曹操命人去問匈奴使臣覺得魏王怎麼樣，匈奴使臣答道：

「魏王果然儀表出眾，可是身旁那個捉刀人，才是真正的英雄啊。」曹操見底細敗露，惱羞成怒，就派人追上使臣，把他殺了。

這個故事後來演變為，稱代人做事為「捉刀」。又因為「刀筆」是寫文章的工具，此語又逐漸轉化為專指替人寫文章「代筆」了。現在流行把替考人叫「槍手」，與「捉刀」是一個意思。

為何不順心的事又叫做「晦氣」？

遇到不順心的人或不吉利的事，民間叫「晦氣」。傳說晦氣原來是個頂呱呱的廚師，請他去辦喜筵的人絡繹不絕。晦氣見自己主顧多了，要價也高了，逐漸養成了財大氣粗的那種性格。常常是不管忌諱不忌諱，經常指桑罵槐地亂說話。

有一次，城南的郭員外為兒子辦喜筵，由於遠近都知道晦氣的名字，郭員外也是慕名而來，請晦氣去主廚。郭員外知道晦氣的不良習性，所以特地有言在先：「如果你把筵席辦得稱心如意，我付給你雙份的工錢。」

迎親這天，郭家賓客盈門，高朋滿座。花轎剛一落地，歡迎的爆竹就燃放起來了。沒想到爆竹之聲驚嚇了臥在門旁的狗，狗就猛地往堂屋裏竄，把正在桌下啄食的一隻大公雞驚飛了起來，撲進隔壁的廚房裏，又撞在牆上，再一撲騰，「啪嚓」把晦氣放在灶閣上的兩隻大花碗打碎了。

晦氣一看忍不住了，跑出廚房就大叫：「你家的喪狗見了鬼，驚飛了這隻拾魂的雞，把兩隻盛災飯的大花碗打碎啦！」

這一嚷，門裏門外送親的、迎親的、喝喜酒的全沒了興致，個個目瞪口呆。郭員外只好忍氣吞聲，長歎一聲：「晦氣啊，你什麼話不好說，偏要說這不吉利的話。」從此以後再也沒人請晦氣主廚了。久而久之，人們在遇到類似不順或不吉的事時，就喊「晦氣」。

趣味鏈結：辦事不順遭拒叫做「碰釘子」，這釘子從何而來呢？

辦事遭到拒絕或受到斥責，普通話說是「碰壁」，俗語則說是「碰釘子」，也有說是「碰了一鼻子灰」的。這是為什麼呢？

這釘子從何而來，到底有沒有釘子呢？這得從古代封建時代的衙門、官宦人家宅邸的大門說起。在當時，凡是這類處所門上都有「門釘」，所謂「門釘」就是釘在門上拳頭大小、起伏不平的凸起，在有些古建築上還清晰可見。

自古「衙門朝南開，有理沒錢莫進來」。老百姓要求人辦事常在這些地方受制於人，門難進、事難辦、臉難看，被卻之門外，自然就有了「碰釘子」之說。

元雜劇《西廂記·寺警》一折中有：「我撞釘子，將賊兵探知。」這裏的「撞釘子」就是碰到了很多困難，相當於歷盡辛苦，終於得到了敵人的情報。

還有一種說法，說「碰釘子」是青洪幫中洪門的隱語行話，意思是說遇見了對頭。但這種說法似乎極為勉強，可信度不高。如果是隱語行話，又怎麼能在民間流傳開來呢？

「愛出風頭」的典故是什麼？

「出風頭」是指故意引起別人注意，是個貶義詞。

相傳，光緒十八年（1892年），上海縣城內有條最繁華的四馬路。這條馬路上有座「青蓮閣」，一幫遊手好閒的紈絝子弟整日在那裏胡混。「青蓮閣」旁有一家「升平樓」茶座。附近棋盤街一帶也開了「奇芳居」、「同興居」茶館。由於是繁華地段，這裏車水馬龍，熱鬧非凡。

下午來這裏喝茶閒聊的人很多，通常是笑語嘈雜，笙管弦樂滿街飄。一些妓女為了招攬客人，也來到這條街上扭捏作態，盡情賣弄風騷。她們

的這種行為通常被人們稱做「出風頭」。一些愛趕時髦的闊人及其小姐、少爺也雇輛馬車在這裏招搖過市，也被認為是「出風頭」。就這樣，「出風頭」便成了上海灘的一道風景。這就是「出風頭」的由來。

此後，「出風頭」又被用來指做一些華而不實、招搖過市、沽名釣譽之類的行為，一直沿用至今。

趣味鏈結：「作秀」是一個貶義詞嗎？

「作秀」是現代漢語中的一個新詞。是指特意地表現自己，矯揉造作，故意賣弄，有做作不自然的意味。「秀」是英文show的音譯，意思是「表現、展現」。

「作秀」在大多情況下被理解成是含有貶義的詞，一般可以理解為「演戲」，多有做作的意味。秀可以有很多種，比如服裝秀、飾品秀等，作秀有表演意味。但究其實質，卻是一種必須要向別人展示自己的過程。

在表演藝術中，好多含義是透過作秀來表達的，藝術表演中作秀是必要的肢體或語言表達手段！

「黃粱夢」是指什麼夢呢？

我們常把「黃粱夢」比喻為不可能實現的虛幻欲望。而在古代，「黃粱」是一種糧食作物，那麼又為什麼要說是「黃粱夢」而不說其他夢呢？這來源於一個有趣的故事。

唐朝開元年間，有個叫盧生的少年，在邯鄲旅店中遇見了一個名叫呂翁的道士，言談之間，盧生透露出對窮困的慨歎。

呂翁是方外人士，對紅塵之事不太感興趣，但呂翁見這位少年情志不暢，目昏思寐，便從自己的行囊中取出一個兩端有孔的青瓷枕頭送給盧生。

盧生接過枕頭，剛枕下就睡著了。盧生在夢中夢見自己返家數月後，

娶了本縣望族崔氏的漂亮女兒為妻。第二年，又考中了進士，後來步步高升，還當上了宰相。

還夢見自己親率大軍，出征外族，開疆闢土，立下赫赫奇功。自己所生的五個兒子，個個功成名就，都和名門望族結了親……後來，自己又被劫貶謫，歷盡曲折。被皇帝查知冤情後，又將他召回，對他更加寵信，享盡榮華富貴，一直活到八十多歲才壽終正寢。

盧生一覺醒來，摸摸青瓷枕頭，只見自己仍躺在旅店裏，老道早已不知去向。店主人在他睡覺前所蒸的黃粱米飯還未熟，盧生這才明白，自己幾十年的榮華富貴，竟然是短暫的一場夢。

趣味鏈結：莊周夢蝶的故事

《莊子・齊物論》：「昔者莊周夢為蝴蝶，栩栩然蝴蝶也，自喻適志與！不知周也。俄然覺，則蘧蘧然周也。不知周之夢為蝴蝶與，蝴蝶之夢為周與？周與蝴蝶，則必有分矣。此之謂物化。」

翻譯過來，大意就是從前有一天，莊周夢見自己變成了蝴蝶，一隻翩翩起舞的蝴蝶。自己非常快樂，悠然自得，不知道自己是莊周。一會兒夢醒了，卻是僵臥在床的莊周。不知是莊周做夢變成了蝴蝶呢，還是蝴蝶做夢變成了莊周呢？

「莊周夢蝶」把宇宙和人生哲學融為一體，是莊子從人的個體存在的角度對宇宙、人生等問題形象化地哲理闡述。莊子認為人們如果能打破生死和忘我的界限，則無往而不快樂。這則寓言寫得輕靈縹緲，常為哲學家和文學家所引用。

受騙跟「上當」有關係嗎？

「上當」的原意是到當鋪去典當東西，但現在人們常常把被欺騙叫做「上當」。而該詞之所以引申為被欺騙的意思，則和下面這段趣聞有關。

清朝光緒年間，清河有一戶姓王的人家，在城裏開了一間當店。經過幾代人的不懈努力，家業越做越大，生意異常興隆。

雖然生意異常興隆，但各房族人懶於營業，都將自己名下的資金做股存在店裏，靠股金分紅過日子，把日常的典當業務全都交給一個名叫壽芋的年輕人來經營。

而壽芋是個酷愛讀書、喜歡校勘書籍的文人，對生意一竅不通，處理典當事務非常馬虎。王氏族人見有機可乘，就紛紛地從自己家中拿了一些無用的東西到當鋪來典當。他們個個都將物品估定了高價，要夥計如數付給。夥計不敢得罪股東老闆，壽芋也心不在焉，不加阻攔。

如此這樣，前來典當的族人越來越多，不到幾個月，典當鋪的資本就被詐騙得所剩無幾了，壽芋只好向其他商號借貸。久而久之，這家資金充裕的當鋪就倒閉了。當時的人見此情景，就編了一句諧言：「清河裏，自上當。」嘲笑清河王家的人去自家當鋪典質東西（自上當）。

由於王氏家族自家詐騙了自家，使得當鋪倒閉，因此人們就把被欺騙叫做「上當」了。

趣味鏈結：「騙馬」就是「誆騙」的意思嗎？

「騙馬」源於騎術，結緣於古代軍事，是一種具有深刻內涵的歷史文化現象。後來，它發展成為一種最基本的雜技藝術——馬戲：一騎馬者在馬奔馳過程中，手攀鞍轡或抓住鬃毛，騰身上馬；或上下反覆，不斷騰躍，均謂之「騙馬」。

在唐代，人們提到的「騙馬」還是普通的「騎馬」之義。如《新唐書·百官志一》：「凡反逆相坐，沒其家配官曹，長役為官奴婢，每歲孟春上其籍，仲冬送於都官，條其生息而按比之。樂工、獸醫、騙馬、調馬、頭、栽接之人皆取焉。」

到了元代，「騙馬」就開始有了「誆騙」的意思，如《西廂記》第三本第三折：「又想去跳龍門，學騙馬。」王季思校注：「俗注謂哄婦人

為騙馬，不知何據。」一說，指不務正業、大材小用之意。張燕瑾新注：「『學騙馬』，這裏指不務正業、大材小用的意思。」

清代的黃小配在《大馬扁》序言中稱該書「於馬扁界中，別開一新面目」，《二十年目睹之怪現狀》第八十回的標題是：「販丫頭學政蒙羞遇馬扁富翁中計」。這裏的「馬扁」實際上是「騙」拆字後的一種說法，指騙子、騙人。這種用法在「騙」字引申出「誆騙」之意的元代就有了，如秦簡夫《東堂老》第一折：「不養蠶桑不種田，全憑馬扁度流年。」

為何男女間的嫉妒心叫「吃醋」？

男女相戀時有第三者介入，往往會讓某一方產生嫉妒心。那麼「吃醋」的說法是如何來的呢？

其實，關於「吃醋」的來源，流傳最廣的還是唐太宗李世民勸房玄齡納妾一事。

據劉餗《隋唐嘉話》一書的記載：唐太宗李世民執政時期，國泰民安，太平盛世。出於關懷臣下之心，唐太宗把幾名美女各賜給幾位大臣做妾，受賜大臣都高高興興地接納了。房玄齡因輔佐有功，李世民也想把美女賞賜給他，但都被他婉言謝絕了。

唐太宗想，這一定是房夫人從中作梗。於是派皇后親自出馬遊說，但沒有效果。無奈之下，他便派太監帶著一壺「毒酒」去向房大人傳達聖旨：「朕意已決，要給房大人納妾。夫人若抗命不遵，朕馬上就賜你一死，你必須喝了這杯毒酒。」意即如果她同意房玄齡納妾便罷；如果堅持反對，就以違抗聖旨論處，必須立即飲下那壺「毒酒」。

然而在「毒酒」面前，房夫人視死如歸。她寧可去死也不願丈夫納妾，只見她鎮定地接過「毒酒」，一飲而盡。但她並沒有死，原來壺中裝的是老陳醋。

原來，唐太宗只是想跟房夫人開個玩笑，嚇唬和考驗一下她。

後來，唐太宗自我解嘲地說：「朕尚怕見她，何況房玄齡呢！」從此不敢再提給房玄齡納妾的事。

房夫人為了維護一夫一妻制，捨命吃「毒酒」，留下了這段佳話。「吃醋」的故事也因此而廣為流傳，「吃醋」一詞也就演變成男女相戀過程中有第三者介入時，某一方會產生嫉妒心的代名詞了。

趣味鏈結：人們常用吃醋來比喻嫉妒嗎？

食醋本來只是中國一種很普通的酸味調料，但「吃醋」一詞卻有著豐富的內涵和外延。在一般的語境中，它已經脫離了其本義，而往往是指其引申義。

人們常用吃醋來比喻嫉妒。如《紅樓夢》第三十一回：「晴雯聽他（指襲人）說『我們』兩字，自然是他和寶玉了，不覺得又添了醋意……」

人們又把沒來由的嫉妒稱為「吃寡醋」。如戲劇《百花亭》就寫道：「我幾曾調他來，皆是他心上自愛上我，你吃這等寡醋做甚麼？」

吃醋還有「爭風吃醋」的意思。如明末《清夜鐘》第二回載：「石匠樊八……怕陳氏吃醋……又怕陳氏撚酸怪他。」

由此可見，確實應維持一夫一妻制，否則夫妻之間難免會產生嫉妒、衝突。

為什麼會說「女大十八變」？

人們一般認為「女大十八變，越變越好看」的意思就是：芳齡十八的少女，容貌會變得愈來愈美。事實上並非如此，這裏的「十八」不是指年齡，而是指變化之數，也即女孩子長到十八歲時面貌就會發生很多變化。

那麼，為何會用「十八」來稱多變呢？其實，這與《易經》有關，《易經》載有：「十有八變而成卦。」

傳說，周文王被囚牢裏時發奮鑽研，將八卦中的兩卦相疊，進行組合排列，演變為六十四卦、三百八十四爻，並依此推測社會和自然的變化，說明產生萬物的根源是陰陽的相互作用。

由於爻卦間相互組合、變化多端，六十四卦中，每卦都有十八次變化，故胡樸安在《俗語典》中云：「凡事物之多變者，俗並以十八言之。」於是，十八便成為一種套數。

明清之際的話本小說中常常提到「女大十八變」，如《清平山堂話本・花燈轎蓮女成佛記》中寫道：「這蓮女漸漸長得堪描堪畫，從來道，女大十八變。」意思是說少女在發育期間，性情、容顏變化多端。

後來，「女大十八變」就常指女孩子長大到十八歲時，其體貌、心神等方面就會發生很多的變化。

趣味鏈結：「女大十八變」和佛教傳說有關嗎？

傳說，「女大十八變」的說法和佛教有關。

佛教經典《法華經・提婆品》載有：有一個龍女在法華會上現身，釋迦牟尼的大弟子舍利弗見後說女身污穢，難以成佛。於是，這個龍女馬上向釋迦牟尼敬獻寶珠，忽然間變為男身，並現出種種莊嚴微妙的形相，後到南方無垢世界成佛。於是「十八變」便指佛、菩薩、羅漢等依禪定自在之力所示現的十八種神變，經常見於佛教典籍。

「敲門磚」是什麼「磚」？

「敲門磚」的典故語出《留青日箚摘抄》卷四。這個詞的來歷與古代的科舉考試有關。

古代科舉考試有很多講究。「敲門磚」原來的意思是指八股文的那一套寫作程序。是說如果把這套寫作程序練熟了，便可以此來敲開官場的大門。因為古代科舉考試，往往要考八股文。「敲門磚」就是從科舉考試

的故事中來的。

如果沒有考中，就說「撞太歲」，冒險撞撞運氣。考中了的，敲開門就完全拋掉「敲門磚」，就好像用來敲門的磚頭，進了門，自然就要扔掉了。後來，人們用「敲門磚」來比喻為達到某些目的所使用的手段。目的達到後，這些手段也就拋棄不用了。

趣味鏈結：現代意義上的「敲門磚」

現代意義上的「敲門磚」就是考上好的大學，拿一個較高的文憑，然後得以進入好的企業或事業單位。

殊不知，現代社會需要的是人才。很多大學生畢業後被諷為眼高手低，所學的雖然為專業，但在專業實戰中卻一點特長也發揮不出來。現代社會要求大學生要「學有所用，學有所長」。僅靠「敲門磚」的功夫是遠遠不夠的。

「給人戴高帽」是怎麼來的？

現在，人們常把阿諛奉承的行為稱做「給人戴高帽」，而喜歡別人溜鬚拍馬的則被稱做「喜歡戴高帽」。所謂「高帽」顧名思義是一種有著高頂的帽子，比如高山冠、高翅帽等。「高帽」最初與恭維沒有關係。

用「戴高帽」來指代恭維與北朝的宗道暉有關。唐代李延壽著的《北史・熊安生傳》中有這麼一個故事。說北齊有一個叫宗道暉的人，平時喜歡戴一頂很高的帽子，穿一雙很大的木屐。每次謁見上級官員時，他總是仰頭舉肘，然後跪拜，一直把頭叩到木屐上，說：「您的功德可比三公。」極盡阿諛奉承之能事。

對此，清代乾隆年間學者翟灝撰《通俗篇》對宗道暉評論道：「今謂虛自張大，冀人譽己者，曰好戴高帽子，蓋因乎此。」在這裏翟灝諷刺了宗道暉這種虛張聲勢，透過恭維他人抬高自己的做法，這種做法也是遭人

唾棄的。

趣味鏈結：一則古代戴高帽的笑話

清代俞樾《一笑》裏載有一則諷刺好戴高帽者的笑話。有一個將去外地做官的人，臨行前去拜見他的老師，老師囑咐說：「外地的官員不容易當，你辦事一定要小心謹慎。」這個人說：「沒關係，我已經準備了一百頂『高帽』，逢人就送，自然無事。」

老師聽了很生氣，說：「我們應正直待人，怎能這樣呢？」這人說：「唉！天下人能像老師您這樣不喜歡戴『高帽』的，能有幾個呢？」老師聽後高興地說：「是啊，你說的也不是沒有道理。」這個人告別了老師，出來對別人說：「我那一百頂『高帽』，現在只剩下九十九頂了。」

「耳旁風」是指什麼風呢？

耳旁風，又叫耳邊風，比喻對事情漠不關心，絲毫不往心裏去。耳旁風是從「秋風過耳」這句話演變過來的。它出自於漢代趙曄的《吳越春秋・吳王壽夢傳》：「富貴之於我，如秋風之過耳。」

春秋時，吳王壽夢有五個兒子：長子諸樊，次子餘祭，三子餘昧，四子季札，五子蹶由。其中季札的品德最為賢良，而且很有才能，因此深得吳王壽夢的寵愛。西元前561年，壽夢得了重病，臨終前要將王位傳給季札，但季札死活不受，他認為這樣做破壞了傳位給長子的舊制。

於是壽夢只好將王位傳給長子諸樊，並對諸樊說道：「我想把君位傳給季札，但他不願，你即位後，希望不要忘了我的遺願。」壽夢死後，諸樊繼承了王位，他和餘祭、餘昧立下誓約：今後王位由兄弟依次相傳，最後務必讓季札繼位。

果然，諸樊死後，傳位給餘祭；餘祭死後，又傳位給餘昧。季札一直忠心耿耿地輔佐兄長處理朝政，賢名遠揚。餘昧臨死時，將王位傳給年邁

的季札，季札還是不受，他說：「父王離世前，我曾明確表態，不繼承王位。做人只要行為正派，品格高尚，至於榮華富貴，不過就像秋風過耳，沒什麼值得留戀的。」

後來他乾脆去自己的土地上隱居起來。直到餘昧的兒子僚繼位後，他才回到朝中，協助吳王僚治理朝政。十二年後，諸樊的長子公子光刺殺了吳王僚，假意請季札繼位，季札不但嚴詞拒絕，而且對他嚴加痛斥。公子光即位後，季札逃回封地延陵，在那兒隱居到老，再也沒回過吳都。

趣味鏈結：「雷同」和打雷有關係嗎？

「雷同」一詞多用來批評那些缺乏新意、千人一面的作品。「雷同」的最早出處是《禮記》。

《禮記・曲禮》載：「毋勦說，毋雷同。」為此漢代鄭玄注：「雷之發聲，物無不同時應者。人之言當各由己，不當然也。」從這些文獻資料裏我們可以看出，古人認為，打雷時萬物都同時回應，故有「雷同」之說。

除此之外，「雷同」還有「隨聲附和」之義，《漢書・劉欲傳》：「或懷妒嫉，不考情實，雷同相從，隨聲是非。」這跟古人認為的一雷響、萬物應是一個道理，只不過是一種引申罷了。

為何有「眼中釘」的說法？

人們常用「眼中釘」一詞，來形容極為仇視的人。關於這個詞的來歷，有一段很有趣的歷史故事。

後唐明宗的時候，宋州的節度使叫趙在禮，他是皇親國戚，又掌握著地方的軍政大權，便無法無天，到處搜刮民財，欺壓百姓。宋州的人民吃盡了苦頭，對他恨之入骨。

趙在禮在宋州做了幾年官之後，覺得宋州太窮了，撈不了多少油水，

就透過賄賂上司的辦法要求調到富裕的永興做官。宋州的老百姓聽到這個消息後非常高興，互相慶賀說：「趙在禮走了，這真是咱們百姓的福氣，好像拔掉了眼中的一根釘子！」

不料，這話傳到趙在禮的耳朵裏，氣得他暴跳如雷，立即修書一封上奏皇帝，請求繼續留在宋州。皇帝還以為他深得民心，很快就批准了他的請奏。趙在禮一回來，宋州的老百姓可就遭殃了。趙在禮下令，讓宋州的老百姓每人交一千大錢作為「拔釘錢」，不然就要押到官府去坐大牢。宋州的百姓只好在心中憎恨著這個「眼中釘」，但錢還是得交。

趣味鏈結：眼中釘的另一說

相傳，北宋真宗年間，宰相丁謂和太監狼狽為奸，把持朝政。當時，老宰相寇準尚在朝中，丁謂深知寇準為官公正，剛正不阿。生怕自己所做的壞事被他拿住把柄，引發後患，就千方百計地在皇上面前說他的壞話，後來寇準被排擠出了京城。

丁謂的所作所為，老百姓看得清清楚楚。不久，出現了一首民謠。歌中唱道：「欲得天下寧，須拔眼中丁；欲得天下好，莫如召寇老。」歌中的「丁」，指的就是丁謂。於是，「眼中丁」的說法逐漸流傳開來。到後來，「丁」又演變成「釘」。

「敲竹槓」是什麼意思？

在現實生活中，人們常把那些用別人的弱點或尋找藉口向別人敲詐錢財的行為叫「敲竹槓」。關於「敲竹槓」一詞的來源有以下幾種說法。

第一種說法是：「敲竹槓」一詞來源於清朝末年，當時，帝國主義商船紛紛向中國輸入鴉片。愛國官吏林則徐向清政府提出禁煙，並在廣州海面派出官船巡邏，查禁鴉片。

一次，官船截住一艘走私船，一官員抽著煙袋上了船，監督手下人

搜查。剛沒說幾句話，他的一袋煙就吃完了，就隨手在船篙上磕煙灰。沒想到這個動作可嚇壞了走私商人。原來，他們正是將鴉片藏在打通的船篙裏面。走私商人以為官員發現了秘密，便趁別人不注意把錢塞進官員的手中，這個貪官心領神會，放走了走私船。因為「篙」是竹子做的，於是人們將這種行為稱為「敲竹篙」，後來就逐漸演變成「敲竹槓」的說法了。

第二種說法是：四川山道崎嶇，路很不好走，有錢人進山燒香時往往要乘坐一種用竹竿做成的滑竿轎子。走到半山腰時，抬滑竿的人就敲著滑槓，暗示坐轎子的加工錢，否則就不抬人，乘坐滑竿的只好乖乖地給轎夫加些錢。

第三種說法是：清朝末年，市場上的小額買賣，以銅錢作為單位。店家接錢後便丟在用竹槓做的錢筒裏。當時，上海城裏有家店鋪，老闆很不老實，陌生顧客進門，往往會隨意提價。每當夥計在接待顧客時，店主就敲竹槓一下，示意提價。

這三種說法都有一定的道理，但第二種似乎更可信一些。

趣味鏈結：小費的由來

「小費」一詞是個外來語詞，是指為感謝服務人員而付給的報酬。據考證，「小費」最早起源於18世紀英國倫敦的一家酒店。

在當時這家酒店入口的餐桌上放著一隻碗，上面寫著「to insure prompt service」（保證服務迅速）。顧客將零錢放入碗中，將會得到迅速而周到的服務。顧客對這種做法也欣然接受，久而久之，這種做法就不斷延續，使用的範圍也不斷擴大，逐步在多數國家成為一種習慣的做法。不過放在碗中的這些錢是不算做酒店的食宿費用的。

而「保證服務迅速」這幾個英文單詞的頭一個字母連起來，就成了「tips」（即小費）。

其實中國古代也有類似的習慣，那就是「賞錢」。賞賜對象有店小二、奴僕、書童、小廝、跟腳等。後來，小費的給予範圍不斷擴大，很多

公職人員也能收到叮噹作響的錢幣。19世紀末，有錢人為了達到某種目的，常以小費的名義向有影響的人物和新聞界人士行賄。

為什麼誇口叫做「吹牛」？

「吹牛（皮）」一詞起源於黃河上游地區，在當時並不是誇口說大話的意思。

古代的交通不太發達，當黃河流經青海、甘肅、寧夏、陝西等省境內時，因水急浪惡，難以行舟。居住在這些地區的人民為了解決這一難題，就想出了「皮筏代舟」的辦法。

皮筏子古代又稱「革船」，有羊皮的也有牛皮的，形狀像袋，以牛皮製成的居多。製作起來是十分簡單的，就是用宰殺牛羊時剝下的毛皮，經過脫毛處理，再在四肢及頸部塗上植物油，然後將其浸水、曝曬，最後把這變得鬆軟的皮用細繩縫製成袋狀，這樣皮筏子就製成了。

不過在製作過程中，都會留下一個小孔，等到要用的時候就對著小孔往裏面吹氣，紮好口後，就可以渡河了。根據需求，可以把小皮筏子連在一起組成大皮筏子。組成的最大的皮筏子可以承載數千斤的重物。

不過在當時是沒有打氣筒可用的，要想將牛皮袋灌飽氣，就只能靠嘴吹了。由於牛皮袋體積太大，一般需要多個身強體壯的青年男子輪流完成。因此，在黃河上游一帶，如果有人說他能一人吹起牛皮袋，當地的人是沒人會相信的。

而對於那些喜歡誇口炫耀自己的人，當地居民往往會說：「你要真有本事，就到黃河邊上去吹牛皮好了！」從此，「吹牛（皮）」就成了「誇口說大話」的代名詞，並逐漸流傳開來了。

趣味鏈結：宋代的吹牛大王

宋時有一個人，叫楊璞，此人最愛吹牛，自稱是東野遺民，詩文天下

無雙。宋真宗求賢，人家就把他舉薦了上去。宋真宗要他立庭作詩，他憋得面紅耳赤也沒作出詩來。宋真宗看他為難，可憐他年紀大，讓他第二天交一首詩來。

楊璞回到客棧一夜輾轉難眠，天亮時想起了從家裏出來時老婆子的臨別贈言。第二天，他就把老婆子的臨別贈言獻了上去：「更休落魄貪酒杯，亦莫倡狂亂詠詩。今日捉將宮裏去，這回斷送老頭皮。」

宋真宗看完就問他是誰寫的，他不好隱瞞，只好交代說是出門時老婆子的話。宋真宗說：「你家老婆子倒是個踏實人，這次看在你家老婆子的分上，放過你了，要不真要了你的老頭皮。回去後老實做人吧！」

為什麼配角稱為「跑龍套」？

現在人們往往把扮演配角的人或者做些無足輕重工作的人，稱為「龍套」或「跑龍套」。而這些人自己也常常說：「我不過是跑跑龍套而已。」當然也有些人是用這個詞自謙的。那麼，「跑龍套」這個詞是怎麼來的呢？

「龍套」其實就是小角色演員，也包括群眾演員所穿的戲裝，這種戲裝上常常繡有龍紋並且是套頭裝，因此被稱為龍套。穿這種戲服的人往往在戲曲中出演成隊的隨從或兵卒，達到助陣和串場的作用，但不是人人都可以去跑龍套的，想幹好也不易。

舊時在戲班裏，唱生、旦、淨、末、丑的主角都是臺柱子，在舞臺上，龍套們總是跟著主帥跑上跑下，不過有一定的活動程序，如升帳或坐堂分站兩廂的叫「站門」；引導主人前行並開路的叫「圓場」等。他們還得演得像模像樣，有姿有形。每每舞臺部位變換，甚至渲染舞臺氣氛、環境變化，都要靠龍套「跑」出來。

當然一些剛入戲班還不是主角、名角的演員，即使是專業出身，也只能在舞臺上扛扛旗、打打傘，扮演些無足輕重的小角色。隨著主角走幾次

過場，跑幾趟臺步，「噢」上幾聲，既無唱段，也無念白。龍套可以說是「萬能跟班」，在舞臺上一會兒扮演士兵，一會兒扮演太監。

也有把跑龍套叫做「打旗的」，因為在武戲中，龍套常以四人為一組，每組分頭、二、三、四家（或頭、二、三、四旗），以頭旗為主，二、三、四旗都要聽頭旗的指揮。他們常打著紅門旗、飛虎旗、月華旗，演神話時還要打著風旗、水旗、火旗、雲牌等，故有這樣的叫法。

龍套的業務範圍很雜，流動性很強，因此也被稱為「流」行或「雜」行，在舊時的戲班裏是不被人重視的。但在戲曲演出中卻是不可缺少的部分，幾乎每齣戲裏都得有龍套。在戲班裏雖不被人重視，但跑龍套能練就演員扎實的基本功，「多年媳婦熬成婆」，也有從跑龍套出人頭地的。

趣味鏈結：紀曉嵐妙聯戲說「跑龍套」

「跑龍套」這個詞，誕生多長時間了呢？

傳說清代著名才子紀曉嵐，曾為京師一戲館寫了一副長聯。

上聯云：堯舜生，湯武淨，五霸七雄丑角耳；漢祖唐宗，也算一時名角，其餘拜將封侯，不過捐旗打傘跑龍套；

下聯云：四書白，五經引，諸子百家雜曲也；杜甫李白，能唱幾句亂彈，此外咬文嚼字，都是求錢乞食耍猴兒。

這副長聯道盡了戲臺上重現上下古今、人間百態。那時他就把在戲臺上搖旗吶喊的人稱做「跑龍套」了。

「花架子」的說法怎麼來？

俗話說：「把式把式，全憑架勢。」在中國武術中，有「花拳」、「花槍」、「花棒」等，這些架勢統稱為「花架子」。戲曲舞臺上的武打，就是由這些「花架子」演變來的。人們常用「花架子」形容中看不中用的東西，它來源於一個有趣的故事。

據說在元朝時，松江紡織家黃道婆的紡織技術非常高超，當地幾乎家家戶戶都靠這個富裕起來了。唯獨一個窮酸的李秀才，雖然家無隔宿之糧，但自恃清高，不願從事紡織。幾次科舉考試都名落孫山後，他心灰意懶，不願意再參加科舉考試了。

為了養活自己，李秀才到湖州織裏當了一名私塾教師。大家聽說私塾裏新來的李秀才是黃道婆家鄉的人，就紛紛找他請教紡織新技術。有的還送錢送禮物，極力地討好他。由於李秀才對紡織技術一竅不通，又不願意承認自己不懂，他靈機一動想出了個鬼點子，他告訴大家說，自己雖然從不紡紗織布，不過，黃道婆的新織布機他是親眼見過的，可以畫出圖樣。

他的圖樣一畫好，人們就請來最好的木匠照他的圖樣製作紡車，不久，一架樣式新穎，設計別致的織布機擺在了眾人面前。可是，用它織布卻讓人為難了，再靈巧的織女也使用不了它。大家去問秀才，他卻狡辯說，你們的手藝不行，對最新的機器理解不透澈，所以才織不出布來。

後來，黃道婆的紡織新技術和新式織布機傳到這裏，人們才知道李秀才畫的織布機只是樣子好看而已，根本不具備實用性。從此，人們就稱他那架織布機是中看不中用的「花架子」。「花架子」一語也就此流傳開了。

趣味鏈結：技藝不純熟的人常被稱為「三腳貓」，這是為什麼呢？

某人在技藝上不精湛，人們常稱其為「三腳貓」。那麼「三腳貓」一詞是怎麼來的呢？

「三腳貓」一詞，出於元末明初陶宗儀的《南村輟耕錄》：「張明善作北樂府《水仙子》譏時云……說英雄，誰英雄；五眼雞，岐山鳴鳳；兩頭蛇，南陽臥龍；三腳貓，渭水非熊（非熊即飛熊）。」不過文中的「三腳貓」是「渭水非熊」，是一種動物。

後來，明人郎瑛的《七修類稿》記載：「嘉靖間，南京神樂觀有三腳貓一頭，極善捕鼠，而走不成步。」捕鼠是貓的專職，「三腳貓」的本

職技能很不錯,卻「走不成步」,難怪郎瑛接著解釋道:「俗以事不盡善者,謂之三腳貓。」就這樣,「三腳貓」一詞的貶義出現了,成了做事技藝不精的代名詞,並一直沿用到今。

「馬後炮」最初是指什麼嗎?

「馬後炮」在象棋中是一種極厲害的殺招,是指在象棋的對陣中,炮位於馬之後,隔山將殺的一種招式。從對弈的角度來看是極為積極的。可是在生活中為什麼會用來比喻「不及時的舉動」呢?

「馬後炮」跳出象棋進入戲曲之後詞義就變得消極了。在舊時戲劇裏「馬後炮」是一個隱語,常用來表示調整演出時間長短。「馬」與「碼」諧音,馬後「意思是延長演出時間」。與之相反的說法是「馬前」,此「馬」與「抹」(讀音媽)諧音。「抹前」即提前結束,壓縮演出內容。比如元劇《隔江鬥智》第二折:「大哥需要計較此事,不要做了馬後炮,弄得遲了。」

究其因,「馬後炮」一詞出現的原因還在於,古人愛棋(當然今人也有很多喜歡的),並且古代的象棋與當今的象棋有很大不同。司馬光的《古局象棋圖》中記載宋代的象棋是:此圖以戰國七雄並峙之局,列為象戲。七國各有一主將、一偏將、一裨將、一行人、一炮、一弓、一弩、二刀、四劍、四騎。由此可以看出古人的盤棋可以有三到七個人下,採取合縱連橫的方法奪取勝利。

下棋時每一方均擁有十七個棋子,其中有四個馬,但炮只有一個。馬和炮的走法和用法跟今天是差不多的,《古局象棋圖》中說:「一炮,直行無遠近,前隔一棋乃可擊物;前無所隔,及隔兩棋以上,則不可擊。」而馬的行動規律則是:「四騎,曲行四路,謂直一斜三。」如此看來,古人下象棋自然是一馬當先,炮置於馬後才能發揮效用,否則炮沒有架子就是死炮一個。「馬後炮」自然就是比較常用的制勝招數了。

「馬後炮」發生消極詞義的轉變主要還是源自戲曲中的諧音變化。

趣味鏈結:「馬後炮」的兩面性

「馬後炮」是中國象棋戰術中很厲害的一招,運用得當,它往往可以轉敗為勝,「將死」對方。可是,在日常生活中卻慢慢被人們演變成了帶有消極含義的口頭語。

生活中的「馬後炮」是舉動不及時的意思,是個貶義詞。因此,可以講「馬後炮」在象棋術語裏是積極的,用在生活中卻是消極的。

什麼樣的事需要去「擺平」呢?

「擺平」這個詞語經常出現在警匪電影中,因為這個詞語經常和「道上」、「混」等詞語聯繫搭配。有人說它是一句江湖用語,民間用法只是一種借用。那麼在現實生活中,什麼樣的事需要「擺平」呢?

要「擺平」自然少不了爭鬥,黑惡組織之間為了要擺平某些人和事,常常是以暴制暴,場面十分血腥。而今日社會生活中的「擺平」,雖然「洗」掉了「黑社會」的血腥氣,更多的時候甚至像個貴夫人一樣一身的珠光寶氣,但骨子裏卻脫不了黑惡之氣。

那擺平這個詞該怎樣理解呢?要「擺平」首先當然得「擺」,「擺」好了才能「平」,「擺」「平」之間,存在著因果關係。字典中的「擺」,既有「安排」、「安放」的意思,又有「顯示」、「炫耀」的意思。現代社會裏的「擺平」之「擺」,兩種意思都要用到。

對「擺」者而言,「平」乃是其追求的目標。「平」則大事化小、小事化無。「平」則萬事大吉、皆大歡喜,「平」則心想事成、萬事如意。而對於被「擺」的一方而言,則是對權勢的屈從、對金錢的儒服,以及對公道和正直的絕望與放棄。

趣味鏈結：到底是用「埋單」還是用「買單」？

有很多人分不清到底是用「埋單」還是用「買單」。不過廣東人是一定不會弄錯的。這個詞語是結帳的意思，它來自於粵方言。

上世紀50年代，珠江三角洲一帶的茶樓食肆，均實行「先吃後付款」的做法。這個詞語就產生在這個地方。原來，茶樓、食肆用於盛載食品的碗碟，是有分類講究的，比方說，按五角、一元、一元五角、兩元區分，服務人員一看見某種碗（碟），便立即知道是盛載何種價格的食品。

客人吃完東西，服務人員一看碗，算出消費總金額後，用筆寫在專用小單據上，粵方言裏叫做開單，然後開始收拾杯盤碗盞。收回來的碗筷洗乾淨後，也得按不同價格分門別類疊放好，在粵方言裏叫做執埋。所以「埋單」就是「執埋」、「開單」的簡縮語。

「埋單」與「買單」其音近似，只一字之差，詞意卻大相逕庭。廣州話的「埋」字有多個含義，其中之一有「聚合」的意思，如「埋口」（傷口癒合）、「埋份」（參與一份）、「埋堆」（志趣相投者常相聚）。

而「買」字則不同了，顧名思義就是「拿錢買東西」的意思。如果是「買單」的話，那豈不是要「拿錢去買一張用完餐後的單據」了？當瞭解了「埋單」的詞源出於「執埋」、「開單」的整個操作過程後，就不會再亂用「買單」這個生造詞了。

「閉門羹」是種什麼「羹」？

閉門羹意為拒客。但閉門何以與羹聯繫起來呢？最初，閉門羹一語見唐代馮贄《雲仙雜記》所引《常新錄》中的一段話：「史鳳，宣城妓也。待客以等差……下列不相見。以閉門羹待之。」原來，唐代宣州城出了一位叫史鳳的名妓，轟動一時，方圓百里的貴冑子弟、風流才子都以一睹史鳳芳容為快。

史鳳不僅有沉魚落雁之貌，而且有一副迷人的金嗓子，舞姿更是令人傾倒。賦詩、撫琴、潑墨、作畫無不精通。公子哥兒們不惜千里迢迢，重金求見。然而史鳳卻不愛錢，把前來求見的人以品貌、才學分成三六九等，若是紈絝子弟、不學無術之輩上門，則統統被拒之門外。

久而久之，一些公子哥兒們對她懷恨在心，四處造謠中傷史鳳。聰明的史鳳就想出了一個辦法，對被拒絕的人皆賞一碗羹湯，這樣一來倒也堵住了他們亂說的嘴。後來上門求見者只要一看見擺上粥湯，就知道史鳳不願接待。知趣地離開了，心中雖然感到十分不滿，但也無話可說。

史鳳擺出的羹湯到底是用什麼做的呢？所謂羹，最初時係指肉類，後來以蔬菜為羹，再後來對凡熬煮成有濃汁的食品皆以羹稱之，如雪耳羹、水蛇羹、燕窩羹等。據說，史鳳的「閉門羹」是用豆腐和鴨腸子做原料的，之所以用這些不值一提的原料來做這道菜，就是為了表示主人對來客的輕視。

「閉門羹」也就由此事而得名，流傳至今了。不過，讓史鳳自己也沒想到的是，還真有一些不知趣的人吃了史鳳的「閉門羹」後，覺得味道還不錯，從而引得一些人專門來嘗「閉門羹」。

趣味鏈結：「分一杯羹」分的又是什麼羹？

現在把想分得一點利益叫「分一杯羹」，這個詞語說的是漢高祖劉邦的故事。

漢王劉邦從鴻門宴上逃生之後，整頓軍馬，與項羽爭天下，先派大將彭越引兵渡黃河，在東阿出擊項羽。後又親率大軍渡河，與項羽在廣武對峙數月，互有勝負。彭越則又不斷地襲擊項羽的糧草，使項羽首尾不能兼顧，疲於奔命。

項羽對此十分惱怒，就做了一個高腿的大鍋，把劉邦的父親劉太公放在鍋上，停放在一個地勢較高的地方，故意讓劉邦看到，然後對劉邦說：「你現在如果不快快投降，我就烹殺太公！」

劉邦回答說：「我們都是楚懷王的舊臣，懷王讓我們約為兄弟，所以我的父親就是你的父親，如果你一定要烹殺你的父親，就請你也分給我一杯羹吧。」

項羽大怒，準備殺掉劉太公，項伯勸他說：「現在天下未定，把他殺掉了只能得一個罵名，也沒什麼好處。」項羽聽了，對此無可奈何，只好作罷。

劉邦這樣說，只是一個權宜之計。後世也逐漸把「分一杯羹」當做分得利益的意思了。

「穿小鞋」之說是源於何時？

在封建社會，中國婦女一直沿襲著纏足的陋習，在女子還沒有成年的時候就用很長的白布把腳死死纏住，纏成又小又尖的彎彎「月牙兒」。當時的觀念是腳纏得越小越美，並美其名曰「三寸金蓮」。腳纏小了，當然只能穿小鞋了，這就是穿小鞋的本義。而這跟現在所說的意思，即故意刁難人給人穿小鞋，有什麼關係呢？據說這跟古代的男女婚姻有關。

古時候的男女婚姻，多是父母之命、媒妁之言。古代女子深居閨中，不輕易露面，男方無從知道女方的模樣，只能依照媒婆所拿來的鞋樣大小去衡量女方的美醜。

男方看到了鞋樣，就如同是見著了女方本人，因此，在媒婆說媒時，如果男方看了鞋樣，有意願的話，就留下這個鞋樣兒，並按照此樣尺寸做一雙繡鞋連同訂婚禮物一起送到女方家。按規矩，成親那天，新娘必須穿上這雙繡鞋，以防腳大而受騙。女方如果當初故意把尺寸弄小，自然就穿著不舒服，甚至穿不上，從而出醜。

後來，人們把這一風俗引申到社會生活中，用來專指那些在背後使壞點子整人，或利用某種職權尋機置人於困境的人為「給人穿小鞋」。

趣味鏈結：穿小鞋的傳說

相傳北宋時，一個名叫巧玉的女孩，長到了出嫁的年齡，她後娘要將她許配給一個又聾又啞的有錢人，巧玉堅決不同意。不幾日，一個媒人前來提親，要將她介紹給一個秀才，巧玉很中意，就答應了下來。可這時，後娘的臉色卻不好看了。

後娘為了刁難巧玉，就暗暗想了個法子整她。後娘在背地裏剪了一雙很小的鞋樣，讓媒婆帶給男方。男方看到鞋樣後，也很滿意，就根據這雙鞋樣子做了一雙小繡鞋連同聘禮一起送到了巧玉家。

巧玉出嫁那天，這雙鞋怎麼也穿不上，害得她上不了花轎。於是巧玉羞愧難當，一氣之下便上吊自盡了。

後來，人們便將這種用陰謀整治人、或者利用職權給他人製造困難的行為叫做給人「穿小鞋」。

「三綱五常」是指什麼？

「三綱五常」是中國封建社會的政治倫理學說，它由漢朝思想家董仲舒建立，在封建社會，對道德規範和人倫關係進行嚴格約束。

董仲舒認為，在人倫關係中，君臣、父子、夫妻這三種關係是最重要的。並且其中存在著天定的、永恆不變的主從關係，即所謂「三綱」——君為臣綱，父為子綱，夫為妻綱。就是說，臣子要無條件服從君主，子女要無條件服從父親，妻子要無條件服從丈夫，在一定程度上禁錮了人們的思想。

五常，也叫「五倫」，是封建禮教所規定的君臣、父子、兄弟、夫婦、朋友之間的關係，即「仁、義、禮、智、信」五個字。《孟子·滕文公上》載：「使契為司徒，教以人倫：父子有親，君臣有義，夫婦有別，長幼有序，朋友有信。」五常之道是處理君臣、父子、夫妻、上下和尊卑

關係的基本法則,在現實生活中有著一定的積極作用。

董仲舒「三綱五常」之道把封建等級制度、政治秩序神聖化為宇宙的根本法則,是他自認為的所謂「天道」理論。兩千年來一直影響著中國人的國民性,也在一定時期內起到了維護社會秩序、規範人際關係的作用。

趣味鏈結:何為「三從四德」?

中國幾千年的封建社會史中,制定了許多限制婦女自由的封建禮法、制度,「三從四德」便是其中一種。所謂「三從四德」,其實就是儒家為婦女規定的三種道德關係和四種品德。

「三從」指「未嫁從父,既嫁從夫,夫死從子」,相關的文字記載最早見於儒家經典《儀禮・喪服・子夏傳》;「四德」是封建時代女子應具備的四種德行,指「婦德、婦言、婦容、婦功」,見於《周禮・天官・九嬪》:「九嬪掌婦學之法,以教九御婦德、婦言、婦容、婦功。」東漢鄭玄注:「婦德謂貞順(品德),婦言謂辭合(言語),婦容謂婉婉(儀態),婦功謂絲枲(手藝)。」

「三從四德」作為封建社會對婦女道德、行為、能力和修養的綜合要求,規定了婦女要無條件屈從男權,謹守所謂的道德儀禮,它已經成為了中國封建社會廣大婦女的沉重精神枷鎖。

賭咒起誓語中的五雷指什麼?

「天打五雷轟」一詞常被用做賭咒起誓語,意思是說如果我破壞了我們的約定,就要遭到五雷轟頂。

有些人為洗清冤屈,常起誓說:「如果是我,就天打五雷轟。」有些潑婦罵街也常用這個詞。為什麼說五雷轟?難道天上還打五個雷嗎?

原來,古代人們把金、木、水、火、土五種死法謂之五雷。刀砍死謂之金雷,木棍打死謂之木雷,水淹死謂之水雷,火燒死謂之火雷,土牆壓

死謂之土雷。真正被雷擊死，那就屬罪大惡極了。

如果某人遭遇這五雷而死，就會被認為是天意，神仙也不會救你。故而「天打五雷轟」就會死得很慘，每個人都不希望發生在自己身上，因此常被用做賭咒起誓語。

趣味鏈結：擊掌的動作為何表示盟誓？

在很多古裝劇和戲劇中，都能看到擊掌盟誓的動作，表示自己說話算數，絕不反悔。這和勾手指的動作異曲同工，目的相似。

其實擊掌最初並不是約誓的動作，而是一種舞蹈形式。隨樂起舞時，舞者得意忘形，不由地手舞足蹈，不住地隨著音樂節奏來回擊掌活躍氣氛，增強效果。

另外，古人情緒激昂之時也常常不停擊掌，藉此宣洩某種情緒。由於手掌在生活中的特殊地位，後來便以擊掌表示交換掌印，鄭重地代表盟誓。明清時期，擊掌成為盟誓時經常使用的動作。

第九章
稱謂解疑

「黎民」和「百姓」意思一樣嗎？

　　如今，人們常將「黎民百姓」放在一起說，在現代漢語辭彙中，「黎民」也被釋做「百姓」。可是在古代，這兩個詞語卻不同意思。

　　「黎民」在早期是黎族俘虜和奴隸的意思。據《山海經》記載，四千多年前，在黃河流域，黃帝和炎帝部落結成聯盟，打敗了蚩尤率領的從南方進犯的九黎族，俘虜了九黎族的人做奴隸，由於他們都是從九黎族來的，故而黃、炎部落的人就稱他們為「黎民」。

　　聯盟消滅了蚩尤之後，炎帝和黃帝的部落之間開始爭鬥，結果黃帝得勝。當時，許多部落都由氏族組成，而黃、炎部落聯盟約有一百個氏族，每個氏族又各有自己的姓氏。因而黃、炎部落聯盟的氏族就被稱做「百姓」。百姓是主人，黎民就是奴隸。

　　到了西周奴隸制時期，百姓成為貴族的通稱。這時的黎民（也稱庶民）包括自由民、農奴、奴隸，與百姓形成了互相對立的兩大階級。到了春秋末期。隨著宗族世襲制的破壞，土地私有制的出現，百姓的地位

逐漸降低，他們中的大部分人最後也降到黎民的行列中來。因此，後來就將黎民與百姓統一稱謂了。

趣味鏈結：古代民眾的稱謂

百姓：古代對貴族的總稱。商代貴族總稱為「百姓」（因為當時只有貴族才有姓）。商王是貴族的最高代表，自稱為「第一人」，周代仍有這種稱號。戰國以後，「百姓」為平民的通稱，與「民」為同義詞。

黎民：即平民，亦即「眾民」的意思，一說「黎」通「驪」，黑色。「黎民」因黑髮而得名。一般泛指勞動人民。

黔首：黔首是戰國時秦國及秦朝時對平民的稱呼。黔，黑色。「黔首」，猶如黑頭，秦尚黑色，當時平民都用黑布包頭，故稱「黔首」。

布衣：即平民。古代富人穿絲綢。平民穿麻布，所以稱「布衣」。《出師表》：「臣本布衣，躬耕於南陽，苟全性命於亂世，不求聞達於諸侯。」

庶人：又叫「庶民」。西周以後對農業生產者的稱謂。西周時庶人可作為被封賜的對象，其身分比奴隸高。春秋時，庶人的地位在士以下、工商奴隸之上。秦漢以後，泛指未做官的一般平民。

「仲父」是什麼意思？

齊桓公稱管仲為「仲父」，故事見自《戰國策·齊策》。後人也有稱「孔子」為「尼父」或「仲父」的。這裏的「仲父」可以解釋為「叔父」嗎？

「父」在古代是對老年男子的尊稱；「仲」意即排在第二位，比如「仲夏」。通常說仲父，「父之弟曰仲父，仲，中也；位在中也，仲父之弟曰叔父」（《釋名·釋親屬》）。這裏的「仲」也可取排在第二之意，「仲父」也可以作「叔父」解，但與我們現在所說的還是有差別的。

現在的仲父、叔父，可統稱為「叔父」。但此處齊桓公所稱管仲之「仲父」，只是一種敬稱，是一種按排行加一「父」字的敬稱，不能泛作為「叔父」解。

古代還有另外一種敬稱方式是以其名冠一「父」字。比如《史記・齊太公世家》中，周武王姬發尊稱呂尚（姜尚）為「師尚父」。劉向《別錄》，「師之，尚之，父之，故曰師尚父」。

古代尊稱長者的方式還有很多，這只是其中之一二種。

趣味鏈結：伯仲叔季怎麼來的？

根據《國語辭典》孔穎達釋義說：「伯、仲、叔、季，兄弟姊妹長幼之別字也。」

伯仲叔季是兄弟行輩中長幼排行的次序。伯是老大，仲是第二，叔是第三，季最小。《儀禮・士冠禮》曰：「伯某甫，仲、叔、季，唯其所當。」鄭玄注：「伯仲叔季，長幼之稱。」

漢班固《白虎通・姓名》：「《禮・檀弓》曰：幼名，冠字，五十乃稱伯仲。《論語》曰：五十而知天命。稱號所以有四何？法四時用事先後長幼兄弟之象也。故以時長幼號曰伯、仲、叔、季也。伯者，長也。

伯者子最長，迫近父也。仲者，中也。叔者，少也。季者，少也。適長稱伯，伯禽是也。庶長孟，以魯大夫孟氏。」

「先生」的稱謂是怎麼來的？

先生是對男人的尊稱，與女士相對應，不過在某些場合也被用來稱呼女性。這個稱呼由來已久，不過，不同的歷史時期，先生這個稱呼指代的對象有所不同。

「先生」一詞最早見於《論語・為政》，篇裏記載「有酒食，先生饌」，它的意思是指父兄。也就是指先出生的人，引申為長輩、有見識的

人。《孟子》中的「先生何為出此言也？」也是指長輩與有學問的人。

戰國時期，先生均是對有德行長輩的稱呼，如《國策》：「衛客患之，乃見梧下先生。」《戰國策》：「先生坐，何至於此。」

第一個用「先生」稱呼老師的，始見於《曲禮》：「從於先生，不越禮而與人言。」（注：先生，老年教學者。）今稱老師為先生，也是這個意思。正因為如此，孔子被後來各封建王朝尊稱為「大成至聖先師」。

到了元代，把道士也稱做先生。清初，稱相國為老先生。乾隆之後，官場上這種稱呼已不常用。辛亥革命後，老先生這個稱呼頗為流行。交際場上，對老年人都一律稱之為老先生。

如今，「先生」已成為社會場合通用的禮貌稱謂，不僅男人可以稱做「先生」，女人也可稱做「先生」。有些女子也把自己的丈夫稱為「先生」。在有些地方，也有稱醫生為「先生」的。

趣味鏈結：「同志」的稱呼是怎麼來的？

「同志」這一辭彙源遠流長，原意是志同道合的朋友的意思，與「先生」和「君」一樣都是對朋友的尊稱，隨著歷史的發展，其含義逐漸豐富。

早在春秋時期，左丘明就對「同志」一詞作出了解釋：「同德則同心，同心則同志。」東漢時，鄭玄明確地說，同志就是朋友。在《論衡》一書中，著名思想家王充也用了「好友同志」這個說法。可見，在古代就已使用「同志」一詞了。

古代百姓如何稱呼君王？

古代百姓對君王的稱呼有很多種，按使用多少排序，有以下幾種：

皇上是一種最常用的稱呼。是臣下對皇帝的稱呼。晉陸機詩《皇太子宴玄圃宣猷堂有令賦詩》：「皇上纂隆，經教弘道。」

最常用的是陛下，尤其是官員多會這樣面稱皇帝。「陛」字是古代皇宮高高的臺階。官員們在拜見皇帝時，按照禮節要在陛下（即臺階下）恭敬地等候，後逐漸成了官員對皇帝的稱呼，再演變才成為對皇帝的尊稱。

萬歲也是常用的稱呼之一，因為只有皇帝才有資格稱萬歲。萬歲原為古人飲酒上壽之祝詞，是人們在喜慶時的歡呼語。秦漢以後，臣子朝見國君，拜恩慶賀，以呼「萬歲」為常。遂成為帝王之代稱。

天子用來稱呼最高統治者，不光古代可以用，現代也可以。天子即天之驕子，他擁有的權力是上天所賦予的，因此「天子」的地位是至高無上的。

上主這個稱呼比較少見。由於皇位高高在上，故以「上」字代替皇帝。上主，指賢明的君主。

聖、聖上、聖人則是一種很普遍的稱呼了，除了稱呼皇帝之外，還可以稱呼一些有優秀品德的人，比如，孔子就被稱為孔聖人。《禮記‧大傳》：「聖人南面而治天下。」

官、官家也是對皇帝的敬稱。《晉書‧石季龍載記上》：「官家難稱，吾欲行冒頓之事，卿從我乎？」

除了上面所列舉的外，還有一些朝代專有的皇帝稱謂，如西漢時稱皇帝為縣官，東漢時稱皇帝為國家。還有至尊、君王、君人、天王、天辟、人主等，這些大多是尊稱。還有對皇帝的蔑稱，如天囚，漢何休《春秋公羊解詁》：「以無為有。」唐徐彥疏解云：「《公羊》經傳本無以周王為天囚之義。而公羊說及莊、顏之徒以周王為天囚，故曰以無為有也。」

趣味鏈結：為什麼古代大臣稱皇帝為「陛下」呢？

陛，原指帝王宮殿的臺階。《國策‧燕策》：「秦舞陽奉地圖匣，以次進至陛下。」所謂「陛下」也就是臺階之下的意思。

「陛下」又指站在臺階下的侍者。臣子向天子進言時，不能直呼天子，必須先呼臺下的侍者轉達，這叫「因卑達尊」。後來，站在臺階下的

侍者逐漸被取消了，但臣僚們稱呼「陛下」的習慣並沒有變，皇帝也慢慢接受了，故而「陛下」這個稱呼一直沿用下來。

東漢末年蔡邕在《獨斷》卷上解釋得很清楚，漢代天子的正號是「皇帝」，自稱為「朕」，臣民呼之為「陛下」。與「陛下」相類似的詞有「足下」、「左右」、「執事」、「從車」等。

中國皇帝有幾種自稱？

民間常說，皇帝喜歡稱孤道寡，這確實不假。古代皇帝的自稱有很多種，就經常能讀到或在影視劇中有耳聞的，分列如下：

予小子，又稱余小子。這種說法，可以有兩種理解。一是古代帝王對先王或長輩的謙稱，先秦使用較為普遍，秦漢以後偶爾才有用的；二是古代天子居喪期間的自稱。

「寡人」意思是寡德之人，意思是說自己無德無能，有負臣民的重托。關於寡人的稱呼在不同歷史朝代有不同的意思。

一是古代君主的謙稱。《禮記·曲禮下》：「諸侯見天子，曰：『臣某侯某。』與其民言，自稱曰寡人。」《孟子·梁惠王上》：「寡人之於國也，盡心焉耳矣。」趙岐注：「王侯自稱孤寡。」秦始皇建立皇帝制度，亦沿襲了諸侯寡人的謙稱。歷代君主沿用此稱呼。

二是諸侯夫人的自稱。《詩·邶風·燕燕》：「先君之思，以勗寡人。」鄭玄箋：「寡人，莊姜自謂也。」

三是晉朝士大夫有時亦用寡人為自稱。《世說新語·文學》：「君輩勿爾，將受困寡人女婿。」李詳云：「晉世寡人，上下通稱，不以為過。」孫過庭《書譜》述王羲之語：「假令寡人耽之若此，未必謝之。可為此條確證。」到唐朝以後，寡人只准用做皇帝的謙稱。

「孤」是古代諸侯、君王的自稱謙詞。春秋時，諸侯平常自稱寡人，有凶事則稱孤。後來逐漸演變為無區別。秦漢時君王稱孤者較少。東漢末

年，天下大亂，群雄並起，有些割據一方的首領，也自稱為孤。

「朕」最初是身體的意思，《爾雅‧釋詁》中就解釋說：「朕，身也。」在先秦時代，朕是一個普遍使用的第一人稱代詞，不分貴賤都可使用。秦王嬴政建號皇帝後，朕就被規定為皇帝的專用自稱。有時臨朝稱制、垂簾聽政的皇太后、太皇太后，或是內禪的太上皇亦可自稱為朕。

趣味鏈結：古代皇帝的父親為何被稱為太上皇？

「太上皇」是古代皇帝對父親的尊稱，在中國已有兩千多年的歷史了，最早起源於秦朝時期。

秦王嬴政統一中國，自封為始皇帝後，為表示對先王的尊重，就追封自己的父親秦莊襄王為「太上皇」。這是太上皇稱呼的最早應用，自此以後，鮮有使用，故而也未形成制度。

直到劉邦平定天下，登上皇帝寶座後，這個稱呼又被提上了日程。劉邦當上皇帝之後，衣錦還鄉，去拜見自己的父親太公，只見父親身穿舊襖，手拿竹掃帚，畢恭畢敬地在迎接他。

劉邦見到此情此景，心裏非常不快，心想，這豈不是有礙兒子盡孝道嗎？忙問其父因什麼事才作出這番舉動，太公說：「您貴為天子，誰敢不敬？我雖是您父親，也不過是一個平頭百姓。平頭百姓不敬皇帝，可是要殺頭的啊！」劉邦好說歹說，太公總是不聽。

事後，有人講到秦始皇曾把已故的父親尊奉為「太上皇」，並建議封太公為「太上皇」。由於劉邦是市井出身，胸中也沒有太多的講究，就同意了。說辦就辦，馬上舉行大典，封太公為太上皇。自此以後，「太上皇」這一稱呼就成了一種制度，歷代皇帝都沿用這種做法。

「中國」一詞是怎麼來的？

在古代文獻中，「中國」一詞有多種含義。在古代，「中國」一詞

有五種不同的意思。一指京師，即首都，《詩經・大雅・民勞》「惠此中國，以綏四方」；二指天子直接統治的王國；三指中原地區；四指國內、內地；五指諸夏（華夏）或漢族居住的地區及建立的國家。中國這個詞是怎麼用做國家代稱的呢？

「中國」就是「中央之城」或「中央之邦」。中者，天下之中心也。國者，大都城也。「國」字的含義本身就是「城」或「邦」的意思。「中國」最初的字面意思是位於天下之中心的大城。「中國」是華夏君主所駐的城市，華夏正統帝王代表其統治下的華夏帝國。「中國」也就衍化為華夏國家。

「中國」自上古（不晚於周朝建國時期）就是華夏國家總體的代稱，華夏兒女在蠻夷之人的眼中口中就是所謂的「中國之人」，此類記載遍布華夏和非華夏的文字記載中。

古代各個王朝雖然自稱「中國」，但是並沒有把「中國」作為正式國名，各朝代都有自己的國號。直到辛亥革命以後，才把「中國」作為「中華民國」的簡稱。

趣味鏈結：中華的由來

「中華」一詞，起源於魏晉，是「中國」與「華夏」的合稱。關於「中華」名號的來歷，有各種說法。

「中」字有中間之意，「華」字有美麗的意思。古代中原地區的人們，自稱所居住的地方為「中華」，這是一種說法。

另一種說法是，認為「中華」最早是使用在天文上的辭彙。古人比擬世間的宮城構造了天宮，東西兩面各有三個門，中間的門用「中華」命名。

古代的「九州」是怎樣劃分的？

中國古代，尤其是周代的人們，將「九」看做是一個包羅萬象的數字，如說：「天地之至數，始於一，終於九。」將中國大地劃為九州，正反映了這種以「九」為「天地之至數」的觀念。因此，「九州」的最初含義，並不是指九個具體的地區，而是泛指前後、左右、遠近所有方位。

「九州」後來成了中國的別稱，泛指全國，它最初的含義是指洪水中的許多塊陸地。相傳在四、五千年前，中國大地上發生了一次特大的洪水，人們被迫向山頂、高地遷徙，後來，禹疏浚河道，制伏了水患，把天下分為九個區域，供後人居住，於是就有了「九州」之名。

九州的劃分是以方位為基礎的，但同時又以精確的自然地理和翔實的經濟、地理知識為脈絡，具體是這樣的：

冀州，今山西、河北、遼寧一帶。

兗州，今河北、河南、山東交界部分。

青州，今山東、遼寧東部，渤海與泰山之間。

徐州，今山東南部，江蘇、安徽北部，黃海、泰山、淮河之間。

揚州，今江蘇、安徽南部，江西東部，淮河以南東至大海。

荊州，今兩湖及江西西部。

豫州，今河南、湖北北部。

梁州，今陝西南部和四川一帶。

雍州，今陝西北部、中部和甘肅及其以西地方。

這九個「州」，實際上包括了當時中國政治、經濟、文化最發達的中原地區、淮海地區、華北、華南、華東、西北、西南地區。

趣味鏈結：臺灣歷代的稱謂有哪些？

臺灣歷來對它的稱呼有很多，粗略統計起來達二三十種之多。

早在商周時代，臺灣被稱為「岱員」；

春秋時稱「島夷」；

秦漢三國稱「夷洲」；

隋唐時期稱「流球」、「留虯」；

宋元時期稱「琉球」；

明清時期稱「臺灣」、「台員」、「大員」、「大圓」、「埋怨」、「埋冤」、「大灣」等。此外還有「東部」、「東京」、「東寧」、「台陽」、「東港」等稱呼。

1885年（清光緒十一年），清廷作出臺灣建省的決定後，才正式以「臺灣」作為島的名稱和省的名稱。

慈禧太后為什麼又叫「老佛爺」？

慈禧太后，人稱「西太后」、「那拉太后」，又稱「老佛爺」，這是為什麼呢？跟佛有什麼關係嗎？

慈禧太后乳名蘭兒，姓葉赫那拉氏，滿洲鑲黃旗人。咸豐二年（1852年）被選入宮，封蘭貴人。咸豐六年（1856年）生子載淳，晉升為懿貴妃。咸豐十一年（1861年）咸豐帝去世，其六歲的兒子載淳即位，這就是清穆宗同治皇帝。慈禧太后實行垂簾聽政，宮廷中便以「老佛爺」稱呼。

其實，「老佛爺」不是慈禧太后專用的稱號。清朝歷代皇帝的特稱都是「老佛爺」。清代帝王為什麼自稱是「老佛爺」呢？

這是因為女真族首領最早被稱為「滿柱」。「滿柱」是佛號「曼珠」的轉音，有「佛爺」、「吉祥」的意思。所以，不但女真首領被稱為「滿柱」。女真顯赫家族首領的名字也叫「滿柱」。

所以，清朝皇帝將滿語「滿柱」漢譯為「佛爺」，成為自己的「特稱」。慈禧讓別人也稱她為「老佛爺」，是企圖把自己比做皇帝，顯示出不同尋常的政治欲望。

至於「慈禧」徽號的來歷則是加封來的，咸豐十一年七月十八日，內

閣奉上諭，尊咸豐皇帝的皇后鈕祜祿氏為「母后皇太后」，加徽號為「慈安」；尊載淳的生身之母懿貴妃為「聖母皇太后」，加徽號「慈禧」，這就是兩宮皇太后。咸豐帝駕崩於承德避暑山莊後，慈禧治喪期間因與慈安太后分住煙波致爽殿東西暖閣，所以又稱為西太后。

趣味鏈結：清歷代太后之最長的稱號

1852午5月，慈禧太后選秀入宮，賜號蘭貴人。1908年病逝。她的神牌上有生前死後得到的稱號：孝欽慈禧端佑康頤昭豫莊誠壽恭欽獻崇熙配天興聖顯皇后，共二十五個字，為清歷代太后之最。

皇帝的墳墓稱「陵」始於何時？

上古的時候，土葬是最主要的埋葬方式。君主的墳墓都只稱「墓」，不稱「陵」的，春秋晚期，中原地區出現了墳丘式墓葬。各諸侯國的國君死後，所下葬的墳墓都稱做丘或墓，不叫陵墓。如春秋五霸之一的秦穆公，死後葬今陝西鳳翔縣城東南角，自古至今，皆稱秦穆公墓，未見稱陵。楚昭王的「昭丘」、趙武靈王的「靈丘」、吳王闔閭的「虎丘」等，都不稱陵。

中國帝王的墳墓開始稱為「陵」，約從戰國中期開始，首先出現於趙、楚、秦等國。當時這些國家的國君都把自己的墳墓造得很高，像山陵一樣，因此，國君的墳墓便叫做陵。《史記・趙世家》載，趙肅侯十五年經營壽陵。《秦始皇本紀》載：秦惠文王葬公陵，悼武王葬永陵，孝文王葬壽陵。

據歷史記載和考古證明，陝西省臨潼縣的秦始皇陵是中國歷史上最大的帝王陵墓。漢朝之後，幾乎每個皇帝陵都有稱號，如漢武帝陵稱為「茂陵」，唐太宗李世民的陵墓稱為「昭陵」等。

趣味鏈結：世界上保存完整、埋葬皇帝最多的墓葬群是哪個？

明十三陵是中國歷代帝王陵寢建築中保存得比較好的一處。而且建築雄偉，體系完整，具有較高的歷史和文物價值。

明十三陵是明朝遷都北京後十三位皇帝陵墓的皇家陵寢的總稱，依次建有長陵（成祖）、獻陵（仁宗）、景陵（宣宗）、裕陵（英宗）、茂陵（憲宗）、泰陵（孝宗）、康陵（武宗）、永陵（世宗）、昭陵（穆宗）、定陵（神宗）、慶陵（光宗）、德陵（熹宗）、思陵（思宗），故稱十三陵。景區已開放景點有長陵、定陵、昭陵、神路。

「宦官」與「太監」一樣嗎？

宦官和太監，在一般人的印象裏，似乎是同一概念，其實這是不正確的。根據《辭源》的解釋，「宦者」就是太監、閹人。宦官、太監都是中國封建皇宮中的特有人員，都是被閹割過的、為封建帝王服務的奴僕，但是概念卻有嚴格區別。

宦官這個名稱，究竟起自何時，已無法考證，至遲在周代宮中也已使用宦官了。為何稱為宦官？是取星座的名字，因宦者四星在帝星之側，所以人們就把伺候在君主身邊的人稱做宦官。東漢以前的宦官並非都是閹人，在東漢光武帝以後就完全開始用閹人了。

唐朝時，宦官又叫太監，遼代南面官太府、少府、秘書、將作、都水等監長官皆稱太監，但與宦官有很大區別。元代因襲遼制，所設各監也多用太監一官。在元代，太監是諸監中的二級官吏，並非全是刑餘之人。

到了明代，太監才和宦官發生較固定的關係。朱元璋稱帝後，設置了由十二監、四司、八局組成的二十四衙門。十二監的頭目稱太監，都是由宦官充任。充當太監者必是宦官，但宦官並不都是太監。太監是宦官的上司，是具有一定品級、俸祿的高級宦官。

太監成為宦官的專稱是從清代開始的。到了清朝，宦官取消了，統統稱為太監。清朝的太監分為三六九等，下級的受苦受難，上級的為非作歹。慈禧的太監李蓮英可制約文武大臣，與太后吃一個灶，家鄉有地三十六頃，財產無數。

可見，閹人、宦官在東漢之前是完全不同的兩個概念，東漢時起二者才合流。太監則是地位高於一般宦官的閹人。或者說是閹人首領，三者不應混為一談。

趣味鏈結：不同品級太監的服飾

太監是有等級大小之分的，那太監的服飾自然也有等級之分。一般來講太監的服飾華麗考究，根據等級大小，華麗程度也各有不同。

以清代為例。二品太監，頭戴紅頂花翎，蟒袍補子為仙鶴；三品為正藍頂花翎，蟒袍補子為鳳凰；四品，埠藍頂花翎，蟒袍補子為孔雀；五品，亮白頂花翎，蟒袍補子為鷺鷥；六品，啤白頂花翎，蟒袍補子為黃鸝；七品，金頂花翎，蟒袍補子為鵪鶉；八品，金頂壽字花翎，蟒袍補子為鵪鶉。

沒有品級大小的太監，一律穿紫色綢緞袍，補子為蟠龍花和五蝠捧壽的吉祥圖案。其他充當雜役的太監均穿紫色布袍。

「千金小姐」的由來是什麼？

「千金」是女孩的代稱，現在也常用來作為小姐的尊稱。顧名思義，一千金當然珍貴得很，以其稱呼人家的女兒，是贊其高貴的得體之言。據說，千金小姐這一名稱的來源，與伍子胥報恩的故事有關。

相傳，伍子胥的父兄被殺，為了報仇，他投奔吳國，一路上山高水險，走了兩天也沒見著人家，飢餓難耐，快支持不住了。忽然他看見湖邊有一個洗衣女孩，竹筐裏有飯，便上前求乞，女孩見他狼狽不堪，頓生惻

隱之心，慨然相贈。伍子胥飽餐之後，發誓日後定當以千金報德。由於是在逃命，不便於打聽名號，吃完就走了。

後來，伍子胥在吳國當了相國，報了父兄之仇，就立刻派人去找那位對他有救命之恩的女孩，由於不知道女孩的情況，搜尋數日未果。為了實現昔日的誓言，伍子胥持千金投入女孩當時洗衣服的地方。隨著故事的流傳，後來民間就把這個女孩稱為「千金小姐」。

元代時，雜劇《薛仁貴榮歸故里》中有這樣一句話：「你乃是官宦人家的千金小姐，做事請自重穩便些。」據考證，這是最早用千金來比喻未婚女子的文字記載。從這以後，明、清的文學作品中，稱女孩子為千金的就越來越多了。時至今日，「千金」一詞已使用了數百年，歷久不衰。

趣味鏈結：「千斤」與「千金」

「金」原是中國古代的貨幣單位。秦代以前一鎰（20兩）為一金，漢代以一斤為一金，金與斤通用。「千金」用做女孩子的專稱，始於元代。

其實古代的真金不像現在這樣多，那時所指的「金」就是現在所說的黃銅。「千金」原本是一千斤黃銅。即便如此，一千斤黃銅也已經十分貴重了。

後來「金」與「黃銅」兩詞分家，「千金」實為千斤黃金，「千金」則被引申和比喻為非常寶貴、非常貴重的意思。如「一字千金」、「一刻千金」、「千金一諾」，以及李白的「五花馬，千金裘」等。

古代的「店小二」是什麼職位？

店小二最初可以指飯館、酒館、客店的老闆或者夥計。並不是人們想像中的頭戴白帽、肩披白毛巾的精幹小生。據元代史料中記載：「自家是店小二，在這東京居住，別無營生，開著個小酒店兒。」這裏的店小二就是指經營小本生意的老闆。

後來，這個稱呼逐漸用來專指招待客人的夥計了。那麼，為什麼要稱他們為「店小二」呢？有人認為，店小二與古人以排行順序稱名的習慣有關。在舊社會，生活在社會底層的老百姓一般都沒有正式名字，因此，他們多以在家中的排行順序作為稱呼，比如張三、李四等。古代酒店、飯店或旅店當家老闆是理所當然的「店老大」，這些服務人員也就隨之被人們稱為「店小二」了。

另外，在舊時南方將在茶房、酒店、餐廳做服務人員的男子稱為「堂倌」。「堂倌」，顧名思義，就是「跑堂」的，也是「夥計」的意思。

趣味鏈結：古代的「夥計」是稱呼哪一類人的？

夥計是指舊時的店員或長工，類似的有「店家」、「小二」、「夥計」、「堂倌」等等。「夥」是古代兵制的一個單位，十人為一火，即吃一鍋飯，同火稱夥伴，這鍋飯就叫伙食。《木蘭辭》云：「出門見夥伴，夥伴皆驚忙。」句中的夥伴就是指兵士的意思。

「夥計」有時也指在一起合夥共事或做生意的人。明朝萬曆五年（西元1577年），王士性在他的地理筆記《廣志繹》中對「夥計」一詞考證曰：「晉中俗儉樸，左稱有唐、虞、夏之風。」「平陽、澤、潞豪商大賈甲天下，非數十萬不稱富，其居室之法善也，其人以行止相高，其合夥而商者名曰夥計。」這種用法在現代依然存在。

為什麼七十歲稱為「古稀」？

「人生七十古來稀」是唐代大詩人杜甫《曲江二首》中的句子。「古稀」自古就是中國人指稱七十高齡的說法。杜甫在詩中所表達的意思是人生苦短，能活到七十歲，自古以來十分稀少。

後來到了明朝，著名書畫家唐寅（唐伯虎）讀了杜詩後，感慨自己已活過了「古稀」，他填了一首《七十詞》：「人生七十古稀，我年七十為

奇。前十年幼小，後十年衰老。中間止有五十年，一半又在夜裏過了，算來止有二十五年在世，受盡多少奔波煩惱。」唐寅雖活過古稀，但仍感歎人生幾何。

不過仔細算來，歷史上的「古稀」老翁確實稀少，僅以知名的詩人、學問家為例，超過七十歲的真是寥寥無幾。

但是，明清時期，隨著生活水準和醫療衛生條件的改善，人的壽命已普遍長了很多。比如，羅貫中（《三國演義》作者）、吳承恩（《西遊記》作者）、馮夢龍（《喻世明言》、《警世通言》、《醒世恆言》「三言」作者）、鄭板橋（書畫名家）等人，年齡均過了古稀。到了現代，古稀則是很普遍的事了！

趣味鏈結：「六十花甲」的稱呼是怎麼來的？

「花甲」一詞，源於中國古代天干地支相配的特殊紀年方法。十天干（即甲、乙、丙、丁、戊、己、庚、辛、壬、癸）與十二地支（即子、丑、寅、卯、辰、巳、午、未、申、酉、戌、亥）依次相配組合成六十個單位，稱為「六十甲子」。

其中，「甲子」為天干地支相配的第一個單位，「癸亥」是干支相配的最後一個單位。每年只有一個單位與之相對應，從「甲子」到「癸亥」剛好是60年，過到最後一個又從頭再來，就這樣循環往復，以至無窮。

人活到60歲，經歷60個年頭，按干支紀年方法，剛好是干支依次相配一次。因為這種干支相配錯綜相至，仿佛有花紋似的，所以，舊時人們將60歲稱為「花甲」（亦稱「花甲子」）。唐代詩人趙牧有「手捋六十花甲子，循環落落如弄珠」的詩句，這大概是關於「六十花甲」的最早記載，後人一直沿用至今。

「梨園弟子」的由來

人們習慣把戲班子、劇團稱為「梨園」，把戲曲演員稱為「梨園弟子」，把幾代人從事戲曲表演的家庭稱為「梨園世家」，把戲劇界稱為「梨園界」等等，而並不是用來稱呼梨樹園裏的工人的。

梨園，原是唐代都城長安的一個地名，就好像現在北京也有叫梨園的地方一樣，當時內廷裏有一所園子，因為裏面種了很多梨樹，因而得名。

唐代時，「梨園」最早並不是指戲曲演員，而是指樂器演員。據史載：「玄宗既知音律，又酷愛法曲，選坐部伎子弟三百人，教於梨園，聲有誤者，帝必覺而正之，號皇帝梨園弟子。」翻譯過來就是：「唐玄宗李隆基多才多藝，精通音律，尤其欣賞清雅的《法曲》，他專門挑選了300名樂工在皇宮裏的梨園彈唱，誰要是彈錯或唱錯了，他馬上就會聽出來並加以糾正。」這裏的「梨園弟子」就是指樂器演員。

元末明初時，「梨園弟子」才被用來作為戲曲演員的代稱。著名戲曲《琵琶記》中的開場白就是：「今日梨園弟子，唱演琵琶記。」

趣味鏈結：為何用「泰斗」作為文學家的敬稱？

「泰斗」是「泰山北斗」的簡稱，常被用來指有名望、有影響的文學家。為何用「泰斗」作為文學家的敬稱呢？

古人尊泰山為山之首，北斗為星之尊。「泰斗」就意味著是在某一領域中處於領導地位。據《新唐書・韓愈傳》記載：唐朝的文學家韓愈善於寫古文，歿後他的文章廣為流傳，當時的學者「仰之如泰山、北斗」。有「文宗」之稱的韓愈當然是受之無愧的，由此人們對韓愈的這種推崇和景仰之情，逐漸流傳開來，到後來就有人習慣於用「泰山、北斗」的簡稱「泰斗」來指稱文學界的領袖人物。

「泰斗」這個詞在使用過程中，詞義逐漸擴大，故而在其他領域也是通用的。比如明代醫學家李時珍就被尊為「醫學泰斗」；牛頓、愛因斯坦

則被稱為「物理學泰斗」等等。這裏的意思還是指在某一方面作出了突出成就且在社會上有名望、有影響力的人。

「浪子回頭金不換」的由來

「浪子回頭金不換」就是說不務正業的人，一旦改邪歸正變好了，這是種難能可貴的精神，甚至比金子還寶貴。

晉代著名醫學家皇甫謐就是一個活生生的例子。皇甫謐生於河南新安縣一個官吏家庭，他從小嬌生慣養，可是一場戰亂使他家破人亡，失去了父母，他被叔母收養下來，本來經過這一場變故，皇甫謐應該成熟起來。

可是情形並非如此，叔母見他這麼小就父母雙亡，十分可憐他，不忍心去斥責他。皇甫謐自己也不思進取，並且還養成了好逸惡勞的習慣。他經常和一些遊手好閒的花花公子混在一起，消磨歲月，無所作為，成了一個不務正業的浪子。

叔母見他變成了這個樣子，非常痛心，覺得無顏去見九泉之下的皇甫家的列祖列宗，憂憤、愧疚和操勞，不久就病倒了。

皇甫謐回想叔母的養育之恩，再想到自己的所作所為，十分慚愧和悔恨。於是他痛改前非，決心用實際行動來彌補自己的過失，做一個有用的人。從此，他早起晚睡耕作勞動，勤奮攻讀，終於成了一個很有學問的人。

後來，他不幸得了重病，下肢癱瘓，為了戰勝病魔使自己能夠站起來，他又潛心研究醫學，幾年之內通讀了大量醫書，並在自己身上進行了上萬次的針灸實驗，掌握了大量的第一手資料，經過不懈的努力，他寫出了中國第一部針灸專著《甲乙經》，為人類的醫學事業作出了巨大的貢獻。

趣味鏈結：什麼人才被稱為「浪子」？

「浪子」在古代是指到處打家劫舍、偷摸拐騙、浪蕩遊走之輩。

「浪子」一詞語出《宋史・李邦彥傳》，故事說，北宋有個叫李邦彥的宰相，才華出眾，性情豪爽，風流瀟灑，一表人才，寫起文章來思路敏捷，文筆精巧。

然而，他生長在民間，熟悉庸俗猥瑣的事情，待人接物也有一套辦法，善於應對，反應也快，他善於唱曲逗樂，能踢皮球，常把街頭巷尾流傳的俗語編綴成詞曲，人們爭相傳唱，自己取名叫「李浪子」。

李邦彥擔任宰相時，沒有什麼建樹，只是阿諛順從、巴結諂媚，占個官位而已，京城裏的人把他稱為「浪子宰相」。「浪子」就是從這個故事來的。

此外，四大名著之一的《水滸傳》中，梁山好漢燕青，他的外號就叫「浪子」。後來人們用「浪子」指不務正業的遊蕩子弟。

「老爺」與「官老爺」的區別？

現實生活裏，很多人都會用「官老爺」來比喻作威作福的為官者。「官老爺」這種稱謂作為戲劇用詞或諷刺語已為人們所熟悉。「老爺」作為權貴的尊稱，本就由來已久。在宋代，對當官者也有尊稱為「爺爺」的。如《宋史・宗澤傳》：宗澤「威聲日著，北方金人常尊憚之，必曰宗爺爺」。由此可知稱「爺爺」是因為「北方金人尊憚之」，即既有幾分尊重也有一些懼怕。

據考證，「官老爺」的稱謂大約發端於宋元，定型於明清。最早見於正史的是《元史・董博霄傳》。但朝廷並無明文規定，只是隨意性尊稱。

到了明清就不同了，朝廷對此有了明文規定。據清人王應奎撰《柳南隨筆》載，前明時代規定所有的小官稱「爺」，朝廷的九卿和外任的司道

以上的大官才有資格稱「老爺」；到了清代，這種規定就更加明確了，但與明代略有不同，反而是五品小官可以稱「老爺」，四品以上的大官則稱「大人」。

在封建社會很長的一段時間裏，社會等級制度森嚴，勞苦大眾一直生活在水深火熱之中，處於被壓迫和任人宰割的境地，稱官為「老爺」，其實是封建等級制度的一種反映。表明封建官吏高高凌駕於社會和人民群眾之上，在人民頭上作威作福。現如今，「官老爺」這一稱號已逐漸消失了。

趣味鏈結：為什麼用「匹夫」稱普通老百姓呢？

古時候的「匹夫」是指社會地位低下、經濟地位也不高的普通百姓。為什麼稱普通老百姓為匹夫呢？

匹是個數量單位，古代四丈為匹，又言二丈為一端，二端為兩，每兩就成一匹，長四丈。兩而成匹，相合的意思。按照這個意義，夫婦陰陽相合，就叫做匹夫、匹婦。夫，男子；婦，女子。段玉裁注《說文》說：「雖其半，亦得云匹……猶人言匹夫也。」說的是匹夫、匹婦也可單獨拆離使用。

後來匹夫和匹婦，就專指沒有爵位的平民。匹夫、匹婦成了普通人的代稱。《尚書・咸有一德》：「匹夫匹婦，不獲自盡。」《韓非子・有度》：「賞善不遺匹夫。」句中的匹夫就是平常人的意思，由於匹婦較少使用而漸漸淘汰。

真正讓「匹夫」兩字煥發光彩，登堂入室的，是清代愛國文人顧炎武的「天下興亡，匹夫有責」這句話。顧炎武在著作《日知錄》中說：「有亡國，有亡天下，亡國與亡天下奚辨？曰：易姓改號，謂之亡國；仁義充塞而至於率獸食人，人將相食，謂之亡天下……保國者，其君其臣，肉食者謀之；保天下者，匹夫之賤，與有責焉耳矣！」可見保家衛國是全天下人的事。

「孔方兄」的稱號是怎麼演變？

中國古代的錢幣在春秋戰國時期是各式各樣的，戰國晚期的秦國才開始鑄造「圓形方孔」的錢幣。從此這種圓形方孔式樣的錢幣就成為中國古代社會最為通行的錢幣形狀，後來民間也用大錢、銅錢來稱呼這種形狀的錢幣。

最早稱錢為「孔方兄」的是晉朝的魯褒。惠帝元康（291～299）年間，綱紀大壞，世風日下，惠帝昏瞶無知，朝綱旁落，政出多門，賄賂成風，很多人都貪得無厭。

魯褒是晉時一個名士，他在文章中寫道：「錢之為體，有乾坤之象，內則其方，外則其圓……親之如兄，字曰孔方。」

針對當時朝廷中達官貴人搜刮民財、巧取豪奪的行為，他寫了《錢神論》一文來嘲諷、挖苦他們。他戲稱自己對金錢「親之如兄，字曰孔方，失之則貧弱，得之則富昌」。

這本是魯褒對「錢」的遊戲說法，但是在晉末那個盛行玄談、講究風度的年代，「孔方」、「方兄」或「孔方兄」作為錢的代稱迅速流行起來。因為人們覺得用「孔方兄」來代指錢幣，不但符合它自身的形狀，而且完全消除了言及「錢」時的庸俗氣，使人們覺得說話者知識淵博、氣質脫俗。

時至今日，儘管銅錢已經成為古物，但是仍舊有人用「孔方兄」來稱呼錢。體現了一種豁達和幽默。

趣味鏈結：中國最早的貨幣與紙幣

中國最早的貨幣是貝殼。貝殼是隨著商品交換的發展而充當一般等價物的一種主要的、也是最早的原始貨幣。

中國最早的紙幣是「交子」。交子產生於宋朝初期。交子上有圖案、密碼、花押、圖章等印記。可流通，也可兌現。

紙幣為何又稱「鈔票」？

紙幣，又稱鈔票。「鈔」字來源甚早，唐代時就把賣田地的賣約和經官府蓋印的證據稱做「田鈔」，稱官府的其他文件為「文鈔」。

有人認為鈔始於唐代的「飛錢」，但也有人認為這種「飛錢」是一種匯兌而非紙幣。很多的學者認為紙幣始於北宋的「交子」。「交子」一產生，就有地方官吏稱它為「鐵緡鈔」。「交子」的本位是鐵錢，一緡就是一千文。可見，中國的紙幣剛剛出現，就與「鈔」字結下了不解之緣。

交子最初由四川的16家富戶主持發行，是一種紙幣。當時發行額是1256340緡，三年更換一次，備有本錢360000緡。後來由於富戶衰落，1023年，政府收回紙幣的發行權。宋仁宗天聖年間，政府在益州設「交子務」，專司貨幣發行，流行漸廣。

宋代通行過的紙幣，除稱做「交子」、「會子」、「關子」以外，稱做鈔的也有很多，如「河北見錢鈔」、「兩浙鹽鈔」、「陝西錢鈔」等等，有上百種之多。金代有「交鈔」，元明兩代的紙幣稱「寶鈔」，如「至元寶鈔」、「大明通行寶鈔」等。

明代中期以後，由於工商業逐漸發達，匯兌業務隨之發展，出現了「匯票」一詞，「票」字的使用也開始多起來。

清朝初年，曾發行一種紙幣，叫做「鈔貫」。民間陸繼出現了「錢莊」和「票號」等金融信用機構，發行「照票」、「憑票」等作為領取現金的憑證。不過，咸豐以前，票是票，鈔是鈔，各不相混，互不通用。至咸豐年間，太平天國革命爆發，清政府為籌集鎮壓農民革命的軍費，解決財政困難問題，實行「大清寶鈔」，代替製錢和「戶部官票」，從而出現了「鈔票」一詞，並成為紙幣的代稱。

趣味鏈結：「票號」、「錢莊」各是什麼機構？

票號是清代重要的信用機構，主要從事匯兌業務，又稱「匯票莊」

或「匯兌莊」，因多由山西人開辦和經營，故亦稱「山西票莊」、「西號」。

錢莊又名銀號，在長江流域和上海地區稱「錢莊」，在北方和華南各省，多稱之為「銀號」。是中國封建社會後期（約明中葉以後）出現的一種金融業組織，主要經營銀錢兌換、存款、放款和匯兌等業務。

中國的兌換業源遠流長，唐宋時就有金錢鋪、兌坊類的組織。明初推行寶鈔，禁用金銀；宣德年間，寶鈔壅滯難行，民間交易只用金銀；英宗正統年間放鬆管制，白銀正式成為法定通貨，和銅錢同時流通。

因幣種繁多，僅製錢一項就有「金背」、「火添」、「錠邊」等，重量成色不一，而且製錢、私錢和白銀的比價經常波動，經營銀錢兌換業務的錢莊遂應運而生。

為何購物叫「買東西」？

為什麼我們把購物稱為「買東西」，而不是「買南北」呢？與此相關的有下面這個小故事。

宋朝有一位名叫朱熹的理學家，他好學多問，愛鑽「牛角尖」。有一天，他偶然遇見了一個上知天文、下通地理的好友盛溫和。他笑問盛溫和：「你提著竹籃子幹什麼去呀？」盛溫和想和他開個玩笑，便詼諧地眨著小眼睛回答：「我呀，是上街去買『東西』的。」

朱熹冥思苦想，卻百思不得其解，於是又問：「『東西』怎麼個買法？什麼價？買『東西』？那為何不買『南北』呢？」盛溫和聽了不覺失聲笑道：「你呀，真是聰明一世，糊塗一時。我問你，與金木水火土相對的是什麼？」

他這才翻然醒悟，晃著腦袋饒有興趣地自言自語道：「哦，哦……金木水火土，東西南北中。東方屬木，西方屬金。金木之類的物品，籃子都能容納得下；而南方屬火，北方屬水，這類東西籃子豈能容得下？」說

罷,他高興地指著盛溫和的腦袋說:「哎呀,還是你聰明!」兩個人都哈哈大笑起來。

原來,「五行」的「木金水火土」,是與方位上的「東西南北中」相配的。按照相生相剋的原理,東方的木和西方的金可以共處,而南方的火和北方的水可就勢不兩立了。

後來,這個有趣的小故事在民間廣泛流傳。久而久之,「東西」逐漸被作為商品物質的代名詞了。

趣味鏈結:「東西」與「南北」能成為巧妙的對聯嗎?

有一年,乾隆帶著一幫翰林學士到江南遊玩,途中經過一個名叫通州的小鎮,看到此處小橋流水,風光旖旎,人來人往,市面繁榮,他們就停了下來。

乾隆想起在北京郊外也有一處地方叫通州,隨即吟成了一副對聯的上聯:南通州,北通州,南北通州通南北。

吟完以後,乾隆便命隨行的翰林學士們來對對試試。這上聯有一點刁,那些翰林學士們冥思苦想,卻無人應對。

江南通州當鋪很多,到當鋪當東西、贖東西的人絡繹不絕,生意頗為興隆。有個翰林看到此情此景,頓時靈感爆發,以景造對,脫口道出了下聯:東當鋪,西當鋪,東西當鋪當東西。

乾隆聽了,隨即點頭讚許,說這下聯順手拈來,和上聯匹配竟是妙趣天成。隨行的其他同人也為這位翰林的機智拍手叫好。

這個下聯末尾的「東西」是表對象,卻要和上聯的表方位的「南北」相對。人們之所以認可下聯的原因,無疑與「東西」的本義是表方位相關。

「東道主」和「地主」一樣嗎？

「東道主」這一詞語泛指接待或宴客的主人，最初見於《左傳・僖公三十年》：「若舍鄭以為東道主，行李之往來，共其乏困。君亦無所害。」意思是秦國在西，鄭國在東，所以鄭國對秦國來說自稱「東道主」，可以隨時供應秦使往來所需物品，做東路上的主人。

為什麼鄭國甘願做秦國的東道主呢？原來，這裏有一段真實的歷史故事。

魯僖公三十年（前630年），晉文公和秦穆公的聯軍包圍了鄭國國都。鄭文公無奈，求救於老臣燭之武。燭之武是個能言善辯之士，信心十足，決心以敵人之間的矛盾分化對方，以退敵軍。當夜，燭之武乘著天黑，叫人用粗繩把他從城頭上吊下去，私下去會見秦穆公。

晉國和秦國之間常常明爭暗鬥，燭之武就利用他們的矛盾對秦穆公說：「秦晉聯兵攻打鄭國，鄭國從上到下都知道保不住了，如果鄭國滅亡了對貴國有好處的話，那就請您攻打好了。但從地理位置上講，秦國和鄭國之間隔著一個晉國，貴國要越過晉國來控制鄭國的土地，恐怕是難於做到的吧。您何必滅掉鄭國而讓晉國得到實惠呢？晉國的實力增加一分，就是秦國的實力削弱一分啊！」

秦穆公覺得此言有理，燭之武進一步說：「要是您能把鄭國留下，讓它作為你們東方道路上的主人，您的使者來往經過鄭國，萬一缺什麼，鄭國可以給他們供應財物，這對您有什麼不好呢？」秦穆公終於被燭之武說服了，不但跟鄭國簽訂了和約，還派了部分秦軍留守鄭國。晉文公無可奈何，也不得不退兵了，鄭國的一場危機就這樣得到了化解。由此，「東道主」一詞便流傳了下來。

後來，則泛指招待迎接客人的主人為東道主，請客為做東。

趣味鏈結:「做東」的由來

「東」是個方位詞,「做東」其實是由「坐東」演化而來的。中國古代建造的房屋大都是坐北朝南的。有地位或富裕的人家,房子的正中是客廳,在廳中朝南擺放兩個座位,一東一西。主人在招待賓客時,總是坐在東邊的位置上,故而請客吃飯叫「做東」。

有的人家更講究,他們在廳門上修東、西兩條並排的路,進廳門的臺階也分東、西兩處。《禮記》中的《曲禮篇》就寫明瞭這樣的規定:「主人就東階,客就西階,客若降等,則就主人之階。主人固辭,然後客復就西階。」做「主人」自然就變成「做東」了。

為何稱風騷的女人為「狐狸精」?

現代大家把「狐狸精」看做是善於運用各種手段勾引男人的「風騷」女人。其實「狐狸精」最早是以祥瑞的正面形象出現的。

酒精、糖精⋯⋯之「精」,有從該物中提煉提純的意思,「精」是提煉而成的精華。古人認為世間萬物,特別是動物,可自身修煉成精,此「精」是指神通廣大的鬼神妖怪了。按照中國古代傳說,認為動物中的狐狸是生性最狡猾的,所以關於狐狸陰謀騙人、設計害人、機詐猥褻的故事極多。

據說「狐狸精」這個名稱始於唐初。《太平廣記》中《狐神》條云:「唐初以來,百姓皆事狐神,當時有諺曰:『無狐魅,不成村。』」「魅」字,《說文》釋為「老物精也」,「狐魅」即「狐狸精」。

「狐魅子」一詞的出現,反映出「狐狸精」已作為一個獨立的形象存在於人們的意識和民間信仰裏。「狐狸精」化做人形,或到處做客吃喝,或上門求娶妻妾,它的情感、行為都是以人的模式來塑造的。唐代以後的志怪小說,如《容齋隨筆》、《聊齋志異》等,更是到處活躍著性格各

異、人情味十足的狐狸精。

那麼「狐狸精」又怎麼成了放蕩女人的代名詞了呢？《搜神記》引道士云：「狐者，先古之淫婦也，其名曰阿紫。化而為狐，故其怪多，自稱阿紫。」古人把狐狸視為性情淫蕩、以美貌迷惑人的精靈鬼怪，再加上狐狸成精的傳說和志怪小說中對眾多民間妖豔、多情的狐狸精的描述，於是在人們的俗語中便把性感而具誘惑力的不良女性稱為「狐狸精」，「狐狸精」就成了女人輕浮、淫蕩的代名詞了。

趣味鏈結：日本的狐狸精傳說

由於受中國影響，日本的狐仙也很普及，日本人甚至將它們視為稻荷神的使者。狐狸和其他動物修煉成精的傳說，在日本盛行的程度不亞於中國。另外，在中國傳說中不常見的狸貓，受到日本民間的重視甚至超過狐狸。

在日本的民間故事裏，不管是狐狸還是狸貓，只要將葉子戴在自己頭上，就可以任意改變形體。日本文化甚至對狐狸精進行了明確的分類，如下所示：

仙狐：活了千年左右的狐狸的總稱。

空狐：活了三千年以上而升天的狐狸。

天狐：活了一千年以上而升天的狐狸。

善狐：善良的狐狸精的總稱。

赤狐：紅色的狐狸，神道教所屬。

白狐：白色的狐狸，傳說安倍晴明的母親葛葉是白狐的化身。

金狐：金色的狐狸，是太陽的象徵。佛教所屬。

銀狐：銀色的狐狸，是月亮的象徵。佛教所屬。

黑狐：黑色的狐狸，被視為北斗七星的化身。

野狐：邪惡的狐狸精的總稱，被稱為地狐、中狐和宙狐。

「大夫」為何用來稱呼醫生？

今天，給人看病的人被稱為「大夫」，可是在古代，「大夫」並不指稱醫生。《周禮》中記載，古代國君之下有卿、大夫、士三級之分，「大夫」是官職的名稱。

秦漢之後，名叫「大夫」的官員逐漸增多，中央要職有御史大夫、諫議大夫、中大夫、光祿大夫等。這些官員以議論政事為職，雖不專任行政事務，俸祿卻較為豐厚。

隋唐以後以「大夫」為高級官階稱號，而且名稱更為繁多，有光祿大夫、金紫光祿大夫、銀青光祿大夫、正議大夫、通議大夫、太中大夫等等。

到了宋朝，醫事制度和醫學教育發展迅速，負責管理醫療行政的官員不斷增多，「大夫」和醫生開始有了聯繫。自宋徽宗政和年間改定官階時，醫官始別置大夫以下官階，翰林醫官院醫官就分為七級，官職有22種之多，如和安大夫、成和大夫、成安大夫、成全大夫、保安大夫等。

自此，人們就稱呼醫生為「大夫」了，如《夷堅志》乙編卷七就有「張二大夫」的稱呼。由於習俗的不同，南方慣稱醫生為郎中，北方則稱醫生為大夫。

趣味鏈結：名醫別稱由來

中國醫學源遠流長，歷史悠久，歷代名醫輩出，其有各自的別稱，有的以官職稱名，有的以居地稱名，有的以醫術稱名，有的以用藥稱名。

倉公：創立中醫「診籍」（相當於現在的病歷）而名垂青史的淳于意，曾做過齊國主管都城糧倉的「太倉長」，故後人稱之為「倉公」。

許學士：宋代許叔微，多年研習中醫經典著作《傷寒論》並加以闡釋，對醫學很有貢獻，因他考中進士後做過翰林學士，故後人稱之為「許學士」。

劉河間：中醫歷史上著名的金元四大家之一、寒涼派首創人物劉完素，家居河間府（今河北河間縣），故後人稱他為「劉河間」。

朱丹溪：金元四大家之一、滋陰派鼻祖朱震亨，世居浙江義烏丹溪，因而後世尊稱為「朱丹溪」。

汪石山：明代汪機為一代名醫，祖居安徽祁門縣石山，自號「石山居士」，後人則稱他「汪石山」。

外科鼻祖：漢代華佗因在外科手術方面的突出貢獻，被後人稱為「外科鼻祖」或「外科聖手」。

張熟地：明代醫學家張介賓為「溫補派」代表，善用中藥熟地黃。他創制的「新方八陣」中，補陣共有29方，用熟地黃的方子竟達22個，療效顯著，故時人稱他為「張熟地」。

「父母官」的由來

「父母官」是老百姓對那些為官清廉、忠於職守、為民造福的地方官的敬稱。語出自《漢書‧循吏傳》、《後漢書‧杜詩傳》。那麼什麼樣的官才被稱為「父母官」呢？

《箚記‧大學》說：「《詩》云：『樂只君子，民之父母。』民之所好好之，民之所惡惡之，此之謂民之父母。」從中可以看出，只有那些為民謀福利，時刻關心民眾疾苦的有德君子，才配稱父母官。與之相類似的詞語有「愛民如子」、「視民如傷」等。

那麼什麼樣的官不算「父母官」呢？《孟子‧梁惠王上》說：「為民父母，行政，不免於率獸而食人，惡在其為民父母也？」從中可以看出，孟子稱損害仁義的無德暴君為「殘賊之人」，也就是民間所說的貪官污吏，也就是「狗官」。

現在官場上有人喜自稱「父母官」，實在是有欺世盜名之嫌，讓人覺得十分滑稽。為什麼呢？因為古代被稱為「父母官」的清官，皆是百姓的

口碑，公共輿論的賜予，鮮有自封者。

其實，真正的父母官多以人民的子女自居，視仕途為替國民盡忠孝義務，反稱人民為自己的「衣食父母」，畢恭畢敬地侍奉百姓。

趣味鏈結：「縣官不如現管」的由來

關於「縣官不如現管」，有這麼一個傳說。古代若想入仕途，只要通過考試就行了。有一天，縣衙門口貼出了告示，說是三月進行鄉試，金秋進行大考。消息一出，文人墨客個個摩拳擦掌，想試試自己的運氣。

臨考前，主考的縣太爺恰巧病了，便授權縣主簿單淦行使這一職責。單淦是個貪得無厭的傢伙，得到這個發財的美差，樂得一夜笑醒三次。

開考前，考生們為了取得功名，個個破囊捐銀，傾財加碼，忙著給主簿送錢送禮，一時忙得不亦樂乎。

唯獨一個身穿綢緞，挺胸凸肚的豪門子弟，他半文錢也不送，要前來報名。單淦料定此人是個「鐵公雞」，就說：「你也不看看這是什麼地方？進廟不燒香，菩薩也不會保佑你。現在時限過了，等下年再來吧！」

那人說：「我是……」單淦一下子火冒三丈，吼道：「滾！枉讀詩書不知禮，哪配應試？」說罷合起花名冊，轉身就走。

原來那個富豪子弟是縣太爺的小舅子，他衝到縣太爺家，號啕大哭。縣太爺為之愕然，問明情況後，唉聲歎氣地說：「真是縣官不如現管呀！」從此，「縣官不如現管」的俗語便流傳下來。

古人對他人的敬稱

古人稱呼自己時，常喜歡用謙稱，總把自己放在很低的位置上。不過這樣在現在的生活中，是行不通的。如果你去面試，用謙稱跟面試官談，你將會一無所獲。不過古人尊稱他人的一些言辭在我們現在的生活中，還是十分受歡迎的。古人常用的敬稱他人的辭令有如下幾種：

「令」的稱謂。比如令尊是尊稱對方的父親；令堂是尊稱對方的母親；令郎是尊稱對方的兒子；令愛、令媛是尊稱對方的女兒；令兄是尊稱對方的兄長；令弟是尊稱對方的弟弟；令侄是尊稱對方的侄子；令親是尊稱對方的親戚。

「奉」的稱謂。用於自己的動作涉及對方時。如奉達，即告訴，表達之意；奉復，相當於回復，多用於書信中；奉告就是告訴；奉還是歸還的意思；奉陪為陪伴之意；奉勸就是勸告的意思；奉送、奉贈，都是贈送的意思；奉迎為迎接之意；奉托，相當於拜託。

「惠」的稱謂。用於對方對待自己的行為動作。如惠存：請保存；惠臨：指對方到自己這裏來；惠顧：來訪；惠允：指對方允許自己；惠贈：指對方贈與。

「恭」的稱謂。表示恭敬地對待對方。如恭賀：恭敬地祝賀；恭候：恭敬地等候；恭請：恭敬地邀請；恭迎：恭敬地迎接；恭喜：祝賀對方的喜事。

「垂」的稱謂。用於別人對自己的行動。如垂愛：對方對自己的愛護；垂青：別人對自己的重視；垂問、垂詢：別人對自己的詢問；垂念：別人對自己的思念。

「貴」的稱謂。稱與對方有關的事物。如貴幹：問別人要做什麼；貴庚：問人年齡；貴姓：問人姓；貴恙：稱對方的病；貴子：稱對方的兒子；貴國：稱對方的國家；貴校：稱對方的學校。

「高」的稱謂。稱別人的事物，有誇讚的意思。如高見：高明的見解；高就：指人離開原來的職位就任較高的職位；高齡：稱老人（多指六十歲以上）的年齡；高壽：用於問老人的年齡；高足：稱呼別人的學生；高論：稱別人的議論。

「敬」的稱謂。用於自己的行動涉及別人。如敬告：告訴；敬賀：祝賀；敬候：等候；敬禮（用於書信結尾）：表示恭敬；敬請：請；敬佩：敬重佩服；敬謝：表示推辭做某件事。

「請」的稱謂。用於希望對方做某事。如請問：用於請求對方回答問題；請坐：請求對方坐下；請進：請對方進來。

「屈」的稱謂。如屈駕（多用於邀請人）：委屈大駕；屈就（多用於請人擔任職務）：委屈就任；屈居：委屈地處於較低的地位；屈尊：降低身分俯就。

「光」的稱謂。表示光榮，用於對方來臨。如光顧（多用於商家歡迎顧客）：稱客人來到；光臨：稱賓客到來；借光：請別人幫忙；賞光：讓對方給自己面子。

「俯」的稱謂。公文書信中用來稱對方對自己的行動。如俯察：稱對方或上級對自己理解；俯就：用於請對方同意擔任職務；俯念：稱對方或上級掛念；俯允：稱對方或上級允許。

「華」的稱謂。稱對方的相關事物。如華誕：稱對方生日；華堂：稱對方的房屋；華翰：稱對方的書信；華宗：稱與己同姓的對方。

「老」的稱謂。用來尊稱別人，有時特指老年人。如老伯、老大爺、老太爺：可尊稱老年男子；老前輩：尊稱同行裏年紀較大、資格較老、經驗較豐富的人；老兄：尊稱男性朋友。

「雅」的稱謂。用於對方的情意或舉動。如雅教：稱對方的指教；雅意：稱對方的情意或意見；雅正（把自己的詩文書畫等送給別人時）：請人指正批評。

「玉」的稱謂。用於對方的身體或行動。如玉體：稱對方身體；玉音：尊稱對方的書信、言辭；玉照：稱對方的照片；玉成：成全。

「芳」的稱謂。用於對方或與對方有關的事物。如芳鄰：稱對方的鄰居；芳齡（多用於年輕女子）：稱對方的年齡；芳名（多用於年輕女子）：稱對方的名字。

「賢」的稱謂。用於平輩或晚輩。如賢弟：稱自己的弟弟或比自己年齡小的男性。

趣味鏈結：古人稱呼自己是用「我」嗎？

中國古代的人們尤其講究尊卑和禮儀，在人際交往方面形成了一整套頗為嚴格的規矩。

一般說來，在相互的交往或言談中，凡是提到自己的，除了直接用自己的名字之外，更多的是用謙稱或卑稱，最常見的就是稱自己為「鄙人」。與「鄙人」相類似的謙稱還有「臣」、「妾」、「僕」、「不才」、「小人」、「不佞」、「不敏」等等。

根據古代的禮教制度和風俗習慣，這些自稱依據地位不同而稱法各異。國君常稱自己為「朕」、「寡人」等，是特殊的身分和地位的象徵；普通士人稱呼自己為「不才」、「不佞」，也有「余」、「吾」等，體現了士人的謙遜；地位低下的老百姓則常自稱「小人」、「草民」、「賤民」等。這些不同的自稱從側面揭示了普通民眾卑微的社會地位。

中國古代的圖書指什麼？

按習慣，古漢語多用單音詞。「圖書」便是由「圖」與「書」兩個單音詞組成的，其本義是指「地圖」與「法令戶籍等文書」。詞源見於《史記・蕭相國世家》：「何獨先入收秦丞相御史律令圖書藏之。……漢王所以具知天下阨塞，戶口多少，強弱之處，民所疾苦者，以何具得秦圖書也。」

與「圖書」同義的有「圖籍」，稍後這兩個詞的概念有了擴大，指地圖與書籍。《漢書・天文志》：「凡天文在圖籍昭昭可知者……凡百一十八名。」要追尋「圖書」指代書籍的意思還得從古代書寫的載體說起。

中國古代圖書大體說來，經歷了三個階段：簡牘階段、卷軸階段和冊頁階段。最早的真正意義上的書，應該是竹簡書，就是寫在竹片上，裝訂

成冊的書。漢代之前的人們之所以選擇竹子作為新的文字載體，是因為甲骨文、金屬文、石頭文等篇幅有限，閱讀起來極不方便。而後，隨著紙張的普及，竹書才退出了歷史舞臺。

古人所說的圖書和我們現在所說的圖書有很大不同。古人所說的圖書，指有圖之書，即書中有插圖；而我們現在所說的圖書是泛指所有的書籍。清人葉德輝在《書林清話》中說：「古人以圖書並稱，凡有書必有圖……《隋書經籍志‧禮類》有《周官禮圖》十四卷。」可見，當時雖未發明印刷術，但給書籍加插圖已開先例。

到了宋代，活字印刷術被推廣使用，書中插圖更為多見。在甘肅敦煌石窟中發現的《金剛經》是唐代咸通九年（868年）所刊，卷首就有一幅十分精美的佛說法圖。

宋末以後，刊行的《三國演義》繪圖達240幅之多，可見繪圖書籍已經十分廣泛了。清代《避暑山莊圖詠》等一大批書大多圖文並重，世代相傳，書籍又叫圖書了。

趣味鏈結：「書店」的名稱是怎麼發展演變的？

中國最早的書店產生於漢代，稱為「書肆」。漢武帝曾下令徵求上古遺書，組織有關人員專門抄寫書籍。各種流派的學者為了交流思想的需要，常會相聚於書肆。

後來，「書肆」又稱做「書棧」、「書鋪」、「書棚」、「書堂」、「書屋」、「書籍鋪」、「經籍鋪」等。當時書肆既刻書，又賣書，也有直稱號的，如「富文堂」、「養正齋」、「鴻運樓」、「崇文閣」等。

書市也稱「槐市」。當時漢代京城長安最高學府太學院附近，有很大一片槐樹林，在這個槐樹林裏，有一個生意興隆的書市，當時太學院的學生也經常「議論槐下」，切磋學問；書商們的經營活動也都是在這片槐樹林裏完成的，故而得名。這個「槐市」，是一個真正的露天貿易集市。

第十章 成語溯源

「一字千金」的由來

「一字千金」這個成語源於《史記・呂不韋列傳》。該詞常用來形容文章完美到無以復加的程度，或是文章用詞十分精闢，價值高到一字可值一千兩黃金。

《史記》中記載，兩千多年前，秦國的宰相呂不韋組織他的門客集體編纂了一部叫做《呂氏春秋》的書。書成之後，不知價值如何，便把「稿本」掛在首都咸陽的轅門上，吸引天下文人墨客前來斧正，聲稱有能增刪一字者賞給十金。

書在轅門上掛了很久，也招來了很多賢士，但不知是因為這書實在是編得好還是人們畏懼呂不韋的權勢，竟沒有人能增刪書中一字。由此，便引出了「一字千金」的成語。

還有一些人持另外一種看法，認為「一字千金」出自西安碑林內《大唐三藏聖教序碑》刻碑的故事。

據傳這塊碑刻的內容分兩部分，一部分是玄奘和尚從印度帶回的佛

經；另一部分是太子李治寫給玄奘的謝表。唐高宗下令，碑的字體要用晉代大書法家王羲之的。

因為當時是唐朝，王羲之已去世好多個朝代了，怎麼辦？長安洪福寺高僧懷仁知道此事後，就四處搜集王羲之的的作品，遇到用得上的字就剪下來，集在一起。可是有幾個字，怎麼也找不到，懷仁不得已便奏請朝廷。朝廷貼出告示，誰獻出碑文中急需的一個字，賞金一千，這就是一字千金。後人把此碑的拓本稱做《千金帖》。

趣味鏈結：「一諾千金」的美譽源於哪位古人？

「一諾千金」和「一字千金」一樣，都是出自《史記》。「一諾千金」的意思是說，不輕易對別人許下承諾，承諾了就要履行。

楚漢相爭時有個叫季布的謀士，雖不拿項羽薪俸，但他多次為項羽出謀劃策，幫他度過難關。後來楚霸王項羽敗北，劉邦奪取了天下，便想殺死季布。

當時季布在民間口碑很好，民間一直流傳著「得到黃金千兩，不如得到季布一諾」的說法。在夏侯嬰的極力勸說之下，再加上自己的考慮，劉邦便想用季布的聲名來為國家所用，於是封官留用。

後來，「一諾千金」便由此流傳開來。

「一竅不通」源於何處？

「一竅不通」這個成語出自商朝的時候，跟比干的七竅玲瓏心有關。

商朝的時候，紂王殘暴無道，經常與他的妃子妲己沉迷於聲色犬馬之中，不思治國。相傳妲己為狐狸精所變，專門來凡間殘害百姓，禍害忠良。

紂王的叔父比干對此實在看不下去了，就很生氣地勸紂王說：「國事日衰，百姓苦不堪言，外族入侵嚴重，若再不加治理，恐毀國於一旦。」

紂王對比干所說的話，完全當成耳旁風。

姐己知道了比干規勸紂王的事後，很不高興，一直懷恨在心，想要懲治他。姐己靈機一動，想了個主意，對紂王說：「大王！如果比干真的是一個忠臣的話，你為什麼不叫他把胸膛剖開，把心拿出來給我們看，如果是紅心，他就是忠心的；如果是黑心，那大王可要警惕了。」由於紂王被姐己這個狐狸精迷惑得不輕，所以當即就下令比干剖胸。

比干知道將要亡國了，於是就毫不猶豫地剖開了胸膛，把心肝拿出來獻給了紂王。《呂氏春秋》記載此事時，寫道：「紂心不通，安以為惡，若其一竅通，則比干不殺矣！」意思是說，如果紂王的心通了一竅，就不會做出糊塗事把比干殺了！

後來，人們就用「一竅不通」這句成語來形容一個人非常愚蠢或是很糊塗！

趣味鏈結：「孤注一擲」是說不顧安危擅自冒險嗎？

「孤注一擲」這個成語出自宋朝真宗年間。當時（宋真宗在位的第七年，即1004年），邊境遭遼聖宗嚴重侵犯，甚至直接打到了今河南省的濮陽。宋真宗眼看江山是保不住了，便想棄都而逃。主逃的一派是王欽若，他積極參與想辦法，制訂方案，不料棄城而逃的計畫遭到寇準反對，真宗是急得兩頭冒汗。

真宗便問寇準有何妙策破敵，寇準答：「請求御駕親征，以鼓舞士氣。」真宗無法，只好冒著滿頭大汗，直奔前線。結果一舉打敗遼聖宗。事後真宗非常感謝寇準，更加器重他了。但是主逃派並不甘心，為了出心中的一口惡氣，就想了一個辦法來對付寇準。

一次，真宗在御花園賞景，王欽若向真宗獻媚道：「陛下聞博乎？博者輸錢欲盡，乃罄所有出之，謂之孤注，陛為寇準之孤注也，斯亦危矣！」真宗皇帝想了一想，寇準要我親征前線，不正是「罄所有出之」嗎？簡直是拿我「孤注一擲」，於是就不再信任寇準了。

「三長兩短」原來是何意思？

「三長兩短」這個詞在生活中應用較多，意思是說出差錯，或是有什麼擔當。比如人們常說：「萬一有個三長兩短，我該怎麼交待啊？」殊不知這個詞的由來與棺材有關係。

《禮記‧檀弓上》記載：「棺束，縮二，衡三，衽，每束一。」孔穎達為此作疏，大意是說，古時棺木用皮條捆合，縱的方向捆兩道，橫的方向捆三道，衽的地方捆一道。

衽原本指衣服縫合處，此指連接棺蓋與棺底的木楔，兩頭寬中間窄，插入棺口兩旁的坎中，衽用皮條連接就是為了緊固棺蓋。在後世，皮條逐漸被釘子取代了。

那為何會有「三長兩短」之說呢？原來，棺材是橫的方向有三塊長木板，縱的方向有兩塊短木板，「縮二，衡三」就是根據這個來的。

趣味鏈結：歐冶子鑄「三長兩短」神劍的故事

春秋時代越國鑄劍大師歐冶子鑄三長兩短五把神器：純鈞、勝邪、湛盧、巨闕和魚腸。其中純鈞、勝邪和湛盧為長劍，巨闕和魚腸為短劍。

據《越絕書‧越絕外傳記寶劍第十三載》記載，這五把寶劍均為越王勾踐所有，勾踐請善於相劍之士為其看劍，當看「純鈞」時，越王說：「有人想用『有市之鄉二，駿馬千疋，千戶之都二』做交易，可否？」

相劍之士答曰：「不可。當造此劍之時，赤堇之山，破而出錫；若耶之溪，涸而出銅；雨師掃灑，雷公擊橐；蛟龍捧爐，天帝裝炭……今赤堇之山已合，若耶之溪深而不測。群神不下，歐冶子即死。雖復傾城量金，珠玉竭河，猶不能得此一物，有市之鄉二、駿馬千疋、千戶之都二，何足言哉。」

上述記載，雖然帶有傳說的成分，但也足見歐氏所鑄之劍之絕妙。1965年出土的越王勾踐劍，有人認為當為巨闕、魚腸兩短劍之一，此劍千

年不鏽，鋒利無比，被譽為「天下第一劍」。

「退避三舍」的「三舍」有多遠？

「退避三舍」這個成語產生於古代戰爭中，源於一個報恩的故事。這句成語的意思是說退讓、忍讓和迴避，以求避免衝突。「舍」是古代的一種長度單位，一舍約相當於今天的三十里。退避三舍就是退到九十里之外。

《左傳·僖公二十三年》載：「晉楚治兵，遇於中原，其避君三舍。」為什麼晉楚兩軍相遇，晉軍不戰而退避三舍，難道是不戰而屈人之兵嗎？

原來，春秋時候，晉國君晉獻公寵愛妃子驪姬。驪姬想借機讓晉獻公封她為夫人，封他兒子為太子。可是晉獻公的夫人生有申生和重耳二子，申生早被封為太子了。晉獻公左右為難，後來驪姬就想法害死了申生。重耳在楚國國君的幫助下，順利逃出了追殺，在外避難十二年。

楚王問重耳：「假若日後你當了晉國國君，會如何報答我呢？」重耳想了想說：「楚王各種物品一應俱全，奴隸、美女都有了，還稀罕什麼呢？」重耳又搖了搖頭說：「我現在還在難中，如何能當上晉國國君呢？萬一當上了，日後在戰場相見，我軍就以退避三舍作為回報吧。」

後來，晉國的朝綱被理順了，重耳順利當上了晉國國君。一次，與楚軍在戰場上相遇了，重耳果然沒食言，以退避三舍來作為報答。

趣味鏈結：「約法三章」約的是什麼內容？

「約法三章」一詞，最早出現於《史記·高祖本紀》。原意是指劉邦簡化秦朝苛法，與百姓約定三條規定。後來「約法三章」一詞，泛指根本性的法律、規定。

據記載，西元前206年，秦王朝暴君當道，農民起義爆發，各路諸侯

紛紛響應，一時間，秦王朝就土崩瓦解了。

劉邦首先打進秦國都城咸陽，他悉數召集諸縣父老、豪傑說：「父老苦秦苛法久矣！吾與諸侯約，先入關者王之；吾當王關中，與父老約法三章耳：『殺人者死，傷人及盜抵罪，餘悉除去秦法，諸吏民皆案堵如故。』」

大意是，劉邦召集各縣有聲望的父老們說：「父老鄉親們久受秦國苛刑之苦啊！我和各路諸侯約定，誰先入關誰就可以稱王。現在，我當上了大王，與父老們約定三條刑法：『殺人者處死刑，傷人和盜竊按情節輕重治罪，秦國的其他苛法一律廢除，官民均可安居樂業了。』」

百姓們聽完這些，頓感渾身一陣輕鬆。後來在中國史書中「約法三章」還用於表示政府輕刑緩賦的措施，「三」已成泛稱。

為何會有「三生有幸」之說？

三生有幸，就是三生都很幸運的意思，後常用來形容運氣機遇極好。「三生」是佛家術語，指前生、今生、來生；也指投胎轉世的意思。

據《傳燈錄》中記載的一個傳奇說，唐朝時，富家子弟李源善，把家產捐出來建惠林寺，並住在寺裏修行，和住持圓澤禪師成了要好的朋友。圓澤對佛學有高深的造詣，二人經常一起出遊拜佛求經。

一天，他們二人相約共遊四川的青城山和峨眉山，李源善想走水路從湖北沿江而上，圓澤卻主張由陸路取道長安斜谷入川。李源善不同意，圓澤只好依他。於是他們一起走水路，船到南浦，剛一停下，就看見一個孕婦，那孕婦拖著大肚子，正在汲水。

圓澤就流著淚對李源善說：「那婦人懷孕已經三年了，等待我去投胎，我不願意走水路就是怕見到她呀！」圓澤轉念又抱著輕鬆的態度說：「早投胎，早轉世。現在遇到她了就沒辦法再避了。三天之後這女人就會生產，到那個時候請你到她家去看看，如果嬰孩對你笑一笑，那就是我

了。再等十三年，在中秋的月夜，我會在杭州天竺寺等你，那時我們再相會罷。」

回去之後，圓澤當天晚上就圓寂了，同時那個孕婦也生了一個男孩。第三天，李源善照著圓澤的話，到那位婦人家裏去探看，嬰兒果然對他笑了一笑。

十三年後的中秋月夜，李源善到天竺寺赴會，剛到寺門口，就聽到了一個牧童的歌聲：「三生石上舊情魂，賞月吟風不要論。慚愧情人遠相訪，此身雖異性常存。」李源善一聽，知道是舊人，忍不住問道：「澤公，你還好嗎？」牧童說：「李公真守信約，可惜我的俗緣未了，不能和你再親近。我們只有努力修行不墮落，將來還會有見面的日子。」隨即又唱了一首歌。唱罷掉頭而去，不知所往。

圓澤禪師和李源善的故事流傳很廣，今天杭州西湖天竺寺外留下的一塊大石頭，據說就是當年他們隔世相會的地方，稱為「三生石」。

趣味鏈結：三生石

三生石在杭州西湖，在與飛來峰相連接的蓮花峰東麓，石頭峭拔玲瓏，高約10公尺。石上刻有「三生石」三個大字，是篆體，有碗口大小。除此之外，還有唐代圓澤和尚《三生石跡》的碑文，記述了「三生石」的由來。

傳說人死後要走黃泉路，到奈何橋就會看到三生石。它能照出人前世的模樣。前世的因，今生的果，宿命輪迴，緣起緣滅，都重重地刻在了三生石上。

「不三不四」是什麼意思？

據史料記載，古人認為天為一，地為二，天地相加成三。「三」不僅是作為一個數，而且還作為事物整體的象徵。

漢字中有三木成「森」、三金成「鑫」、三水成「淼」、三口成「品」等情形。此外宇宙中有三才（天、地、人），天上有三寶（日、月、星），帝王中有伏羲、神農、黃帝，文人中有很多「三」，三曹（曹操、曹丕、曹植），三蘇（蘇洵、蘇軾、蘇轍），三袁（袁宗道、袁中道、袁宏道）等。古歌曲反覆詠唱為「三疊」。像「三十而立」、「三思而後行」、「三人行，必有我師」、「三省吾身」等詞句也都與「三」有關。取「三」為名的事物，含義深遠，其味無窮。

至於「四」，古意則多含有周全、稱心，取事事（四四）如意之義。西天如來佛身邊有「四大金剛」；《西遊記》中的唐僧、孫悟空、豬八戒、沙和尚四人為伍，西天取經；文房四寶為筆墨紙硯；琴棋書畫是文人所操四事；真草隸篆為漢字書寫四體；四庫全書含經、史、子、集；西施、王昭君、貂蟬、楊玉環是古代「四大美女」。有關「四」的事物諸如「四季」、「四方」、「四海」之類真是不勝枚舉，魅力無窮。人們把「四」視為吉祥，取「四」名而呼之，成為習俗。

「三」與「四」的用法寄託了人們對美好事物的嚮往或讚譽，而反過來就是「不三不四」，如胡屠夫罵范進：「也該撒泡尿自己照照！不三不四，就想天鵝屁吃！」（吳敬梓《儒林外史》第三回）

趣味鏈結：哪些詞語中含有「三」和「四」？

用「三」和「四」搭配詞語，除了「不三不四」之外，還有如下：

「顛三倒四」指說話、辦事沒有次序，沒有條理；

「說三道四」指愛說人閒話，亂加議論；

「丟三落四」形容人態度隨便或記性不好而好忘事；

「低三下四」形容卑賤，低人一等；

「推三阻四」表示以各種理由推脫；

「三番四復」形容反覆多變。

此外還有朝三暮四、挑三揀四等等，也都含有貶義。

「學富五車」的典故

「學富五車」常與「才高八斗」連用，表示某個人才學很高。「學富五車」是說一個人讀了很多書，引申義就是說某人學識淵博。

戰國時代還沒有發明紙張，有學問的人都把字寫在一種叫竹簡的東西上。故而，那時所謂的書就是指這些竹簡。竹簡是用竹子削成的，長的達「三尺」，短的只有「四五寸」。如果給人寫信，就用「一尺」長的竹簡，叫做尺牘。每根簡上寫的字少的只有一兩個字，多的也不過三四十字。

戰國時有個思想家叫惠施，很是勤奮好學，是個讀萬卷書行萬里路的人，人稱他博學多才。每次旅行時，他都帶著很多書，其實這些書是一捆一捆的竹簡和木牘，用馬車拉著，一共裝了五輛車。「學富五車」一詞也就由此而來。

趣味鏈結：「才高八斗」為什麼不說成「才高十斗」呢？

「斗」是古代的容量單位，大約等於現在的十升。古人常用「斗」來盛糧載物。說起「斗」怎麼用來形容才學，又怎麼偏偏是「八斗」而不是「十斗」、「百斗」，這還有一段小故事呢。

宋代《釋常談・八斗之才》解釋說：東晉詩人謝靈運才華出眾，自命不凡。他曾經說：「天下的文學之才共有一石（容量單位，一石等於十斗），其中曹子建（即曹植）獨占八斗，我的才學可得一斗，天下其他的人共分一斗。」此語一出，遂不脛而走。自此之後，人們便用「才高八斗」比喻才學出眾之人。

「五花八門」是指哪些？

「五花八門」比喻事物種類繁多，變化莫測，令人眼花繚亂。其實在

古時候,「五花八門」各有所指。

「五花八門」原本是指古代戰爭中的「五花陣」和「八卦陣」。「五花」就是五行,故而「五花陣」也叫「五行陣」。五行就是金、木、水、火、土,古人認為萬物皆由五行相生相剋演化而來。加之五行又代表紅、黃、藍、白、黑五種色素,它們混合在一起還可變為多種顏色,能夠使人眼花繚亂。

「八門」陣也稱八卦陣,這個陣勢,傳說是依照八卦的方位布置,變化多端,讓人難以琢磨。春秋時期的孫武、孫臏最早運用八門陣,後來三國時期的諸葛亮又將八門陣改變成為「八陣圖」。所以綜合起來說,「五花八門」是指古代戰術中的陣勢。

後世也有人認為,「五花」和「八門」分別指不同行業的人。「五花八門」泛指行業的繁雜和眾多。

五花:金菊花——賣茶的女人;木棉花——街上為人治病的郎中;水仙花——酒樓上的歌女;火辣花——玩雜耍的;土牛花——某些挑夫。

八門:一門巾——算命占卦;二門皮——賣草藥的;三門彩——變戲法的;四門掛——江湖賣藝的;五門平——說書評彈者;六門團——街頭賣唱的;七門調——搭篷紮紙的;八門聊——高臺唱戲的人。

趣味鏈結:小道消息為何又被稱為「八卦」?

「八卦」也稱「經卦」,來源於《周易》中的八種基本圖形。

那麼,頗具傳奇色彩的八卦怎麼和小道消息扯上關係了呢?據說,八卦指非正式的小道消息或者新聞,最早源於娛樂圈。早年香港的某些雜誌為了提高銷量,常在封面上放置一些較為暴露的圖片,並在某些重點部位加貼八卦圖以達到遮蔽的作用,類似於馬賽克的效果。這些雜誌為了吸引讀者,還到處挖掘明星的隱私,內容也多涉及明星的私生活,因而八卦與小道消息扯上了關係,這些雜誌也被稱為八卦雜誌。

「六親不認」是指哪六親？

「六親不認」本指秉公做事，公正辦案，不因親屬而偏幫袒護，所以要「六親不認」。現在常用於指某人升官發財後，所有親戚朋友都不認識了，唯恐人家沾了他的光，得到他的好處。這種六親不認之人是大逆不道、遭人唾棄的。

「六親」泛指所有親屬，其具體所指，歷來說法不一，比較常見的說法有如下四種：

一、據《老子》一書記載，「六親」是指父、母、兄、弟、夫、婦。

二、《左傳・昭公二十五年》說，「六親」指父子、兄弟、姑姊、甥舅、婚媾（指妻子方面的家庭成員）、姻亞（指丈夫方面的親屬。亞，也作婭）。但這其中又有某些重複，因為那些婚媾和姻亞中的一位，可能同前四類親屬同指一人。

三、《漢書》中以父、母、兄、弟、妻、子為六親。「父母」可理解成包括夫妻雙方的父母；「兄弟」亦是夫婦雙方的，而且可借代「姐妹」；「子」可解釋為「子女」。

四、《史記・管晏列傳》說，指外祖父母、父母、姊妹、妻兄弟之子、從母之子、女之子。

現代比較通行的是《漢書》中的說法，這種說法比較合理，較前兩種提法更全面廣泛，所以被更多的人所接受。

趣味鏈結：我們常說的「七情六欲」中的「六欲」指代什麼？

六欲是佛教專用語，指佛家所說人的六種欲望，即：1.色欲；2.形貌欲；3.威儀姿態欲；4.言語聲音欲；5.皮膚的嫩滑光潔欲；6.人相而引起的情欲。

「張冠李戴」是什麼意思？

「張冠李戴」這個成語從字面上直觀解釋就是，把姓張的帽子戴到姓李的頭上。由此引申出來的比喻義就是弄錯了事實，混淆了對象。

這個成語最早出自宋代，錢希言《戲瑕》中云：「張公帽兒李公戴。」由於其直白明瞭，形象生動，因此使用頗為頻繁。後來又有許多翻版，比如田藝蘅《留青日札》中記載有句諺語說：「張公帽掇在李公頭上。」還有人作賦云：「物各有主，貌貴相宜。竊張公之帽也，假李老而戴之。」

後來，此語在生活中逐漸被淘汰，就變成我們今天使用的張冠李戴。

趣味鏈結：「張公吃酒李公醉」中的張公、李公指誰？

「張公吃酒李公醉」這句俗語用來指一方得到實惠，而另一方卻擔了責任，徒勞無功有虛名。這個俗語出自唐代張鷟《朝野僉載》，其中的張公、李公在歷史上也確有其人。

唐代武則天時期，極度寵幸張易之、張昌宗兄弟，以致二張權勢熾盛，而李氏皇室卻備受冷落。老百姓看著這幕鬧劇，雖有怨言卻不敢高聲洩怨，於是只好婉轉含蓄地謠傳「張公吃酒李公醉」，藉此表示張易之兄弟當權，李唐王室大權旁落的事實。

宋代程大昌《演繁露續集》中就如實紀錄了此語：「張公，易之兄弟也；李氏，言李氏不盛也。」

後來，「張公吃酒李公醉」這句話廣為流傳，還衍生出了代人受過的意思。

「飛黃騰達」是發達的意思嗎？

「飛黃」又作「乘黃」，是傳說中的神馬名字；「騰達」原來是「騰

踏」，指上升的態勢，像飛黃神馬似的很快地上升著。「飛黃騰達」形容駿馬奔騰飛馳，後比喻人驟然得志，官職、地位升得很快。

唐宋八大家之首的韓愈，有個兒子名叫韓符，年少時經常與鄰家的孩子一起貪玩，不喜歡讀書。韓愈十分擔心，專門寫《符讀書城南》詩教育兒子：

兩家各生子，孩提巧相如。
少長聚嬉戲，不殊同隊魚。
年至十二三，頭角稍相疏。
二十漸乖張，清溝映汙渠。
三十骨骼成，乃一龍一豬。
飛黃騰踏去，不能顧蟾蜍。

韓愈在詩中對他兒子講了一個故事，有兩家人家，各生一個兒子，這兩個孩子在幼兒時長得很像，都很活潑可愛；稍長大一些後，也經常在一起玩耍，如同一塊兒游著的小魚似的，簡直沒有什麼區別。可是到了十二、三歲的時候，卻漸漸看出有些不同了，到了二十來歲，這種不同就尤其明顯了：一個高潔清澈，像清水溝；一個庸俗穢垢，像污水渠。到三十歲左右，一個像騰雲駕霧、呼風喚雨的龍，一個卻像愚蠢無能、只圖飽暖的豬；一個像飛黃一樣奔騰前進，對於另一個遠遠落在後頭的癩蛤蟆似的東西根本顧不上了。

趣味鏈結：「欲速則不達」是孔子說的嗎？

「欲速則不達」是說性急辦不成事，後世有人將此語改了，變成了「欲達則必速」，以現代的眼光來看，兩者都有道理。此語出自《論語・子路》。

春秋時，孔子弟子很多，各行各業都有他的學生，衛國人子夏便是其中之一。子夏出師後，被任命為魯國莒父縣的縣長，上任之前，子夏來拜謝孔子，順便請教為政之法，孔子說：「無欲速，無見小利。欲速，則不

達，見小利，則大事不成。」

孔子所說的意思是：辦事情不要只圖快，只圖快有時反而達不到目的，不要只顧眼前小利，只顧小利往往辦不成大事。「欲速則不達」這個成語便由此流傳開來。

「體無完膚」出自哪裡？

「體無完膚」原意是說，身體上沒有一塊完整的皮膚，而引申出來的意思則是用來形容某人被批判或被攻擊得一無是處。

據考證，「體無完膚」一詞最早出自唐朝段成式所著的《酉陽雜俎》中。段成式是個頗通文墨的人，常常舞文弄墨，寫了許多文章。一次，他聽說葛清非常喜歡白居易的詩作，簡直到了如癡如醉的地步。段成式感到很好奇，就前去拜訪葛清。

葛清說自己為了能常讀白居易的詩句，就把一些特別喜歡的刻在身上，段成式不信，葛清就掀起衣服讓段成式看，段成式目所及處，皆刺滿了文身，還有30多幅精美的圖畫。回到家，段成式便在《酉陽雜俎》中寫下了「體無完膚」這個詞語。這也就是「體無完膚」一詞的由來。

趣味鏈結：《酉陽雜俎》及其作者

《酉陽雜俎》的作者段成式（約西元803～863年）是山東臨淄人，初為秘書省校書郎，後遷吉州刺史。《酉陽雜俎》共30卷，20萬字，所記內容甚為龐雜：有道、仙、佛、鬼、怪、妖、人、動、植、酒、食、夢、預言、刺青、壁畫、墓、天文、地理等等，分類編錄。書中很多篇目的名字，非常詭異，如記道術的叫《壺史》，寫怪異的叫《諾皋記》，等等。其故事極富想像力，讀後讓人目眩神迷。

「夜郎自大」的由來

夜郎是中國漢代西南方的一個小國家，但與其他諸侯國相比較，他的力量是最強的，司馬遷《史記‧西南夷傳》稱：「西南夷君長以什數，夜郎最大。」夜郎國的具體位置，史籍記載都很簡略，只說：「臨牂牁江」，其西是滇國。牂牁江是漢代以前的水名，今人根據其向西南通抵南越國都邑番禺（今廣州）的記載，考訂為貴州的北盤江和南盤江。

夜郎國的國君十分自大，認為自己天下第一，沒人能與之相比。一次漢朝的使臣出訪夜郎，夜郎國的國君問：「你們漢朝大呢，還是我們夜郎國大？」他不知道漢朝國土的廣大，自以為自己最大。漢朝使臣答道：「夜郎自大（夜郎自己認為自己很大的意思）。」後來人們就以此比喻妄自尊大。

趣味鏈結：「扶桑國」的地理位置在哪裡？

在中國古籍中，「扶桑」作為國名多次出現，這個「扶桑國」的位置在哪裡呢？

古人把傳說中的神木大桑樹稱之為「扶桑木」，他們將神話裏東方大海中的極東國家稱為「扶桑國」。

「扶桑」一詞，在戰國時代就有史跡可循，有關「扶桑國」的具體地理環境和地理位置的記載，最早可以從《梁書》中找到材料，而扶桑之謎的爭議也是由《梁書》的記載引起的。

有人說，扶桑國是指美洲的墨西哥。他們說，在西元499年，我們的祖先已經與扶桑國互相往來。早在1492年哥倫布發現新大陸之前的10個世紀，中國人已經在美洲大陸留下了足跡，古時候的中國的人民稱其國度為「扶桑國」。

「金屋藏嬌」是什麼意思？

「金屋藏嬌」一般用來形容家有美女或者嬌妻，此語出自於一個有趣的歷史故事。

據《漢武故事》記載：「帝以乙酉年七月七日旦生於猗蘭殿。年四歲，立為膠東王……膠東王數歲，長公主抱置膝上，問曰：『兒欲得婦否？』長公主指左右長御百餘人，皆云不用。指其女：『阿嬌好否？』笑對曰：『好。若得阿嬌作婦，當作金屋貯之。』長公主大悅，乃苦要上，遂成婚焉。」

將上面的文言文翻譯過來就是，劉徹小的時候，一日，他姑母長公主將他抱在膝上，問他：「你想要妻子嗎？」他回答說：「想。」於是，長公主遍指左右數百侍女問他要哪一個，他都說不要。最後，長公主指著自己的女兒陳阿嬌問：「阿嬌好嗎？」武帝笑著回答：「若得阿嬌做妻子，我要專門修造一個金屋子給她住。」長公主大喜。因此，後人把這件事情總結為「金屋藏嬌」。

後來劉徹長大當上了皇帝，果然立阿嬌為后，專寵阿嬌十多年。不過後來，「金屋藏嬌」的意思發生了轉變，成了納妾的意思。

趣味鏈結：「醜八怪」原來就指人長相難看嗎？

「醜八怪」現在用來形容某人相貌醜陋，其實這個詞原來並不是指相貌的，它來源於「揚州八怪」。

「揚州八怪」是指清朝時揚州地區趣味相投、畫風相似的一批人，一般指鄭燮、金農、高翔、李鱓、李方膺、黃慎、汪士慎、羅聘。這些人在當時的正統畫派裏，一是做人不合時宜、我行我素，二是作畫我從我法、推陳出新。所以被主流畫家和上層社會蔑稱為「醜八怪」。

後來，從「揚州八怪」演變出來的「醜八怪」一詞，又把這種藝術上的怪異當做相貌了。

「樹倒猢猻散」的來歷為何？

「樹倒猢猻散」的意思是說大樹倒了，樹上的猴子也就沒有依附了，只得各自散去。現在常用來比喻某個得勢的人垮臺之後，依仗他的那些人也全都沒了依附了。猢猻，就是猴子的意思。這個成語出自明朝人陶宗儀的《說郛》。

南宋時，大奸臣秦檜當權，把一群擅長拍他馬屁的人都提拔了起來，有個叫曹詠的便是其中之一。曹詠升官之後，他家鄉的很多人都來奉承和巴結他，使他非常得意。可是，他的大舅子厲德新，雖然是「里正」（相當於現在的村長或鄉長）之職，但從來都不買他的帳，曹詠對其懷恨在心，處處刁難。

後來，大奸相秦檜死了，曹詠也隨之被貶官，針對此事，厲德新便寫了篇辛辣諷刺的賦寄給曹詠。在文中，厲德新把秦檜比做一棵大樹，把曹詠等一大批巴結他的人比喻成猴子。昔日猴子們靠著大樹蔭庇，作威作福，如今大樹一倒，猴子們只得散夥了。曹詠看後，氣得半死。「樹倒猢猻散」一語便由此流傳開來。

趣味鏈結：秦檜等人的跪像是何時立在岳飛墓前的？

在岳飛墓前設置秦檜等人的跪鑄像，最早始於明朝正德八年（1513年）。當時的杭州府都指揮使李隆用銅鑄造了秦檜、秦檜妻王氏等三人的跪像置於岳飛墓前。由於人們對秦檜迫害岳飛的所作所為十分痛恨，因此這些跪像不久就被遊人打得不成人形了。

在明萬曆二十二年（1594年），浙江按察副使范淶用質地更堅硬的鐵代替銅重鑄了這些跪像，並增加了秦檜的黨羽張俊的鑄像。從此，這四個殺害岳飛的兇手長跪於岳飛墓前，至今已有四百多年的歷史了。

其間，因為來此參觀、憑弔的遊人大都會擊打四個鐵像以宣洩情緒，所以這些鐵像也常常遍體鱗傷、破爛不堪，甚至鐵頭落地。與此相應，明

清兩代對鐵像的重鑄也幾無間斷。萬曆三十年（1602年）浙江按察使范淶捐資重鑄；清雍正九年（1731年）錢塘知縣李惺重鑄；乾隆十二年（1747年），布政使唐模重鑄；嘉慶七年（1802年），巡撫阮元用收繳的外國海盜鐵炮兵器等改鑄四人跪像；同治四年（1865年），布政使蔣益澧重修祠墓，並重鑄跪像；光緒二十三年（1897年）布政使張祖翼重鑄跪像。1966年秋，岳飛墓遭到破壞，秦檜等四跪像不知去向。現在岳王廟前的鐵質跪像是1979年重鑄的。

「狼心狗肺」來自哪個傳說？

人們常用「狼心狗肺」一詞來形容忘恩負義之人。這個成語出自一個傳說。

相傳很久以前，有個叫慈生的少年，他每次打柴回來，無論再苦再累，他都要去幫助鄰里鄉親們做些活，鄉親們直誇他是個勤勞善良的人。有一次他打柴回來，路上遇到一隻受傷的烏龜，他看了很心疼，便把烏龜抱回家中精心飼養，不幾日，烏龜傷癒，為了報答慈生的養護之恩，便送給他一顆起死還魂丹。慈生得到這顆丹後，悉心珍藏，常常帶在身邊。

數年後，慈生已經長大成為一個青年了，仍然是起早貪黑地以打柴為生，一次慈生上山打柴，見草叢中有一具剛死不久的屍體，心肺都被掏空了，旁邊還有一條狼和一隻狗為爭心食肺而死。慈生想到了要報官，但他還是覺得先救人要緊，並決定拿出這顆寶丹試試。

慈生先掏出狼心狗肺置於屍體中，再用還魂丹的一半把那屍體給救活了。那人活過來之後，自稱叫壞水。他見慈生老實，便套問出慈生怎樣救活了他，而後竟不辭而別了。

壞水是個跟官府勾結，專門欺負老實人的傢伙。沒幾天，官府來人了，不由分說，就將慈生押到了縣衙。縣令厲聲喝問道：「大膽刁民，你竟敢奪人寶丹，還不快交出來！」縣令要慈生交出另一半寶丹，慈生來不

及分辯，就被痛打一頓，被人搜出了寶丹，把他趕出了縣衙。

慈生回到家，躺在床上直生悶氣，做好事遭惡報，我這是為了什麼呀？不覺間就睡著了。夢中，只見蜜蜂和螞蟻對自己說：「皇上的寶貝女兒得了病，明天貼榜招賢，你可借治病之機，奪回寶丹。」然後就告訴慈生該怎樣為公主治病才能奪回寶丹。

第二天，慈生揭榜，監榜人將慈生帶到了皇宮。皇上詢問慈生治病需要什麼藥材，慈生說：「要大棗七枚，絲線七條與寶丹同蒸食用。」皇上聽後非常高興，便派人去辦理。慈生告訴皇帝，這藥用寶丹非臣民那顆不可，可我那顆被一個狼心狗肺之人搶走了，皇上可抓來此人，公主的病便有救了。

慈生便將自己的失丹經過詳細地敘說了一遍。皇上即刻命人將縣官和壞水押來治罪。把壞水剖腹驗看，果然是「狼心狗肺」，取出壞水腹內這一半寶丹與另一半合在一起，與大棗一起為公主蒸藥。慈生治好了公主的病，皇上便讓他留在宮中，從此過上了錦衣玉食的生活。「狼心狗肺」一詞便也流傳了下來。

趣味鏈結：旁門左道究竟指什麼「門」？什麼「道」？

「旁門左道」多用來指不正當的方法和途徑，也泛指非正統的學術流派或宗教流派。旁門是指小門、側門；「左」具有邪、偏的意思，左道就是偏邪之道。

《漢書‧郊祀志》載：「諸背仁義之正道，不遵之法言，而盛稱奇怪鬼神，廣崇祭祀之方，求報無福之祠……皆奸人惑眾，挾左道。」古人之所以有如此說法，是因為古人尚右，以右為正。由以上記載可知，在古人眼裏，凡是正統思想不能容忍的東西，皆被視做旁門左道。

據考證，古代的旁門左道有巫蠱、方術、俗禁等。漢武帝時，就曾因巫蠱屢興大獄。後來，某些統治者為了打壓威脅其統治的新思想、新方法，也將其冠以「旁門左道」之名。

「病入膏肓」是說無藥可救了嗎？

「病入膏肓」這個成語最早出自《左傳·成公十年》。意思是說病重難治，已經到了無力回天的地步。「膏肓」是指人心臟附近的一個部位。

春秋時期，晉景公身患重病，已經到了臥床不起的地步，宮中各路名醫都無力救治，病情一天天加重。後來，聽說秦國有個叫緩的名醫，常常能治別人都治不了的病，於是就派人去請。

這天晚上，病重的晉景公做了一個夢，夢見自己體內有兩個小鬼作祟，使他得重病的就是它們。一個小鬼說：「聽說他們派人去請名醫了，那人醫術精湛，如不設法躲藏，肯定在劫難逃。」另一個則說：「不用擔心，人身上有個地方叫膏肓，位於胸中，心之上下，躲在那兒不會被發現，藥力也不能把我們怎麼樣。」兩個小鬼在晉景公體內更加瘋狂了。

幾天後名醫緩被請到，看過晉景公的病之後說道：「我無能為力，病已經進入膏肓之處，藥力達不到，針灸也無濟於事。」不久，晉景公就去世了。「病入膏肓」因此而生。

趣味鏈結：「坐堂醫」的來歷是怎樣的？

「坐堂醫」指在中藥店中為患者診脈看病的中醫大夫。坐堂醫源於漢代。

相傳，漢代名醫張仲景曾做過長沙太守。由於他醫術高明，醫德高尚，求他診病的患者終日絡繹不絕。為了方便老百姓，他把辦公的大堂作為老百姓診病的場所，辦公和行醫兼而顧之，每月的初一和十五他坐堂行醫，並分文不取。

為了紀念張仲景崇高的醫德和高超的醫術，後來許多中藥店都冠以某某堂，並把坐在藥鋪裏診病的醫師稱為「坐堂醫」。這種稱呼一直沿用至今。

「禍起蕭牆」出自哪裡？

「禍起蕭牆」是指災禍由蕭牆之內而起，後常用來比喻災禍出自內部。「蕭牆」是古代國君宮殿大門內（或說大門外）面對大門是有屏障作用的矮牆，又稱「塞門」、「屏」。這個成語出自《論語‧季氏》。

魯國最有權勢的貴族季孫氏，專橫一時，常不把小國家放在眼裏。為了擴張自己的領土，一心想攻打顓臾這個小國。孔子聽說這件事後，勸告季孫氏不要攻打，後來在孔子的遊說下季孫氏放棄了這一計畫。

孔子分析說，季孫之憂不在外部，而在蕭牆之內。蕭牆之內指的就是魯國國君魯哀公的宮內，孔子認為，魯哀公不會坐視季孫氏的專橫跋扈，定會尋機懲治季孫氏的。這就是「禍起蕭牆」的來歷。

後世就用「禍起蕭牆」來比喻禍患起於內部。如《秦併六國平話》卷下：「祖舜宗堯致太平，秦皇何事苦蒼生？不知禍起蕭牆內，虛築防胡萬里城。」

趣味鏈結：照壁和蕭牆相同嗎？

照壁，也稱影壁、照牆，與蕭牆一樣有屏障的作用，不過它們的身分可大不相同。

蕭牆是專門用在皇宮內的，所以也常常用蕭牆來代表宮牆，蕭牆內外就進一步稱為宮廷內外。

照壁則分布較為廣泛，不僅限於宮廷。照壁一般是一面獨立的牆壁，建在建築物的大門內或大門外，與大門相對。照壁歷史悠久，現存最早的照壁遺址位於陝西岐山縣鳳雛村西周宮殿，距今已有三千餘年。

為什麼會說「高抬貴手」？

求人開恩、饒恕時往往說「高抬貴手」，是誰的「手」這樣尊貴呢？

舊時鄉下演戲，往往先由鄉紳出錢，包下戲班子在祠堂廟宇中演出，而後他們再向群眾賣票賺錢，群眾憑票進場看戲。

戲場當時只開一扇邊門，由一個壯漢把門收票。在無人進場時，壯漢雙腿跨在門檻上，雙手挺在門框上，以防無票者溜進戲場。農村孩子很想看戲，但又無錢買戲票。有的孩子便瞅空邊向守門壯漢哀求，邊察言觀色，掌握「火候」，看到他們態度好一些，就央求說：「叔叔，請您把胳膊抬高一點吧！」於是孩子便趁勢從壯漢胳肢窩下鑽進去看戲了。

後來，文人便把「請抬高胳膊」雅化為「高抬貴手」，意思就是請人「開恩」，推而廣之，便應用於各種場合的求情了。

趣味鏈結：「上下其手」指的是什麼呢？

「上下其手」現在用來比喻玩弄手法、串通作弊。《左傳・襄公二十六年》記載：伯州犁有意偏袒公子圍，叫皇頡作證，並向皇頡暗示，舉起手說：「夫子為王子圍，寡君之貴介弟也。」把手放下說：「此子為穿封戌，方城外之縣尹也，誰獲子？」

春秋楚襄王二十六年，楚國派兵侵略鄭國。當時楚國那麼強大，弱小的鄭國實在沒有能力抵抗，結果，鄭國遭遇到戰敗的厄運，連鄭王頡也被楚將穿封戌俘虜了。戰事結束後，楚軍中有楚王弟公子圍，想冒認俘獲鄭王頡的功勞，說鄭王頡是由他俘獲的，於是穿封戌和公子圍二人發生爭執，彼此都不肯讓步，一時沒法解決，於是他們便請伯州犁來評判。

伯州犁表示，要想知道這是誰的功勞，最好問問鄭王頡。於是命人帶了鄭王頡來，伯州犁便向他說明原委，接著手伸二指，用上手指代表公子圍，用下手指代表穿封戌，然後問他是被誰俘獲的。鄭王頡因被穿封戌俘獲，很是恨他，便指著上手指，表示是被公子圍所俘虜。於是，伯州犁便判定這是公子圍的功勞。

「上下其手」這句成語就是出於這個故事。

「不入虎穴，焉得虎子」的由來

東漢時，班超被派出使西域，他欣然領命，帶領一隊人馬即刻起程，一路上又困又餓，首先到達了鄯善國。鄯善國國王知道班超是東漢使臣，特設宴隆重招待他們。但沒過多久，這種待遇就變了，鄯善國對他們開始怠慢了。

班超心想，朝廷的使命尚未完成，就出現這種狀況，那以後還怎麼做事？於是就召集了同來的36人說：「鄯善國最近對我們很冷淡，一定是北方匈奴派人來籠絡他們，使他們躊躇不知順從哪一邊。」經過打聽，果然是這樣。

得知這個消息之後，班超很著急，又找到所有人商量說：「我們現在的處境很危險，匈奴使者才來幾天，鄯善國王就對我們這麼冷淡。如果再過一些時候，鄯善國王可能會把我們綁起來送給匈奴。你們說，這該怎麼辦？」大家都瞪大了眼睛，面面相覷。

班超說：「我有一法，不知可行不可行？」眾人急問是什麼法子，班超說：「不入虎穴，焉得虎子。現在唯一的辦法，就是在今天夜裏用火攻擊匈奴來使，迅速把他們殺了，只有這樣，鄯善國王才會誠心歸順漢朝。」

他們派人摸清了匈奴來使所住的位置，畫好了地圖，當天夜裏，班超就和與他同去的36個同伴，一道衝進匈奴人的住所，奮力死戰，殺掉了匈奴來使。鄯善國王只好誠心誠意地順服東漢王朝了。

後人就用「不入虎穴，焉得虎子」來說明人們做事如果不下決心、不身歷險境、不經過艱苦的努力，是不能達到目的的。

趣味鏈結：「先下手為強，後下手遭殃」是說做事要霸道嗎？

「先下手為強，後下手遭殃」是廣為人知的一句話，意思是說搶先動手，就能掌握優勢，成為強者。語出自唐代李延壽《北史・元冑列傳》。

南北朝時北周大將軍元胄，是位有勇有謀的人，深得丞相楊堅的器重。一次，趙王招設宴請楊堅，楊堅慷慨地答應了。

入席時，趙王招命令所有侍從都不准進入。元胄看出是個鴻門宴，便強行跟隨入內。酒過三巡，兩人面泛紅光，微微有些醉意，這時趙王招用佩刀刺瓜遞給楊堅吃，想乘機刺殺楊堅，元胄已看出蹊蹺，趕緊上前對楊堅說：「相府有事，請丞相回府！」

趙王招見此計未成，便氣憤地斥責元胄說：「我正與丞相談論朝政大事，你給我滾一邊去！」元胄一言不發，只是手扶刀柄，一臉怒氣地瞪圓了眼睛，注視著趙王招的一舉一動。

趙王招見他這樣，馬上換了一副面孔，滿臉堆笑地對他說：「哈，你不必多心，別瞎猜疑，來來，請入席飲酒……」元胄仍站立不動。趙王招又生一計，對楊堅說：「我看楊丞相的侍從是個能人，可否賞臉借他為我上一杯茶水啊？」楊堅表示同意。

元胄乘機對楊堅耳語：「趕快離開這裏，趙王招要行刺！」楊堅一聽臉色大變，藉故身體不適，起身離席，奪門而逃。趙王招從屋內追出，元胄用身子擋住門戶，楊堅順利地逃回相府。

回府後，楊堅問元胄：「他沒有兵馬，何至於會反叛呢？」元胄說：「他是先下手為強啊！」後來楊堅誅殺了趙王招，做了皇帝，稱為隋文帝，元胄升為右衛大將軍。

後人就根據這個故事，概括出了「先下手為強，後下手遭殃」這句俗語，並流傳至今。

「腰纏萬貫」來源何處？

一個人很富有，人們常稱其為「腰纏萬貫」，關於這個詞的來歷，最早可追溯到宋代。

原來，在宋代之前商賈遊人出遠門，都把銀兩背在身上或肩扛手提，

這樣既不便，又惹人耳目，引發了很多事端。到了宋代，人們為了銀錢和自身的安全，就改變了以往的這種做法，把銀子打成腰帶。

根據出門用途需要，把銀子打成長短不等的腰帶，短的至少繞一圈，長的幾圈甚至十幾圈。纏在腰上之後，腰帶外面再用布帛或絲綢條幅束住，這樣就安全了。用時，從腰上取一段下來過秤，然後進行交易，頗為方便。「腰纏萬貫」一詞由此而來。

由於普通人出行，隨行也沒多少銀子可帶，於是「腰纏萬貫」就逐漸為商人所專有了。

趣味鏈結：古代一貫是多少錢？

萬貫究竟是多少呢？古時候用銅錢，就是中間有方孔的那種，為了便於攜帶，一般是用繩子穿著，每1000枚銅錢叫「一貫」。

明朝洪武八年（西元1375年），發行的紙製「大明通行寶鈔」，面額為「壹貫」。當時，一貫等於銅錢1000枚，或白銀一兩，或黃金1/4兩。

由此換算，萬貫等於銅錢一千萬枚，白銀一萬兩，黃金2500兩，的確是一筆為數不少的財富了。看來，「腰纏萬貫」只是形容而已，真要纏上一萬貫的錢財，恐怕會沉重得吃不消了。

「兩袖清風」的典故

「兩袖清風」的意思是說兩袖中除清風外，別無所有，比喻做官廉潔，也比喻窮得一無所有。這個成語的來歷，與明朝的于謙有關。

據記載，明朝正統年間，宦官王振以權謀私，每逢朝會，各地官僚為了討好他，多獻以珠寶白銀。可是頗有政績的兵部侍郎于謙，為官清廉，不僅看不慣那些送禮巴結的，而且自己每次進京奏事，也是什麼禮品都不帶，這引起了王振的極度不滿。

有一次從河南回京，身邊的同僚勸他說：「你雖然不獻金寶、不攀求

權貴，但也應該帶一些著名的土特產如線香、蘑菇、絹帕等物，送點人情呀！現在官場上都是這種風氣呀！」于謙卻笑著舉起雙袖風趣地說：「我帶有兩袖清風！」為此他還特意寫《入京》詩一首：

絹帕蘑菇與線香，本資民用反為殃。

清風兩袖朝天去，免得閭閻話短長。

詩的一、二句是說，絹帕、蘑菇、線香原來是民間老百姓自己享用的土特產，但因為官吏徵調搜刮，倒使人民遭殃了；三、四句中的「閭閻」是里弄、胡同的意思，引申為民間、老百姓，這兩句的意思是說，無論何時還朝，我都什麼也不帶，但帶兩袖清風進京朝見天子，免得百姓說短道長。「兩袖清風」的成語從此便流傳下來。

趣味鏈結：于謙其人

于謙是明朝人，字廷益，號節庵，生於浙江錢塘（今杭州）。明永樂十九年（1421年）中進士，曾先後任江西巡按、兵部右侍郎兼巡撫河南、山西等職。

于謙為人正直，剛正不阿，為官清廉，反對官員貪污腐敗，深得百姓擁護。許多奸臣對他記恨在心，英宗復位後，于謙遭誣陷被處死，終年六十歲。家人都被充軍邊疆。一直到成化初，于謙才得以沉冤昭雪，萬曆時改諡忠肅。

于謙除了寫有著名的《入京》詩外，還有一首《石灰吟》也很出名，全詩如下：

千錘萬鑿出深山，烈火焚燒若等閒。

粉身碎骨渾不怕，要留清白在人間。

《石灰吟》表現了于謙高潔的志向，磊落的襟懷和崇高的人格，他的這些品格一直受到後人的敬仰。

「目不識丁」的由來

關於「目不識丁」的由來，說法不一，比較可信的是源自秦苻堅時代的說法。「目不識丁」的本義是說一個人連最簡單的「丁」字都不認識，後常用此詞形容一個人沒文化。

在前秦苻堅時代，有位叫姜平子的官員，善於逢場作戲，阿諛逢迎，極盡拍馬溜鬚之能事。一次，苻堅讓群臣賦詩，姜平子作的詩中有一個「丁」字，但他為達升官拜爵的目的，特意將「丁」字寫做「下」字，而詩的意思還是按「丁」字來理解。

苻堅問他為什麼這樣寫，姜平子說：「曲下者不正之物，未足以獻也。」意思是說「丁」字下面的鉤是「不正之物」，不足以呈獻給您。苻堅聽了，很是高興，於是提拔姜平子為「上第」。

人們看到姜平子僅因一個「丁」字而一步登天，於是就紛紛笑話愚蠢粗魯的苻堅不知道「丁」和「下」的區別，說他「目不識丁」。這就是「目不識丁」這一成語的由來。

「目不識丁」又作「不識一丁」、「一丁不識」、「眼不識丁」、「未識一丁」，意思是連最簡單的「丁」字都不認識，就是指沒有文化。「丁」字也就成了簡單漢字的代名詞。

趣味鏈結：「目不識丁」的本義

「目不識丁」的本義是說自己的眼睛看不到自己的眼珠。在甲骨文裏，「目」是眼睛的象形，「丁」表示「眼珠」。眼睛當然看不到自己的「眼珠」了，所以「目不識丁」。

關於對「丁」的理解還有其他的看法，有人認為，「丁」是最早的構字筆劃「點」。「目不識丁」就是說一個人連構成漢字的最基本筆劃都不認識，還能認識別的漢字嗎？這一意義逐漸取代了它的本義。

「生吞活剝」的本義是什麼？

「生吞活剝」這個成語最初出自《大唐新語・諧謔》，用來比喻生硬地搬用別人的文辭理論、經驗、方法而不切實際的不良行為。

唐朝時，張懷慶是個沽名釣譽之人，但他喜歡舞文弄墨，可自己又沒有獨創精神，經常抄來名士詩文，改頭換面一番，冒充自己的作品。

一次，一個名叫李義府的名士寫了一首五言絕句，原詩如下：

鏤月為歌扇，裁雲作舞衣。

自憐回雪影，好取洛川歸。

張懷慶看後大喜，拿起筆來就把原詩改了，每句各加了兩個字，變成了七言詩：

生情鏤月為歌扇，出意裁雲作舞衣。

照鏡自憐回雪影，時來好取洛川歸。

改好之後，張懷慶覺得很滿意，還自命不凡親筆抄寫了四首送人，別人看了之後，不禁啞然失笑，原詩寓意清晰，文字精練，經他每句添加兩字後，文理不通，讀起來也很彆扭。

後來，人們借用詩人王昌齡、名士郭正一的文名，編了兩句順口溜來譏笑他，譏諷張懷慶的這種行為是「活剝王昌齡，生吞郭正一」。

趣味鏈結：《大唐新語》是本什麼書？

《大唐新語》，唐劉肅撰。本書主要記載唐代歷史人物的言行故事，多取材於唐代國史舊聞。本書模仿世說新語的體例，分「匡贊」、「規諫」、「極諫」、「剛正」等30個門類，共13卷。

「靡靡之音」是什麼音？

靡靡之音，是指不健康，能消磨人意志的音樂。這個說法最初起源於

商朝。

紂王時期，有一個叫師涓的人，精通各種音符，彈得一手好音樂，並且他還有一支樂隊。一次，殘暴的紂王把師涓抓來，要師涓專門為他演奏。師涓不得已，只好為紂王演奏，可師涓所彈奏的全是高雅的音樂，根本不合紂王的胃口，紂王便要殺死他。師涓為了保全性命，冥思苦想，創造出一種名叫「靡靡之樂，北里之舞」的歌舞來應付紂王，紂王聽了很高興，免了師涓一死。

從此，宮廷上下全都是這種「靡靡之樂」了，紂王整天沉醉其中，無心打理國事，不久就被周武王打敗了。後來，人們就把這種軟綿綿的使人喪失鬥志的音樂歌舞，稱為「靡靡之音」。

趣味鏈結：古代的「八音」指的是什麼？

中國在三千多年前就已經有了八十多種樂器。古人將這些樂器根據製作材料的不同分為八類，它們是金、石、土、革、弦、木、匏、竹，這就是所謂的「八音」。所以說，「八音」是中國古代的樂器分類法，也是對樂器的統稱。

金是指青銅鑄造的編鐘；石是用堅硬的石塊製成的磬等打擊樂器；土是指用黏土製成的塤；革是指用皮革製成的鼓；弦是指用木料及纖維材料製成的彈撥樂器；木是指用木料製作的板等打擊樂器；匏是指用竹管和簧片製作的笙等吹奏樂器；竹是指用竹管製作的笛等吹奏樂器。

「有眼不識泰山」的典故

「有眼不識泰山」這個成語的來歷跟魯班有關，句中的泰山，並非指山東省境內的那座名山，而是指中國古代的一位著名竹匠的名字。這句成語常用來形容某些人以下犯上、有眼無珠。

相傳，春秋時代著名的木匠魯班，經常招收徒弟。魯班招收徒弟有個

講究，不是只圖收點學費，而是招收真正能在木工方面有潛力的人。對於前來報名的他都一概收下，然後進行淘汰。

魯班徒弟中有個叫泰山的年輕人，看上去人很靈巧，但做起木工活來就笨手笨腳了，學了一段時間也無長進，為了維護班門的聲譽，魯班毅然辭掉了泰山。

事隔數年之後，魯班率徒閒逛集市，偶然發現貨攤上擺著許多做工講究的竹製傢俱，百姓爭相購買。愛才的魯班很想結識一下這位竹器高手，便向人打聽，人們告訴他，這個人就是赫赫有名的泰山。魯班進一步打聽，方知是當年辭退的泰山，胸中頓感愧疚，深深感歎道：「我真是有眼不識泰山啊！」

趣味鏈結：「壽比南山」之「南山」在哪裡？

人們常用「壽比南山」做祝壽語，那麼「南山」是指哪裡呢？南山指的是五嶽獨秀的南嶽衡山，因衡山位於中國南方，所以簡稱南山。用南山作為壽山，已有千年的歷史了。

《周禮》、《易經》中記載了有關衡山命名的由來。南嶽位於二十八宿的軫星之翼，「度應璣衡」像衡器一樣，可以稱量天地的輕重，故而叫「衡山」。又因軫星旁邊有一小星叫「長沙星」，此星主司人間壽命，而衡山古屬長沙，借名申義，故衡山又有「壽嶽」之稱。

在南嶽金簡峰下的黃帝岩上，刻著宋徽宗御書的「壽嶽」兩個大字，字大五尺餘，古樸蒼勁，現保存完好，足以為證。

「江郎才盡」的由來

「江郎才盡」這個成語出自《南史・江淹傳》，意思是說某人才華盡逝，文思枯竭。

江郎，指南朝梁時代的文學家江淹（444～505年），字文通，幼年時

聰明過人，但是家裏很窮。窮則思變，他自幼便立下大志，要發憤讀書改換門庭。江郎一方面挖野菜養活母親和自己，一方面刻苦攻讀，很快就考取了功名，做了大官。

江淹雖在學業上有很大成就，但仕途一直不順，他進過監獄，又遭遇流放。常言說「憂憤出詩人」，經歷了這些苦難之後，他寫出過很多著名的詩文，如《恨賦》、《別賦》等，文名遠播，震驚四方。

齊朝建立後，江淹時來運轉，先後做過御史中丞、侍中、秘書監。做高官後，他耽於高官厚祿，忙於揖讓應酬，江淹不再刻苦讀書，更忘記了當年的貧苦，才思逐漸減退，漸漸地，他什麼像樣的作品都寫不出來了，人們稱為「江郎才盡」。

趣味鏈結：「江郎才盡」的傳說

有傳說說江郎才盡是因為江郎沒有了生花妙筆，據《詩品》載：「初，淹罷宣城郡，遂宿冶亭。夢一美丈夫，自稱郭璞。謂淹曰：『我有筆在卿處多年矣，可以見還。』淹探懷中，得五色筆授之。爾後為詩，不復成語，故世傳江淹才盡。」

實際上，江淹之所以「才盡」，在我們今天分析起來絕不是什麼夢中還筆郭璞，而是中年以後官運亨通、忙於應酬之過。

「信口雌黃」的「雌黃」是什麼？

人們常用成語「信口雌黃」來形容那種不顧事實、隨口亂說的言行。「信口」就是隨口，形容出言不假思索，「雌黃」原本是一種礦物。那麼「信口」怎麼會和「雌黃」這種礦物連結在一起呢？

「雌黃」是一種橙黃色的礦物，多為細粒狀、片狀或柱塊狀，多有珍珠光澤，可用做顏料。

古人寫字、作畫也有寫錯的時候，又因為古時寫字用的紙多是用黃

璧染成的，呈黃色，古人寫錯了字就用雌黃來塗改。宋人所作的《遁齋閒覽》上記載「……有誤字，以雌黃滅之，為其與紙色相類」。

「信口」與「雌黃」從西晉開始就被連結在一起。魏晉時期，社會上盛行一種清談之風，西晉人王衍便是當時一個有名的清談家。王衍擔任元城縣令時很少辦公事，而是經常約人在一起沒完沒了地閒聊。

王衍侃侃而談時經常前後矛盾，漏洞百出，和他一起的人常指出他的錯誤和不妥之處，他卻不以為然，不得已就不假思索地隨意改口，於是當時的人們都說他是「口中雌黃」。《晉陽秋》說：「王衍，字夷甫，能言，於意有不安者，輒更易之，時號口中雌黃。」「信口雌黃」一詞由此而來。

趣味鏈結：雄黃又是什麼？

雄黃也是一種礦石，它和雌黃都可以被稱做雞冠石，古人之所以將兩種礦石起名為「雄黃」和「雌黃」。就是因為它們常常共生在一起，是名副其實的一對「礦石鴛鴦」。

雄黃因為「生山之陽，是丹之雄，所以名雄黃也」；雌黃則因為「生山之陰，故名雌黃」。雄黃為桔紅色，有光澤，透明到半透明。雌黃常呈檸檬黃色，有光澤，透明。二者都是提煉砷和硫的重要礦物，是古代煉丹、製火藥的重要原材料。

雄黃，除了可以製作煙火、染料、農藥、提煉硫與砷外，中醫還將其入藥，用於解毒殺蟲。雄黃味辛、苦，性溫，但有毒。古代民間用它做成雄黃酒在端午節殺蟲，就是利用了它的毒性。現代研究表明，服用雄黃酒並不科學，如果經常少量服用雄黃酒，會引起慢性中毒，對人體極其有害。

「風馬牛不相及」出自何處？

「風馬牛不相及」語出《左傳・僖公四年》：「君處北海，寡人處南

海，唯是風馬牛不相及也。」這句話翻譯過來就是說，齊楚兩國一南一北相距極遠，即使兩國的牛馬走散，也不至於跑到對方的境內。

句中的「風」，並不是颱風的「風」，古時稱獸類的雌雄相誘謂之「風」，有馬、牛不同類，不至於相誘，故有「風馬牛不相及」之說。也有一種解釋說「風」是「走失、走散」的意思，《尚書・費誓》記載：「馬牛其風」，注曰：「馬牛其有風佚。」

故「風馬牛」中的「風」，含風逸、牝牡相誘兩層意思。後人就用「風馬牛不相及」來比喻兩種事物毫不相干。此後，「風馬牛不相及」就成了固定的俗語，還延伸出風馬牛、風馬不接、風馬、風牛等一系列辭彙。

趣味鏈結：俗話說「狗嘴裏吐不出象牙」，這二者又有什麼關係呢？

象牙是稀有名貴之物，出在大象的身上。「狗嘴裏吐不出象牙」這句俗語是說，稀有名貴之物應當來自稀有名貴動物之嘴，普通粗俗的動物嘴裏是長不出名貴之物的。現在常用來比喻壞人嘴裏說不出好話。

人們為什麼單說狗嘴裏吐不出象牙呢？因為在六畜中獨有狗嘴吃屎，這種嘴怎麼能吐出好東西來，更何況是名貴的象牙呢，所以人們從最熟悉、最瞭解的六畜中選擇了狗嘴。這句俗語來源於一個有趣的傳說。

由於象牙是雕刻藝術品的上等原料，價錢高，利潤大，所以很多商人都爭相販賣。但象牙是稀有之物，產於南國，來往不僅路途遙遠，而且山高路險，十分危險。傳說有一個商人，他每次做象牙生意時都帶著一隻狗做伴。

這條狗，伴著他風裏來，雨裏去，一路上都把他跟得緊緊的，商人對它很是照顧。一次路遇強盜打劫，狗咬傷了強盜，救了主人。從此，主人就更加善待這條狗，狗也更加忠於主人了。

時間長了，狗看到主人的頭髮漸漸白了，鬍子也開始白了，不忍心讓主人去做這種辛苦的生意了，就對主人說：「您年歲大了，咱不去南國販

運好嗎?」主人問:「那去哪裡弄?」狗抓耳撓腮半天也沒想出辦法來,突然它靈機一動,說:「我想法用嘴給你吐出來。」

狗蹲在屋裏張嘴齜牙,做嘔吐狀,卻什麼也沒吐出來。商人不無遺憾地說:「狗就是狗,狗嘴裏是吐不出象牙來的。」

「卿卿我我」是什麼意思?

晉代有「竹林七賢」之說,主要是指阮籍、嵇康、山濤、劉伶、阮咸、向秀和王戎這七個人。但是有人認為王戎不配為「竹林七賢」之一,原因有很多。「卿卿我我」這個詞的來歷就和王戎有關。

據說王戎和妻子感情很好,妻子也很愛他,有什麼事了夫妻之間就相互商量,是一對恩愛夫妻的代表。《世說新語・惑溺》記載,有一次,妻子在無意間稱王戎為「卿」。在封建時代,「卿」的稱呼是含有愛而不是敬,所以下位者對上位者、晚輩對長輩、妻子對丈夫就不能隨便使用了。所以,王戎便勸妻子以後不要這樣稱呼了,說道:「婦人卿婿,於禮為不敬,後勿復爾。」

沒想到王妻柳眉一挑,不以為然地說:「親卿愛卿,是以卿卿。我不卿卿,誰當卿卿?」意思是,我親近你,喜歡你,所以才稱你為卿。我不稱你為卿,還有誰可以稱你為卿呢?王戎見妻子如此說,便只好任由妻子稱呼自己為「卿」了,後來這種稱呼便在後世流傳開了。

趣味鏈結:王戎為何不配為「竹林七賢」?

後人普遍認為這個王戎不配為「竹林七賢」之一,原因是七賢的主流精神是「出世」,而他則是「入世」,他熱心於官場名利,後來成了朝廷的御用文人。而且他為人吝嗇,絲毫沒有當時文人學士的那種豪邁之氣。

據此,有人認為王戎不配為「竹林七賢」之一。

第十一章 文化歷史

除了萬里長城之外的小長城

萬里長城是中華民族的標誌之一。我們現在所說的舉世聞名的萬里長城，是指西起嘉峪關，東到山海關那條明代最後完成的長城幹線。但除此之外，中國還有七條古老的小長城，其遺址至今仍保存完好。這七條古老的小長城分別是穆陵齊長城、華陰魏長城、燒鍋營子燕長城、圍場古長城、寧夏戰國秦長城、臨洮秦長城、疏勒河漢長城。

山東省穆陵齊長城，位於沂水縣城北五十公里的穆陵關兩側。係戰國時齊國所修長城的遺址，長約四十五公里。

陝西華陰魏長城，橫亙在華陰縣華山腳下，長城由此向北蔓延，穿過韓城到達黃河邊，長約一百五十公里。

遼寧燒鍋營子燕長城，在建平縣張家灣村。乃燕時所築長城遺址，長約七公里。

河北圍場古長城，在圍場縣岱尹上村附近。是乾隆十七年乾隆帝狩獵時發現的一座燕、秦長城真跡。城東西綿亙達二百餘公里。

寧夏戰國秦長城，在寧夏西吉縣境內，甘肅鎮原縣有一部分。

甘肅臨洮秦長城，在甘肅北部臨洮縣，是秦統一六國後所建長城的西向起點。城南北走向，高約一公尺，全為黃土結構。

甘肅疏勒河漢長城，在甘肅西北疏勒河南岸，是漢朝所築長城中今存最好的遺址，長約一百五十餘公里。

趣味鏈結：萬里長城真的有一萬里長嗎？

修築長城起自秦始皇時期。民間有廣為流傳的孟姜女哭長城的傳說。相傳，長城真有一萬里長，但實際上是不是這樣呢？

根據歷史文獻記載，有二十多個諸侯國家和封建王朝修築過長城，若把各個時代修築的長城加起來，大約有十萬里以上。

其中秦、漢、明三個朝代所修長城的長度都超過了一萬里。現在中國新疆、甘肅、寧夏、陝西、內蒙古、山西、河北、北京、天津、遼寧、吉林、黑龍江、河南、山東、湖北、湖南等省、市、自治區都有古長城、烽火臺的遺跡。其中僅內蒙古自治區的長城就達三萬多里。

長城位於中國的北部，它東起河北省渤海灣的山海關，西至內陸地區甘肅省的嘉峪關。橫貫河北、北京、內蒙古、山西、陝西、寧夏、甘肅等七個省、市、自治區，全長約六千七百公里，約一萬三千多華里，在世界上確實不愧「萬里長城」之譽。

「姓」是怎麼來的？

中國的一些主要姓氏已有4000多年的歷史了，中國人的姓到底是怎麼來的？

據考證，母系氏族時期，中國人就有了姓。在那時，只知有母，不知有父。所以「姓」由「女」和「生」組成，就說明最早的姓，是跟母親的姓。帝王的姓也都帶「女」旁，比如神農姓姜，黃帝姓姬，虞舜姓姚等。

夏、商、周的時候，人們有姓也有氏。姓的由來大致有以下幾種：

一是以祖先的族號或廟號為姓。如堯的族號是唐，堯的一些子孫後代便姓唐。夏、殷、周等姓大致也是這樣來的。古代帝王死後，在宗廟的牌位上要寫上他們的王位，如周朝有文王、武王等，他們的後代就分別姓文、姓武。

二是以國名或地名為姓。古代一些國家的居民以國名為姓，如齊、魯、秦、晉等。有的是以居住地名為姓，如春秋時期齊國大夫分別居住在城郭四邊，就以東郭、西郭、南郭、北郭為姓。其他如東門、南宮、歐陽等姓也是由此得來。

三是以官職或職務為姓。古代的官職有司馬、司徒、帥、尉等，擔當這些職務的人的後代便取這些官名為姓。以職務職業為姓的很多，如管樂器的姓樂，做買賣的姓商，還有陶、屠、巫、卜等。

四是以動植物為姓。如馬、牛、羊、龍、熊、楊、柳、花等。

五是以數字為姓。如伍、陸、萬等。

影響較大的北宋時期的《百家姓》，收集了單姓408個，複姓30個，一共438個。

趣味鏈結：「百家姓」起源於何時？

《百家姓》始於宋代，是錢塘一個老儒所編，它概括了中國的主要姓氏。共收姓氏400多個，故稱「百家姓」。

《百家姓》四字一句，合轍押韻，雖無文理，卻朗朗上口，如「趙錢孫李、周吳鄭王、馮陳楚魏、蔣沈韓楊」。因其便於記憶，此書一出，便成為了當時的啟蒙讀物。

宋朝的皇帝姓「趙」，為了表示皇家姓氏的至高無上，北宋時的《百家姓》以「趙」居首，而五代十國時期吳越國的國王姓「錢」。「孫」是宋朝皇族妻妾的姓氏，「李」是南唐的統治者李後主的姓氏，所以要這樣排列。

詩人陸游最早在他的詩詞《秋日小雨》中提到百家姓，詩中說：「農家十月，乃遺子弟入學，所謂雜事，百家姓之類。」

後來，明洪武年間編的《皇明千家姓》則改以「朱」姓居首，清康熙時編的《御製百家姓》則以「孔」姓居首。

姓和氏最初是一樣嗎？

其實在古代，姓和氏之間有著較大的差異。

姓氏合一，出現在秦漢以後，但還是以姓為主。最古老的姓大約產生於原始社會的母系氏族公社時期。而氏的產生稍晚，最早的氏大約產生於父系氏族社會。由於人口的繁衍，原來的部落又分出若干新的部落，這些部落為了互相區別以表示自己的特異性，就為自己的子部落單獨起一個本部落共用的代號，這便是「氏」。

周朝時，氏大量集中出現。這是為了控制被征服的廣大地區，大規模地分封諸侯的緣故。而這些受封的諸侯死後，他的後人又以所封國名為氏，並對國內的卿大夫進行分封，大夫的後人又以受封地的名稱為氏。故而，氏就越來越多。

以後，各種形式的氏又不斷出現，並且氏的數量遠遠超過了姓的數量。但是只有貴族才有氏，貧賤者有名無氏，氏成為貴族獨有的標誌。

所以，「姓」和「氏」中反映著至為重要的資訊，切不可混為一談。當然，漢代以後，姓與氏不加區分，姓氏合一，統稱為姓，就不再有什麼區別了。

趣味鏈結：古今名人小名知多少？

「小名」，又稱乳名、幼名或小字，係指稱人於小兒時期所起用的名字。並且為了好養，多取賤名（父母憐愛太甚，故顯卑賤，希望容易養大成人），如取小名叫「狗」。

中國取小名的習慣起源很早。在上古時期，人們都是在出生後不久取名，其目的只求能與別人區分開來，而不大講究名字是否典雅。如周公之子名禽；孔子之子名鯉；春秋時魏公子名蟣虱；漢代司馬相如名犬子。

在古代，上至帝王將相下至黎民百姓，人人都有小名。如魏武帝曹操小名阿瞞；南朝宋武帝劉裕小名寄奴；北朝魏太武帝拓跋燾小名狒狸；北周文帝宇文泰小名黑獺；宋孝宗趙昚小名小羊；明太祖朱元璋小名重八。上述這些，無不都是稱孤道寡的帝王。

至於一些聖賢名宦也都有小名，如孔子小名丘；王獻之小名官奴；陶淵明小名溪狗；謝靈運小名客兒；王安石小名獾郎。男人如此，女子也不例外。如漢武帝皇后小名阿嬌；唐壽昌公主小名蟲娘；明代女畫家馬月嬌小名元兒等等。

為什麼在名之外還要取「字」？

古時，孩子一生下來，父母就會給起個小名。等長到二十歲，父母為孩子舉行「冠禮」，再給起個名，這個名就叫「字」，也叫「表字」，這表示他「有為人父之道，朋友等人不可復稱其名，故冠而加字」。《禮記・檀弓》曰：「幼名，冠字。」

「字」是「名」的解釋和補充，是與名相表裏的，故稱「表字」。古代平輩之間甚至一般關係的尊長對晚輩都應該以「字」來稱呼對方，以示尊重，自稱則必須用「名」。比如，劉備、關羽、張飛都可以叫諸葛亮為「孔明」，但諸葛亮自己卻只能稱「亮」。所以說，「字」是為社交準備的，「名」是為自己準備的。

除此之外，名與字之間還有別的不同功能：「名以正體，字以表德。」這是因為，嬰兒出生伊始，個性、稟賦，包括優缺點都沒有表露出來，所以都用寬泛的字。至弱冠之年，孩子的稟賦多已為人所瞭解了，這時再冠以「字」，來加以表揚、勸誘、敦促。說白了，「字」的含義就表

現了父母希望孩子成為一個什麼樣的人，寄託或標榜著父母的某種情操。

關於「名」與「字」的關係，在古籍中也可以找到依據。《白虎通義》云：「聞名即知其字，聞字即知其名，蓋名之與字相比附故。」「名」與「字」或相補，或相承，或相反，或相關，或相近。二者在意義上往往存在著相同、相近、相關，或者相反的關係。如杜甫字子美（甫，男子美稱）、韓愈字退之、岳飛字鵬舉、唐寅字伯虎又字子畏……

趣味鏈結：知識份子何以被稱為「老九」？

知識份子被稱為「老九」，這要追溯到十三世紀的元帝國時期。蒙古人入主中國後，把帝國臣民分為四等：第一等是蒙古人；第二等是色目人；第三等是「漢人」；第四等是「南人」。

這些統治者們又依據職業性質的不同，把臣民百姓更細緻地劃分為十級：一、官（政府官員）；二、吏（不能擢升為官員的政府雇員）；三、僧（佛教僧侶）；四、道（道教道士）；五、醫（醫生）；六、工（高級工程技術人員）；七、匠（低級手工技術人員）；八、娼（妓女）；九、儒（知識份子）；十、丐（乞丐）。（鄭思肖《心史》）這也就是人們常說的「九儒十丐」。

之所以把知識份子排在第九等，稱知識份子為「老九」，是因為受當時社會風氣所致。當時知識份子地位十分低下，還不如儒家所認為的最卑賤的娼妓，僅稍稍勝過乞丐。

封禪是什麼活動？

封禪，是中國古時候統治者舉行的一種祀典。「封」指聚土築圓臺以祭天帝，「禪」，就是在小山丘上積土築方壇以祭地神。封禪就是祭天地。實質上，封禪是一種具有政治目的、又帶有神秘特點的非宗教性的祭祀活動。

封與禪一般都是同時進行的。封,都在泰山;「禪」一般在泰山附近的云云山、亭亭山、梁父(甫)山、社首山、肅然山,也有在會稽山舉行的。封禪雖同時進行,但封的儀式重於禪的儀式。據《史記》記載,秦以前有七十二帝在泰山進行封禪活動。

進行一次封禪,要耗費大量資財。貞觀初,唐太宗要封禪,魏徵進諫說:「陛下東封,萬國咸萃。」「須千乘萬騎,供帳之費,動役數州。戶口蕭條,何以能給?」僅此記載就可以看出,一次封禪,「動役數州」,真可謂勞民傷財。

既然如此,那古代帝王為什麼還要封禪呢?這是因為古人認為群山中泰山最高,人間的帝王應到最高的泰山上去祭拜上天,表示受命於「天」。其實這只是為了欺騙群眾,達到維護統治階級利益的目的。說白了,就是這些封建帝王,利用人們對天的崇拜,進行封禪,要人民心甘情願地接受帝王執行「天意」的統治。

趣味鏈結:清代祭天大典

中國祭祀天地的活動,可追溯到西元前2000多年的夏朝,古人對天地非常崇敬,帝王自稱「天子」,每一個皇帝都把祭祀天地當成一項非常重要的政治活動。

到了清代,國家專門設置了禮部,統管國家祀典及所有涉「禮」事務。禮部太常寺具體負責壇廟的祭祀。祭天大典定於每年冬至這一天舉行,它分為準備和典禮兩個階段。

祭天之前,皇帝要在「齋宮」齋戒三天。「齋宮」位於西門南側,坐西朝東,是皇帝來天壇祈穀祈天前齋戒沐浴的地方。皇帝在這裏齋戒沐浴,等待著祭天那一重要時刻的到來。

祭典的前一天,皇帝起駕出宮,在眾臣及護衛人員的簇擁下,來到天壇。皇帝在祭天臺的昭亨門外下輦,進行一系列的視察活動,然後返回齋宮。至此,祭天大典的準備工作全部就緒。

冬至當日凌晨四時一刻，隆重的祭天大典開始。皇帝在十位大臣的引導下，登上祭天臺。齋宮的大鐘敲響，告誡陪祭的百官、執事人員各就各位，各司其職。

祭天大典的第一項禮儀是燔柴迎帝神，由贊引官高唱讚歌。隨後，人們將火爐上的柴草點燃，把敬獻上天的一整隻牛犢放到爐口焚燒。皇帝登上圜丘壇，向上天彙報過去一年中，社稷的情況和自己的功過，希望上天接受自己的盛情款待，恩賜給人間下一年的風調雨順。這時，三盞九丈九尺高的望燈照亮了圜丘，伴隨著專為祭祀演奏的中和韶樂，夾雜著燔柴的香氣，祭天大典結束。

故宮的房屋數量有多少？

北京城中的故宮，是世界上最大的皇家宮殿，占地72萬平方公尺，圍成一個方形。對稱平衡是中國建築的一大特點，也是中國觀念的一大特點。然而，據統計，北京故宮的總房間數為九千九百九十九間半，似乎有失對稱的原則。這又是為什麼呢？

故宮，又稱紫禁城，是明清兩朝的宮殿。相傳，當初修建紫禁城的時候，明朝的永樂皇帝朱棣打算把宮殿的總間數定為一萬間，可是就在他傳下聖旨後的第五天晚上，突然做了一個夢，夢見玉皇大帝把他召到天宮的靈霄殿。

玉皇大帝滿臉怒容，什麼話也不說。永樂皇帝不知道是怎麼回事。後來一問才知道，是因為自己要建的這紫禁城的宮殿數一萬間，壓過了他天宮一萬間的數。於是他說道：「玉帝息怒，小臣多有冒犯，我這凡間的宮殿數哪能超過您這天宮的呀！」

一夢醒來，永樂皇帝就連忙傳旨，召劉伯溫進宮，把那夢到的從頭至尾說了一遍。劉伯溫聽了一愣，說道：「那玉皇大帝可是惹不得的。他天宮是一萬間，咱就建它九千九百九十九間半。既不失他玉帝老兒的面子，

又不失皇家的壯觀氣派和天子的尊嚴！」這個規格就得比玉帝低一點。

不到四年時間，紫禁城就建成了，是九千九百九十九間半。所謂半間，是指文淵閣樓下的那間小屋。實際上，這間小屋之所以造得特別小，是出於格局上美觀的考慮，本應當是一間。

趣味鏈結：北京紫禁城一共有多少個門？

北京故宮的宮城設置八門，南五門，即承天門（清改為天安門）、端門、午門、左掖門、右掖門，東為東華門，西為西華門，北為玄武門（清改為神武門）。

皇城有六門，正南曰大明，東曰東安，西曰西安，北曰北安，大明門東轉曰長安左，西轉曰長安右。清改大明門為大清門，北安門為地安門。

內城有九門，正南為正陽門（即前門），左崇文門，右宣武門；東之南為朝陽門，北為東直門；西之南為阜成門，北為西直門；北之東為安定門，西為德勝門。

天安門的設計者是誰？

天安門是一座飽含歷史文化的古建築，是明初成祖朱棣遷都北京時修建的皇城正門，至今已經歷了六百多年的風霜。它的設計者是明初的大建築師蒯祥。

蒯祥，生於洪武末年，出身於工匠世家。父親是位技藝高超的木工，對寺廟廳堂的設計和建築極為精通。蒯祥自小深受父親的薰陶，年紀輕輕就精於建築結構的設計和製圖了，並且在當地還小有名氣。

成祖時，為了興建新的都城，便在全國廣泛徵集能工巧匠，蒯祥應召成功。在工作過程中蒯祥表現很積極，才華很快得到了顯露。當時主持北京城建設的工部官員宋禮很是讚賞他，不僅讓時年不足二十歲的他當了夥伴中的領導者，而且還把設計皇城正門的重要任務交給了他。

蒯祥不負眾望，很快就拿出了一整套的建築結構設計圖和周密的施工方案。宋禮看後很高興，把設計方案送給成祖過目，朱棣看過設計圖後也覺得十分滿意，命令立即開始動工。對於蒯祥這個沒有見過面的設計者，皇帝也封了一個工部的官職給他，讓他在新都建設中多出些力。

其實，早在成祖繼位之初，北京城就已經陸續動工建設了。到永樂十五年，達到了施工的高潮階段，這是因為大運河修繕完畢投入使用了。到永樂十八年，城市宮殿的建設就已經基本完成了。天安門的修建也是在四五年的時間裏完成的。

天安門最早叫「承天之門」。清朝初年，對天安門進行了一次大規模的維修，這時才正式改名為「天安之門」，後來就簡稱為「天安門」了，並且一直沿用至今。

趣味鏈結：華表是怎麼來的？

華表又稱擎天柱，是中國古時用以標誌或紀念的建築物。早在堯、舜時期就已經出現了。

古籍中有「堯設誹謗木，今之華表木也」。這裏的「誹謗木」就是華表的前身，是堯為徵集民眾意見而專門設立的。其樣式就是在木頭柱頂上安放一塊橫木，設置在交通要道上，意思是讓老百姓將意見寫在誹謗木上，體現君王納諫的誠意。

在漢代時，稱華表為桓表。大部分也都是木製的，不過頂上的橫木改成了一隻立著的白鶴。到了明代，木柱的華表逐漸為石柱所代替了。

如今，北京天安門前後各有一對華表，是用漢白玉雕刻而成的，有十幾公尺高，柱身從上到下，雕刻著精美的蟠龍流雲紋飾，形態逼真，栩栩如生。華表的頂上，都有一個石頭蹲獸。據說這種蹲獸名叫「吼」。

天安門前的華表，頂上的「吼」頭朝向宮外，名叫「望帝歸」，是希望皇帝外出巡視完畢就馬上回宮，不要耽戀山水，快些回來治理朝政；天安門後的華表，「吼」頭朝向宮內，名叫「望君出」，是希望皇帝不要深

居宮廷，沉湎於紙醉金迷的生活，而要經常出來看看自己的臣民。

其實，不管是「望帝歸」，還是「望君出」，這都是古人對君王的一種虛幻的期望。另一方面，又是封建統治者欺騙、收買人心的伎倆。

鄭和到底幾次下東西洋？

從地理概念上講，蘇門答臘島以東稱東洋，以西稱為西洋。鄭和七下西洋早已人所共知，那他到底是不是七下西洋呢？

關於鄭和幾下西洋的問題，早在上世紀80年代就有人提了出來。當時有個名叫志誠的作者，在《航海》雜誌上發表了《鄭和九下東西洋》的文章，一時間，鄭和九下東西洋的問題在學術界討論開來。可鄭和真的只有九次下東西洋嗎？

其實，歷史上還記載著鄭和曾於永樂二十二年（1424年）到過舊港（今印尼蘇門答臘島巴領旁一帶）。此次航行見於正史記載的就有三處：

《明成祖實錄》中說：「二十二年正月甲辰，舊港故宣慰使施進卿之子濟孫遣使丘彥成請襲父職，並言舊印為火所毀。上命濟孫襲宣慰使，賜紗帽給花命帶金織文綺襲衣銀印，令中官鄭和齎往給之。」

《明史‧鄭和傳》中記載：「二十二年正月，舊港酋長施濟孫請襲宣慰使職，和齎敕印往賜之。比還，而成祖已晏駕。」

《明史‧成祖本紀》中也有相關記載：「二十二年春正月……癸巳。鄭和復使西洋。」

這次舊港之行，介於鄭和「七下西洋」中的第六次和第七次之間，直接往返僅數月的時間。

從任務的性質上說，舊港之行僅是應舊港酋長施濟孫之情，為其繼承宣慰使的印鑑並予以祝賀。由於任務單純，時間較短，所以許多史書沒有記載。因此《鄭和九下東西洋》實應改為「十下東西洋」。

趣味鏈結：鄭和簡介

鄭和，是明朝時的太監，也有人稱他為「三保太監」。三保太監本姓馬，雲南回族人，明太祖時入宮，後來隨明成祖朱棣起兵立功，賜姓鄭，叫鄭和。他先後為成祖、仁宗、宣宗三代皇帝服務。

明成祖在位時，為了宣揚國威，派鄭和為使臣，遠航「西洋」。從1405年到1433年，鄭和奉命率龐大的船隊七下西洋（如果把東洋加在一起，應該是十下東西洋），前後歷經近30年，到過亞、非30多個國家。中南半島、南洋群島、孟加拉、印度、伊朗和阿拉伯等許多地方都留下了他的足跡，最遠到達紅海沿岸和非洲東海岸。

楹聯的種類有哪些？

從修辭的角度，楹聯分類如下：

比喻聯：如，晚霞明似錦，春雨細如絲。燕尾似剪破碧水，香枝如畫依輕煙。

誇張聯：如，春回大地千山秀，日暖神州萬木榮。花滿九州香四海，春盈五嶽翠千峰。

擬人聯：如，院內紅梅戲飛雪，門前碧柳舞東風。杏雨飛紅喜織千家春色，和風著綠巧繡萬里新圖。

雙關聯：如，孔子生舟末（週末），光舞（光武）起漢中。因荷而得藕（因何而得偶），有杏不須梅（有幸不須媒）。

回文聯：如，畫上荷花和尚畫，書臨漢字翰林書。處處飛花飛處處，風搖柳綠柳搖風。

頂真聯：如，斷橋橋不斷，殘雪雪未殘。水車車水水隨車車停水止，風扇扇風風出扇扇動風生。

摹狀聯：如，千年古樹為衣架，萬里長江做浴盆。圓月照方窗有規有

矩，長竿垂短釣能屈能伸。

擬聲聯：如，普天同慶當慶當慶當當慶，舉國若狂且狂且狂且且狂。鴨遊闊闊池塘口稱狹狹，蟬噪高高溪岸聲叫低低。

音韻聯：如，嫂掃亂柴呼叔束，姨移破桶叫姑箍。賈島醉來非假倒，劉伶飲盡不留零。

複詞聯：如，松下圍棋松子每隨棋子落，柳邊垂釣柳絲常伴釣絲懸。天上月圓人間月半月月月圓逢月半，今宵年尾明宵年頭年年年尾接年頭。

諷刺聯：如，早去一天天有眼，再留此地地無皮（諷舊社會貪官污吏）。

疊字聯：如，大大方方做事，簡簡單單過年。。

對比聯：勤是千善藥，惰為萬惡源。貧窮說話牙無力，富貴驕人鼻有聲。

映襯聯：如，虛心竹有低頭葉，傲骨梅無仰面花。無瑕人品清於玉，不俗文章淡似仙。

借代聯：如，株株桃李爭豔，朵朵葵花向陽。宰相合肥天下瘦，司農常熟世間荒（諷刺清代官員李鴻章——安徽合肥人，世稱李合肥，翁同龢——江蘇常熟人，世稱翁常熟）。

象徵聯：如，東風勁吹老樹新枝齊競秀，陽光普照嫣紅姹紫俱爭春（老樹新枝象徵老年、青年；嫣紅姹紫象徵各類先進事蹟）。貨賀上下朵朵紅梅爭豔，櫃檯內外張張笑臉迎春（紅梅象徵琳琅滿目的商品；笑臉象徵人們愉快的心情）。

歇後聯：如，貓哭老鼠假慈悲。老壽星吃砒霜活厭了，閻羅王開飯店鬼不來。

拆字聯：如，凍雨灑窗東兩點西三點，切瓜分片上七刀下八刀。李宋二先生木頭木腳，龔龐兩小姐龍首龍身。

數字聯：如，匹馬單槍獨獨衝開龍虎陣，兩船三櫓雙雙搖過鳳凰江。

引用聯：如，朔雪飛空農夫齊歌普天樂，晚霞映水漁人爭唱滿江紅

（普天樂、滿江紅均為詞牌名）。與馬牛羊雞犬豕做朋友，對稻粱菽麥黍稷下工夫（馬牛羊、雞犬豕、稻粱菽、麥黍稷均出自《三字經》）。

緊縮聯：如，學問無涯曾三顏四，光陰有限禹寸陶分（曾三指，《論語》曾子三省；顏四指顏回四個「非禮」；禹寸指大禹惜寸陰；陶分指陶侃惜分陰）。有力熊羆可數獸群中賁育，能言鸚鵡堪稱禽隊裏儀秦（賁育指古代名武士孟賁、夏育；儀秦指古代辯士張儀、蘇秦）。

排比聯：如，家居山清水秀詩情裏，人在柳綠桃紅畫圖中。瑞雪冬梅香花映日展，春風楊柳芳草向陽生。

精警聯：如，剛出土時便有節，到凌雲處總虛心（詠竹）。將軍額上能跑馬；宰相肚中可撐船（頌容人度量大）。

趣味鏈結：孔子生於舟末

明代解縉一日與友人乘船出行，見船家在船尾拔舊釘換新釘，友人出上聯：

船尾拔釘，孔子生於舟末。

解縉對下聯：

雲間閃電，霍光出自漢中。

「孔子生於舟末」，諧音雙關，字面是說釘孔出現於船尾，隱含孔夫子生於周朝末年。「霍光出自漢中」，也是諧音雙關，字面是說閃電之光出自天上銀河（銀河又稱為天漢、河漢），隱含霍光出自漢武帝中興時期。

中國歷史上的「六聖」

中國歷史上，從西漢到盛唐出現過「史聖」、「草聖」、「醫聖」、「書聖」、「畫聖」和「詩聖」，被後人合稱為「六聖」。

史聖：漢武帝時代的著名史學家司馬遷，自幼讀史，20歲後遍遊名山

大川，博覽廣聞，歷盡艱辛，終於著成不朽的歷史名著《史記》。

草聖：漢朝末年三國初年，張旭擅長章草（舊隸的草體）。據說他「臨池學書，池水盡墨」，時人稱之為「草聖」。

醫聖：東漢建安時期的張仲景「勤求古訓，博採眾方」，撰《傷寒雜病論》，為後世醫學家必讀的經典，被稱為「醫聖」。

書聖：東晉王羲之是中國書法史上的巨匠。他的字「飄若浮雲，矯若驚龍」，創造了獨特的書法風格，被後人稱之為「書聖」。

畫聖：盛唐時代的吳道子擅長畫佛、道兩家的宗教畫，成就極高。他所畫的人物「毛根出肉，人健有餘」，畫中人物奇形異狀，無一相同，被時人稱為「畫聖」。

詩聖：和吳道子同時代的偉大詩人杜甫，其詩「得古今之體勢，而兼人人之所獨」，一生寫了大量的現實主義作品，被後人尊稱為「詩聖」。

趣味鏈結：唐代三位詩家的別稱

一、「詩仙」李白。

李白是一位在中國文壇上彪炳千秋的大詩人。他那嘯傲山林、求仙尋道、縱酒狂歌的言行和作品，都給人一種飄逸如仙的感覺。李白年輕時就才華橫溢，他從蜀剛到長安時，老詩人賀知章到旅舍看他，李白拿出其《蜀道難》一詩給賀看，賀未看完就再三擊節稱讚並給他起了「謫仙」的雅號。因此後人便稱李白為「謫仙」、「詩仙」。

二、「詩豪」劉禹錫。

劉禹錫的詩歌當中藝術成就最高的有兩大類：一是政治諷刺詩，他採用寓意託物手法，寫得形象逼真；一是民歌體的《竹枝詞》等作品，通俗清新，生活氣息濃郁，風格別具。晚年寄託身世和詠懷古蹟的詩昂揚樂觀，充滿激情。其詩氣豪邁，筆力雄健，鋒芒畢露，故白居易稱其為「詩豪」。

三、「詩魔」白居易。

白居易在創作理論上提出了許多符合現實主義基本精神的文學主張，提出「文章合為時而著，歌詩合為事而作」，真實地反映社會現實，抨擊當時的政治弊端，反對「嘲風雪，弄花草」一類的無病呻吟。由於他酷愛行吟作詩，「畫課賦，夜課書，間又課詩，不遑寢息」，「以至於口舌成瘡，手肘成胝」，加之他又有「唯有詩魔降未得，每逢風月一閒吟」的詩句，後人於是以「詩魔」稱呼他。

什麼是「演義」？

演義是中國古代小說體裁之一。它具有如下的特點：以一定的歷史事實為背景，以史書及傳說的材料為基礎，增添一些細節，用章回體形式寫成。最具代表性的就是四大名著之一的《三國演義》。

演義最初是在宋代講史話本的基礎上發展而形成的，但「演義」這個名稱並沒有出現。講史話本以講唱歷史故事為主要內容，取材於正史或野史，有虛構，篇幅較長，分段與標題比較明確。

「演義」這個名稱出現在元末明初之時，但還是用來指稱這類講史話本，並沒有引入到小說這個概念中來。作為話本的「演義」，一般認為是援引古事，敷陳其義而加以引申的意思。

元末明初小說家羅貫中編纂的《三國演義》是演義小說發展的起點。從此，各朝史事，都有演義，它們同二十四史並駕齊驅，成為中國小說創作的一個傳統。

趣味鏈結：什麼叫「傳奇」？

「傳奇」是小說體裁之一。在中國小說裏，傳奇一般是指那些唐代、宋代文人寫的短篇小說而言。唐代以前，中國的短篇小說大多寫鬼怪故事。到了唐代，小說創作跨入了一個新階段，作家們寫的小說著力描寫人物和刻畫個性，故事曲折動人，敘述婉轉，文辭華豔。它們雖以現實人生

為描寫對象，但富有濃厚的浪漫色彩。

因為這些唐代宋代的傳奇小說大多成為宋元時代的戲文、諸宮調、元人雜劇、明清戲劇改編的題材，所以這些說唱本子和戲劇也被稱為「傳奇」。

所謂的「傳奇性」也是指此而言的，是指文學作品具有曲折離奇的故事情節、比較濃厚的浪漫主義色彩等。

漢字是怎樣起源的？

漢字是世界上歷史最悠久的文字之一。漢字的起源有種種說法，其中廣為流傳的是倉頡造字的傳說。其實，漢字的起源並不是來源於什麼傳說，而是廣大勞動人民根據實際生活的需要，經過長期的社會實踐慢慢地豐富和發展起來的。

從1954年秋至1957年夏，中國考古工作者多次發掘半坡遺址（今西安市東郊半坡村北）。在考古中，發掘了中國新石器時代的一些陶器，陶器上刻畫的字樣符號，經研究認為是漢字的原始形態，考古資料與神話傳說相印證，顯示漢字至今已有6000餘年的歷史了。

3000餘年前的甲骨文是一種具有嚴密規律的古文字。從商代的甲骨文到金文再到秦朝的小篆文，漢字經過長時期的發展變化，逐漸成熟，成為今天方塊漢字的基礎。

漢字的構成方式，大致有象形法、會意法和形聲法三種。據統計，所有的漢字裏面，形聲字占90%左右。漢字的形成和發展，適應了人類社會生活的需要，成為人們交流思想的重要工具。

趣味鏈結：漢字「六書」

六書是指漢字的六種造字方法。關於六書的具體內容，有以下幾種：

《漢書・藝文志》稱：「古者八歲入小學……教之六書，謂象形、象

事、象意、象聲、轉注、假借。」

鄭眾注《周禮》稱：「六書」是指象形、會意、轉注、處事、假借、諧聲。

許慎在《說文解字・敘》中認為，「六書」是指指事、象形、形聲、會意、轉注、假借。

清代以後的文字學家認為，「六書」是指象形、指事、會意、形聲、轉注、假借。但轉注和假借是用字，與造字無關。

漢字書寫的方式

早期，漢字是刻在竹簡上的。木簡、竹簡狹窄而長，為了書寫和閱讀方便，中國漢字一直是自上而下、由右向左的豎寫方式，這一習慣一直延續了幾千年。

到了漢代，書寫材料發生了變化，紙被發明出來了。但豎寫的習慣還是沒有改變過來。隋唐雕版印刷出現，到宋代活字印刷發明，都仍是豎排豎行。

到了清朝末年，一些知識份子學習西洋文化，提倡漢字改革，提倡拼音文字，力主改變傳統的書寫方式。改用從左到右的「橫行」排列方式。1909年，中國已有了用「橫行」排版的書，這就是提倡文字改革的劉世恩寫的《音韻記號》一書。劉世恩在書中講解拼音方案，說「無師自通，兼識漢字」。

到了近代，《新青年》雜誌編輯錢玄同也提出了漢字橫寫的建議。1917年第3卷第3期的《新青年》上刊載了錢玄同致陳獨秀的公開信。信中寫道：「人目係左右相並，而非上下相重。試立室中，橫視左右，甚為省力，若縱視上下，則一仰一俯，頗為費力。以此例彼，知看橫行較易於豎行。且右手寫字，必自左至右，均無論漢字、西文，一筆一勢，罕有自右至左者。然則漢寫右行，其法實拙。若從西方寫法，自左到右橫迤而出，

則無一不便。」

後來，錢玄同又在《新青年》上連續發表4篇公開信，積極宣導「豎改橫」的主張。陳獨秀、陳望道等學者也表示贊同。從那以後，橫寫漢字便逐漸在民間流行開來，並一直延續至今。

趣味鏈結：漢字為什麼不是拼音文字？

世界上的文字主要分為表意文字和拼音文字兩種。漢字是典型的表意文字，而拼音文字主要是指英語和法語等。日語則是介於這兩者之間的。那漢字注音是怎麼來的呢？

1605年，義大利傳教士利瑪竇來到中國，為了方便學習，他最初是用拉丁字母給漢字注音的，不過這只是最初的探索階段，很不成熟。1610年利瑪竇去世，法國傳教士金尼閣來華。

1618年金尼閣返回歐洲，募集了七千部與字音相關的圖書帶到中國。

之後，金尼閣用25個字母給漢字注音，目的都是為了便於西方人學習和掌握漢語漢文。後來，他在山西結識了精於音學的韓雲，兩人經過半年研究，將成果理為初稿。

從此，二人「互相質證，細加評核」，在利瑪竇等傳教士學習漢字注音的西書《西字奇蹟》基礎上，修訂編制成中國第一部用拉丁字母給漢字注音的書——《西儒耳目資》。時為1626年，人稱「利金方案」。

儘管此書尚不完備，但它準確地紀錄了明末的漢語讀音，展示了現代辭書的雛形，成為漢字改革的先聲，對近四百年的漢語發展史產生了相當重大的影響。

中國古代有「圖書館」嗎？

在中國，早在殷商時代，甲骨文產生之後，就有了史料典籍及其掌管人員，但當時沒有圖書館。關於圖書的起源，《易・繫辭上》說：「河出

圖，洛出書。」可見在周代以前早已有藏書之舉了，並且設有專門的藏書機構「藏室」，還有專人掌管。《史記》說，老子曾任周朝的「守藏室之史」。這一職位相當於國家圖書館的館長。

春秋戰國時期，諸子百家著述很多，因而也多有藏書之處，當時稱圖書館為「府」或「藏」。秦統一中國後，在阿房宮設有藏書機構，置御史掌管。

西漢時期，政府重視圖書事業。漢武帝時第一次由政府下令在全國徵集圖書，在宮內建立了頗具規模的收藏圖書的館舍，並取名叫石渠閣。有人認為這是中國歷史上的第一個國家圖書館。後來又建立了天祿閣，收藏各地文獻藏書，並擬訂了藏書規則。

隨後，由劉向父子領頭，開始了中國歷史上第一次政府圖書館的校書編目工作。但以上所說恐多係國家典藏，非普通人所能借閱。那麼中國公共圖書館是從何時開始的呢？

公共「圖書館」可以追溯到宋代，當時有人設立了可供公眾閱覽的藏書樓。據《廣信府志》記載說：「紹熙、慶元間（南宋光宗和寧宗年號，1190～1200年），直敷文閣趙不迂建書樓於江西鉛山縣以供眾覽。謂邑人舊無藏書。士病於所求，乃儲書數萬卷，經、史、子、集分四部，使一人司鑰掌之。來者導之登樓，樓中設幾席，俾能縱覽。」由此看來，中國公開的圖書館距今已有近800年的歷史了。

1904年，中國第一所正式的圖書館──湖北省圖書館誕生。1905年湖南圖書館創建。

1910年，清政府頒布了《京師圖書館及各省圖書館章程》，並正式宣布成立京師圖書館（今北京圖書館），1912年正式開放。此後，各省或大城市的公共圖書館也相繼建立起來。這些近代圖書館都是以「圖書館」為名的。

趣味鏈結：「圖書館」一詞源考

「圖書館」是一個外來語，於19世紀末從日本傳入中國。這個詞最早在中國文獻中出現，當推《教育世界》第62期中所刊出的一篇《擬設簡便圖書館說》，時為1894年。

世界上最早的圖書館，是希臘神廟的藏書之所和附屬於希臘哲學書院（西元前4世紀）的藏書之所。

中國早期著名的圖書館，當屬1902年徐樹蘭耗銀32960兩，在浙江紹興西貢院創建的古越藏書樓。1904年正式向公眾開放。

藏書樓占地1067平方公尺，有一個能容納60人看書的閱覽廳，收藏中外圖書7萬多冊，分學部和政部兩類。它還兼收教科圖書和各種學報、日報等。1933年，改為縣辦，更名為「紹興縣立圖書館」。1957年起定名為「魯迅圖書館」。

諸子百家真的有「百家」嗎？

春秋戰國時代，王權衰落，諸侯爭霸，各國開放政權以延攬人才，於是貴族政治逐漸消失。又因為人口增加，土地分配困難，社會發生劇變，民生苦痛日增。於是有思想的知識份子，面對現實的社會問題、人生問題等，提出了種種解決的辦法和思路。此外，教育的推廣和思想的自由等因素，也造成了諸子爭鳴、百家蜂起的局面。國人把這一時期稱為「諸子百家」時期。

「諸子」包括各家學派。司馬談《論六家之要指》中提到，諸子有陰陽、儒、墨、名、法、道六家。班固《漢書‧藝文志》中提到，諸子有儒、道、陰陽、法、名、墨、縱橫、雜、農、小說十家。《隋書‧經籍志》中提到，諸子有儒、道、法、名、墨、縱橫、雜、農、小說、兵、天文、曆數、五行、醫方十四家。

當時，各派各家都著書立說，廣授弟子，參與政治，互相批判，又互相滲透，學術思想極為繁榮。秦統一六國後，崇尚法家，兼用陰陽家，焚書坑儒，迷信暴力，將法家學說過分誇大君權的一面發揮到極致。

趣味鏈結：先秦諸子之書

現如今，流傳的先秦諸子之書有如下幾種：

1.《管子》（管仲）2.《鄧析子》（鄧析）3.《墨子》（墨翟）4.《老子》（李耳）5.《文子》（老子弟子）6.《關尹子》（關尹子）7.《列子》（列禦寇）8.《楊子》（楊朱）9.《商君書》（商鞅）10.《申子》（申不害）11.《尸子》（尸佼）12.《公孫龍子》（公孫龍）13.《莊子》（莊周）14.《慎子》（慎到）15.《尹文子》（尹文）16.《荀子》（荀卿）17.《鶡冠子》（楚人）18.《鬼谷子》（縱橫家）19.《亢倉子》（庚桑楚）20.《韓非子》（韓非）21.《呂氏春秋》（呂不韋）22.《晏子春秋》（晏嬰）23.《孫子兵法》（孫武）。

這23種書，亦有真偽，偽的又有部分偽作或全部偽作的，所以，運用諸子史料，一定要有相當的識別能力。

中國古代文明之「四」有哪些？

中國是世界四大文明古國之一。在中國光輝燦爛的古代文明中，有不少恰為四項的，究竟有哪些呢？下面將一一列舉。

四大發明：火藥、指南針、造紙、印刷術。

四大美人：王昭君、貂蟬、西施、楊貴妃。

四書：《大學》、《中庸》、《論語》、《孟子》。

四史：《史記》、《漢書》、《後漢書》、《三國志》。

四庫：經、史、子、集。

儒家四德：孝、悌、忠、信。

書法四體：真、草、隸、篆。

文房四寶：宣紙、湖筆、徽墨、端硯。一般簡稱為筆、墨、紙、硯。

四大學院：湖南嶽麓書院、河南嵩陽書院、江西白鹿洞書院、河南睢陽書院。

四大古都：西安、洛陽、北京、南京。

四大名亭：醉翁亭、陶然亭、愛晚亭、湖心亭。

民間四大傳說：《牛郎織女》、《孟姜女》、《梁山伯與祝英台》、《白蛇傳》。

四大文化遺產：《明清檔案》、《殷墟甲骨》、《居延漢簡》、《敦煌經卷》。

四大古典戲劇：《竇娥冤》、《西廂記》、《牡丹亭》、《長生殿》。

四大古典文學名著：《紅樓夢》、《三國演義》、《水滸傳》、《西遊記》。

四大石窟：甘肅敦煌莫高窟、山西大同雲岡石窟、河南洛陽龍門石窟、甘肅天水麥積山石窟。

趣味鏈結：「文房四寶」具體指什麼？

「文房四寶」是對書畫中所用的主要工具的統稱，主要是指「筆、墨、紙、硯」四種。這和古人所用的書寫材料和書寫工具有關。

在中國古代，寫字作畫多用毛筆，以竹、木等材料做圓管，以羊毛、黃鼠狼毛等做筆頭，合而製成。使用時不能太過用力，講究懸腕，起鋒停轉。

墨則有松煙墨、油煙墨和油松墨三種。其中以用松樹和桐油燃燒後遺留的煙灰所制的油煙墨最為常見。

中國書畫用紙是一種專用的名為宣紙的柔韌紙張。以往寫字作畫多用竹簡，自從蔡倫發明了造紙術以來，竹簡就逐漸退出了歷史的舞臺。

硯是研墨的器具，因為古人所使用的墨不像今天所用的墨汁，它是固體的，是需要加水等物磨碎調和才能使用的。硯大多由質地堅固細膩、磨出的墨汁均勻無渣的山石製成。

　　中國文房四寶最著名的產品為浙江湖州的「湖筆」、安徽徽州的「徽墨」、安徽宣城的「宣紙」和廣東肇慶的「端硯」。

第十二章 逸事趣聞

華夏族的始祖是誰？

傳說黃帝一族原先居住在西北方，過著不定居的游牧生活。黃帝與炎帝聯合打敗蚩尤部落後，雙方各據一方。炎帝野心很大，為了稱霸，便領兵與黃帝一族在阪泉一帶大戰三次。

黃帝率領以熊、羆、貔、貅、虎等野獸為圖騰的氏族參加戰鬥，一舉打敗了炎帝部落，而後遷居黃河流域，從此，黃帝部落定居中原。後來炎帝一族歸順了黃帝，黃帝一族與炎帝一族相處融洽，並很快發展了起來，所以，中國人自稱是「炎黃子孫」。

據史書記載，黃帝姓姬，號軒轅氏，又號有熊氏。「黃帝之子二十五宗，其得姓者十四人，為十二姓」，說明這些部落形成了巨大的部落聯盟。黃帝的後代子孫又同其他部落共同融合，形成了中華民族，黃帝軒轅氏被看成是華夏族的始祖。

後世人還把許多發明創造都歸功於黃帝部族，說黃帝部族用玉做兵器，造舟車弓箭，染五色衣裳。他讓妻子嫘祖教人民養蠶，他命令大臣

倉頡造文字，大撓造干支，伶倫製作樂器等等。

趣味鏈結：「華夏」一詞是從何時開始的呢？

古史傳說，夏是最早的一個朝代。而後來的周人以夏文化的繼承者自居。因此，《尚書》中常有「區夏」、「有夏」、「時夏」等詞。

「華」最初是指花，有光華、鮮美的意思，又因為華字的古音與夏相近，「華」最終發展為具有文化意義與地域意義的名號。在春秋時期，為了加重語氣和加強語義，「華」與「夏」合而為一，「華夏」成為中原諸侯的名號，與諸夏的含義相同。《尚書》載：「華夏蠻貊，罔不率俾。」

春秋以後，華、華夏等名號逐漸廢除不用，被「中國」取而代之，通行至今。但由於「華夏」意義美妙，自東漢以來成為文人慣用的詞語，也是中國歷史悠久、文化發達的象徵。

孔子是文武雙全之士嗎？

孔子不僅是中國古代偉大的教育家、哲學家，而且還是春秋戰國時期的文武雙全之士。孔子之所以有勇武之能，完全得益於他的父親。

孔子的父親叔梁紇以軍功升為陬邑大夫，據《左傳》中記載，晉國組織魯、曹等諸侯聯軍攻偪陽。偪陽守軍開城門而暗地設置懸門，引誘部分敵人入城後再放下懸門，企圖採用圍殲的辦法。關鍵時刻，叔梁紇挺身舉起沉重的懸門，直到入城的聯軍全部撤出，才撒手而退。

孔子有這樣一個勇武的父親，自己當然也繼承了不少，據《史記·孔子世家》載：孔子「長九尺有六寸」。孔子不僅身材魁梧，力氣也大得驚人。《列子》記載說：「孔子勁，能招（扛舉）國門之關。」意思是說，孔子力氣很大，一人就能把閂城門的木槓舉起來。

周代凡貴族子弟，都要受六藝（禮、樂、射、御、書、數）教育，作為陬邑大夫之子，孔子在青少年時代，無論是透過鄉校還是自學，習得六

藝是毫無疑問的。

射箭，在周代是重要禮儀之一，也是天子選賢納士的必考科目。據《禮記·射義》載：有一天舉行「鄉射」，孔子「射於瞿相（地名）之圃，觀者如堵牆」，可見孔子的射藝之精，在當時就很有名。

另據《淮南子》載，孔子善跑，稱孔子「足躡郊（狡）兔」——連奔跑的兔子都能追捉到。除此之外，駕馬車可能是孔子最精通、最嫻熟的一門技巧，也就是古人所說的「御」。「御」也是周禮之一。《孔子家語》稱他「御狂馬不釋策」，他自己也曾說過：「吾何執？執御乎？執射乎？吾執御矣。」從以上的記載中我們得知，孔子的確文武雙全。

趣味鏈結：孔子是傑出的音樂家嗎？

孔子是中國教育的先行者，據說六藝（禮、樂、射、御、書、數）就是孔子將其規定為讀書人的必修科目的。那孔子到底是不是傑出的音樂家呢？

孔子提出了「移風易俗，莫善於樂」，他的音樂生涯大體可分為四個階段：少年習樂、中年教樂、老年采樂、晚年正樂。

少年習樂：孔子出生後，家裏很窮，為了生計，他被迫當吹鼓手，從而大量接觸到了民間倡優和民間音樂。

中年教樂：孔子從30歲開始從事教育工作，一直到50歲止，在這20年的時間裏，他從未間斷對音樂的愛好與學習。據史料記載，孔子樂教持之以恆，他在陳絕糧七日，仍撫絲而歌。

老年采樂：從55歲到68歲這14年間，孔子帶領一班弟子周遊列國，謀求政治出路。出於他禮樂治國的願望，在古代音樂的觀察採訪、搜集整理方面都作出了重大的貢獻。

晚年正樂：孔子晚年「自衛返魯，然後正樂」，所謂「正」乃「整」也。《詩》是孔子正樂的主要貢獻。

孔子的名字是怎麼來的？

孔子，名丘，字仲尼。是春秋末期的思想家、政治家、教育家、儒家學說創始人。西元前551年生於魯國陬縣（今山東曲阜東南），卒於西元前479年。

孔子是魯國公孫嘉的後代，公孫嘉字孔文。中國古人有以祖先的「字」為姓的先例，如魯公子牙字叔，他的孫子就叫叔孫得臣，孔子的姓氏也是以這種方式得來的。司馬遷在《史記》裏說孔子「姓孔氏」，這是從漢代姓氏不分的角度來敘述上古歷史的方式，正因為秦漢以後姓氏無別，以氏作為姓，所以，司馬遷才能說孔子姓「孔」。

孔子的父親叔梁紇是魯國的陬邑大夫，領有兵權，聲名顯赫。但缺憾的是，他雖權勢很大，十個孩子中，有九個是女兒，唯一的一個兒子卻是個瘸子。在當時男尊女卑的封建社會裏，這是讓人抬不起頭的事情。

叔梁紇很不滿意，決心再生一個兒子。於是，他就和妻子來到曲阜東南的尼丘山，求神拜佛，祈求天神另賜一子。後來不久，叔梁紇的妻子果然懷孕，生了一個兒子。叔梁紇以為這是在尼丘山上求來的，就給他取名為孔丘。由於孔子還有一個哥哥，所以他的字號是仲尼，「仲」字就是排行「第二」的意思。這就是孔子名字的由來。

趣味鏈結：孔老二稱號的由來

孔子為何又叫「孔老二」呢？首先孔子姓「孔」；其次，孔子有一個哥哥，他排行第二，家人稱他為老二。現在，生活中不是也有老大、老二、老三的叫法嗎？

雖然說孔子家裏兄弟姐妹達十幾人之多，但實際上，封建時代男尊女卑風氣嚴重，女兒家是不算在排行之列的。

真有主宰地獄的閻羅王嗎？

在唐朝末年，十分盛行地府十王之說，稱整個陰間有十個主宰分居十殿，即通稱的十殿閻王。據說閻羅王「本居第一殿，因憐屈死，屢放還陽申雪，故降調此殿」。對於閻羅王是誰的化身，自隋唐到清代，有著各種不同的說法。

一是隋將韓擒虎。《二十四史》本來忌諱記載鬼神，可是關於隋將韓擒虎，死後做閻羅王的傳說，竟被記進本傳，可見在初唐時，這條傳說是頗為風行的。

二是北宋名相寇準。寇準是宋真宗時的宰相，因其以秉直見聞於民間，故而從諸多文武大臣中，獨選他死後做閻王。傳說寇準的愛妾蓓桃臨死前說：「吾向不言，恐洩陰理；今欲去，言亦無害。公當為世主者閻浮提王也。」大概在他生前便已經流傳此說，所以當時就有人在驛舍側，掛起寇準圖像，上面寫有「今作閻羅王」字樣。

三是北宋龍圖閣直學士包拯。民間認為包拯生前剛正不阿、鐵面無私、斷案公正，是人民的好官。而東方傳說文化是講現世報應的，陽世之冤，陰司必報，所以必須要由包拯做閻羅王，才能了結冤報。

四是南宋江丞相。江丞相即江萬里，為人剛直，為官清廉，由於觸犯權奸賈似道而被迫回鄉，後因元兵攻陷江西都昌，他投水自殺。死後，人們紛紛傳言他做了閻王。

趣味鏈結：十殿閻王都是誰？

十殿閻王的傳說，大約自唐末五代時期便開始流行，在民間的影響面很廣，影響力也很大，以至於連道教也沿用了這一套冥府神仙系統。

著名的大足石窟石篆山第九龕有北宋十殿閻王像，十王如下：秦廣王、楚江王、宋帝王、五官王、閻羅王、卞成王、泰山王、都市王、平等王、轉輪王。

「桃園結義」按年齡分大小？

「桃園結義」按年齡推算誰是大哥呢？民國初年的《小說叢考》中有一段話說：「劉、關、張桃園結義，人固知其劉備為兄，關、張為弟也，殊不知論其年齡，關羽實長劉備一歲，張飛則少劉備四歲。其認劉備為兄者，蓋備於此時身無尺土，關、張雖得其主，未能定君臣之分，故且認之為兄，其意實已君之也。」

這裏認為關羽比劉備大一歲，應該為大哥，究竟是不是這樣呢？關於這三個人的年齡，不同的史書中有不同的記載。

劉備的年齡，在《三國志・先主傳》中說，他死於章武三年（西元223年），「時年六十三歲」。據此推算，劉備應生於西元161年，到結拜時的中平元年他應為二十四歲。

關羽的年齡，《三國志》中並無記載，而在《張飛傳》中提到，他長張飛數歲。後來在關羽家鄉，出土了一本《關侯祖墓碑記》的書，從中可以得知，關羽生於延熹三年（西元160年），正好長劉備一歲。

張飛的年齡，《關公年譜》中記載，張飛小劉備四歲（當時關羽二十四歲），死於西元221年。據此可知張飛時年應為五十七歲，這與《三國演義》中的五十五歲有點出入。

據此可知，桃園結義時，三人的年齡分別為：關羽二十五歲，劉備二十四歲，張飛二十歲，若真按年齡大小論，關羽的確是年齡最大的，故而他應該做大哥。

趣味鏈結：張飛是位有勇有謀的大將嗎？

歷史上的張飛，並不是《三國演義》中所寫的那樣，說他暴躁、易怒，是個粗人。史料中記載的張飛，不僅勇猛無敵，而且還有勇有謀、粗中有細，是一員難得的大將。下面將從張飛一生中的幾件大事上來正視張飛這個人物。

第一件是當陽長阪坡之戰。當時劉備從襄樊率十萬百姓南逃，在當陽長阪之地被曹操所率領的鐵騎追上，發生激戰。劉備倉皇逃去，讓張飛率二十騎兵斷後，張飛「喝斷了橋梁水倒流」，成功掩護了劉備轉移。

第二件是「義釋嚴顏」。劉備攻取巴蜀，龐統戰死，張飛獨率一軍從荊州增援。張飛用計，生擒巴郡太守嚴顏，嚴顏不屈，拒不肯降，張飛以禮感化，使降，因此一路沒有遇到多大阻礙，便到達了成都。

再就是巴西大戰張郃，從戰略上挫敗了曹操進窺巴蜀的圖謀，鞏固了「三巴」，並使劉備有了乘勢攻取漢中的機會，實現了占據巴蜀鼎足天下的戰略構想。

由以上幾件事可以看出，張飛確實不是個粗人。

趙雲幫劉備救回的是誰？

東漢建安十三年（208年）秋，曹操率五十萬大軍南征，劉備率兵自新野沿沮水南下江陵，在當陽長阪坡一帶與曹軍發生激戰，不期為曹軍所困。

劉備在混戰中脫逃，其妻小陷入曹軍重圍。相傳趙雲奉命七次殺進重圍，救出劉備的夫人和幼主。那麼趙雲單槍匹馬，找回的是劉備的哪個妻子呢？

《三國演義》中說，趙雲保護的是後主之母甘夫人。其實，甘夫人最初是劉備建安元年（196年）前後所納的小妾，後雖生了劉禪，但劉備仍把她視為小妾。劉備出征西川時，甘小妾留在江陵，後病死於此。

章武元年（221年）劉備稱皇帝的第二個月，封吳懿妹子為皇后，封劉禪為皇太子，但對劉禪生母了無表示。翌年，劉備東征失敗，住在白帝城時，方才追諡甘小妾為皇思夫人。她是死後才有了「夫人」稱號，但仍是妾的定位，並非母以子貴。所以趙雲為劉備找回來的，準確地說該是妾而不是妻。

趣味鏈結：諸葛亮的妻子是個醜女嗎？

傳說，諸葛亮擇偶時，謝絕了一大批說媒者，卻偏偏選中了當地沔南名士黃承彥之女阿醜。阿醜生得「瘦黑矮小，一頭黃髮」，是當時標準的醜女。於是諸葛亮棄眾嬌而獨娶醜女為妻的事，在當時就落下了「莫學孔明擇婦，只得阿承醜女」的笑柄。

諸葛亮為何會娶醜女為妻？時人各有看法。傳統觀點認為，諸葛亮重才不重貌，是注重人的內在美。但近年來，谷亮、陳青等人反對這種看法，認為其有失偏頗。想想諸葛亮是個何等聰慧的人，娶醜女阿醜定然是他經過深思熟慮之後所做的一件大事。

據《諸葛亮新傳》載：當黃承彥當面問及諸葛亮時，他當即「拜謝泰山」，一錘定音，把從未見過面的阿醜娶了過來。據說阿醜是個很聰明的女人，從小就熟讀兵書，頗通政治，從而為諸葛亮進入地主集團開了「方便之門」，諸葛亮也是無論如何不會放棄這個「進身之階」的。

儘管後人對諸葛亮娶醜女的動機尚有爭論，但這樁婚姻對諸葛亮在政治上的發展達到了很大的促進作用。

劉備借荊州是怎麼回事？

有句歇後語叫做「劉備借荊州——有借無還」，荊州真的是劉備借的嗎？嚴格來說，按照正史上的記載，荊州是孫權白送的，而不是劉備借的。

三國時期，荊州是曹操的地盤。經歷赤壁之戰後，曹操是敗了，但他沒有全退出荊州，而是留下曹洪守著南郡（治所江陵）、襄陽一帶。孫權和劉備看準了這個機會，便乘虛而入，費了九牛二虎之力，周瑜總算拿下了荊州的南郡。

可當時孫權忙著在徐州方向向曹操進攻，無暇去收管荊州南部。作為

同盟軍的劉備，幫著孫權打了一陣子曹操後，看準了這個空缺，就領兵直奔荊州南部而來，幾個太守紛紛投降，於是劉備就擁有半個荊州。而曹操占了襄陽一帶，孫權占了南郡、江夏一帶，荊州基本上就這樣給瓜分了。

孫劉聯合後，孫權承認了劉琦和劉備為荊州首領，那按理說，孫權就應該將屬於荊州的南郡讓給劉備。後來劉備果然請孫權把江陵還給他，但是作為都督的周瑜是死活也不肯答應的，自己拼死拼活搶來的地盤，就這樣白白地拱手讓人，太不值了。

一直到周瑜死了以後，魯肅才主張將南郡讓給劉備，吳軍從江陵退到了江夏，劉備就從孫權手裏拿回了南郡，並以南郡治所江陵為他統治下的荊州首府。這便是借荊州的整個來歷。

趣味鏈結：荊州為何在三國時期如此重要？

三國時期的荊州包括現在的湖南、湖北全部，重慶、江西一部分，地處中國中部，交通便利，自古是兵家必爭之地。

荊州處於長江中游，連接南海，可以打通水上通道，順江而下，直達南京。向北可以進攻曹魏控制的長安、洛陽等地。

再有就是，荊州在當時還是比較發達的地區，技術先進，人口也比較多。赤壁之戰後曹操占襄陽、樊城，孫權占江夏，劉備占據江陵等地，三分荊州就是三分天下的基礎。

在赤壁之戰中，誰的功勞大？

赤壁之戰中，孫劉兩軍聯合，打得曹操敗走華容。關於這場戰爭的記載，《三國志》及裴松之注中描述得都十分簡略，而《資治通鑑》中的描寫也不過幾千字而已。在這場著名的大戰中，作為主角的孫權方面的大都督周瑜和劉備的謀士諸葛亮，誰的功勞最大呢？

仔細分析便可得知，在大戰之時，諸葛亮確曾到過東吳，目的是為了

促成孫劉聯軍。為什麼要聯軍呢？因為在這之前，劉備在長阪坡大敗，聯軍有利於增強軍事力量，但諸葛亮僅是前去東吳遊說而已，抗戰籌畫之事並未參加。

《三國志》中記載，赤壁大戰的總指揮是周瑜，為什麼呢？因為曹軍南征北戰，很是囂張，東吳朝臣中出現了主戰和主降的兩派，結果連孫權自己都沒有了主意。最後是作為主戰派的周瑜慷慨陳詞，陳說利弊，再加上前來遊說的諸葛亮，這才堅定了孫權的信心，決定孫劉聯軍。在戰爭之中，也是周瑜統籌安排，身經沙場，領兵指揮的。

至於赤壁之戰中諸葛亮「披髮仗劍，登壇借風」一事，也許是文人為了表達效果的需要，故意加上去的，在史料中根本就沒有記載。但唯一可以肯定的是，諸葛亮在緊急時刻較為準確地分析形勢，堅定了東吳的抗曹信心，促成孫劉聯軍，對扭轉戰局、打敗曹操、取得整個戰爭的勝利發揮了重要的促進作用。

相比較而言，諸葛亮的功勞與周瑜的相比，就要遜色很多。

趣味鏈結：周瑜真是被諸葛亮「三氣」而死的嗎？

荊州是魏、蜀、吳三國的連接點，自古就是兵家必爭之地。西元209年，周瑜打敗了鎮守荊州的曹仁後，奪得南郡，自任南郡太守。赤壁之戰後，劉備向孫權「借」荊州，周瑜不同意。周瑜死後，劉備終於向孫權「借」得了荊州。劉備是怎麼借來的呢？

建安十五年，周瑜「於巴丘病卒」，此後，由魯肅接任南郡太守。為了聯合劉備共抗曹操，魯肅徵得孫權的同意之後，就主張把荊州轄下的南郡、零陵等地讓給劉備。至於孫權嫁妹給劉備，也純屬政治上的聯姻，根本就不是周瑜設下的「美人計」。這些在《三國志》中都有非常明晰的記載。

後來，孫權在設法討回荊州的過程中，確實有許多失策之處，但根本就不存在諸葛亮與周瑜三次鬥智，更沒有諸葛亮將周瑜活活「氣」死之

事，因為當時周瑜已經病死了。所以說諸葛亮「三氣」周瑜的說法，純屬子虛烏有。

關羽真有「華容道」釋曹操？

《三國演義》中寫道，赤壁大戰之中，曹軍被火燒得大敗，甚至於差點丟了性命，之後敗走華容道，幸虧守華容的關羽顧念舊恩，放了曹操一馬，才使曹操不致英雄早亡。但史實究竟是不是這樣呢？

曹操在赤壁戰敗後，要逃回江陵，華容道是最短的捷徑，而曹操也確實選擇了這條道路。可是不是關羽放了他呢？據《三國志》和裴松之注《三國志》中說，曹操赤壁大敗後，是走了華容道，但並未遭遇關羽的埋伏。

書中還說，作為軍師的諸葛亮並沒有想起要在這裏設置埋伏，而是曹操引著殘兵敗將走到華容道時，遇上狂風暴雨，道路泥濘，難以通行，後來下令士兵以草填路，讓騎兵通過，在這一過程中死了不少人。

當劉備等人知道曹操從華容道逃跑時，急忙前去追趕，可惜太晚了，所以被曹操跑掉了，這才是歷史的真相。

趣味鏈結：如今華容道何在？

三國時代的華容之地，原本是漢代的舊縣，位於今湖北長江北岸的監利縣北面約六十里處，與現屬湖南省洞庭湖以北的華容縣不同。如果從烏林（在今洪湖縣北）劃一條直線到江陵縣（又叫南郡），則華容正好在這條直線的中心。

《三國演義》中誰死得最冤？

《三國演義》第七十七回，呂子明（就是呂蒙）白衣渡江襲了荊州，

活捉了關羽。孫權殺了關公之後盡收荊襄之地，賞犒三軍，設宴大會諸將慶功，置呂蒙於上位，並親自酌酒賜呂蒙。孫權稱讚呂蒙曰：「皆子明之功也，子明設計定謀，立取荊州，勝子敬、周郎多矣！」

呂蒙接酒欲飲，突然一陣陰風吹來，關公出現了，呂蒙驚慌中將酒杯擲於地上。關公一手推倒孫權，坐於孫權位上，兩眉倒豎，雙眼圓睜，厲聲大罵曰：「我生不能啖汝之肉，死當追呂賊之魂！我乃漢壽亭侯關雲長也。」孫權大驚，慌忙率大小將士，皆下拜。只見呂蒙倒於地上，七竅流血而死。

這只是《三國演義》中的說法，想來，整本死得最冤的就是呂蒙了。三國之中計略無數，中計者也無數，怪就怪呂蒙什麼人不謀，非要謀武聖關羽，而武聖實在了得，生前斬將無數，死後還要追魂弄死一員無雙武將。

趣味鏈結：白衣渡江

「白衣」字面上的意思就是白色的衣服，在古代一般為商人所穿。白衣渡江就是把所有的戰船都改裝為商船，讓兵士躲在船艙裏。船上搖櫓的兵士扮做商人，一律穿上商人穿的白色衣服。

白衣渡江是三國時期最經典的偷襲戰之一。當時這種戰法由呂蒙和陸遜共同策劃完成。先是呂蒙抱病，推薦陸遜接手軍隊事務。陸遜以其年少，關羽必不防備，加上托書示弱，關羽為人驕橫，自然落到了圈套之中。關羽正是因為這場戰爭而丟掉性命的。

木牛流馬的由來

《三國志‧諸葛亮傳》記載：「亮性長於巧思，損益連弩，木牛流馬，皆出其意。」《三國志‧後主傳》記載：「建興九年，亮復出祁山，以木牛運糧，盡退軍；十二年春，亮悉大眾由斜谷出，以流馬運，據武功

五丈原,與司馬宣王對於渭南。」上述記載明確指出,木牛流馬確實是諸葛亮發明的。

《三國演義》第一百零二回中說木牛流馬:「宛然如活者一般,上山下嶺,各盡其便。」而且將舌頭扭轉,牛馬就不能行動,再扭過來,便又前驅而行,真是奇妙得很。但木牛流馬具體是什麼樣子的,自古以來,莫衷一是。

有介紹說:「方腹曲頭,一腳四足,頭入領中,舌著於腹,載多而行少,獨行者數十里,群行者二十里。垂者為牛舌,曲者為牛肋,刻者為牛齒,立者為牛角,牛、仰雙轅。人行六尺,牛行四步。」「流馬,肋長三尺五寸,左右同。前軸孔分墨去頭四寸,前腳孔分墨二寸,去前軸孔四寸五分,板方囊兩枚。」

從書上的敘述來看,木牛流馬是兩種不同的東西。木牛類似於今天機車的齒輪,流馬是個裝載東西的設備,相當於汽車的車廂。木牛流馬本身並沒有動力,只是一種省力裝置而已,它依靠外力推動,藉助慣性達到省力的目的。說白了,木牛流馬就是我們今天板車的前身。

趣味鏈結:木牛流馬的命名

《宋史》、《稗史類編》中都說木牛流馬就是木製獨輪小車,漢代稱為鹿車,經諸葛亮改進後稱為木牛流馬。那麼為什麼取名為「木牛流馬」呢?

在古代,運送東西都是以牛馬為動力的,可是牛馬要吃草料,這樣就加大了成本。用木牛流馬來命名諸葛亮的這種發明,只是中國人的一種習慣而已。

據考證,木牛有四足,其實應該是輪子,在古代,沒有專業的機械術語,所以有些零部件的表達和現在的不一樣。

為何諸葛亮不廢掉劉禪？

劉禪於章武元年（221年）被封為太子，於西元223年5月繼位，改年號為「建興」。劉禪庸碌無能，在位前期，主要依靠諸葛亮治理國政。那諸葛亮為何不廢掉他呢？後人對此有如下幾種猜測：

首先從「隆中對」說起。諸葛亮為了幫劉備完成霸業，又讓他出師有名，便打出了「興復漢室」的旗號，這深得劉備的贊同。按理說，曹操和孫權也可以打這樣的旗號去成就霸業，為什麼他們沒有這樣做呢？

原來，他們兩人都不是皇室之後，根本不可能打出這個旗號去爭奪江山。劉備雖然也不是皇室正統，但他沾了「劉」姓的邊，所以才舉兵要「興復漢室」。如果諸葛亮廢了劉禪，百姓就會猜疑他，這個「興復漢室」的名號就會不復存在，廢了劉禪就等於砸了自己的招牌。

其次就是劉禪雖算不上明君，但也不能算做昏君，只是沒有什麼大的作為。在諸葛亮時期，他無非是貪戀女色、聽信幾句謠言，並沒有造成大過錯。諸葛亮也就沒有太多的理由去廢他。如果強要廢帝，必會造成朝中大亂，蜀國本就弱小，如果發生動亂，就會得不償失。

最後就是國力的問題。當時蜀國國力弱小，無力與魏國和東吳抗衡。如果在這時廢掉劉禪，蜀國就會出亂子，諸葛亮便會成為千古罪人。

趣味鏈結：「樂不思蜀」典故的來歷

後主劉禪無力治國，蜀漢滅亡後，劉禪移居魏國都城洛陽，封為安樂公。一日司馬昭設宴款待劉禪及其隨從，並讓樂師彈奏蜀地樂曲，以此試探劉禪。蜀漢舊臣聽到樂曲，想起亡國之痛，個個掩面或低頭流淚，獨劉禪怡然自若，不為悲傷。

司馬昭見狀，就假惺惺地問劉禪：「安樂公念蜀國否？」劉禪想都沒想就回答道：「此間樂，不思蜀也。」他的舊臣郤正聞聽此言，心中很不是滋味。宴畢對劉禪說：「陛下，下次司馬昭若再如此問你，你就說先

人墳墓，遠在蜀地，我日夜思念啊！這樣，司馬昭就能讓陛下回蜀當皇帝了。」劉禪聽後，牢記在心。

又一日，司馬昭又擺下宴席，酒至半酣，司馬昭又用同樣的問題問劉禪，劉禪趕緊把郤正教他的學了一遍，司馬昭聽了，說道：「咦，這話怎麼像是郤正說的？」

劉禪大感驚奇道：「你如何知道呀！」司馬昭及左右大臣哈哈大笑。司馬昭果然試出了劉禪忠懇老實，從此再也不懷疑他了。劉禪就這樣在洛陽安樂地度過了餘生。這就是「樂不思蜀」這一典故的由來。

諸葛亮真的擺過空城計嗎？

《三國演義》第九十五回「馬謖拒諫失街亭，武侯彈琴退仲達」中的詩句，被後人改編成京劇、晉劇、徽劇，冠以《空城計》的名字廣為流傳。在民間則認為是諸葛亮在西城憑三尺瑤琴，空城退敵，究竟是不是這回事呢？

自從裴松之否定了諸葛亮擺「空城計」的真實性以後，人們對歷史上是否擺過空城計的問題多持懷疑態度。

《三國志・蜀・諸葛亮傳》：「（後主建興）六年春，（亮）揚聲由斜谷道取郿，使趙雲、鄧芝為疑軍，據箕谷。魏大將軍曹真舉眾拒之。亮身率諸軍攻祁山，戎陣整齊，賞罰嚴而號令明，南安、天水、安定三郡叛魏應亮，關中響震。魏明帝西鎮長安，命張郃拒亮，亮使馬謖督諸軍在前，與郃戰於街亭，謖違亮節度，舉動失宜，大為郃所破。亮拔西縣千餘家還於漢中。」

從這段權威性的記載中我們可以看出街亭之戰時，蜀軍主帥是諸葛亮，魏軍主帥則是張郃，諸葛亮只是「拔西縣千餘家還於漢中」，並未施展過什麼「空城計」。

趣味鏈結：「空城計」的發明權屬於趙子龍

諸葛亮雖然沒有擺過空城計，但並不是說歷史上沒有人用過這個優秀的戰術。據考證，真正使用過「空城計」的人是趙子龍。

據《趙雲別傳》記載：「曹公爭漢中地，運米北山下，數千萬囊，黃忠以為可取。雲兵隨忠取米，忠過期不還，雲將數十騎輕行出圍，迎視忠等。值曹公揚兵大出，雲為公前鋒所擊，方戰，其大眾至，勢逼，遂前突其陣，且鬥且退，公軍散，已復合，雲陷敵，還趣圍，其將張著被創，雲復馳馬還迎著，公軍追至圍。此時，沔陽長張翼在雲圍內，翼欲閉門拒守，而雲入營更大開門，偃旗息鼓。公軍疑雲有伏兵，引去。雲擂鼓震天，唯以戎弩於後射公軍，公軍驚駭。自相踩踐墜漢水中，死者甚多。先主明旦自來，至雲營圍視昨戰處，曰：『子龍一身是膽也！』作樂飲宴至暝，軍中號雲為虎威將軍。」

我們所瞭解的諸葛亮擺空城計的故事，多為《三國演義》所誤。也許是作者羅貫中出於文學表達的需要，有意來了個「移花接木」。

歷史上誰是最白癡的皇帝？

中國歷史上真有一個著名的白癡皇帝，他就是西晉的晉惠帝司馬衷。正因為他的白癡，才導致了西晉的滅亡。司馬衷是太熙元年（209年）即位的，在位期間沒有什麼作為，做什麼事情都要別人拿主意，鬧了很多笑話，惹得天下人恥笑不已。

司馬衷熱衷於遊玩，整天與後宮宮女、妃子混在一起。有一次，他的老師給他講「不平則鳴」的故事，說做臣子的要一心為公，遇到對老百姓不公的事情，要敢於站出來為老百姓說話。

有一天，司馬衷在華林園與宮女們瘋玩，突然聽到池塘裏傳來一片青蛙的「呱呱」聲，他便認真地問左右隨從：「這些咕呱亂叫的東西是為公

家而鳴，還是為私家而鳴呢？」老師聽了哭笑不得，不知道怎麼回答。

旁邊的小宦官靈機一動，說道：「在官家地裏叫就是為公家而鳴，在私家地裏叫就是為私家而鳴。」司馬衷對此答案頗為滿意，就點頭稱是。

還有一次，天降災禍，全國各地糧食歉收，各地飢荒嚴重，到處都是餓死的人。大臣們據實把這些情況向司馬衷彙報。司馬衷聽了，得意地說：「沒有糧食吃，他們為什麼不去吃肉呢？」由此可見晉惠帝是如何的愚蠢糊塗，無怪乎在「八王之亂」中，被趙王司馬倫篡奪了帝位。於306年11月17日夜，司馬衷吃餅中毒而死。

趣味鏈結：中國歷代皇帝到底有多少？

中國歷代皇帝到底有多少位呢？說法不一。皇帝的稱號起自秦始皇。如果只從秦始皇開始算起，秦朝2位，漢朝31位，三國11位，晉朝16位，十六國78位，南北朝59位，隋朝3位，唐朝22位，五代十國55位，宋朝18位，金遼西夏35位，元朝18位，明朝16位，清朝12位，還有南明、北元，其他諸如李自成、張獻忠，以及太平天國的洪秀全父子，甚至稱洪憲帝僅兩個月的袁世凱，加起來一共408位。

但如果把秦始皇以前歷時840年的東周、西周和春秋、戰國時代之王、公、侯加進去，就更多了，這些君王總共121位，公217位，侯23位。若再把周朝以前的商朝、夏朝30帝也算進去，中國帝王應該有829位。

江南第一風流才子

唐伯虎是江南「四大才子」之首，本名叫唐寅，字伯虎，又字子畏，號六如居士，又號桃花庵主，是中國繪畫史上傑出的畫家、文學家。

關於唐伯虎「江南第一風流才子」之名的由來，有很多種看法。從唐伯虎的詩畫落款可以看到，他有個「江南第一風流才子」的印章，據史證實，他確實刻有這樣一枚印章。但他為什麼要刻這枚印章呢？

有人認為，是唐伯虎出於對自己才華的狂傲自負；有人認為是他決意於功名之後，覺得心灰意冷，不免在行跡上愈加狂放不羈，刻這枚章是為了抒發心中的鬱悶不平。

但不論哪種說法，從唐伯虎的有關資料來看，都是不能站住腳的。印章中雖有「風流」，但並不著意於這二字，而是唐伯虎對自己落魄一生的一種自我安慰，是困苦與不幸中的自得其樂罷了。

而唐伯虎的詩、書、畫被稱為三絕，藝術造詣高超，稱為「江南第一才子」是名副其實的。

趣味鏈結：唐伯虎點秋香

說到秋香，倒是確有其人。她本來出生在一個小官員的家庭中，名字叫做林奴兒，還通一點文墨。後來因為家境遭變，被迫成為官妓，改名秋香。這秋香長得很美，又能歌善舞，還能吟詩作畫，成了金陵城內達官貴人競相追逐的花魁。而唐伯虎娶得蘇州名妓沈九娘為妻，人們便把這兩人說成了一個，於是就有了唐伯虎點秋香的說法。

魏忠賢為何自稱「九千歲」？

據史籍載，魏忠賢兼掌東廠之後，極盡迫害忠良、排斥異己之能事。先後把朝中許多正直的大臣關進東廠監獄，進行殘酷折磨，致使這些大臣含冤而死，比如當時著名的楊漣、左光斗、周朝瑞、袁化中等六人。

魏忠賢兼掌東廠的第二年，就再次大興冤獄，逮捕殺害了周起元、周順昌、高攀龍、繆昌期、周宗建、李應升、黃尊素七人。這兩次冤獄死難的人，被後人稱為「前六君子」和「後七君子」。人們對魏忠賢恨之入骨，但不敢怒也不敢言。

經過這兩次殘酷迫害之後，朝廷內閣已完全由魏忠賢的走狗掌握，整個朝堂都成了魏忠賢的「閹黨」集團，全國各地都遍布了魏忠賢的爪牙。這些

走狗、爪牙們競相拜魏忠賢為父、為祖父，自稱十幾義孫。魏忠賢閹黨核心人物有「五虎」、「五彪」、「十狗」、「十孩兒」、「四十孫」等。

許多地方官員為了免遭迫害，都極力巴結魏忠賢，競相為他建造生祠。到熹宗末年，魏忠賢的生祠已經遍布天下。生祠中供有魏忠賢塑像，行人經過要行五拜禮，呼九千九百歲。九千歲是魏忠賢的自稱，只比「萬歲」少了一點。

趣味鏈結：魏忠賢生平

魏忠賢（1568～1627年），原名魏四，明朝末期宦官，肅寧（今河北肅寧）人。少無賴，萬曆年間自宮改姓名李進忠入宮，事中官魏朝，得識熹宗乳媼客氏，並與之私通。熹宗即位，以客氏故，擢司禮太監，以善導帝倡優伎樂及狗馬射獵得帝信任，命兼掌東廠。

皇太極為什麼改國號？

皇太極（1592～1643年）清朝的開國皇帝。在位期間，他完善後金的政治制度，為清王朝統治政權的確立打下了基礎。皇太極在位十六年，是一個有作為的皇帝。

天聰十年（1636年）四月十一日，皇太極在瀋陽皇宮大政殿舉行即皇帝位的典禮，改國號「大金」為「大清」。至於他為什麼要這樣改，歷史上有很多種說法。

一種說法認為，皇太極之前的國號為「金」，在音韻學上，清和金在滿語裏音相近，所以用「清」。

另一種就是，從陰陽五行上解釋，明朝的明，左面是個日字，日是火，清左面是三點水，水剋火，清要滅明，所以他用「清」。

再一個解釋就是，從民族方面解釋，說他原來用後金，他要進兵中原，中原一提出這個「金」就想起南宋，一提起金人，就想起岳飛了。皇

太極進兵中原要減少阻力，因此就不用這個「金」字，而改用「清」字。

但不論哪種說法都是很有道理的，但相比較而言，第二種和第三種說法的可信度要稍高一些，因為古人是極為講究陰陽五行的。

趣味鏈結：明朝國號的由來

據說，朱元璋當皇帝後，改稱國號為明，是和白蓮教有關係的。朱元璋是元末起義軍之一，是繼承郭子興而發展起來的，郭子興屬於白蓮教組織。白蓮教宣稱「黑暗即將過去，光明將要到來」，藉以鼓舞人民反對黑暗的元朝統治。所以又稱「光明教」，處處都與明有關，處處都有明字。

白蓮教的首領韓山童稱「明王」（他的兒子韓林兒稱「小明王」），都體現其教義宗旨。朱元璋不僅曾經信仰白蓮教，而且承認自己是白蓮教起義軍的一支（他曾為小明王左副元帥）。朱元璋取得政權後，國號稱「明」。

乾隆打破哪些皇帝紀錄？

乾隆是中國歷史上少有的有作為有才幹的皇帝，為何說他打破了三項皇帝紀錄呢？

先說第一項紀錄。乾隆是中國所有皇帝中掌權時間最長的人，他在位時間也排在前列——第二位。乾隆二十五歲登基做皇帝，在位達六十年。退位後，又做了四年的太上皇，實際執政六十四年。

再來說第二項紀錄。乾隆是中國歷史上最長壽的皇帝之一，其終年八十九（虛）歲，活到了耄耋之年。從夏禹開始到末代皇帝溥儀為止，中國共有君主五百多位，其中活到七十歲以上的僅有十二人。

第三項紀錄是文采。乾隆愛好詩歌，一生也寫過很多。在他登基之前，有御制詩集《樂山堂全集》問世；在位期間，有《御制詩集》共五集，四百三十四卷問世；退位後有《御制詩餘集》，有七百五十首傳世。

前後加起來，他總共寫了四萬一千八百六十三首詩。要知道，《全唐詩》收錄二千二百多位唐朝詩人的唐詩才四萬八千餘首。所以就數量來說，乾隆帝這位業餘詩人，其創作的詩就大致相當於全唐詩人創作的詩了，真是文采風流！

於此看來，乾隆創造了三項皇帝之最，所以說他打破三項皇帝紀錄。

趣味鏈結：皇帝掌權時間統計

康熙雖執政六十一年，但在十六歲之前，一直由索尼、鰲拜等四個輔政大臣主政。直至十六歲殺掉鰲拜才最終掌權。康熙在位的時間，算起來比乾隆要多。

唐朝女皇武則天，三十二歲做皇后，開始實際干預朝政，直至八十二歲病逝，掌權時間達五十年之久。

慈禧太后沒有當過皇帝，但她在中國掌權近半個世紀。

「出洋相」的由來

中國實行了幾千年的閉關鎖國政策，中國社會一直處在封閉落後的狀態。清朝光緒年間，中國對外門戶開放，朝廷官員爭相出國，以此顯示自己的身分和榮耀，於是一股出洋風拔地而起。

在此之前，根本很少有人問津外國的生活概貌和風情。所以這些出國要員，貌似滿腹經綸，才學橫溢，實際卻見識短淺，愚昧無知，一踏入燈紅酒綠的西洋世界，便洋相百出。

北洋大臣李鴻章出訪英國倫敦時，曾到英國已故將軍戈登的紀念碑下祭奠。戈登的遺族為了表示感謝，特將競犬會上獲得頭獎的名犬贈送給他。誰知數日後，戈登家族收到了李鴻章的謝柬，內容為：「厚意投下，感激之至，唯是老夫耄矣，於飲食不能多進，所賞珍味，感欣得沾奇珍，朵頤有幸。」

李鴻章此舉真是讓人笑掉大牙，當地報紙喧鬧一時，傳為笑談。只是可惜了那隻獲得頭獎的名犬。

還有一說，駐英國使館的中國官員崔某，一貫貪財，其家屬曾偷盜酒館的手巾，後被查出，聲名狼藉，但他依舊對錢財情有獨鍾。

為了增加額外收入，崔某竟讓他的夫人包洗使館全體人員的衣物。衣物洗後，晾曬在使館內外，裹腳布竟公然掛在使館門前。西方記者曾把這些拍下照片，登於報端，成為一大醜聞，名噪一時。

後來，人們就把這些出洋大臣和公使等要員所鬧的笑話，稱為「出洋相」。不過，它的意義有所擴展，凡因無知或疏忽而鬧的笑話，皆可稱為出洋相。

趣味鏈結：「洋相」是什麼意思？

相傳「洋相」一詞是「洋人醜陋相貌」一語的簡稱。相傳一個名叫庫茲佐夫的洋人知道了華夏的富庶，對中國的物產財富垂涎三尺，他來到了中國，想要發個橫財。

一次，他和一位財主聊天說：「誰能一口吞下一塊土地？」財主聽了不知如何回答。這時，財主的長工牛孩正巧經過這裏，聽到這句話，覺得這外國人不是好東西，於是上前說道：「一口吞下一塊地算什麼，我能一口吞下四塊土地！」庫茲佐夫大吃一驚，忙問：「你怎樣一口吞下四塊土地？」牛孩就順手用樹枝在地上寫了個很大的「田」字，這可不就是一口吞下四塊土地。庫茲佐夫為了挽回自己的面子，就在地上寫了個「囚」字，並說道：「我能一口把你們中國人吃掉。」

牛孩不甘示弱，就在地上寫了個「口」，又在「口」中間寫了一豎筆，成為了一個「中」字。牛孩指著庫茲佐夫的鼻子怒斥道：「任何對中國野心勃勃的洋人都休想，也不可能一口吞掉我們一個中國人！」庫茲佐夫眼望著這「中」字，果然是「口」中沒吞下這一豎筆。頓時，他氣的五官糾結，相貌變得十分醜陋，眾鄉民望著「洋人醜陋的相貌」哈哈大笑。

「狗咬呂洞賓」有什麼由來？

「狗咬呂洞賓，不識好人心」這句話常用來指，好心幫助了別人之後，反被人誤解，說是不懷好意。其實，「狗咬呂洞賓」是「苟杳呂洞賓」的音訛。

相傳呂洞賓在得道成仙之前，是個百無一用的書生。同鄉有個叫苟杳的人，是他的同窗。兩人的關係很不錯，便結拜為兄弟。

苟杳讀書的時候，家裏很窮，常常是吃了上頓沒下頓，因此呂洞賓經常接濟他。為了怕貧窮影響他的學業，呂洞賓就請他到自己家中居住。

一天，呂洞賓家中來了一位姓林的年輕客人。交談之後得知，林家有女初長成，正在待嫁之年，家人十分著急。此人見苟杳一表人才，便有意把妹妹許配給他。

苟杳得知林家小姐貌美，便極力懇請呂洞賓為他做媒。呂洞賓是個細心人，生怕苟杳貪戀床笫之歡誤了錦繡前程。但是苟杳一直懇求，呂洞賓沒法子，就讓苟杳答應一個條件：「林家女須先陪我三天。」苟杳又驚又氣，卻只得答應。然後，呂洞賓就安排他們兩個匆匆見了個面，算是雙方互知了對方的模樣。

過門之後，待三天期滿，苟杳又驚又喜見到新娘，新娘哭說：「郎君為何三天都是天黑才來，埋頭讀書至天明便去？偏讓我獨守空床！」苟杳頓時啞然失笑，良久悟及，原來是呂洞賓以此告誡自己莫因成婚而誤了讀書。於是發奮苦讀，幾年後，終於考取功名做了官。

真是三十年河東，三十年河西，幾年之後，呂家失火落難了，房屋田地都沒有了，呂洞賓便去找苟杳求助。不料苟杳將呂洞賓留在家中，天天設宴相待，開口閉口，半點都不談資助之事，一個多月過去了，呂洞賓斷定苟杳是個忘恩負義的小人，非常氣憤，只好打消了這個念頭。

回到家鄉，呂洞賓老遠就見自家舊址上竟然新屋屹立，妻子正披麻戴孝，撫棺守靈。呂洞賓愕然，趕緊跑上前去問出了什麼事，不料妻子大吃

一驚，問他是人是鬼。後來聽妻子細說原由，這才明白過來。

原來，呂洞賓離家不久後就來了一群人，不由分說，要為他家蓋房，這不，前天剛完工。昨天又來了幾個人，抬著一副棺材，說呂洞賓得了霍亂而死，不能開棺，放下棺材就走了，因此弔唁。

呂洞賓操起利斧，劈開棺材，只見裏面擺滿了銀子，還有一張紙條：「苟杳不是負心郎，路送金銀家蓋房。你讓我妻守空房，我讓你妻哭斷腸。」至此，呂洞賓方恍然大悟，哭笑不得。

說來有趣，故事傳開後，竟因為諧音的緣故，傳成了「狗咬呂洞賓，不識好人心」這句俗語。

趣味鏈結：「八仙」都有哪些人？

八仙都是道教神話人物，他們的傳說漢朝時就已流傳。《太平廣記》引《野人閒話》，稱西蜀道士張素卿繪製八仙圖，畫的是李己、容成等八人。元人雜劇中的八仙，各不相同。有的「八仙」沒有何仙姑、張果老，而有徐仙翁、風僧壽或元壺子等。現在流傳的八仙，定型於明代。

其實，「八仙」還有「上八仙」、「中八仙」、「下八仙」之說。「上八仙」有王禪、王傲、孫臏、毛遂、南極子等。「下八仙」有柳下惠等。我們常說的「過海」八仙，屬於中八仙。

中八仙有：鐵拐李、漢鍾離（鍾離權）、何仙姑、韓湘子、呂洞賓、張果老、藍采和、曹國舅八位。

「八仙」各自的特點是：鐵拐李容貌奇特，能借屍還魂，富有強烈的反抗精神；漢鍾離能飛劍斬虎，點金濟眾，有治惡濟善之德；藍采和放蕩無羈，周遊天下，表現出爭取自由的性格；張果老精通萬法，變化莫測；何仙姑是八仙中唯一的女性，她堅貞不嫁，行動如飛，具有女性在婚姻戀愛問題上的新觀念；呂洞賓文武皆通，身兼數藝；韓湘子排難去險，見義勇為；曹國舅剛正不阿，平易近人，也善濟貧窮。

第十三章 醫藥衛生

中國最早的醫院誕生於何時？

中國醫院的雛形最早見於漢朝，迄今已有近2000年的歷史了。

西漢元始二年（西元2年），瘟疫在黃河流域肆虐。因此皇帝劉衎下令，騰出一些房屋，請來醫生、籌備藥物，免費給百姓治病。這可能是世界上最早的居民隔離醫院。

到了唐朝，朝廷在開元二十二年（西元734年）設有「患坊」，用來收容貧困的殘疾人和乞丐；另外，還設有「癘人坊」，用來隔離及醫治麻風病人。

宋代，醫療事業得到了很大的發展，醫院組織漸趨完善。朝廷開設了名叫「安濟坊」的醫院，內有專職管理人員和醫生、病房、病歷。朝廷還會根據醫生的醫療水準給予適當的獎勵。

當時，這種醫院除了設在北宋的京城汴京以外，在其他的一些大城市裏也可見到。如杭州太守蘇東坡創辦的「病坊」、蘇州城內的「濟民藥局」，以及一些私營的「養濟院」等。

中國建立現代形式的分科醫院，是近代的事。

太平天國末年，干王洪仁玕曾在天京（今南京）辦了一個醫院，由他親自領導。

清同治二年（1863年），李鴻章雇用「常勝軍」鎮壓太平天國農民革命運動，曾聘用外國醫生在松江、昆山開設軍醫院。

中國最早的現代化醫院是於1918年創建的北京中央醫院。

趣味鏈結：醫生在手術過程中為什麼要穿綠色的手術服？

醫生們所穿的手術服為什麼是綠色的呢？

人眼在長時間注視著一種色彩時，視神經易受刺激而疲勞。為了減輕這種疲勞，視神經便會誘發出一種補色進行自我調節。

若長時間地盯著一張上面印有鮮紅色圖案的紙張後，把視線轉向另一張白色的紙張，你會發現這張白紙上出現了淺綠色的圖案，因此說紅色的補色是淺綠色。

醫生在手術過程中，眼睛看到的總是鮮血淋淋的紅色。如果醫生們所穿的手術服是白色的，那麼當他偶爾把視線轉移到同伴的白大褂上時，就會看到斑斑點點的「綠色血跡」，使視覺產生混亂而影響手術效果。

而採用淺綠色的衣料做手術服，就可以消除綠色錯覺，確保手術順利進行。

病歷是由淳于意所創嗎？

醫務人員對病人患病經過和治療情況所作的文字紀錄就叫病歷。它是醫生診斷和治療疾病的依據，也是醫學科學研究中很有價值的資料。

漢初（西元前3世紀），中國最早的病歷就出現了，當時它被稱為「診籍」，為當時名醫淳于意所創。

淳于意是山東臨淄人，曾任齊太倉令，所以又稱倉公。他勤奮好學，

刻苦鑽研醫術。起初，他師從名醫公孫光，隨後又從公乘陽慶那裏學得黃帝、扁鵲的脈書和五色診斷方法，由此醫術日漸高明。

漢文帝時，因為被人誣告，淳于意蒙冤入獄。他的女兒淳于緹縈上書皇帝，請求進宮做奴婢代贖父刑。皇帝被她的這一孝舉感動了，便赦免了淳于意。

出獄後，淳于意行醫於民間，不少病人得益於他高明的醫術而起死回生，由此他深受人們的愛戴。

但在長期行醫的過程中，淳于意常常深感記憶有限。病人的主訴，往往因事隔多日而記憶不準，給治療帶來了困難。

為便於辨證論治，淳于意便將就醫者的姓名、地址、病症、藥方、診療日期等一一紀錄下來。另外，對於那些被治癒的和無法挽救的病例也作詳細紀錄。

經過長期的實踐，淳于意發現這樣做對於辨證和治療都大有幫助，便把這個習慣堅持了下來。他把這種紀錄稱為「診籍」，中國最初的病歷形式便由此產生了。

因為他的做法對辨證和治療都大有幫助，所以，其他的醫生也都爭相仿效。由於「診籍」專門紀錄病人的病史，所以醫生稱之為「病歷」。

到了今天，紀錄病歷已成為每位醫生最基本的工作。

趣味鏈結：古代的女醫生

在中國漫長的歷史中，還產生過很多有名的女醫生。比如：

西漢義妁，她是中國史書記載的第一位女醫生，她懸壺濟世，深受群眾愛戴。相傳漢武帝得知她的醫術後，召她入宮，拜為女侍醫，專為皇太后等治病，深得太后信任。

晉代鮑姑，是名醫、煉丹家葛洪之妻。據傳「艾灸」法就是她發明的。

唐代的胡愔，對養生長壽、吐納導引有獨特見解。她編繪了《黃庭內

景五臟六腑補瀉圖》，描畫了人體的五臟。

宋代名醫郭敬仲的母親馮氏，醫術也很高明。一次孟太后重病，御醫治療無效，宋高宗急召馮氏入宮。馮氏只用一劑藥就治好了孟太后的病。高宗大喜，封她為安國夫人。

明代的談允賢，祖傳名醫。當時的富家眷屬生病，羞於請男醫生搭脈，聞談氏之名，都請她診治。她晚年還寫有《女醫雜言》一書傳世。

清末女名醫曾懿，治病有許多獨特的經驗。她著有《古歡室叢書》一部，內有《女學篇》、《醫學篇》、《詩詞篇》三大部分。

行醫緣何又稱為「懸壺」？

細心的人會注意到，病人送給醫生的錦旗上常常寫著「懸壺濟世」幾個大字，以誇獎醫生醫術高明、醫德高尚。其中的「懸壺」就是行醫的代名詞。

「懸壺」一詞來源於《後漢書・方術列傳下・費長房》一書，該書記載了下面的故事。

東漢時，有一個名叫費長房的人。他是汝南（今河南上蔡附近）人士，曾經是管理市場的小官吏。有一天，他在酒樓喝酒解悶，偶見街上有一賣藥老翁，懸掛著一個藥葫蘆兜售丸散膏丹。賣了一陣，街上行人漸漸散去，老翁就悄悄鑽入了葫蘆之中。

這一神奇的景象把費長房震住了。他斷定這位老翁絕非等閒之輩，於是便帶著酒肉等禮物，恭恭敬敬地去拜見老翁。明白了他的來意後，老翁領他一起鑽入葫蘆中。他睜眼一看，只見裏面雕梁畫棟，富麗堂皇，繁花似錦，宛若仙山瓊閣。

老翁對費長房說：「我本是天上的神仙，因為犯了錯誤才受到責罰，下到凡間。現在，對我的責罰期限已滿，我將要離開此地，你願意跟我一起走嗎？」費長房於是追隨老翁學道。在歷盡艱辛之後，他終於學到了高

明的醫術。

在學成之後，費長房返回自己的家鄉。他能醫療眾病，甚至令人起死回生，由此成為一代名醫。

從此，「懸壺」這一說法便流傳了下來，成為了對中醫行醫的雅稱。如今，中醫「懸壺」的做法已很少見到了，但他們腰間所掛的和診所前所懸的葫蘆，卻成了中醫行醫的標誌。

孫中山先生早年也習醫。他在《革命原始》中自述：「卒業之後，懸壺於澳門、羊城兩地。」我們知道，其中的「懸壺」一詞本是對中醫行醫的雅稱，而孫中山先生早年學的是西醫，為什麼他也用了「懸壺」一詞呢？

這是因為，「懸壺」一詞後來逐漸發展成為所有醫生行醫的雅稱，而不論是中醫還是西醫了。「懸壺濟世」也就被用來形容醫生醫術高明，醫德高尚。

趣味鏈結：人們為什麼把藥罐稱為「急銷」？

中國不同地域的人們對藥具的叫法不盡相同。為什麼叫做「急銷」呢？這還有以下一段傳說。

宋景祐元年，臺灣、粵東和閩南地區瘟疫肆虐。名醫吳本帶領徒弟採藥治病，救人無數，被人們尊稱為「醫靈真人」。但是由於所用的藥罐太雜、質料不一，有的甚至產生了副作用，所以瘟疫得不到有效的控制。

吳本聞訊後，心急如焚。他連忙趕到粵東，聯繫磚廠燒製了陶製藥罐以應急需。

當時的老百姓聞「藥」色變，比較避諱「藥罐」的說法。經銷藥罐的商販也起不出一個恰當的名稱，在此情形下，急中生智的吳本便說：「眼下此物正急用，就姑且叫它『急銷』吧！」

杏林聖手的典故

成語「杏林聖手」的來歷，其實與一位隱居在廬山的高士有關，這在《神仙傳》和《太平廣記》裏都有記載。

據記載，三國時的吳國有位民間醫生，姓董名奉，字君異，侯官縣（今福州市）人，後來他行醫到廬山，見廬山風景秀美，就定居了下來。

他很有道術，同時也精通醫術，常年隱居在山裏卻不種田，每天為周圍的群眾治病，卻分文不取。但他立了一個規矩：如果患重病的人被治好了，必須在他開闢的園子裏栽五棵杏樹；如果是輕病患者被治好了，必須栽一棵。

就這樣連續了好幾年，董奉杏園裏的杏樹已經達到十萬餘棵，蔚然成林。春天，杏花滿枝漫舞；夏天，杏樹鬱鬱蔥蔥；秋天，果實累累壓滿枝頭。因此，山中的各種飛禽走獸都喜歡在杏林中遊玩戲鬧。說來奇怪，杏林中從不生雜草，像是專門有人把草鋤盡了一樣。

每當杏子成熟的時候，董奉就在杏林裏蓋一間倉房，並告訴大家，想要買杏的人不用找他，只要拿一罐糧食倒進倉房，就可以裝一罐杏帶走。董奉把每年賣杏得來的糧食都用來救濟貧困的人和在外趕路缺少路費的人，一年散發出去的糧食有兩萬斛之多。

董奉讓患者種植杏樹，不要診費的高尚醫德和情操，給中醫藥傳統文化留下了光彩奪目的一頁。後來，人們便以「杏林」作為醫者為民謀益的典實，並用「杏林聖手」來稱頌醫術高超、醫德高尚的醫生。

趣味鏈結：「鈴醫」為什麼又叫「賣嘴郎中」？

「鈴醫」指遊走江湖的民間醫生，又稱「走方醫」、「草澤醫」。

鈴醫在古代已有，宋元時盛行，大多數是家傳師授。他們有的肩挑藥囊，懸掛葫蘆；有的肩背藥箱，手搖銅鈴、串鈴或彈拍竹鼓來招攬病人。人們便稱呼他們為「鈴醫」。

到了近代，在北京等地，民間常有串鈴賣藥的江湖土郎中，他們一隻手持著串鈴搖動，另一隻手持著寫有「路順堂」字樣以及藥名的招牌，走街串巷，為人看病。

鈴醫往往掌握一兩種民間療法和秘方（包括草藥、針灸、推拿及其他簡易治療方法）為人治病。也有些僅微通醫術，略知藥性，仗著口有佞才，看病時，目視其色，言善變化，捎帶賣藥。

有的鈴醫還慢步呼喊治病技巧及介紹藥品的用法及療效。如在民國時期的澄海樟東一帶常有「鈴醫」穿街過巷，一邊走一邊呼喊著「劍波丸，專治腹痛、腹瀉、食積傷脾」，「雙劍銅青膏藥，專治疔瘡瘰癧，拔毒生肌，貼著就好」等廣告。

鈴醫多無固定診所，在民間流動行醫。為吸引人們的注意力，常持竹板敲打，並反覆宣傳，求人買藥，所以他們又有「賣嘴郎中」的綽號。

名醫扁鵲

在戰國時期，有一個名叫秦越人的，作為中國最早的醫學家，他能夠根治百病。應當地人民的需要，他當過婦科、五官科和小兒科的醫生。由於醫術高超，人們便把他比做古代神話傳說中的神醫——扁鵲。

扁鵲是中醫脈學創導者，他把古代勞動人民長期與疾病鬥爭的許多經驗加以總結，歸納為「四診法」，即現在所說的「望、聞、問、切」。

扁鵲的醫術非常高超，不僅能發現人的病兆，還能「起死回生」呢。

相傳，虢國太子病危，朝廷請扁鵲進宮治療。當扁鵲趕到皇宮時，大家正在為太子準備後事，他們都以為太子已經死了。

扁鵲仔細檢查了太子的「屍體」，然後取出針具，在太子頭頂上找準了穴位。一針扎下去，便聽見太子咳了一聲，接著便微微睜開了眼睛。

後來，扁鵲讓太子「起死回生」的事一傳十、十傳百地傳播開了。人們尊稱他為「神醫」。

高超的醫術和高尚的醫德，使扁鵲名聲大震。在秦國時，咸陽周圍幾百里的人都來請他治病。

「木秀於林，風必摧之。」因為扁鵲的醫術非常高超，所以他遭到了秦國太醫李醯的嫉妒，並被殘忍地殺死。咸陽的群眾為扁鵲舉行了隆重的葬禮，把他的遺體安葬在咸陽郊外，世世代代為他敬香守墓。雖沒有留下任何醫學著作，但因為扁鵲全心全意為民治病，所以他一直活在人們的心中。

趣味鏈結：成語「諱疾忌醫」與扁鵲有關嗎？

有一次，扁鵲被蔡桓公召見詢問醫學方面的問題。扁鵲見到蔡桓公後，剛一坐下，就對蔡桓公說：「大王，您病了，應及時治療，否則病情會加重的。」但蔡桓公對他的建議毫不理睬，反而有些不悅，因為他沒有感覺到不舒服。

當扁鵲第二次被蔡桓公召見入宮時，他又對蔡桓公說：「大王，您的病已加重了，應當趕緊治療。」但是，他苦口婆心的提醒還是沒有引起蔡桓公的重視。

當扁鵲第三次被蔡桓公召見入宮時，他又對蔡桓公說：「大王，您的病已相當危險了，再不治療就來不及了。」蔡桓公卻下令把他趕了出去。

後來，蔡桓公感到不舒服了，派人去找扁鵲。扁鵲只說：「晚了，大王的病已深入到臟腑，沒法救了。」不久，蔡桓公就病死了。

「諱疾忌醫」這個成語就是由以上這個故事引申出來的。

華佗對中華醫術的貢獻

中國歷史上有一位著名的醫學家，這位醫學家的造詣超過了前人，並獲得世界聲譽，他就是被人們譽為繼扁鵲之後的又一「神醫」——華佗。

華佗（？～208年），字元化，東漢末年安徽人。

華佗生活的年代，各諸侯連年混戰，人民生活在水深火熱之中，疾病到處流行，這種民不聊生的社會現實對華佗產生了巨大的影響。他關心人民疾苦，治病救人，深受人民愛戴。

華佗憑著他的精湛醫術，一生都在民間行醫。他在醫療保健、疾病診斷和治療方面都有卓越的成就。對此，歷史上流傳著種種動人的傳說。

華佗編制了中國歷史上最早的一套醫療保健體操——五禽戲，並一直流傳至今。

為了讓人們強身健體，華佗從動物身上獲得靈感，編制了一種仿生健身術——五禽戲。這種五禽戲由模仿虎、鹿、熊、猿、鳥五種禽獸的神態和動作組成。他把這些神態動作編成一套體操，讓人們練習，用於鍛鍊身體，提高人體機能。

華佗還是世界上第一個發明麻醉手術的人。他用中藥麻醉劑——麻沸散進行開腹手術的事蹟成為了千古流傳、膾炙人口的美談。

在南朝宋范曄所著的《後漢書‧華佗傳》中，有關於華佗用麻沸散進行開腹手術情況的詳細描繪。

據該書描繪，華佗遇到病人「若疾發於內，針藥所不能及者，乃先用酒服麻沸散，即醉無所覺，因刳剖腹背，抽其筋骨」。由此可見，他進行手術的過程大致與現代外科手術過程相同，即先用麻沸散對患者進行麻醉，然後才開腹進行手術，割掉病變的部分，再行縫合，最後敷以「膏藥」並進行傷口包紮。

華佗對婦產科也很有研究。

有個婦女經常腰痛、臉色蒼白、全身軟弱無力，請了不少醫生都治不好。華佗檢查後對她說：「你懷孕期間受了損傷，胎兒還未生下來。」不料她回答：「孩子已經生下來了。」華佗說：「根據你兩手的脈象，腹內還有一個胎兒。」原來她懷的是雙胞胎，生下一胎，另一胎死在腹內，以致成病。為了治療她的疾病，華佗為她針灸，在助產婦的幫助下，她終於又產下了一死胎。

華佗還是世界上第一個進行闌尾外科手術的醫生。

有一天，一個病人被抬來見華佗，病人兩手捂著肚子，痛得在擔架上打滾。華佗先用針灸，但無濟於事，只好進行手術。他先讓病人以酒吞服「麻沸散」，頃刻之間病人便躺著不動了，隨即他便開刀做手術，剖開一看，病人肚子裏面全是膿血，原來他的闌尾已經潰爛。病人在手術之後，終於痊癒了。

因此，華佗被後人譽為「中國醫學史上外科的開山鼻祖」、「世界上最早發明麻醉劑和首創開腹手術的醫學家」。

趣味鏈結：成語「對症下藥」典出何處？

一次，兩個頭痛發燒的病人同時找華佗看病。華佗給他們切脈，在診明病情後，卻分別給他們開了瀉藥和發汗藥。

旁人感到奇怪，便問華佗：「這兩位病人都是頭痛發燒，為什麼您開的藥方卻完全不同呢？」

華佗回答：「診病要分析病因，相同的病可以產生不同的病兆；反過來，不同的病也可以產生相同的病兆。這兩位病人的病兆雖然都是頭痛發燒，但病因卻不同，一個腹中有燥尿，所以要用瀉藥；另一個卻是風寒感冒，發不出汗，所以要用發汗藥。」

後來，人們便用「對症下藥」來比喻具體問題具體分析，根據不同的情況而採取相應的解決方法的科學做法。

李時珍對中國醫藥事業的貢獻

李時珍出生在湖北省蘄春縣一個貧苦的醫生家庭。在24歲那年，他放棄了科舉考試，轉而從醫。在長期的行醫生涯中，他為中國醫藥學作出了重大貢獻。

李時珍在行醫過程中，發現不少藥書上的藥物名稱、分類等混亂不

堪，並錯記藥物的性能，甚至把毒藥當成補藥。醫生如果照著書上所記載的方法用藥，就會導致病人死亡。

面對這一問題，李時珍決心正本清源，整理舊藥書，寫出新的藥書。為了完成這一艱巨任務，他一邊給病人治病，一邊閱讀大量醫書。

除此之外，李時珍還很重視調查訪問，並親自到野外去採集藥物。

李時珍還廣泛採集藥物標本，不少生長藥物的山嶺，都留下了他辛勤的足跡。

為了瞭解草藥的具體特徵，他對每種草藥從產地、形態、栽培到根、莖、葉、花果的品性及其功能等，都進行了深入細緻的調查研究。為了鑑定藥物的性質，他還多次冒著生命危險吞服藥物。

有一次，他因為吞服了曼陀羅而中了毒，後來服用了大豆和甘草才脫離危險。

李時珍辛勤勞動30年，根據自己在長期的行醫生涯中所積累的經驗，記下數百萬字的筆記，經過反覆修改，最後留下了上百萬字的藥學巨著——《本草綱目》。

幾百年來，這部醫書被認為是中醫中藥的經典，李時珍也因此被人們尊為「藥神」。

趣味鏈結：《本草綱目》在醫學界有什麼重要地位？

《本草綱目》共收錄了1289種藥物，其中的300多種是李時珍新收入的；書中還附有1160幅插圖，共列處方11096個。該書在藥物學、植物分類學，以至化學、地質學等方面，都有著權威的參考價值。

由於內容詳盡、真實可靠，《本草綱目》先後被譯成多種語言文字，在日本、波蘭、英國、法國等國出版，被世界醫學界當做中醫中藥的寶典。

古代醫生如何診斷疾病？

人吃五穀雜糧，難免會得病。不少人在得病後，喜歡找中醫大夫看病。中醫大夫給人看病的時候常常透過望、聞、問、切這四種方式來診斷疾病。這是因為，望、聞、問、切這四種方式是中醫傳統的診斷疾病的基本方法，又稱為「四診」法。

醫生用這種手段來收集疾病顯現在各個方面的症狀體徵，透過歸納分析，就可以瞭解發病的原因、病變的部位、疾病的性質及它們內在的關聯，從而為確定治療原則和採取治療措施提供依據。

迄今為止，「四診」法至少已有兩千年以上的歷史了，而最早全面運用該法來診斷疾病的醫生是誰呢？是扁鵲。

扁鵲在他的行醫生涯中，把古代勞動人民長期與疾病奮鬥的許多經驗加以總結，從而歸納出「四診」法。從《史記・扁鵲傳》的記載看，扁鵲診斷齊桓侯的病，運用的就是「四診」法中的「望」診法：初時，齊桓侯疾在腠理，繼而逐漸移入血脈，再進入腸胃，最後深入骨髓，直至不治為止。扁鵲的「望」診是符合「由表入裏、由淺入深、不斷發展」的科學病理的。

雖然「四診」法是扁鵲首創的，但是以後的歷代醫生又在實踐中不斷地豐富了其內容。

《素問・脈要精微論》說：「診法何如？切脈動靜而視精明，察五色，觀五臟有餘不足，六腑強弱，形之盛衰，以此參伍，決死生之分。」由此可見，「四診」法就是對人體進行全面診察，藉以判斷人的健康狀況的方法。

《六十一難》將「四診」法概括為：「望而知之謂之神，聞而知之謂之聖，問而知之謂之工，切脈而知之謂之巧。」

「望」就是看病人的面色舌苔，也就是運用視覺，對病人的全身和局部的情況及其排出物等進行有目的的觀察，以瞭解疾病的狀況。其中，重

點是觀察人的神、色、形，綜合舌相的異常變化。這是因為，中醫認為神是人體生命活動的主體和外在表現，因此神的盛衰是機體健康與否的重要標誌。

「聞」包括聽聲音和嗅氣味兩方面：聽聲音是指診察病人的聲音、語音、呼吸、咳嗽、嘔吐、太息、腸鳴等各種聲響；嗅氣味是指嗅病人體內發出的各種氣味及其分泌物、排洩物的氣味。

「問」就是問病情，它在「四診」法中占有重要地位。很多在診斷上極為重要的線索，諸如發病時間、致病原因、既往病史和主要症狀等各種情況，都必須經過對病人的詢問才能知道。

「切」就是把脈，也就是醫生用手指對病人體表進行觸、摸、按、壓，從而獲得重要資訊的一種方法，包括脈診和按診兩個方面。中醫醫理認為，經脈是人體氣血活動的通道，而氣血的流通與機體健康狀況有關。

中國古代中醫認為，疾病的發生、發展過程就是邪、正、盛、衰、消、長相互轉化的過程。「四診」法要求醫生仔細觀察這一過程中所表現出的各種徵象，然後加以分析、歸納，明確診斷，之後採取相應的治療措施。後來，「四診」法發展成為一套完整的中醫理論體系。

「四診」法的基本原理是建立在系統觀和運動觀的基礎上的，是陰陽五行、藏象經絡、病因病機等基礎理論的具體運用。物質世界的統一性和普遍聯繫性是「四診」法原理的理論基礎。

「四診」法符合科學道理，具有直觀性和樸素性的特點。運用此法，在感官所及的範圍內，醫生可以直接獲取病人的資訊，並進行分析、綜合，及時作出準確的診斷。正因為如此，「四診」法成了中國古代中醫診斷疾病的基本方法。

趣味鏈結：「懸絲診脈」現象的本質是什麼？

在中國古代，因為宮廷男女有別、尊卑有序，御醫在為娘娘、公主們看病時不能直接採用「望、聞、問、切」的診斷方式，只能用絲線的一

端固定在病人的脈搏上,透過絲線另一端的脈象診治病情,俗稱「懸絲診脈」。

另外,據傳說,孫思邈給長孫皇后看病也用此法。因孫思邈係從民間召來,不是有職銜的太醫院的御醫,太監就有意試他,先後把絲線拴在冬青根、銅鼎腳和鸚鵡腿上讓孫思邈來診斷,結果都被他識破。最後,太監才把絲線繫在娘娘腕上,孫思邈診得脈象,知是滯產,便開出一劑藥方,服用了這劑藥方後,娘娘順利分娩。同行問其竅門,孫思邈笑而不答。

那麼,「懸絲診脈」之事是否符合科學道理?病人的脈象能否透過絲線傳導給醫生呢?其實,從現象上來說,確曾有「懸絲診脈」之事;但從本質上來說,「懸絲診脈」只不過是一種幌子,其背後則隱藏著事實的真相,而這些真相同樣表現著科學道理。

原來,大凡后妃們生病,總是由貼身的太監介紹病情。太醫也總是詳細地詢問這些情況,諸如胃納、舌苔、二便、症狀、病程等。為了獲得真實而詳盡的情況,有時太醫還要給太監送些禮物。當問完這一切之後,太醫也就對病人的病情瞭若指掌、成竹在胸了。

到了懸絲診脈時,太醫必須屏息靜氣,沉著認真。這樣做,一是謹守宮廷禮儀,表示臣屬對皇室的恭敬;二是利用此時暗思處方,準備應付,以免因一言不慎、一藥不當而招致殺身之禍。

所以,「懸絲診脈」雖確有其事,但只不過是一種蒙上了神秘色彩的騙人形式而已,也是醫者受縛於封建禮教而不得已施展的一種騙術。如果太醫事先不透過各種途徑獲知詳細病情,那麼就算他的醫術再高明,在疾病面前也會一籌莫展。

中國古代有人體解剖手術嗎?

在中國古代,毀傷屍體被視為一種非常嚴重的犯罪行為。所以,解剖人體也就成為一件非常忌諱的事情。雖然如此,為了治療疾病,中國古人

早就開展人體解剖手術了。

如古籍中就載有：「昔者秦緩識晉景之膏肓，扁鵲見齊桓之腸胃，太倉解顱而理腦，俞跗滌胃而漱腸」；而在《靈樞・經水篇》中也有「夫八尺之士，皮肉在此，外可度量切循而得之；其死，可解剖而視之」的記載。

其實，中國的人體解剖歷史十分久遠，最早可以上溯至西漢末年。

據《漢書・外戚傳》記載，天鳳三年（西元16年）王莽捕得政敵王孫慶，「使太醫，尚方與巧屠共刳剝之，量度五臟，以竹筵導其脈，知所始終，云可以治病」。

這次解剖，手段極其殘忍，但目的十分明確，就是取得「治病」的科學根據；參加者有太醫（皇室御醫）、尚方官員（朝廷技術人員）、巧屠（熟練的屠夫）；研究項目是人體內臟的大小、相對位置，以及血管的分布和循環規律。

這種血淋淋的活體解剖固然可以取得「治病」的科學根據，但卻是非常不人道的，應受到譴責。

唐朝也有與人體解剖相關的記載。

據《隋唐嘉話》記載，唐太宗李世民在翻閱醫方時見「人五臟之係咸附於背」，乃下令以後在笞刑中只許臀部受刑，不得擊背。唐太宗所見之圖其實名叫「明堂圖」，是唐代醫官所繪的人體解剖圖。

另據《唐書・忠義傳》記載，武則天執政時，懷疑太子李旦謀反，令來俊臣用酷刑拷掠太子家臣，逼令誣攀。太常工人金安藏闖入刑堂，執理申辯，拔出佩刀當堂剖腹，大呼：「請剖心以明皇嗣（太子）不反！」刀過胸臆，五臟俱出，血流被地，氣絕而僕。武則天被金安藏的壯舉所震撼，繼而動了惻隱之心，便「令輿入宮內，遣醫人納卻五臟，以桑白皮為線縫合，傅之藥。經宿，安藏始蘇」。

當時的「醫人」對這位開腸破肚的自裁者不是束手無策，而是採用了內臟復位、縫合和傅（敷）藥三種有效的治療方法，挽救了這位忠義之士

的生命。

但遺憾的是，關於外敷藥物和手術器材未予記載，使我們無法看到完整的臨床資料。這是因為，在中國古代社會，醫學被列入卜筮星象之流，不被重視。即如孫思邈、張仲景等「神醫」在「正史」裏也只能列入「方伎傳」中，篇幅有限，語焉不詳。

趣味鏈結：古代人是如何驗屍的？

中國古代的司法人員在長期的法醫實踐中，形成一整套獨特的檢驗屍體傷痕的方法。

他們在檢驗前，先準備些糟醋、蔥、川椒、食鹽、白梅等。因為人的皮膚有紅、黑二色，死後會泛出青色。假如驗屍時看不出傷痕，可在可疑的部位用水把皮膚灑濕，然後將蔥白打碎、攤開，塗在該部位，再用紙蘸醋蓋上，約一個時辰後除去，用水洗淨，傷痕則顯現。

如果屍體上有幾塊青黑的地方，可用水慢慢滴注：假如是傷痕，皮肉就較堅硬，水滴便停滯不流；假如不是傷痕，皮肉上較鬆軟，水滴就會流掉。

檢驗屍傷和骨傷，如果在受傷的地方看不見傷痕，可以用糟醋洗敷屍體，把屍體抬到露天地方，用新油過的綢子或明亮的雨傘，張蓋在需要驗看的部位，迎著陽光，隔著綢或傘觀看，就能看見傷痕。如果是陰雨天，用炭火隔著照，效果一樣；這樣做後，如果還看不見傷痕，就把白梅搗爛，攤在需驗看的地方，然後用糟醋洗敷，再隔著綢或傘照看。一般來說，這樣做後就可以看到傷痕了。

若仍看不見，就剝下白梅的肉，加進適量的蔥、川椒、食鹽等，合在一起研爛，做成餅子，放在火上烤得炙熱，再用一張紙貼在需要驗看的地方，把熟白梅餅放在上面熨烙，傷痕就會顯現出來，其原理與現代法醫學上用紫外線照射檢驗傷痕的原理一樣。

在古代,「感冒」也是病嗎?

感冒也叫傷風,是一種常見的傳染性呼吸道疾病,多發生在冬春季節。可是,感冒這個詞語最早卻出自官場。

它的來歷還得從宋代說起。

南宋年間,館閣(為當時的中央級學術機構)設有輪流值班制度,每晚安排一名閣員值宿。因為這是一份苦差,所以值班閣員開溜成風,他們每次開溜都得為自己找藉口。由於約定俗成,他們在寫開溜原因時均寫為「腸肚不安」。

有位名叫陳鵠的太學生,硬被拉去館閣值宿。他開溜時,偏不循例照寫「腸肚不安」,而是標新立異,大書「感風」二字。

很顯然,陳鵠在開溜時賣弄了小聰明,假借位列「六淫」之首的「風」,並首碼以「感」——感者,受也。

陳鵠所創,為後代數世官場所襲用。直至清代,又發生了轉變。

清朝,官員辦畢公事,多會請假休息,例稱請「感冒假」。「冒」,透出之意。「感冒假」意即:本官在為該公務操勞之際,已感外淫,隱病而堅持至今,症狀現已爆發出來!故不得不請假休養。

從此,「感冒」就成為感受風寒等外感病的一個代名詞。

趣味鏈結:所謂的「六淫」具體指什麼?

在歷史上,宋代醫理學家陳無擇首次把引致百病的原因分為「內因」、「外因」和「不內外因」三大類。其中的「外因」又分為「六淫」,也稱「六邪」,即「風」、「寒」、「暑」、「濕」、「燥」、「火」,這六種反常的氣候變化對人的身體會產生不利影響。

成語「五毒俱全」是指什麼？

「五毒俱全」是一個人們耳熟能詳的成語。有人認為其中的「五毒」指「吃、喝、嫖、賭、抽」；也有人認為指「坑、蒙、拐、騙、偷」；更有人認為指「蛇、蠍、蜈蚣、壁虎、蛤蟆」。

而事實上，以上這些認識都是不對的。所謂的「五毒」，其實是指五種主治外傷的性猛之藥。

《周禮‧天官》說：「凡療傷，以五毒攻之。」這裏的「五毒」就是石膽、丹砂、雄黃、礜石、慈石。其中，石膽主金創；丹砂主五臟百病；雄黃主鼠瘻；慈石主周痺風濕。

一般認為，所謂的「五毒」並不是每種藥材都有劇毒，但是將它們加工之後合成，其藥性就極其酷烈。具體做法如下：將它們放置在坩堝之中，連續加熱三天三夜，所產生的粉末即是「五毒」的成藥。把這種成藥塗抹患處，療效顯著。

很顯然，雖然「五毒」其名看似張牙舞爪、面目猙獰，卻可「以毒攻毒」，實為一劑良藥，有救人性命的功效。

趣味鏈結：「五毒」動物與端午節有關嗎？

「五毒」動物指的是古人心目中五種毒性最強的動物，一般是指蛇、蠍、蜈蚣、蛤蟆和壁虎。

在端午節期間，人們在牆壁、炕沿、窗戶上貼上紅紙剪的蛇、蠍、蜈蚣、蛤蟆、壁虎等，稱為「剪五毒」。

婦女還要在五月初五早晨邊手捶床邊唱謠諺：「捶、捶、捶炕沿，蠍子蚰蜒不見面；捶、捶、捶炕頭，蠍子蜈蚣沒有嘍；捶、捶、捶炕幫，長蟲蜈蚣一掃光；捶、捶、捶炕腰，蠍子蚰蜒往外跑。」

四、五歲以下的小孩子都要穿黃色五毒衣、五毒鞋，繫老虎裙褳，纏

長命縷，傳說可避五毒。為了避免蜈蚣等毒蟲鑽到耳鼻中去，人們還在小孩的頭部、耳孔、臀部抹雄黃酒。

街上的糕點鋪子會賣一種用模子刻出蛇、蠍、蜈蚣、蛤蟆、壁虎圖案的桃酥式的圓糕點，其名曰「五毒餅」。

動物糞便也能做藥材嗎？

一般來說，動物的糞便都是又髒又臭的廢物，只能當做肥料。然而，有些動物的糞便卻是療效顯著的中藥，有些還是名貴的中藥材，它們在治病中發揮了巨大的作用。有趣的是，古人也很講究藥名的「包裝」，他們給作為藥用的動物糞便起了雅致的名稱。

五靈脂：五靈脂是哺乳綱、鼯鼠科動物複齒鼯鼠（又名寒號鳥）、飛鼠或其他近緣動物的糞便。其性味甘溫、無毒、入肝經，具有疏通血脈、散淤止痛的功效。它是婦科要藥，主治血滯、經閉、腹痛、胸脅刺痛、跌撲腫痛和蛇蟲咬傷等症。

夜明砂：夜明砂是蝙蝠的乾燥糞便，因可治夜盲症而得名。其性味辛寒，入肝經，有清熱明目、散血消淤的功效，主要用於治療肝熱目赤、青盲、雀盲、內外障翳、疳積、淤血作痛等症。

望月砂：望月砂又稱明月砂，為兔科動物野兔的乾燥糞便。「望月」之名乃出自「嫦娥奔月」的故事：因嫦娥是與玉兔一起奔月的，玉兔常站立起來東張西望，觀察周圍動靜，古人便把它視為隨嫦娥奔月的祖先，其糞便的名字也因此而引申為望月砂。望月砂性味辛平、入肝、肺經，主要用於治療目暗翳障、癆瘵、疳疾、痔漏等症。

蠶砂：蠶砂又名蠶矢，是家蠶的乾燥糞便。性味甘溫，入肝、脾、胃經，有燥濕、袪風、和胃化濁、活血定痛之功。古人將蠶砂炒熱後裝入袋中，趁熱敷患處，可治諸關節疼痛、半身不遂等症；或用蠶砂做枕芯的填充物，有清肝明目之效。蠶砂常用於治療風濕痺痛、頭風、頭痛、皮膚瘙

癢、腰腿冷痛、腹痛吐瀉等症。

　　雞矢白：雞矢白即家雞糞便上的白色部分。性味甘鹹，有利水、洩熱、祛風、解毒等作用，可治鼓脹積聚、黃疸、風痹等病。

　　白丁香：白丁香即麻雀的糞便，又稱為雀蘇、青丹。其性溫，味苦，有小毒；入肝、腎二經；能消滯治疝，退翳去胬肉。在服用時應注意：內服時研末為丸、散；外用時研細調敷或乳汁點眼。

　　蟲茶：蟲茶是中國湘、桂、黔交界山區的一種特殊的「茶」。它其實不是茶葉，而是化香夜蛾、米黑蟲等昆蟲排出的糞便曬製而成的。當地山民收集這些昆蟲排出的糞便，經特殊處理後當茶喝，其味甘甜，能提神醒腦、解熱祛毒、收斂止血、降壓祛脂、健脾和胃。它對消化不良、鼻衄、痔瘡出血、牙齦出血和癤腫有確切療效，對預防高血壓、高血脂和冠心病也有一定作用。

　　龍涎香：龍涎香是抹香鯨科動物抹香鯨腸內分泌物的乾燥品。其味甘、氣腥、性澀，具有行氣活血、散結止痛、利水通淋、理氣化痰等功效。常用於治療咳喘氣逆、心腹疼痛等症。本品是各類動物排洩物中藥中最名貴的，極為難得。

　　趣味鏈結：鼯鼠是什麼樣子的？它為什麼又被叫做「寒號鳥」？

　　哺乳綱、鼯鼠科動物複齒鼯鼠（又名寒號鳥）的糞便可以作為名貴中藥五靈脂，用於治療各種婦科疾病。鼯鼠是什麼樣子的呢？

　　鼯鼠形似大蝙蝠，頭寬、眼大而圓，背部毛呈灰黃褐色，腹部毛色較淺，前後肢之間有皮膜相連。它生活在長有松柏的峭壁石洞或石縫中，其窩形如鳥巢。白天，它就躲匿在窩內睡覺；清晨或夜間它就出來活動。

　　鼯鼠又被叫做「寒號鳥」，這是為什麼呢？

　　這是因為它在夏日時羽毛豐盛，而到了冬天它的羽毛就會全都掉光，晝夜鳴叫，故又被稱為「寒號鳥」。

針灸是怎麼發展演化的？

針灸是中國醫學的重要組成部分，主要是利用按脈絡、刺穴位的方法來治病。

中國古代醫學的經絡學說認為，經絡遍布於人體各個部位，擔負著運送全身氣血、溝通身體內外上下的功能。它不僅存在於體表，而且和五臟六腑相連，構成無始無終的環狀循環系統。

其中幹線叫經脈，支線叫絡脈。整個經絡系統就像城市的自來水網，輸送氣血、養育人體。

穴位則是經絡系統的控制機關，刺激穴位就可以起到調節經絡系統的作用。如針刺病人的「足三里」穴，可以消除胃部疼痛。

透過按脈絡、刺穴位的方法，針灸可治療和預防多種疾病，其治療效果顯著，且操作簡便易行、經濟實惠，因此深受人們喜愛。歷史上許多著名的醫學家在針灸治療方面都創造了神話般的奇蹟。春秋時的「神醫」扁鵲、東漢時的「醫聖」張仲景、三國名醫華佗和唐代名醫孫思邈等都是負有盛名的針灸大師。

追溯歷史，針灸的起源是很久以前的事了。

相傳，遠古時有個農夫。有一天，他在地裏鋤草時突然肚子疼痛難忍，在回家的路上又不小心碰傷了小腿。可這並非禍不單行，而是因禍得福，原來他的腿雖碰傷了，但肚子卻不疼了。後來，那個被碰傷的小腿部位在中醫上就被稱為「足三里」穴，並傳留下針刺「足三里」穴可治胃痛的醫療方法。

到了春秋戰國時期，針灸療法就已經比較普遍了。這一時期，出現了一些名醫，最著名的是扁鵲；現在還有許多古代文物紀錄了春秋戰國時期針灸醫術的發展進程。

針灸發展到漢、晉時期，逐漸趨於完備。在該時期，人們開始用圖形表示針灸穴位；一些總結性的針灸著作也出現了，其中西晉人皇甫謐撰寫的《甲乙經》是中國最早的也是比較重要的針灸著作。

唐代開始在太醫院中專設針灸科，有針灸博士、針灸助教進行教學。

宋代是針灸大發展時期，新的穴位被不斷地發現。1026年，翰林醫官院醫官王惟一科學地總結了古代針灸學成就，整理成《新鑄銅人腧穴針灸圖經》一書，並鑄造了兩個人體銅模型，全身有穴孔。按針灸學的傳統觀點，《黃帝內經》載的穴位叫「奇穴」，《圖經》不載的穴位叫「別穴」，合稱「經外奇穴」。

元、明、清時期，隨著針灸學的發展，人們整理和編纂了一些針灸學專著。這無疑對針灸學的總結和發展起了重要作用，但推動針灸發展的主要是針灸醫療實踐活動。

今天，新發現的穴位已有100個以上，針灸治療的內容日益豐富。同時，它也已走向世界，成為全人類戰勝疾病的有力武器。

趣味鏈結：針灸銅人有什麼作用？

針灸銅人是由宋代針灸專家王惟一設計鑄造的、用於針灸的人體模型，一共兩座。

針灸銅人與真人身高差不多，體內鑄有內臟器官，體表鑄有穴位。銅人穴位是當時的範本，銅人則被用來指導醫官院針灸科學生學習和考試。考試時，用蠟塗敷銅人穴位，如果刺中了穴位，就會有水銀流出；反之，則扎不進針。

針灸銅人對針灸學的推廣普及產生了積極作用，可惜現已失傳。

奇香或奇臭的中藥其療效也神奇嗎？

中醫藥是一個博大精深的寶庫，內藏的奧妙無窮。其品類非常繁雜，無所不有；其味多種多樣，香者沁人心脾，臭者奇臭無比。

比如麝香奇香，阿魏奇臭，但它們卻各有其用。

在芳香藥物中，麝香的香味最為濃烈持久、馥鬱特異。它是鹿科動物雄麝體內香囊的分泌物。每逢求偶佳期，雄麝的香囊內便散發出奇芳異香，吸引雌麝與之交配，以繁衍後代。

麝香的主要成分是麝香酮，另外還有脂肪、樹脂、蛋白質、無機鹽類等。它是開竅、通經、活血、散淤的珍稀藥材，價格昂貴。

雖然麝香的價格昂貴，但卻是物有所值，它在臨床治療上有著顯著的功效。

不但奇香的麝香有治療疾病的顯著功效，中藥中奇臭無比的阿魏也有神奇的療效。

阿魏的主要成分是有強烈臭氣的有機硫物，雖然如此，它卻可以祛除痰涎、醒腦開竅，在臨床中常用於治療、癲癇、昏厥等症。

值得一提的是，在使用阿魏時不能嫌它臭不可聞，這是因為最臭者其療效最好，不臭則不能治病。

趣味鏈結：靈芝「靈」在哪裡？

早在1000年之前，中國民間就流傳著靈芝能起死回生的神話故事。靈芝的確是一味靈藥，可是它「靈」在什麼地方呢？

要想知道其原因，我們必須先來瞭解鍺。

鍺是一種金屬元素，但它對人體生理功能的卓越貢獻卻鮮為人知，甚至被人們誤解為對人體有毒害。

直到20世紀70年代，人們才知道它能與體內的「氫離子」結合，以尿

或汗液的方式排出，從而增強了體內氧的供應，有利於加速新陳代謝和延緩細胞衰老。而且，鍺在人體內只作極為短暫的停留，不到24小時便排出體外，對人體不會有毒害。

據科學研究表明，在一些名貴的中藥中都含有豐富的鍺。其中，靈芝的鍺含量最為豐富，是人參鍺含量的四到五倍。

由此可見，靈芝之所以「靈」是因為它含有豐富的鍺。

第十四章 器物工藝

「司母戊」大方鼎是什麼樣的？

在目前出土的數千件商代青銅器中,「司母戊」大方鼎是最大的,也是世界古代青銅器史上絕無僅有的。

它是從河南安陽武官村殷王陵墓中發掘出來的,它的出現可以證明商朝青銅器的製作技術已經達到比較純熟的地步,標誌著中國古代青銅製造工藝的高峰。它的腹內鑄有「司母戊」三個字,所以人們一般認為它是商王祭祀母親「戊」時用的祭器。

「司母戊」大方鼎呈長方形,長110公分,寬78公分,高133公分,重875公斤,造型雄偉,花紋華麗,結構複雜。大鼎腹部鑄有蟠龍紋和饕餮紋,足部刻有蟬紋,使整個鼎的神秘感非常強烈。

趣味鏈結:「司母戊」大方鼎是如何鑄造的?

在幾千年前,科學技術還很落後,人們是如何鑄造「司母戊」大方鼎的呢?

當時，冶煉青銅用的是陶製的坩堝，其形狀和後來倒放著的頭盔差不多，考古工作者叫它「將軍盔」。每個坩堝能熔銅12.7公斤。要鑄造「司母戊」大方鼎，需要幾百人同時操作，七十多個坩堝同時澆鑄。

而實際上，古人想出了更好的辦法，他們採用了「化整為零」的方法，從部分入手，先分別鑄好鼎耳、鼎足、鼎身，然後再把幾個部件鑄在一起。

九鼎有什麼作用？

相傳，九鼎是夏禹治水成功後鑄成的。當時天下分為冀、兗、青、徐、揚、荊、豫、梁、雍九州。治水成功後，夏禹利用九州進貢得來的金屬，鑄造了九個鼎（一說僅一鼎，因材料來自九州故稱「九鼎」），將勘測時所認識的這些地理狀況按九州劃分，分別銘刻在九個鼎上，置於宮門之外，象徵夏王朝擁有天下。

從此，九鼎在中國古代被視為王權的象徵。

夏、商、周各代帝王將九鼎作為傳國之寶，以得九鼎視為受天命得天下，十分珍視。周室衰微，諸侯國漸強。諸侯各國都希望擁有「九鼎」，成為正宗，因此發生了幾次興師求鼎的戰爭。到了周顯王42年（西元前327年），九鼎沒入泗水彭城下。

據說，秦始皇時九鼎又現於泗水。秦始皇大喜，以為這是自己德合三代，理當繼承霸業的徵兆，於是派數千人潛入水中打撈，結果拴鼎的繩子被「龍齒」咬斷沒有成功。後來有人推斷這些都是無稽之談，九鼎是在周宗室罹亂時被周宗室自行銷毀了。

這幾種說法無論孰是孰誤，有一點很明確：九鼎是在戰國期間就已經失傳了。九鼎雖然失傳，但是九州圖像並沒因此完全湮沒。由九鼎圖像派生出來的《山海經》圖流傳了下來，成為中國製圖學的先聲。而且，九鼎作為中國有文字記載的最原始的地圖，比埃及西元前1300年產生的努利亞

塔金字塔一帶的巴比倫魯斯地圖還早700多年。

趣味鏈結：成語「一言九鼎」出自哪個典故？

戰國時，趙國的都城——邯鄲被秦國的軍隊團團包圍了。在這種大兵壓境、形勢危急的關鍵時刻，為了保存自己的江山，趙國孝成王派平原君到楚國去求援。

平原君臨危受命，他也想力挽狂瀾，於是挑選了二十名門客跟他前去楚國，但只選了十九個門客。這時，毛遂自薦前去，平原君一時找不到更好的人選，只好勉強帶上了他。

到了楚國後，平原君立即與楚王商談援趙之事，可半天過去了，商談還是沒有任何進展。在這種情況下，毛遂就走上前對楚王說：「我們今天請你派援兵救趙，你一言不發。可你別忘了，楚國雖然兵多地大，卻連連吃敗仗，連國都也丟掉了。依我看，楚國比趙國更需要聯合起來抗秦呀！」楚王被毛遂一席話所打動，於是答應出兵援趙。

平原君回國後感慨地說：「毛先生一至楚，而使趙重於九鼎大呂（大呂：鐘名，與鼎同為古代國家的寶器）。毛先生以三寸之舌，強於百萬之師。勝不敢復相士。」人們從這個故事中引申出了成語「一言九鼎」。平原君誇讚毛遂「一言九鼎」，原意是形容他能說會道，一句話抵得上九鼎重。

「一言九鼎」演變到現在，又含有了「信守諾言、以誠相待」的意思。

中國古代橋梁的基本體系有哪些？

中國古代人民曾經在江河之上、峽谷之間建造了無數的橋梁。這些橋梁，方便了交通，點綴著河山，有的至今仍巍然屹立，繼續發揮著作用，顯示了中國古代人民的偉大創造力。

中國橋梁開始於何時，已不可考。古文獻中記載較早的橋，是西周初周文王為了迎親，用船在渭水上搭的浮橋。

中國古代建造的橋梁，包括現代橋梁工程中的梁橋、拱橋、索橋三種基本體系，有不少建築技術是世界創舉。

目前我們能夠看到的最古老的梁橋形象，是漢代畫像石、畫像磚和壁畫上的梁橋。中國的石梁橋中，陝西西安的灞橋、福建泉州的洛陽橋和晉江的安平橋最為著名。

除此之外，浙江省紹興市的「八字橋」也是比較有名的梁橋之一。

在浙江省紹興市城區東南，有一座跨在三條河匯合處之上的梁式石橋，被稱為「八字橋」，是中國現存唯一的能從四個方向上橋的古代橋梁，距今已有700多年歷史了。該橋高5公尺，橋面用條石鋪成，微微拱起，淨跨45公尺，寬3.2公尺。如果站在橋的南、北兩側往北、南方向望，正好見到兩岸各有一處落坡，像個「八」字，所以人們把它叫做「八字橋」。

中國很早就有拱橋。據《水經注》記載，西元282年，河南洛陽東有一座用石建的「旅人橋」，「下圓以通水」，這是見於文字記載中最早的石拱橋。

而保留到今天的最古老、最著名的石拱橋是安濟橋。

安濟橋在河北趙州（今趙縣）境內，修建於西元605年左右，迄今已有1300多年的歷史了。橋墩主要設計者是隋代傑出的工匠李春，在橋頭的碑文裏還刻著他的名字。安濟橋是世界上著名的石拱橋，也是建成後一直使用到現在的最古老的石橋。

安濟橋非常雄偉，全長50.8公尺，兩端寬9.6公尺，中部略窄，寬9公尺。橋的設計完全遵從科學原理，施工技術巧妙絕倫，所體現出來的高超技術水準和不朽藝術價值，充分顯示了中國人民的智慧和力量。

安濟橋建成後，對各地橋梁建造影響很大。河北、山西、浙江、貴州等地相繼出現不少敞肩拱橋，並在建造技術上有了新發展，如河北趙縣永

通橋的矢跨比例比安濟橋的矢跨比例還小。

在古代單孔石拱橋中，曲線最美的要數北京頤和園的玉帶橋。該橋橋面作雙向反彎的曲線變化，配上精緻的欄板，顯得樸實又富麗。

在聯拱長石橋方面，比較著名的是寶帶橋。

寶帶橋位於江蘇省蘇州市南，建於唐代元和年間（816年～819年），相傳由唐刺史王仲舒捐寶帶資助修建，故名「寶帶橋」，是聞名中外的長石橋。它像一道長虹一樣橫臥在澹臺湖和運河間，全長316.8公尺，以53個橋洞構成一個大連環，是中國橋洞最多的一座橋。

為了方便行船背纖，寶帶橋的修建並不具有江南常見的石拱橋陡而高的特點，而是採用了多跨、狹長和平坦的橋型。相傳，在每年的農曆八月十七日夜間寶帶橋就有「串月」奇觀，那夜的月亮照在湖上，每一個橋洞都有一個月影，遠遠望去好像一串明月，蔚為壯觀。

索橋（吊橋）首創於中國。因為中國西南、西北地方的一些河流谷深水急，無法築墩建橋，古代人民就發明了用竹、藤、鐵等做索為橋。據楊衒之《洛陽伽藍記》載，北魏時新疆地區就有了鐵索橋。這是世界上最早的鐵索橋，西方到16世紀才出現這類橋梁。

索橋又分獨索、多索兩種。獨索橋又叫溜索橋。古書上記載：「溜索橋，兩岸立柱，以竹繩捆在身上，扶住木筒，溜索而渡。」多索橋是並排幾根纜索，上鋪木板面，有的兩邊懸索做欄杆，有的不設欄杆。中國最著名的多索橋是四川灌縣的珠浦橋和瀘定縣的鐵索橋。

另外，因為黃河是中華民族的母親河。所以說到橋梁，不能不提到中國歷史上跨越黃河的第一座橋。

明初洪武年間，朱元璋的大將徐達決意要在黃河上建築一座大橋。根據勘察，橋址選在蘭州城北通濟門外的黃河上。他要建築的是鐵索連接浮橋，先在兩岸各打下兩根大鐵索柱子，用6根130丈長的粗鐵鏈連接兩岸的鐵栓，在河中並列4艘大船，將船兩端牢牢地系在鐵鏈上。船上鋪設木板，設立欄杆。這就是歷史上第一座跨越黃河的浮橋——「鎮遠橋」。

趣味鏈結：《清明上河圖》中的橋是拱形木橋嗎？

在著名的風俗畫《清明上河圖》中，北宋畫家張擇端描繪了一座結構新穎的拱形木橋。這座橋橫跨在北宋都城——汴京（今河南開封）的汴水之上。橋拱的主要架構為五根拱骨，用粗繩捆紮起來，互相搭架在橫木上。這樣的橋在世界橋梁史上是絕無僅有的。

鋸是誰發明的？

鋸的發明者是中國古代的巧匠魯班。

相傳魯班在機械、木工工具、土木建築等方面有多項發明創造，留下了許多動人的故事。兩千多年以來，他一直受到後人的崇敬，更被土木工匠們尊為「祖師」。人們把包括鋸在內的很多木工工具的發明都歸功於魯班。

關於魯班發明鋸，民間流傳著下面這個故事。

有一年，魯班接受了建築一座華麗宮殿的任務。為了取得建築材料，他就讓徒弟們上山砍伐樹木。可是由於當時鋸還沒被發明出來，他的徒弟們只好用斧頭砍伐樹木，由於使用工具不當，所以效率非常低。即使他的徒弟們每天起早貪黑，累得精疲力竭，也砍伐不了多少樹木。

於是，魯班親自上山查看砍伐樹木的情況。上山的時候，他不小心抓了一把山上的一種野草，手一下子被它劃破了。一棵小草為什麼會這麼鋒利？這引起了魯班的注意，於是他摘下了一片葉子細心觀察，發現葉子兩邊長著許多小細齒，他的手就是被這些小細齒劃破的。

後來，魯班又看到一隻大蝗蟲在啃吃一棵草上的葉子，大蝗蟲的牙非常鋒利，一開一合，很快就吃下一大片。他順手抓住一隻蝗蟲，仔細觀察其牙齒的結構，發現它的牙齒上同樣排列著許多小細齒。

這兩件事使魯班陷入了深深的思考。他想，如果把砍伐樹木的工具做

成細齒狀，不是同樣會很鋒利嗎？砍伐樹木不就更容易了嗎？

後來他真的把砍伐樹木的工具做成了細齒狀，鋸就這樣被發明出來了。

趣味鏈結：「魯班」的原名叫什麼？

魯班姓公輸，名般，又稱公輸子、公輸盤、班輸等。他生於魯定公三年（西元前507年），卒年不詳，是當時有名的能工巧匠。因為他是魯國人，而且「般」與「班」同音，古時通用，所以後世稱他為「魯班」。

指南針是怎樣發展演變的？

在發明指南針以前，人類在茫茫大海中航行，常常會迷失方向，造成舟覆人亡的事故。正是指南針的發明，才使得人類的航行不再迷失方向。

所謂的指南針是利用磁鐵在地球磁場中的南北極特性，而製成的一種指示方向的儀器。

現在人們所說的指南針一般指它總的名稱。這是因為在各個不同的歷史發展時期，它有不同的外形和名稱，如司南、指南針、指南魚和指南龜等等。

關於指南針的最初發明者和發明年代現已無可查考。不過有一點是不可置疑的：指南針是中國古代人民在長期的生產實踐中集體智慧的結晶。

早在戰國時期，中國勞動人民就發現了天然磁石指示南北的現象。人們利用磁石的這種特性，發明了指南工具——司南。

從戰國、秦漢、六朝，以至隋唐的古籍中，有很多關於司南的記載。

如《韓非子‧有度篇》中就載有：「先王立司南以端朝夕。」其中的「端朝夕」就是正四方的意思。

《鬼谷子‧謀篇》裏也記載說，鄭國的人到遠處去採玉時就要帶著司南去，否則就會迷失方向。

東漢的王充在他的《論衡・是應篇》中說：「司南之杓，投之於地，其柢指南。」這裏的「地」，是指漢代筮占的方形「地盤」。

地盤四周刻有八干（甲、乙、丙、丁、庚、辛、壬、癸）和十二支（子、丑、寅、卯、辰、巳、午、未、申、酉、戌、亥），加上四維（乾、坤、巽、艮）共二十四向，用來配合司南定向。

司南是用天然磁石經人工用琢玉的辦法琢磨成的。中國商周時期琢玉工人的技術已經很精湛，早在春秋時期，他們就已經能把硬度5到7的軟玉和硬玉琢製成各種形狀的玉器，所以也能夠把硬度只有5.5到6.5的天然磁石製成形體比較簡單的司南。

由於天然磁石在琢製為司南的過程中，不容易找出準確的極向，並且也容易因受震而失去磁性，因此成品率低；同時也因為這樣琢製出來的司南磁性比較弱，而且在和地盤接觸的時候轉動摩擦阻力比較大，效果不是很好，因此這種司南未能得到廣泛的應用。

隨著社會生產力的不斷發展，特別是航海業的不斷發展，人們迫切需要一種比司南更好的指向儀器。

到北宋時期，在經過長期生產實踐和多次試驗之後，人們終於發現了人工磁化的方法。

人工磁化有以下兩種方法。

一是沈括所說的，把鋼針放在天然磁體上摩擦，因鋼針傳磁而有了磁性。

二是把鐵片剪成形，放在火裏燒紅，趁熱夾出，順南北方向放置在地面上，冷卻後因受地球磁場的感應而帶有了磁性。

根據以上兩種人工磁化的方法，人們製成了四種不同裝置的針式指南針，即水浮式、縷懸式、指甲式和碗唇式。其中，比較重要的是水浮式和縷懸式。

水浮式是指人們把經過磁化的鋼針，穿上幾根燈草，放在一個盛滿水的碗裏，它就能浮在水上為航海船隻指示方向。

縷懸式是指把一根磁針用草絲黏住懸在木架上。針下則安放一個標有方位的圓盤，靜止時鋼針就指示南北。縷懸法指標轉動靈活，在指導方位上準確性較高，但使用時不能有風，物體不能晃動，有諸多不方便。

因為水浮式指南針漂浮在水面，能相對保持磁針的水準和穩定，比較實用，所以這種指南針首先應用於航海事業。

南宋時期，指南針有了新的發展，人們開始把磁針與表方位的裝置組成一個整體。這種儀器在近代叫羅盤。

元朝時期，人們還製造了立針式的指南工具——指南魚和指南龜。

使用指南魚和指南龜比較方便，只要有一碗水就可以。盛水的碗即使放得不平也不會影響指南的效果，因為碗裏的水面是平的；而且由於液體的摩擦力比固體的摩擦力小，轉動起來比較靈活，所以它更靈敏、準確。

當時的指南魚和指南龜不但有用鋼片做的，還有用木頭做的。

用木頭做指南魚的方法是用一塊木頭刻成像手指那樣大的魚的樣子，在魚嘴處往裏挖一個洞，把一條磁鐵放在裏面，使它的S極朝外，再用蠟封好口。另外用一根針從魚口插進去，指南魚就做好了。把指南魚放到水面上，魚嘴處的針就指向南方。

用木頭做指南龜時，放磁鐵的辦法和用木頭做指南魚時的一樣，磁鐵被插在尾部。指南龜不放在水裏，人們只在它的肚子下面挖一個洞，把它裝在光滑的竹釘上面，使它便於自由轉動，它尾部的那根針就會自動指向南方。

雖然指南魚和指南龜的形狀有點特別，但它們在本質上仍然屬於廣義上的指南針。

指南針一經發明，便因其具有很大的實用價值而很快被應用於航海。據成書年代略晚於《夢溪筆談》的朱彧所著的《萍州可談》記載，當時廣州的航船「舟師識地理，夜則觀星，晝則觀日，陰晦觀指南針」。這不僅是中國，也是世界航海史上使用指南針最早的文字紀錄。

指南針的應用使人們獲得了全天候航行的能力，人類第一次得到了在

茫茫大海上航行的自由。

趣味鏈結：指南針的真正指向是北，可是為什麼不叫「指北針」呢？

指南針是中國古代四大發明之一。早在戰國時代，中國就已經出現了利用天然磁鐵礦石琢成的指南針，當時稱為「司南」。其實，指南針真正的指向是北而不是南，那人們為什麼不稱其為「司北」或「指北針」，而稱「司南」或「指南針」呢？

這與中國文化中「以南為尊」的傳統有關。

中國傳統文化一直以「南」為南北方位之主，面向南方為尊位。比如，帝王就座議事都是面向南方的。一般認為，面朝南方的稱帝王，面朝北方的則是朝拜君王的臣子，即所謂的「南面而王，北面而朝」。

因此，指南針雖指北，但人們仍叫它「司南」、「指南針」。

指南針對航海事業有何貢獻？

中國不但是世界上最早發明指南針的國家，而且還是最早把指南針用在航海事業上的國家。

兩千二百多年前，秦始皇為了尋找仙藥，就曾派人乘著大規模的船隊航海了。

秦漢以後，由於社會生產力的發展，中國的航海事業逐漸發達起來。

晉代有可乘坐二百人的海船。

唐代，最大的海船長達二十丈，可以搭載六、七百人。

當時海船的活動範圍很大，東起廣州，西至波斯灣，是南洋各國之間海上運輸的重要力量。

但在北宋之前，雖然人們發明了司南，但是它在和地盤接觸的時候轉動摩擦阻力比較大，效果不是很好，因此這種司南未能得到廣泛的應用，人們在大海裏航行仍然是非常困難的。

到了北宋，能夠精準地指示方向的指南針被發明以後，人們在大海裏航行就方便多了。他們辨認方向的方法就是：白天看太陽，晚上看星辰，陰天下雨就看指南針。

到了南宋，航海的人已經用新式指南針——「針盤」指示航行了，這種「針盤」就是人們所說的「羅盤針」。它有木做的，也有銅做的，盤的周圍刻上東南西北方位。人們只要把指標所指的方向和盤上所刻的正南方位對準就可以很方便地辨別方向了。

明朝初年，中國把現在的南洋群島和印度洋一帶稱為「西洋」。從1405年到1433年，明政府派鄭和七次下「西洋」。他領導著由二萬七千多人組成的船隊，乘坐六十多艘被稱為「寶船」的大船浩浩蕩蕩地下了「西洋」。其中，最大的「寶船」長四十丈、寬十八丈，是當時海上最大的船隻。

鄭和的船上就有指南針。船隊到過印度支那半島、南洋群島、印度、波斯和阿拉伯等許多地方，途經三十多個國家，最後抵達非洲東岸。在這樣多次大規模的遠航中，指南針功不可沒。

有了指南針，人們在航行中還慢慢地探索出一條條航路來。元明時候，中國就有到海外各國去的航路。這些航路就是依靠指南針得來的，所以又被稱為「針路」。

指南針不僅為中國人民航海立下了汗馬功勞，它還隨著中西文化的交流而流傳到世界各地，從而造福於世界人民的航海事業。

早在北宋的時候，阿拉伯人就從中國學會了製造指南針的方法。

12世紀末到13世紀初，阿拉伯人把製造指南針的方法傳到了歐洲。歐洲的一些國家也開始用指南針來協助航海，歐洲的航海事業也因此得到了很大的發展。

15世紀末到16世紀初，歐洲各國航海家開闢了新航路，發現了美洲大陸，完成了環繞地球的航行，這些大事件都對人類文明的發展產生了巨大的影響。在歐洲各國航海家成就偉業的過程中，指南針功不可沒。

趣味鏈結：地磁偏角是沈括首次發現的嗎？

中國北宋科學家沈括用天然磁石摩擦鋼針產生磁性時，多次發現磁針並不是指示正南，而是微偏東南，從而發現了地磁偏角——地球南北極交叉構成的夾角。這在他於11世紀末著的《夢溪筆談》中有載：「然常微偏東，不全南也。」這是世界上關於地磁偏角的最早記載。

由此可知，沈括是世界上最早發現地磁偏角的人。磁偏角、磁傾角、地磁場的水準分量，稱為地磁三要素。歐洲人對磁偏角的發現，是在哥倫布海上探險的途中，即1492年，比沈括晚了400多年。

古代的「算盤」是什麼樣子？

算盤亦稱珠算，是中國人民創造的一種計算工具，算盤的出現，歷史悠久，究竟是何人何時發明了它，現在無法考查。

東漢數學家著《數術記遺》載：「珠算控帶四時，經緯三才。」北周甄鸞注云：「刻板為三分，位各五珠，上一珠與下四珠色別，其上別色之珠當五，其下四珠各當一。」可見漢代即有算盤，只是形制與今天的有些不同而已。

「算盤」這一名稱出現在元代時期，在這之前叫做「籌算」。《元曲選·龐居士誤放來生債》裏有這樣一句話：「閒著手，去那算盤裏撥了我的歲數。」

到了元末明初，算盤已經走入了一般人的生活。關於算盤製造規格，明萬曆年間柯尚遷的《數學通軌》載有13檔算盤圖：上2珠，下5珠，呈長方形，四周為木框，內有軸心，俗稱檔。檔中間用一根橫梁隔開，運算時定位後撥珠運算。後來出現的各種規格的算盤，都是在此基礎上發展起來的。

趣味鏈結：算盤的國際化

算盤從明代開始傳入朝鮮、日本等東亞國家。清代，算盤隨著經濟文化的交往被傳入東南亞諸國。二次世界大戰後，美國也從日本引進了算盤。算盤對世界科學文化的貢獻絲毫不亞於四大發明，著名的科學史家李約瑟就毫不猶豫地將其稱之為第五大發明。

中國四大名繡是什麼？

中國的刺繡有著悠久的歷史，在秦漢時期就已經達到了較高水準，代表著中國傳統手工業的突出成就。它曾經是歷史上有名的「絲綢之路」上所運輸交易的重要商品之一。

江蘇的蘇繡、湖南的湘繡、廣東的粵繡和四川的蜀繡以出眾的技藝和悠久的歷史被並稱為中國的「四大名繡」。下面就對它們進行逐一介紹。

一、蘇繡

在四大名繡中，蘇繡的歷史最為悠久、最有名氣，自古便以精細素雅著稱於世。其構圖簡練、主題突出、技藝精湛，無論什麼刺繡都用細線，對所用的最細的線有一個標準，那就是「一般人的肉眼能看清楚」的線。換言之，即「越細越不算細」，由此可見蘇繡技藝的精細之極。

在長期的歷史發展中，蘇繡形成了圖案秀麗、色彩文雅、針法活潑、繡工精細的風格，具有平、齊、細、密、勻、順、和、光八大特點。

蘇繡具有非常濃郁的地方特點。花卉、蟲魚、飛鳥、乖巧可愛的小動物、優美的自然風光，以及姑蘇城特有的幽雅園林等，都是創作的素材。

蘇繡的傳統品種眾多，有色調高雅、繡工精密的門布、桌布、枕套、手絹等日用品；也有花紋大多為吉祥圖案的香囊、荷包、扇袋等佩飾小件物品；還有以圖畫為繡稿的壁柱等室內裝飾品。

二、湘繡

湘繡使用不同顏色的線相互摻和，逐漸變化，色彩豐富飽滿，色調和諧，在圖案上有自己的特點。它借鑒了中國畫的長處，題材多為山水、人物、走獸等，以獅、虎為題材的湘繡更是形象逼真，栩栩如生。

湘繡構圖嚴謹、色彩光亮。無論平繡、織繡、網繡、結繡，還是打子繡、剪絨繡、立體繡、雙面繡和亂針繡等都非常講究，一絲不苟。

湘繡製品分實用品和裝飾品兩種。實用品多以綢緞料做底，選花卉、蟲魚、飛禽、走獸等圖樣做畫稿，採用染色牢度很高的絲線繡成，如被面、靠墊等；裝飾品多以上等綢緞料做底，用細如頭髮的高級色線繡成，如各種大小掛屏、插屏、門鏡、對聯等。

湘繡的傳統品種是花鳥、山水條屏。它風格寫實、針法多變，顏色多素雅如水墨畫。

三、粵繡

粵繡在長期發展中受到各民族民間藝術的影響，融會貫通，漸漸形成了自己獨特的藝術風格：色彩濃郁豔麗、對比強烈、圖案飽滿均勻、對稱整齊、裝飾性強。

粵繡具有傳統特色的題材有百鳥朝鳳、龍鳳、三羊開泰等。其花紋繁縟而不亂，色彩濃豔，對比強烈。這種風格熱烈明快，具有濃郁的地方特色。

四、蜀繡

蜀繡針法多達一百多種，充分發揮了手繡的特長，具有濃厚的地方風格。它用線工整厚重、設色豔麗，有別於蘇繡傳統的輕薄柔軟之特點。

蜀繡的圖案色澤光亮，富有立體感。織工在刺繡時，可根據圖案設計的要求，結合實際經驗，運用各種針法，繡出山川、人物、花鳥、魚蟲等各種樣式，並能表現出明暗、粗細、軟硬、鬆緊、深淺、冷暖的不同層次。

蜀繡的題材大多為花鳥、走獸、蟲魚和人物等，品種有繡屏、被面、枕套、靠墊、桌布、頭巾，另外還有帳簾、嫁衣和畫屏、卷軸等，其中以

龍鳳軟緞被面最為著名。傳統欣賞品有「芙蓉鯉魚」、「雞冠花」、「長河落雁」和「黃鶯翠柳」等。

趣味鏈結：蘇繡為什麼那麼有名？

現在的蘇繡工藝仍然具有極高的水準。

那麼，蘇州出產的刺繡為什麼就如此有名呢？其原因有以下兩點：

首先，蘇繡產地江蘇土地肥沃、氣候溫和、蠶桑發達、盛產絲綢，自古以來就是錦繡之鄉。優越的地理環境、絢麗豐富的錦緞、五光十色的花線為蘇繡發展創造了有利條件。

其次，蘇繡在工藝上有獨到之處。

這種工藝上的獨到之處，一是蘇繡精細素雅、技藝精湛，無論什麼刺繡都用細線，對所用的最細的線有一個標準，即「越細越不算細」。據《清秘藏》敘述，蘇繡「宋人之繡，針線細密，用線一、二絲，用針如髮細者為之。設色精妙，光彩射目」。可見在宋代蘇繡藝術已具有相當高的水準。

二是蘇州在繪畫藝術方面出現了以唐伯虎、沈周為代表的「吳門畫派」，推動了蘇繡的發展。精湛的繪畫藝術一旦同神奇的刺繡藝術相結合，蘇繡就不單單是普通的刺繡了，而成了具有深厚文化意蘊的高超藝術。

因此，蘇繡被世人所認可，並被奉為刺繡最高水準的代表。

古代人民是怎樣雕玉的？

古代玉器既反映出不同時代和階級的思想觀念、生活習俗，又折射出中華藝術精華的燦爛。

由於它具有溫潤細膩的質地、瑩潔美麗的色澤，因而備受珍愛。在中國古代，人們有重玉的風尚。王公貴族視玉為神秘、高貴之物，將佩戴玉

器作為顯示自己財富、權力的標誌，並將君子德行賦予了它。

玉還被廣泛用於朝聘、祭祀、喪葬等活動中。

中國雕玉的歷史可以追溯到新石器時代。1976年，在浙江餘姚河姆渡新石器時代晚期文化遺址中出土了一些玉製的璜、玦、珠墜等佩飾，這是迄今為止發現的最早的玉器雕刻品。

從這一發現可以看出，在7000年前的新石器時代，我們的祖先就已經創造了聞名於世的中國玉雕。但此時的玉器只能用於裝飾，而且粗製濫造，玉料選擇不嚴，玉質較差，器形只有墜、管、珠、璜、玦等。

其後，雕玉的應用範圍擴大，製作技術逐步完善，產量擴大。特別是玉璧、玉琮的出現，說明玉器已開始脫離實用而轉變成供某種特殊用途的器物。山東膠縣三里河龍山文化墓中，隨葬中有成組的鳥形或鳥頭形玉飾，為以後商代盛行動物形玉雕開創了先例。

當時山東一帶的玉工還仿照生產工具的式樣，精工磨製玉斧、玉鏟、玉刀、玉鑿等，有的刻有紋飾，相當美觀。

到了商周兩代，玉器製作更趨興盛。據相關文獻記載，周武王滅商時，「得舊寶石萬四千」，由此可見商代玉器的生產規模已達到了前所未有的發達程度。

當時的奴隸主貴族佩玉、玩玉的習俗很盛，不論男女，都要佩戴玉飾。玉製的禮器種類增多，有璧、琮、圭、璋、璜等，並出現了玉製的生產工具和戈、矛、戚、鉞、刀等儀仗用器。有的青銅器上也裝配有玉質部件，成為珍貴的複合器物。

在玉雕工藝上，商代已掌握了陰刻、浮雕、圓雕、透雕等方法，並首創了立體玉雕人像和各種動物。玉工們已能巧用玉色，可見藝術構思的精巧。

最能反映商代後期製玉水準的，是殷墟「婦好」墓中出土的近600件玉器。這批玉器，品類很多，其中裝飾品和工藝品300多件，禮器、儀仗用器200多件，實用品約60多件，製作都很精美，所用玉料有白玉、青

玉、墨玉和綠玉。

「婦好」墓還出土了許多玉雕人像，是考古發掘中的首次發現，為研究當時的社會歷史增添了第一手寶貴資料。此墓中還出土了玉雕動物160多件，各種動物形象生動逼真，形態各異，栩栩如生。

由此可見，商代後期製玉工藝水準很高。在造型上，既具有高度的寫實性，又體現出了豐富的想像力；在技術上，不僅已熟練地運用「勾」、「徹」、「拋光」等技術，而且採用「鋸」、「壓」、「搜」等較為先進和難度較大的技術。

繼商代之後，西周玉器的使用在貴族中更為普遍了。除用於裝飾、儀仗和禮器外，還作為交換財產的等價物。

到了春秋戰國時期，因為此時社會發生了大變革，玉雕在藝術上出現了新的風格。

春秋時代的玉器，一方面承襲西周遺風，另一方面又有新的發展，琢玉技術有了較大進步，可以加工雕造各種硬玉石料。

戰國時期的雕玉有了新的變化，並取得了新的成就。在佩玉方面，講究組合、形象和色澤對稱。這一時期還以雕玉做劍的裝飾，用玉製作帶勾、印璽、符節、簡冊等。傳世作品中的戰國行氣銘玉佩飾，周身刻有「行氣」銘文45字，是中國最早關於氣功運動的文字記載。

西漢時期，王侯貴族盛行用「玉衣」作為葬服。因為編綴玉片的金屬絲不同，玉衣可分為金縷玉衣、銀縷玉衣和銅縷玉衣三種。據《後漢書‧禮儀志》記載，金縷玉衣是皇帝專用的，銀縷玉衣是供諸侯王、列侯、始封貴人、公主穿用的，銅縷玉衣是供大貴人、長公主穿的。

隋、唐時期，玉器在造型和裝飾方面創造了新的風格。佩飾出現了頭戴的金、銀鑲玉的步搖、髮釵，手戴的玉鐲。唐代還流行玉帶板，它是將玉琢成方形的玉片，綴附在革帶上，成為官場禮服的重要組成部分。這種玉帶板在宋以後也有製作，明代更為流行，製作更精緻。

明、清時期，玉器生產得到了更為快速的發展，雕玉工藝技術水準已

相當成熟，品種以佩戴和陳設用的工藝美術品為主。在這一時期，還出現了一些大型玉雕。如陳列在北京故宮博物院珍寶館的「大禹治水圖」大型玉雕，重5000多公斤，是清代乾隆年間（1736～1795年）雕琢而成的。

趣味鏈結：中國的篆刻藝術是如何發展的？

篆刻，又稱印學，是一門獨具中國特色的傳統藝術。

最早的篆刻當屬甲骨文。

到了春秋時期，隨著印章的出現，篆刻逐漸成為專門的技藝。最初，印章被統稱為「璽」。在秦始皇統一六國後，由於「璽」為皇帝專用，所以「親王以上稱寶，郡王以下官員曰印」。

自漢建安之末至三國兩晉，印章多為陰刻白文，用來封物作為信驗。

至六朝，印章始刻朱文。

唐之後，印章的使用越來越普及，除有姓名印之外，還出現了書束印、收藏鑑賞印、齋堂館印等。同時，刻有成語和詩文的「閒文印」開始問世，這標誌著篆刻這門技藝開始成為一種藝術創作。

人們在書法、繪畫等美術作品上也會加蓋印章，以增添情趣。至此，融書法、繪畫、雕刻為一體的篆刻不再單純作為權力與信驗的標誌，而成為一門具有審美價值的藝術。

最初的印章多用金、銀、銅、玉石、獸角、象牙等硬質材料製作。自元代畫家王冕首次用青田石刻印後，石刻印章便流行開來。

到明清時期，篆刻已發展到相當高的水準，名家輩出，多種風格與流派也由此誕生。

古代燒造彩陶分幾個步驟？

彩陶是帶有彩繪花紋的陶器。它是中國新石器時代早、中期文化的特色。在世界文化史上，中國彩陶出現時間早、品質上乘，具有相當高的歷

史價值。

那麼，我們的先民是如何燒造彩陶的呢？

一般說來，燒造彩陶有以下四個步驟。

第一步是製作陶坯。即用黏性適度、泥質較細的泥土做陶土，並根據器物的不同用途，或摻和適量的沙子以便耐火，或淘掉泥土中的雜質。再把調好的陶土搓成泥條，圈疊成陶器粗坯。

第二步是修飾陶坯。即用力慢轉陶坯修整器皿口部，在陶坯將乾未乾之際，用礫石或骨器將表面壓磨光滑。再用顆粒較細的陶土加水製成泥漿，然後把泥漿施加在陶坯表面。這樣燒製後的陶器表面就會附著一層呈棕、紅、白等色的陶衣，它可使陶器表面看起來更加光潔美觀，並與彩繪形成鮮明的對比。

第三步是進行彩繪紋飾。彩繪紋飾時一般用赭紅、黑、白這三種顏色：赭紅色的主要著色元素是鐵；黑色的元素則為鐵和錳，可能是一種含鐵量高的紅土；白色基本無著色劑，可能是瓷土。彩繪使用的工具，可能是一種類似毛筆的東西。

第四步是入窯燒陶。以仰紹文化製陶為例，其窯中溫度最高可達900℃～1000℃，在如此高溫的環境中燒出來的陶器質地較硬。

趣味鏈結：青花是中國最具民族特色的瓷器嗎？

彩瓷分為釉下彩、釉上彩，以及介於二者之間的鬥彩。

青花屬於釉下彩。它是指以氧化鈷為著色劑，在瓷坯上繪畫，罩以透明釉，以1300℃的高溫燒成的瓷器。其色彩白藍相映，恬淡素雅，給人以清新明快的美感。因具有中國傳統水墨畫的效果，青花成為中國最具民族特色的瓷器。

在元朝，人們開始大量燒製青花瓷，尤以景德鎮為代表。

到明清，青花瓷則成為瓷器生產的主流，其中以清康熙年間的最為精美。

青花常與釉裏紅一起用於裝飾瓷器，這種瓷器被稱為「青花釉裏紅」。所謂的「釉裏紅」也是釉下彩中的一種，它以氧化銅為呈色劑，亦經高溫燒製而成，白地紅花，色彩十分明豔。

「唐三彩」只有三種顏色嗎？

現在我們經常聽到「唐三彩」這個詞，這個詞中的「三彩」兩個字是不是意味著它只有三種顏色呢？

1928年，隴海鐵路修至洛陽，人們在一批古墓中挖掘出了大量陶瓷雕塑。它們色釉晶瑩，斑駁淋漓，造型生動、豐富，後被著名學者王國維、羅振玉見到，均讚賞不已。這些陶瓷雕塑便是著名的「唐三彩」。

這種陶瓷雕塑是在漢代低溫鉛釉陶工藝的基礎上，透過長期實驗，對含有有色金屬元素的各種原料，有了新的認識後製作而成的。

其間經歷了一個由粗到精的緩慢燒造發展過程，到唐朝時，終於形成了著名的「唐三彩」。

那麼，人們為什麼把它們叫做「唐三彩」呢？

所謂的「唐」就是唐代的意思；「三」在漢語中又有「多」之意，「三彩」是指這類陶器色彩豐富，有淺黃、赭黃、淺綠、翠綠、深綠、藍色、褐色、白色等多種色彩。因此，後來的人們習慣把它們稱為「唐三彩」。所以，「唐三彩」並不只有三種顏色。除了白色（一般微帶黃色）之外，它還有其他多種顏色。

趣味鏈結：為什麼把「唐三彩」稱為「唐彩色釉陶」？

對於「唐三彩」，專業研究者則多以「唐彩色釉陶」之名稱呼。從嚴格意義上說，「唐彩色釉陶」更具科學性，因為從工藝上看，「唐三彩」是「釉」而不是「彩」。但「唐三彩」是約定俗成的名稱，影響廣泛，因而保持這一名稱具有普遍意義。

景泰藍的起源與皇宮失火有關嗎？

1904年，在美國芝加哥舉辦的世界博覽會上，景泰藍榮獲一等獎，此後便馳名海內外。

景泰藍是北京特有的傳統工藝品。它是以紫銅做胎，用彩釉做裝飾的一種藝術品。其造型主要是瓶和罐。景泰藍是用銅或銀做成坯，用金屬細絲捏成各式各樣花紋焊在坯的表面，再在這些金屬花紋中熔嵌各種顏色的瓷搪釉，這種程序要經過5次到8次，然後再磨光和電鍍，才成為一件瑰麗的藝術品。

景泰藍創始於元朝末年，在明朝景泰年間得到發展，而且多用晶瑩奪目的藍色釉料，所以後人把它叫做景泰藍，亦稱琺瑯或琺瑯瓶。

據傳，其起源還與皇宮失火有關呢！

數百年前，皇宮起了一場大火，宮中的一些寶石、銅器、金銀、珠玉在熊熊大火中竟燒成一種五顏六色的結晶體，這可以看成是景泰藍的雛形。由此便啟發人們以彩釉加高溫燒製景泰藍。後來，經過能工巧匠的琢磨、提高，景泰藍逐步發展成為北京獨特的手工藝品。

經過元明兩代，製作景泰藍的技術大為提高，達到了令人驚歎的地步。到了清代乾隆年間，製作景泰藍的技術更是突飛猛進。清朝末年，景泰藍在國際市場上已經非常有名了。

趣味鏈結：景泰藍是不是只有藍色這一種顏色呢？

因為這項工藝始於明朝景泰年間，而且初創時只有藍色，所以叫「景泰藍」。

發展到現在，景泰藍已經不只藍色這一種顏色了，而是各色俱全。然而人們仍然沿用以前的名字，這是因為，現在的「景泰藍」已變為一種工藝的名稱，而並不僅僅代表某一種顏色。

海鴿 文化出版圖書有限公司
Seadove Publishing Company Ltd.

作者	劉元
美術構成	騾賴耙工作室
封面設計	九角文化設計
發行人	羅清維
企畫執行	林義傑、張緯倫
責任行政	陳淑貞

古學今用 179

一本書讀懂
中國傳統文化

出版	海鴿文化出版圖書有限公司
出版登記	行政院新聞局局版北市業字第780號
發行部	台北市信義區林口街54-4號1樓
電話	02-27273008
傳真	02-27270603
e-mail	seadove.book@msa.hinet.net

總經銷	創智文化有限公司
住址	新北市土城區忠承路89號6樓
電話	02-22683489
傳真	02-22696560
網址	www.booknews.com.tw

香港總經銷	和平圖書有限公司
住址	香港柴灣嘉業街12號百樂門大廈17樓
電話	（852）2804-6687
傳真	（852）2804-6409

CVS總代理	美璟文化有限公司
電話	02-2723-9968　e-mail：net@uth.com.tw

出版日期	2025年05月01日　三版一刷

定價	450元
郵政劃撥	18989626　戶名：海鴿文化出版圖書有限公司

國家圖書館出版品預行編目資料

一本書讀懂中國傳統文化／劉元著--
三版．--臺北市：海鴿文化，2025.05
面；　公分．－－（古學今用；179）
ISBN 978-986-392-562-0（平裝）

1. 文化史　2. 中國

630　　　　　　　　　　　　　　　114003968